女性白書2020

ジェンダー不平等を超える―「北京＋25」

日本婦人団体連合会編

ほるぷ出版

はじめに

1995年、第4回世界女性会議が北京で開催されてから25年。今年のテーマは「ジェンダー不平等を超える―『北京＋25』」です。北京会議では、ジェンダー平等実現のために、あらゆる政策や計画の立案から評価までジェンダー視点を貫くという「ジェンダー主流化」が強調されました。それから25年間、世界のジェンダー平等推進は、様々な困難に直面しながらも一定の成果をあげてきました。

しかしながら、国際社会における日本の低迷ぶりは、昨年のジェンダー格差指数が121位と過去最低を更新したことでも明らかです。日本がなぜここまでジェンダー不平等社会であるのかを改めて検討し、そこから脱出するための展望を見出すことが本書のねらいです。

総論では、ジェンダー平等をめぐるこの25年間の国際社会の動向および国内法制度整備の展開と課題を概観しました。各論では、雇用、社会保障、性暴力、教育、右翼的潮流の各分野における〝北京から25年〟の現状と課題を分析しています。

本書の編集中に起こった新型コロナウイルス感染症の世界的流行は、今も収束の見通しのない中、私たちのいのちと暮らしを脅かし続けています。コロナ危機は、女性、高齢者、障害者、フリーランスなど社会的に弱い立場にある人々を直撃しています。それは、格差と貧困を極限まで広げてきた新自由主義社会の諸矛盾を明らかにするとともに、ジェンダー差別をはじめとする様々な差別の存在をあぶり出しました。

日本でも世界でも、新自由主義による社会保障・社会福祉切り捨て、環境破壊、労働法制の規制緩和路線を厳しく批判し、公的責任によって人権と暮らし・雇用・営業を守ることを求める世論がわきおこっています。国連はいち早く「コロナ対策にジェンダー視点を」とアピールし、その実現を求める運動は草の根に広がっています。

２０２０年は、「北京から25年」を振り返るとともにコロナ後の社会のあり方を問う年となりました。本書が、コロナ危機をのりこえ、ジェンダー平等社会の実現を求める運動の中で広く活用されることを願っています。

２０２０年８月

日本婦人団体連合会

女性白書

Ⅲ　女性の現状と要求

はたらく女性

女性とくらし

子どもと教育

平和・人権・民主主義

資料

装丁／横山京子　写真／Makiko Kinjo／アフロ

I　総論

北京会議から「アフターコロナ」へ
――「ジェンダー平等停滞国」からの脱却

2020年――北京から25年

2020年は、ジェンダー平等の国際的推進にとってたいへん重要な意味をもつ年です。北京会議（第4回世界女性会議）及びその成果文書である「北京行動綱領」（1995年）から四半世紀たち、「持続可能な開発目標（SDGs）」（2016～2030年）がはじまって5年目にあたるからです。

北京会議では、あらゆる法政策をジェンダー視点から点検・立案・実施・評価すべきという「ジェンダー主流化（ジェンダー視点の主流化）」が国際的課題として提唱されました。その後、国連とEUを中心にジェンダー主流化政策が進められています。たとえば、国連女性機関（UN Women）の尽力の結果、ジェンダー視点がSDGs17目標全体を貫くものとされ、第5目標に「ジェンダー平等」（図表1）が掲げられました（注1）。

2020年は、別の意味でも世界史に残る年となりました。新型コロナウイルス感染症の世界的大流行（パンデミック）です。予期せぬパンデミックは、女性・女児をはじめとする脆弱な人びとの生活や生命を脅かしています。多くの政府は、感染防止と経済活動のバランスをどうとるかに最大の関心を向けており、日本政府も例外ではありません。しかし、ジェンダー政策の優先度は決して高くない現状です。医療従事者の7割は女性であり、「ステイホーム」は女性に多くの負担を強いました。経済危機は女性の雇用を不安定にし、女性の貧困が拡大しつつあります。ジェンダー視点抜きで「アフターコロナ」の未来社会を描くことはできません。

コロナ禍とジェンダー・バイアス

未曽有の危機は、隠されている差別をあぶりだします。2020年4月、G7ジェンダー平等評議会は、G7各国政府に対し、コロナ禍への対応として6つの取り組みを緊急提言しました（注2）。①医療やソーシャルワーカーに対する特別な支援措置（必要な機器や病院近くの住宅の確保など）や適切な労働条件の提供、②DV被害者の保護、③教

図表1　SDGs 第5目標「ジェンダー平等」のターゲットと指標

	ターゲット	指　標
第5目標「ジェンダー平等を達成し、すべての女性及び女児の能力強化を行う」	5.1　あらゆる場所における**全ての女性及び女児に対するあらゆる形態の差別を撤廃**する。	5.1.1　性別に基づく平等と差別撤廃を促進、実施及びモニターするための法律の枠組みが制定されているかどうか
	5.2　人身売買や性的、その他の種類の搾取など、**全ての女性及び女児に対する、公共・私的空間におけるあらゆる形態の暴力を排除**する。	5.2.1　これまでにパートナーを得た15歳以上の女性や少女のうち、過去12カ月以内に、現在、または以前の親密なパートナーから身体的、性的、精神的暴力を受けた者の割合（暴力の形態、年齢別） 5.2.2　過去12カ月以内に、親密なパートナー以外の人から性的暴力を受けた15歳以上の女性や少女の割合（年齢、発生場所別）
	5.3　**未成年者の結婚、早期結婚、強制結婚及び女性器切除**など、あらゆる有害な慣行を撤廃する。	5.3.1　15歳未満、18歳未満で結婚又はパートナーを得た20～24歳の女性の割合 5.3.2　女性性器切除を受けた15歳～49歳の少女や女性の割合（年齢別）
	5.4　公共のサービス、インフラ及び社会保障政策の提供、並びに各国の状況に応じた世帯・家族内における責任分担を通じて、**無報酬の育児・介護や家事労働を認識・評価**する。	5.4.1　無償の家事・ケア労働に費やす時間の割合（性別、年齢、場所別）
	5.5　政治、経済、公共分野でのあらゆるレベルの意思決定において、**完全かつ効果的な女性の参画及び平等なリーダーシップの機会を確保**する。	5.5.1　国会及び地方議会において女性が占める議席の割合 5.5.2　管理職に占める女性の割合
	5.6　国際人口・開発会議（ICPD）の行動計画及び北京行動綱領、並びにこれらの検証会議の成果文書に従い、**性と生殖に関する健康及び権利への普遍的アクセス**を確保する。	5.6.1　性的関係、避妊、リプロダクティブ・ヘルスケアについて、自分で意思決定を行うことのできる15歳～49歳の女性の割合 5.6.2　15歳以上の女性及び男性に対し、セクシュアル/リプロダクティブ・ヘルスケア、情報、教育を保障する法律や規定を有する国の数
	5.a　女性に対し、経済的資源に対する同等の権利、並びに各国法に従い、**オーナーシップ及び土地その他の財産、金融サービス、相続財産、天然資源に対するアクセス**を与えるための改革に着手する。	5.a.1　(a)農地への所有権又は保障された権利を有する総農業人口の割合（性別ごと）(b)農地所有者又は権利者における女性の割合（所有条件別） 5.a.2　土地所有及び/又は管理に関する女性の平等な権利を保障している法的枠組（慣習法を含む）を有する国の割合
	5.b　女性の能力強化促進のため、**ICT**をはじめとする実現技術の活用を強化する。	5.b.1　携帯電話を所有する個人の割合（性別ごと）
	5.c　**ジェンダー平等の促進、並びに全ての女性及び女児のあらゆるレベルでの能力強化のための適正な政策及び拘束力のある法規を導入・強化**する。	5.c.1　ジェンダー平等及び女性のエンパワーメントのための公的資金を監視、配分するシステムを有する国の割合

資料出所：（https://www.soumu.go.jp/main_content/000562264.pdf）（一部訳を筆者が修正）

育におけるジェンダー平等の重視による教育格差の排除、④性と生殖に関する権利の保障、⑤ケアワークの男女平等な分担、⑥危機における男女別のデータの提供です。これらの課題の多くは、すでに「北京行動綱領」でも掲げられていました。この四半世紀にジェンダー平等が達成されていたなら、阻止できる危機や軽減できる困難も少なくなかったのではないでしょうか。

パンデミックでリスクの最前線に立つ医療従事者は、性別分業が最たる職種の一つです。世界では医療従事者の7割を女性が占め、スペインやイタリアでは医療従事者の感染者も7割が女性でした。日本では、医師の女性比率は約2割ですが、保健師・看護師はいずれも女性が9割以上に達します。介護職員も7割が女性です。看護師不足のため妊娠中の看護師が感染者への対応を強いられたり、保育所不足で看護師が勤務できなくなったりしました（注3）。

「ホーム」をはじめとする親密な空間こそ日常的な暴力の場であることは、ジェンダー研究によってすでに明らかにされています。「ステイホーム」下の「ホーム」では、世界的にDVが多発し、女性・女児への暴力は「陰のパンデミック」と言われるほどです。また、家事・育児などのケアワークはしばしば女性に偏りました。日本では、唐突な一斉休校宣言によって、何ら準備もサポートもないまま、働く女性が家事・育児を背負い込むことになりました（注4）。政策におけるDV被害女性への無配慮や性風俗産業に従事する女性たちへの差別的処遇もあらわになりました。シングルマザー世帯に多い相対的貧困下の子どもたちはオンライン学習環境を整えにくく、教育格差が広がります。経済危機は、派遣やパートなどの女性労働者から生計手段を奪いつつあります。「ウィズコロナ」の社会では、ジェンダー・バイアスの放置が女性を追い詰めるとの現状認識が不可欠なのです。

日本は「ジェンダー平等停滞国」
―意思決定過程への女性参画の少なさ

女性の労働や生活への想像力を欠く政策がまかり通ってしまうのは、なぜでしょうか。それは、日本が「ジェンダー平等停滞国」だからです。とりわけ、政治・経済分野の意思決定過程への女性参画の少なさが、コロナ対策にジェンダー視点を欠く結果をもたらしています。

グローバル・ジェンダー・ギャップ指数（GGGI）での日本順位の低さはつとに指摘されるところです。2020年版の報告書（2019年12月）によれば、世界153ヵ国中121位（総合順位）と、これまでで最低の順位となりました。政治分野は144位、経済分野は115位です（注5）。

日本の国会議員（衆議院）の女性比率は9・9%、世界193カ国中165位（2020年1月現在）です。下院の世界平均24・9％、アジア平均20・5％と比べても、日本の女性比率がいかに低いかがわかります（注6）。経済分野も状況は同じです。管理職の女性比率は、世界平均27・1％、地域別では米州が39％、アジア太平洋は22・5％でした（ILO調査2018年）。日本は、就業者中の女性比率は諸外国と大差なく44・2％なのですが、管理職（課長以上）の女性比率は14・9％、役員に至っては5・2％にすぎません。OECD諸国でもっとも役員の女性比率が高いのがフランスで、43％（管理職の女性比率は34・5％）にも達します。フランスは2011年に「取締役クオータ法」を制定し、上場企業について取締役の男女比をほぼ半々（男女それぞれ40％以上）にするよう強制しました。その結果、急速に女性比率が伸びたのです（注7）。

諸外国でも、1970年代には政治・経済分野の女性比率は高くありませんでした。ノルウェーやスウェーデンでは国会議員女性比率は1970年代に10％程度でしたが、政党が自主的なポジティブ・アクションを進め、すでに1995年にはほぼ40％に達していました。イギリスは、1995年に10％程度（1970年には約4％）であった女性議員比率は2019年には32％になっています。日本は、1970年から1995年まで2〜3％を低迷し、ようやく1995年から上昇しはじめて10％程度です（注8）。つまり、日本もジェンダー平等に取り組んでいるのですが、他国の伸びのほうが急激なので、完全に立ち後れている現状です。その意味で、日本は「ジェンダー平等停滞国」なのです。

コロナ禍への対応では、女性首相の活躍が目立ちました。非常事態宣言が出された日、2人の女性首相が市民に向けて次のようなメッセージを発しています。「スーパーのレジ係や商品棚の補充担当として働く皆さんは、現下の状況において最も大変な仕事の一つを担っています。皆さんが、人々のために働いてくださり、社会生活の機能を維持してくださっていることに、感謝を申し上げます」（ドイツ・メルケル首相3月18日）（注9）。「カジュアルな格好でごめんなさい。子どもを寝かしつけたところで」「家族と散歩には行けますよ。でも、ほかの人とは距離を保って」「公園で運動はできます。でも、遊具に触らないで」（ニュージーランド・アーダーン首相3月25日）（注10）。スーパー従業員への感謝、家族との関わり方は、女性の生活経験を感じさせます。

これに比べ、日本の首相会見（4月7日）には、女性への配慮がほとんど感じ取れません（注11）。たしかに、医療関係者への感謝と国民への感染防止のための協力呼びかけには多くの言辞が連ねられています。しかし、一斉休校や「ステイホーム」がもたらす「ホーム」の困難にはほとんど言及がありません。

SDGsとジェンダー平等

２０２０年は、国連創設75周年でもあります。ＳＤＧｓを決めた「持続可能な開発のための２０３０アジェンダ」は、第70回国連総会（２０１５年9月25日）で採択されました。スローガンは「誰一人取り残さない」です。ＳＤＧｓは17目標、１６９ターゲットからなります。

ＳＤＧｓは、ＭＤＧｓ（ミレニアム開発目標２００１～２０１５年）の後継です。ＭＤＧｓが開発途上国の目標であったのに対し、ＳＤＧｓはすべての国が取り組むべき普遍的目標とされています。ＭＤＧｓは「過去でもっとも成果のある貧困撲滅政策」と評価されたのですが、「ジェンダー平等」は未達成とされました。ＳＤＧｓでジェンダー視点が重視されるのは、このようなＭＤＧｓの経験をふまえているからです（注12）。

２０１９年度のＳＤＧｓ達成度によると、世界１６２カ国中、日本は15位と高順位でした。しかし、第5目標「ジェンダー平等の実現」や第17目標「パートナーシップ」を含む4つの目標の達成度が低いと警告されています。ＧＧＧＩと同じく、女性国会議員比率の低さと男女賃金格差の大きさが深刻であると指摘されているのです（注13）。

「持続可能な開発」は、国連環境開発委員会『我ら共通の未来』（１９８７年）を機に広まりました。ノルウェー初の女性首相ブルントラントを委員長としてまとめられたこの報告書は、経済発展が地球環境を持続可能な限界にまで追い詰めつつあるとし、経済発展と環境保護との矛盾・対抗を警告しました。しかし、１９９０年代にはむしろ環境保護と経済発展の不可分性が唱えられるようになります。２００２年のヨハネスブルク会議以降、経済発展と社会発展と環境保護を相互補完的に捉える「三本柱アプローチ」が主流となりました。ＳＤＧｓはこの考え方を受け継いでおり、全17目標には「経済・環境・社会」が総合的に組み込まれています。三本柱アプローチに対しては、社会発展や環境保護を経済発展の下に位置付ける恐れをはらんでいるとの指摘もあります。ステークホルダーのうち、もっとも潤沢な資金と政策決定権をもつ政府と企業にとっての最優先課題は、しばしば経済発展に置かれるからです（注14）。

コロナ禍は、グローバル経済がいかに脆いかをわたしたちに突きつけました。国連経済社会局の推計によれば、グローバル経済の損失は8・5兆米ドルにも上り、年末までに極度の貧困に陥る人が３４００万人を超えます。いずれも、第1目標「貧困の撲滅」、第2目標「飢餓の克服」にとって大きな打撃です。ＩＬＯ（国際労働機関）の推計では、約２５００万人が失業するおそれがあり、とくにインフォーマル経済の労働者は社会的保護を得られず、もっとも深刻な打撃を受けると考えられています（注15）。第8目標「経済発展も働き甲斐も」は風前の灯なのです。ユネスコ（国連教育科学文化機関）によると、全世界で10人に9人の学生が影響を受けており、第4目標「質の高い教育をみんなに」の達成に深刻な課題が生じています。

では、SDGsは意義を失ったのでしょうか。むしろ逆です。パンデミックがもたらした未曽有の危機は、「グローバル・パートナーシップ」（第17目標）なくして克服することは不可能です。「医療崩壊」を迫りくる現実として受け止めねばならない今日、第3目標「健康と福祉」の重要性は増しています。医療・健康・経済・教育・衛生のいずれについても国による不平等があってはなりません（第10目標）。「陰のパンデミック」を防ぎ、女性・女児の健康・安全に十分な配慮をすること（第5目標）、ケアワークを含む「ディーセント・ワーク（人間らしい働き方）」（第8目標）を実現することは、医療と「ホーム」を守り、社会の持続可能性を維持するために不可欠なのです。

21世紀日本の課題

GGGIの最新予想（2019年）では、世界のジェンダー・ギャップの解消まで99・5年かかるそうです（注16）。順位の低い日本は、取り組みを急がねばなりません。男女共同参画社会基本法（1999年）もまた、「男女共同参画（ジェンダー平等）」は21世紀日本社会を決定する「最重要課題」（前文）であると謳っているのですから。

日本が「ジェンダー平等停滞国」を脱するための鍵は、意思決定過程への女性参画です。クオータ制など実効性の高いポジティブ・アクションの導入は不可欠でしょう（注17）。女性の発言力を確保してはじめて、女性活躍を経済目的に従属させることなく、また、SDGsを経済発展に偏らせることなく、公正なジェンダー平等社会を生み出すことができます。「アフターコロナ」の地球でジェンダー平等の先進国として「グローバル・パートナーシップ」をけん引することこそ、日本が果たすべき国際的役割ではないでしょうか。

（注1）（https://www.mofa.go.jp/mofaj/files/000101402.pdf）
（注2）G7ジェンダー平等評議会声明「非常時には通常以上の連帯が必要」（2020年4月6日）英語原文（https://www.unwomen.org/en/news/stories/2020/4/op-ed-joint-step-it-up-g7）（日本語訳）（https://imadr.net/wordpress/wp-content/uploads/2020/04/SET-I-UP-G7-Gender-Equality-Advisory-Council-statement_revised.pdf）
（注3）日本看護協会による各種要望書を参照。（https://www.nurse.or.jp/home/opinion/teigen/2020.html）
（注4）落合恵美子氏らによる緊急調査を参照。日本学術会議対

談動画（２０２０年５月22日）。(http://wwwc.cao.go.jp/lib_011/mirai/talk/ochiai/ochiai.html)

（注５）健康は40位、教育は91位であった。World Economic Forum,Global Gender Gap Report 2020,p.15.

（注６）閣僚ポストに占める女性比率は、世界平均が過去最高の21・３％に達したが、日本は15・８％にとどまり、世界１１３位であった。Women in Politics:2020 (https://www.unwomen.org/-/media/headquarters/attachments/sections/library/publications/2020/women-in-politics- map-2020-en.pdf?la=en&vs=827)

（注７）三成美保「『女性のエンパワーメント』と『女性活躍推進』―ジェンダー平等をめぐる違いから」島田陽一・三成美保・米津孝司・菅野淑子編著『「尊厳ある社会」に向けた法の貢献―社会法とジェンダー法の協働』旬報社、２０１９年。

（注８）内閣府男女共同参画局 (http://www.gender.go.jp/kaigi/renkei/ikenkoukan/69/pdf/shiryou_s2.pdf)

（注９）ドイツ連邦共和国大使館・総領事館大使館 (https://japan.diplo.de/ja-ja/themen/politik/-/2331262)

（注10）朝日新聞デジタル (https://www.asahi.com/articles/ASN4P660YN4MUHBI00C.html)

（注11）首相官邸　(https://www.kantei.go.jp/jp/98_abe/statement/2020/0407kaiken.html)

（注12）前掲注１。

（注13）(https://unstats.un.org/sdgs/report/2019/)

（注14）中村民雄「『持続可能な発展』概念の法規範としての可能性――国際社会・ＥＵを素材に」楜澤能生編『持続可能社会への転換と法・法律学』（早稲田大学比較法研究所叢書 43）、成文堂、２０１６年、１３０頁。

（注15）(https://www.unic.or.jp/news_press/info/38063/)

（注16）前掲注５。

（注17）辻村みよ子・三浦まり・糖塚康江編『女性の参画が政治を変える―候補者均等法の活かし方』信山社、２０２０年。

（三成　美保）

北京から25年：ジェンダー関連の国内法の展開と課題

はじめに

２０２０年は、北京会議から四半世紀という大きな節目の年です。１９９５年の北京会議には１８９カ国から1万７０００人が出席し、並行して開催されたＮＧＯフォーラムにも3万人が集い、女性たちの草の根の運動が花開きました。本稿では、北京以来25年間の国内のジェンダー関連法の展開を振り返り、今後の課題について考えます。

北京行動綱領とジェンダー主流化

東西冷戦が終わりを告げて以来、国連は、国家体制を超えて人権問題に取り組み、地球規模の重要会議をつぎつぎに開催しました（注1）。１９９５年の「北京宣言と北京行動綱領」は、これら一連の世界会議の集大成であり、「女性の権利に関する金字塔」と評価されています（注2）。

これらの文書には、「女性の権利は人権」、「女性のエンパワーメント」、「女性に対する暴力の根絶」、「性と生殖の権利」など、実現すべき重要課題が盛り込まれました。３６１項目に及ぶ膨大な北京行動綱領は、準備会合では不合意箇所が４６８カ所もあったのに、12日間の集中的な討議の結果、ついにコンセンサスで採択されました（注3）。

私は、北京行動綱領のなかに「ジェンダー主流化」が繰返し登場していることに注目します。同綱領は、12の重大領域ごとに、国や市民社会に対して、あらゆる政策や計画の中心にジェンダーの視点をすえるよう求めており、これが「ジェンダー主流化」です。女性政策として特化される政策だけではなく、あらゆる政策の立案・実施・評価という段階にジェンダー視点を導入することを意味しています。

世界経済フォーラムのジェンダー格差指数で、２０１９年、日本は１５３カ国中１２１位になりました。日本のジェンダー平等の著しい遅れは、「ジェンダー主流化」の取り組みが無視されているところに原因があると思います。以下では、まず、この25年間のジェンダー関連の法制度の変遷をたどります。

基本法とＤＶ防止法

25年間の最大の成果は、１９９９年の男女共同参画社会基本法（基本法）と２００１年のＤＶ防止法の制定です。

基本法は、「男女が、互いにその人権を尊重しつつ責任も分かち合い、性別にかかわりなく、その個性と能力を十分に発揮することができる」社会をめざすとして（前文）、男女共同参画社会の形成は「21世紀の……最重要課題」であると宣言しています（1条）。この法によって、日本の男女平等は新たな段階に入り、国の男女共同参画推進体制が整備されました。内閣府に男女共同参画会議がおかれ（21条）、その事務を内閣府男女共同参画局が担当し、「男女共同参画基本計画」が法のなかに位置づけられました（13条）。

基本法に引き続き制定されたＤＶ防止法には、当初、法学者から異論が噴出しました。家庭というプライバシー領域に公権力の介入を許す法律であること、また、裁判所がＤＶ加害者に接近禁止や退去命令を発し、命令違反に刑罰を科すという形が従来にはない仕組みであるとの理由からでした。しかしＤＶ防止法は、ＮＧＯや超党派の女性たちの力で成立にこぎつけました。この法によって、人々は、家庭が必ずしも安住の場ではないことに気づき、社会の関心は女性に対する暴力に向かうようになりました。これ以降、それまでまったくＤＶに理解がなかった裁判所（注４）も変わったと思います。

ＤＶ防止法をめぐっては、後に、国会議員、関係省庁、支援団体の三者が一同に会して協議する「意見交換会」方式がとられ（注５）、当事者参画の合意の下に、２００４年、２００７年、２０１３年と、法改正が重ねられました。しかしなお、被害者支援の欠如という問題は残っています（注６）。

雇用分野の法

雇用に関しては、めまぐるしい法改正の結果、きわめてわかりにくい法律が登場してきました。テーマごとに、法制度の展開を整理しておきましょう。

①雇用平等

「雇用平等」については、３つの大きな法改正が行われてきました。性差別を規制する男女雇用機会均等法（以下、均等法）改正、正規／非正規の均等・均衡を定める「短時間・有期契約労働法」の制定、そして女性活躍推進法の制定・改正です。

均等法は、１９９７年（注７）と２００６年の改正（注８）を通じて、ようやく雇用における性差別規制立法としての体裁が整ったといえるでしょう。しかし女性差別撤廃委員会（ＣＥＤＡＷ）からは、日本の法は直接差別・間接差別を網羅していない、また「条約1条にのっとった女性に対する差別の包括的な定義」がないと批判されています（注9）。

「短時間・有期契約労働法」は、非正規労働者と正規労働者の「同一労働同一賃金」を実現する法といわれています。長年、放任されてきた非正規労働者の低処遇問題は、1996年の丸子警報器事件判決（長野地裁上田支部1996年3月15日判決・労働判例690号32頁）によって流れが変わり、2007年に、「通常の労働者と同視すべき」短時間労働者に対する差別的取扱いが禁止されました（「短時間労働者法」改正＝均等待遇規定）。

ところが、均等待遇規定の対象である「通常の労働者と同視」できるパート労働者はごくわずかだったので、対象を広げようという考えから、2018年の「働き方改革関連法」は、「短時間・有期契約労働法」に、労働条件の不合理な相違の禁止規定（＝均衡待遇規定）を導入しました。現在、均衡待遇規定を根拠にした裁判例が増えて、非正規労働者にも諸手当の支払いが命じられてきています（注10）。しかし肝心な基本給の格差が裁判で「不合理」と判断されるかどうかは未定です。本来、同一労働同一賃金原則の実現をうたうのなら、「雇用管理区分」を異にする労働者の賃金格差（総合職と一般職の格差も含む）も射程に入れた、根本的な法改正が必要だと思います（注11）。

女性活躍推進法は、女性の力を活用して日本経済活性化をはかるために、制定（2015年）・改正（2019年）されました。101人以上の労働者を雇用する民間企業は、女性の活躍状況と課題分析を行い、「一般事業主行動計画」を策定し公表すること、また、女性活躍に関する一定の情報を定期的に公表することが義務づけられます。取組みが優良と認定されれば、優良企業としての認定表示を利用でき、また、公契約受注の優遇を受けることができます。

②ワークライフバランス

1995年にILO156号条約が批准され、育児休業法は介護休業も含む法律に改正されました（育児介護休業法）。同法はその後も、1997年、2001年、2004年、2009年、2016年、2017年と頻繁に改訂を重ねています。現在では、事情によっては子が2歳になるまで育児休業期間を延長できる制度や、3歳になるまで選択できる短時間勤務制度ができ、制度的には整備されてきました。とはいえ、制度利用を理由とする不利益取扱いはかなり多く（注12）、法律には育児休業明けの原職復帰が明記されていないなど（注13）、重大な欠陥が残っています。また、育児休業取得率の男女格差はきわめて大きいままです。

③各種ハラスメントの防止

１９９７年の改正均等法以来、各種ハラスメント防止の「措置義務」が事業主に課されてきました。性的言動であるセクシュアル・ハラスメント（セクハラ）と妊娠・出産に関わるマタニティ・ハラスメント（マタハラ）については、均等法が規定し、育児・介護に関わるケア・ハラスメント（ケアハラ）については、育児介護休業法が規定しています。２０１９年には、労働施策総合推進法に、事業主のパワー・ハラスメント（パワハラ）防止措置義務が規定され、さらに、各種のハラスメントについて、国・事業主・労働者の「責務規定」が設けられました（図表１）。

パワハラ規定ができたこと自体は評価すべきです。しかし、セクハラ等規制の経験に照らすと、事業主の措置義務規定のみでは効果は薄く、また、「責務規定」は禁止規定ではなく、努力義務にすぎません。２０１９年６月にできたＩＬＯ１９０号条約（暴力とハラスメント撤廃条約）を日本が批准するためには、さらなる法改正が必要でしょう。

家族法

１９９６年に法制審議会が公表した民法改正の「法律案要綱」は、選択的夫婦別姓制度を認めること（民法７５０条の改正）、婚外子の相続分差別規定を撤廃すること（民法９００条４号但書の改正）、離婚後の女性の再婚禁止期間を６カ月から１００日に短縮すること（民法７３３条の改正）、婚姻年齢を男女ともに18歳にすること（民法７３１条の改正）を提言しました。しかしこれらは、保守勢力の反対にあい、立法化されませんでした。

ＣＥＤＡＷの総括所見（注14）や最高裁の違憲判決などの影響により、７５０条を除いて上記の条文は改正されました（図表２）。ただし問題がすべて解決されたわけではありません。出生届には婚外子に関する差別的記載が残っており、戸籍上の続柄の差別記載も廃止されていません（注15）。１００日に短縮されても、女性だけに再婚を禁じる規定はまだ残っており、性差別は解消されていません。夫婦同一氏を規定する民法７５０条について、２０１５年に最高裁は、男女に形式的不平等をもたらすものではなく、通称使用も可能であるから姓を変える不利益は緩和されているとして、合憲と判断しました。15人の最高裁判事のうち４人は、同規定は憲法24条違反との意見でしたが、合憲判断が多数を占めたため、世界でも類のない夫婦同氏強制制度は、今なお維持されています。

刑法の性犯罪規定

刑法旧１７７条は、強姦罪について、暴行又は脅迫を用いて13歳以上の女子を姦淫すること、と規定していました。女性の意に反する性交でも同条の「暴行・脅迫」にはあたらないとして無罪とされた判決もあり（注16）、問題が指摘されていました。ＣＥＤＡＷからの勧告もあって、２０１５年にはようやく、長期間手

図表１　日本のハラスメント対策とILO条約

	セクハラ	マタハラ	ケアハラ	パワハラ	暴力とハラスメント
法律	均等法11条1項	均等法11条の３第1項	育児介護休業法25条1項	労働施策総合推進法30条の2第1項	ILO190号条約
義務	防止措置義務	防止措置義務	防止措置義務	防止措置義務	禁止規定 防止措置義務
責務	国、事業主、労働者の責務規定（11条の2）	国、事業主、労働者の責務規定（11条の4）	国、事業主、労働者の責務規定（25条の2）	国、事業主、労働者の責務規定（30条の3）	国、事業主、労働者の責務規定
定義	職場において行われる性的な言動に対するその雇用する労働者の対応により当該労働者がその労働条件につき不利益を受け、又は当該性的な言動により当該労働者の就業環境が害されること	職場において行われるその雇用する女性労働者に対する当該女性労働者が妊娠したこと、出産したこと、その他の妊娠又は出産に関する事由であって厚生労働省令で定めるものに関する言動により当該女性労働者の就業環境が害されること	職場において行われるその雇用する労働者に対する育児休業、介護休業その他の子の養育又は家族の介護に関する厚生労働省令で定める制度又は措置の利用に関する言動により当該労働者の就業環境が害されること	職場において行われる優越的な関係を背景とした言動であって、業務上必要かつ相当な範囲を超えたものによりその雇用する労働者の就業環境を害すること	仕事の世界における「暴力とハラスメント」とは、単発的か反復的なものであるかを問わず、身体的、精神的、性的又は経済的害悪を与えることを目的とした、またはそのような結果を招くもしくはその可能性のある一定の許容できない行為および慣行またはその脅威をいい、ジェンダーに基づく暴力とハラスメントを含む。

資料出所：日本労働組合総連合会・総合男女雇用平等局「仕事の世界におけるハラスメント～ILO条約採択と国内法整備に向けて」（2019年3月）16頁を参考に作成

図表２　家族法改正の経緯

	1947年民法	法制審議会答申（1996年）	裁判の動向	現行民法
婚姻最低年齢（731条）	男性18歳 女性16歳	男女ともに18歳		2018年民法改正により男女ともに18歳
再婚禁止期間（733条）	女性のみ離婚後６カ月再婚禁止	100日に短縮	最高裁大法廷2015年12月16日判決（民集69巻8号2427頁）＝違憲	2016年民法改正により100日に短縮
夫婦の氏（750条）	夫婦同氏制	同姓・別姓の選択制	最高裁大法廷2015年12月16日判決（民集69巻8号2586頁）＝合憲	法改正なし
婚外子の相続（900条4号）	法律婚夫婦の子の2分の1	差別的但書部分廃止	最高裁大法廷2013年9月4日決定（民集67巻6号1320頁）＝違憲	2013年民法改正により但書廃止

資料出所：筆者作成

つかずであった刑法の性犯罪規定の改正が議論されるようになり、2017年6月に刑法改正が行われました。

その結果、強姦罪は強制性交等罪となり、非親告罪化され、同意の有無が問題とならない監護者強制性交等罪が導入されるなど、重要な改正が行われました。しかし最大の問題であった暴行・脅迫要件は残されました。結局、「強姦神話」に基づき、被害者には「逃げろ、抵抗しろ、助けを求めろ、そうでなければ違法ではない」といわれてしまう危険性が残ったのです（注17）。その帰結として、2019年3月には性暴力に関する無罪判決が相次ぎ（注18）、さすがに大きな批判が巻き起こりました。そこで2020年3月には、法改正のための新たな検討会がようやく開始されました。

政治分野の候補者男女均等法

政治分野の「候補者均等法」の制定も大きな成果でした（2018年）。2015年に超党派議員連盟が結成され、その活動が実を結んだのです。同法2条は「政治分野の男女共同参画の推進は、……男女の候補者の数ができる限り均等となることを目指」すとし、3条は、政党は男女の候補者数について目標を定める等の自主的な取組みをする、と規定しています。

この法律は「理念法」であり強制力がないという限界はありますが、政治分野の男女比率に法が関与したという点で評価できます。同法制定後の選挙は、2019年4月の統一地方選挙と同年7月の参議院選挙でした。参議院選挙の女性候補者の割合は28・1％と過去最高で、政党別の候補者割合をみると、共産党55・0％、立憲民主党45・2％、国民民主党35・7％、無所属（野党統一候補を含む）35・5％で、野党は法律を意識したと思われます。一方の与党は、自民党14・6％、公明党8・3％と法の無視が目立ちました（注19）。

ジェンダー視点にたつ法律を作るには、立法府の女性比率を高めなければなりません。女性議員の数がG7で最下位の日本にとっては、おおいにこの法を活用する必要があると思います。

「ジェンダー主流化」を実現する

このようにみてくると、25年間に、国内でもジェンダー関連の法改正はかなり頻繁に行われてきたこと、政府といえどもこの分野の問題を無視できなくなっていることがわかります。ジェンダー平等への「推進力」とそれを最小限に抑えようとする「抑止力」との激しい攻防のなかで、立法府は動いてきたのです。

自民党政権は、今世紀初頭に、ジェンダー平等に対して嵐のようなバッシング攻撃を浴びせました（注20）。その中心人物が首相をつとめる現政権は、そもそもジェンダー平等を嫌悪する本質をもっています。それだけに、表面的に「女性活躍」を掲げてはいても、ジェンダー平等には常に「抑止力」を働かせ、問題発生の都度、部分的・場当たり的対応ですり抜けながら、根本的で包括的なジェンダー平等政策を回避してきました。このような政権の下では、いくら頻繁に法改正が重ねられても、日本のジェンダー平等指数が上昇するわけはありません。

私たちが求めるのは、北京で示された「ジェンダー主流化」を国内で実現することです。女性政策のみならず、すべての政策・計画等の立案・実施・評価というあらゆる段階に、ジェンダー視点を導入しなければなりません。もしジェンダー主流化の仕組みが機能すれば、たとえば安全保障関連法の制定時にもジェンダー視点から政策を論じることができたはずです。ジェンダー視点でアプローチすれば、安全保障概念は、集団的自衛権を核とする武器や武力行使による「国家の安全保障」ではなく、むしろ個々人が貧困や差別、各種暴力の脅威を感じることなく日々の生活を送ることができる、非暴力による「人間の安全保障」であることを、堂々と国会で議論できたことでしょう（注21）。しかし、政府は安全保障関連法の議論において、ジェンダー主流化を完璧に無視しました。北京行動綱領の「ジェンダー主流化」要請を、日本政府は一顧だにしないのです。このようなことは、とうてい許されてはならないはずです。

「ジェンダー主流化」を国内で実現するには、ナショナル・マシーナリー（国内本部機構）の機能不全を是正しなければなりません。男女共同参画会議がナショナル・マシーナリーとして本格的に機能するには、ジェンダー平等の専門的知識と意欲をもつ大臣と議員が任命され、予算が十分に割り当てられ、この業務に専念できることが必要です。しかし現状では、これらはまったくおろそかになっています（注22）。

さらに、国内の人権保障を国際的な基準にまで高めるために、日本は人権条約の選択議定書を一刻も早く批准すべきです。２００９年から２０１２年の民主党連立政権時代には、選択議定書の批准への期待が高まりました。２０１０年４月、外務省人権人道課には人権条約履行室が新設され、同年12月に閣議決定された第３次男女共同参画基本計画は、選択議定書の批准の早期締結を真剣に検討する、と明記しました。しかし、２０１２年末に第二次安倍政権が登場して以来、選択議定書の批准をめぐる議論は一向に進んでいません。

２０１９年３月、選択議定書批准を求めて「女性差別撤廃条約実現アクション」が活動を開始しました（注23）。52の女性団体が参加して、「女性の権利を国際基準に」を合言葉に、選択議定書批准の請願やロビー活動を強めています。政府は、これがもはや待ったなしの課題だということをしっかり認識すべきです。

（注1）たとえば1992年の「地球環境サミット」（リオデジャネイロ）、93年の「世界人権会議」（ウィーン）、94年の「世界人口開発会議」（カイロ）など。

（注2）林陽子「女性差別撤廃条約成立40周年」島田陽一他編『「尊厳ある社会」に向けた法の貢献―社会法とジェンダー法の協働』（旬報社、2019年）47頁。

（注3）ブトロス・ブトロス＝ガーリ『国際連合と女性の地位向上（日本語版）』（1998年、国際女性の地協会）63頁。

（注4）DV防止法以前の裁判例としては「青い鳥」判決が有名である（名古屋地裁岡崎支部1991年9月20日判決・判例時報1409号97頁）。妻が、結婚以来30年近く、夫からの壮絶な暴力を受けてきたことを理由に離婚を求めた訴訟で、裁判官は、夫（被告）が法廷で一人孤独に耐える姿は同情すべきであり、今後とも夫婦二人で「何処を探してもみつからなかった青い鳥を身近に探すべく…婚姻の継続を相当と認め、本件離婚の請求を棄却する」という判決を下した。当時の裁判官が、いかにDVに無知であったかがよくわかる。

（注5）戒能民江「ジェンダー法学の可能性」『ジェンダーと法』15号（2018年）5頁。

（注6）戒能民江「女性に対する暴力」『JAWW NGOレポート 北京＋25に向けて』（2019年）9頁。

（注7）1997年に、①すべての規定が禁止規定となり、②ポジティブ・アクションの援助規定が導入され、③セクシュアル・ハラスメント防止が事業主の配慮義務になった。

（注8）2006年には、間接差別規定が導入された。しかし欧米諸国の法とは異なり、均等法で間接差別とされる行為は、同法施行規則2条が定める3類型、すなわち、①募集・採用にあたり、一定の身長、体重、体力を要件とすること、②募集・採用・昇進・職種の変更にあたり、転居を伴う転勤を要件とすること、③昇進にあたり転勤経験を要件とすること、に限定される。

（注9）日本も含め女性差別撤廃条約の締約国は、定期的に国家報告をCEDAWに提出して審査を受け、審査後には「総括所見（政府訳は最終見解）」が出される。日本に対する直近の「総括所見」（2016年）は、外務省のHPでみることができる。

（注10）最高裁判決としては、長澤運輸事件（最高裁2018年6月1日判決・労働判例1179号34頁）、ハマキョウレックス事件（最高判2018年6月1日判決・労働判例1179号20頁）がある。

（注11）浅倉むつ子「安倍政権下の『働き方改革関連法』の批判

的分析」『経済』２９３号（２０２０年）74頁以下参照。
（注12）育児介護休業法10条は、休業の申出や取得を理由とする解雇その他の不利益な取扱いを禁止している。しかし２０１８年度に全国の雇用環境均等部（室）に、同法10条について寄せられた相談件数は３８８４件で、育児関係の相談の１割を占めている。厚生労働省『平成30年度都道府県労働局雇用環境・均等部（室）での法施行状況』
（注13）育児介護休業法22条は「事業主は、…休業後における就業が円滑に行われるようにするため、…必要な措置を講ずるよう努めなければならない」とするだけで、原職復帰を規定していない。育休終了時に、正社員への復帰を前提に有期契約に移行した女性労働者が、その後、正社員復帰を認められず雇止めされた事案もある。（ジャパンビジネスラボ事件・東京高裁２０１９年11月28日判決・労働判例１２１５号５頁）。
（注14）２００９年と２０１６年のＣＥＤＡＷ「総括所見」は、民法改正をフォローアップ項目に指定した。
（注15）出生届には「嫡出子」か否かのチェック欄があり、この記載の根拠である戸籍法49条２項は最高裁により合憲とされた（最高裁２０１３年９月26日判決・民集67巻６号１３８４号）。また、婚外子は戸籍の続柄欄に「男」「女」と記載され差別されてきたが、２００４年の法改正で「長男」「長女」と記載されるようになった。しかしすでに「男」「女」と記載された部分は当事者の申出により修正されるとしても、修正履歴を消去するには戸籍の再製申出が必要とされている。法務省の責任で一斉に更生すべきである。二宮周平『家族法（第５版）』（新世社、２０１９年）３０３頁。
（注16）たとえば広島高裁（１９７８年11月20日判決・判例時報９２２号１１１頁）は、被害女性が新聞販売店の上司から車の中で姦淫された事案につき、泣きながら「やめてくれ、帰らせてくれ」と哀願し、翌日、被告を告訴したことから、和姦とはいえないとしながらも、「ある程度の有形力の行使は、合意による性交の場合」にもあるのだから、強姦罪ではないとして、無罪を言い渡した。
（注17）後藤弘子「性刑法改正とジェンダー平等」『ジェンダーと法』第４号（２０１７年）１６３頁以下。
（注18）①福岡地裁久留米支部２０１９年３月12日判決（心身喪失状態の女性が性交を許容したと誤信した被告が準強姦罪で無罪）、②静岡地裁浜松支部２０１９年３月19日判決（女性が明らかにわかるような形で抵抗していなかったとして、被告は強制性交致死傷罪で無罪）、③名古屋地裁岡崎支部２０１９年３月26日判決（19歳実子への準強制性交等罪で、被告は被害者の人格を完全に支配していたと

までは認めがたいとして無罪）、④静岡地裁２０１９年３月28日判決（12歳実子への強姦罪無罪）などである。③については、２０２０年３月12日に名古屋高裁が父親を逆転有罪（懲役10年）とした。

（注19）大山七穂「女性は躍進したか——候補者男女均等法を視点に振り返る」『女性展望』７００号（２０１９年）17頁。

（注20）たとえば２００５年７月第12回男女共同参画基本計画に関する専門調査会資料を参照のこと。

（注21）浅倉むつ子「『ジェンダー主流化』を国内法規範に」『労働法律旬報』１９５１+52号（２０２０年）６頁以下。

（注22）最近の男女共同参画担当大臣は、女性活躍推進を前面に出すと同時に、多くの所轄を兼務しており、ジェンダー平等行政に専念できる体制にない。林陽子『日本をジェンダー平等社会に』（日本女性差別撤廃条約ＮＧＯネットワーク、２０１８年）44頁。

（注23）実現アクションの活動については、以下を参照。
（https://www.facebook.com/opcedawjapan/）

（浅倉　むつ子）

Ⅱ　各論

労働法制の規制緩和と労働におけるジェンダー平等

はじめに

「北京女性会議」から25年たちました。労働分野でも「女性が働いて経済的に自立する権利」は「常識」として、広く浸透・共有されてきました。ただ、すべての女性にとって実際に経済的自立を保障する働き方を達成したかといえば、むしろ、裏切られ続けてきたといっていいでしょう。特に日本社会では、足踏みどころか逆行と言うべき事態も広がっています。女性会議の年に日経連が「新時代の日本的経営」を発表しましたが、それを機に労働法制の規制緩和が急速に進み、女性を中心とする非正規労働の増加によって、「ワーキングプア」（働いても貧困化する人々）化が促されていったからです。

進んだ女性の二極化

この25年の日本の女性の経済力は、どのように変化したのでしょう。国税庁の民間給与実態調査から作成したグラフ（図表1）を見ると、男女雇用機会均等法（以下、均等法）が施行された1986年、83・7％もの女性が「300万円以下」、つまり200万円台か、それを下回る年間給与所得だったことがわかります。

そこから10年たった女性会議の翌年の1996年、300万円以下は64・4％と、かなりの減少ぶりを見せました。均等法によって募集・採用・配置・昇進での男女差別が禁止された結果、女性をあからさまに企業から排除できなくなった効果が、ここに表れていると言えます。ただその後、300万円以下は6割台のまま推移し、2006年以後はむしろ、増加傾向さえ見せます。

その原因は、二つあると考えられます。

一つ目が均等法の建て付け、もう一つは、バブル崩壊後の不況の中で1990年代後半から急速に進められた、雇用の規制緩和です。

均等法を導入した際、経済界は、「男性並みに扱ってほしければ男性並みの労働を」と主張し、労働基準法の女性保護の撤廃を求めました。また、与党や主流派の官僚は、女性が

図表1　女性の給与所得の分布の変化　（単位：％）

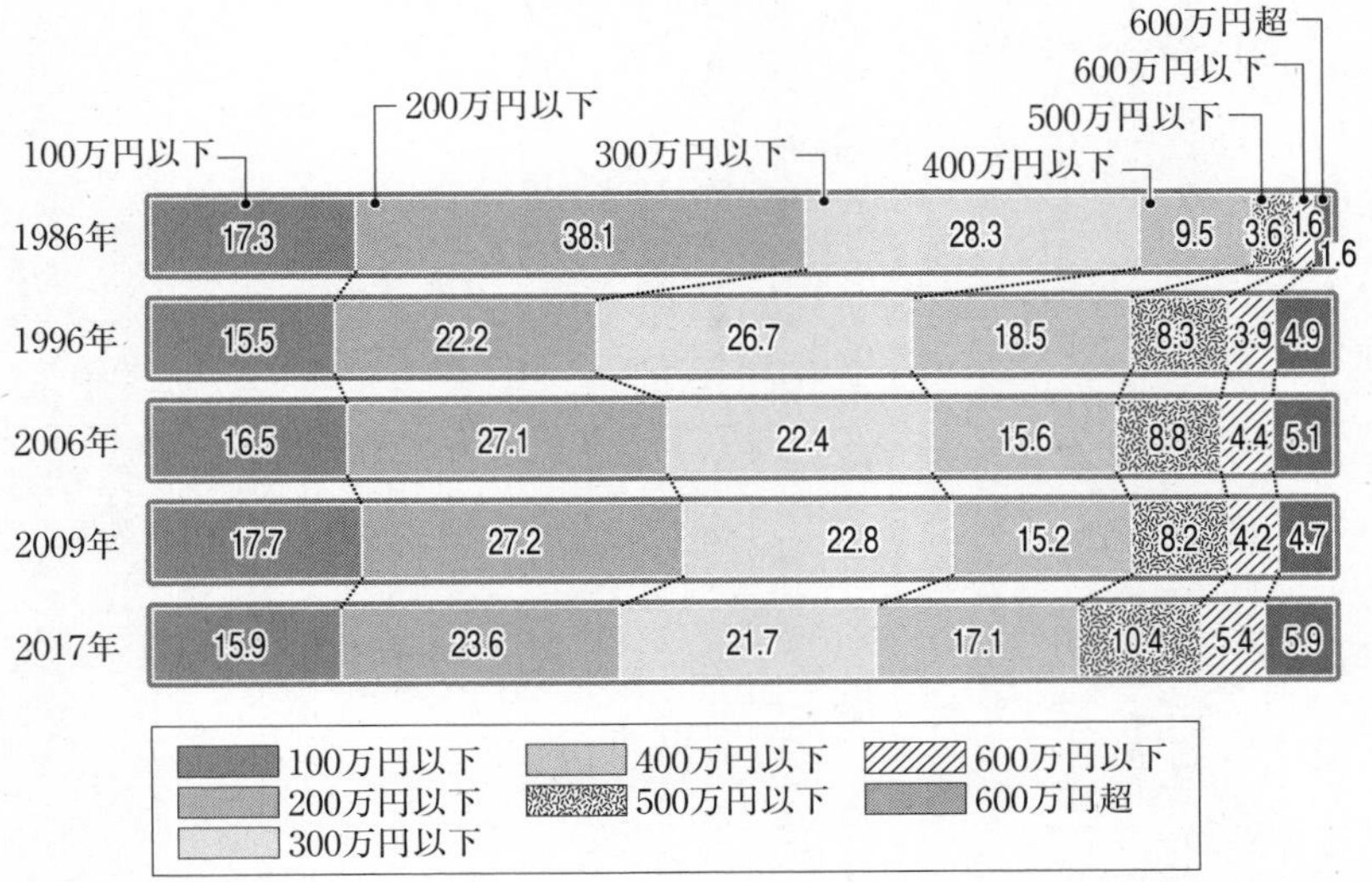

資料出所：竹信三恵子著『家事ハラスメント』（岩波新書）の「女性の給与所得の分布の変化」（国税庁「民間給与実態統計調査」各年度より作成）に2017年を加えて作成

家庭内で担っていた無償の保育や介護などを公的施設で引き受けざるを得なくなれば財政赤字が拡大しかねないと、難色を示していました。

こうした「男性並み」を求める声にこたえ、女性保護は1999年まで段階的に撤廃されていくことになりました。問題は、この「男性並み」が、性別役割分業を前提にした、極端な長時間労働を意味したことです。

男性が長時間働けたのは、女性が「妻」として、「賃労働」以外の育児や介護、地域生活などの社会的に有用な仕事を無償で担ってきたからです。女性の経済力を上げるためには、こうした無償の労働を男女で分け合えるよう、男女双方の労働時間規制を導入し、「家事や育児が可能な労働時間」の枠内で仕事の力を競う公正な枠組みが必要です。欧州の雇用平等はその方式を取り、男女共通の労働時間規制を導入したのです。

ところが日本の均等法は、「妻のいる男性労働者を標準とする労働時間」に合わせられなければ正規労働者になれない、という間接的な差別を織り込んで出発し、育児など家族的責任を抱える多数の女性はそれに耐えられず、非正規労働者に追い込まれていきました。しかも、パートの均等待遇などはほとんど整備されず、これらの女性は低賃金で不安定な便利な労働力として、企業のコスト削減策に供されていくことになりました。

均等法が施行された１９８６年、低所得の妻を「扶養」する夫が、妻の分の年金保険料を免除される「第3号被保険者制度」も始められました。その結果多くの女性が「扶養」の範囲内での労働にとどまって無償で介護・育児を引き受け続けることになり、保育施設などの増設は抑制され続けました。

企業のための労働時間の柔軟化

雇用の規制緩和政策が、そうした事態の背中を押しました。

雇用の規制緩和は、実は、１９８０年代の労働時間の規制緩和から始まっています。中曽根政権などの行革・規制緩和政策の下、均等法施行の翌年の１９８７年には、週48時間労働制を、40時間労働制として労基法に規定し、代わりにフレックスタイム制、1カ月単位・3カ月単位の変形労働時間制等などが導入されたからです。

敗戦後の労基法では、1日8時間、週48時間労働と、4週以内の変形労働時間が規定されていました。それが週40時間に短縮され、週休1日から2日制への道を踏み出したのだから、仕事と生活の両立はしやすくなる、と一般には考えられていました。

ところが、企業の多くは、仕事の量や人手は変えず、2日の週休を確保するために1日の労働時間を延ばすことで対応しました。

また、変形労働時間が1カ月・3カ月単位に延ばされたことで、繁忙期に長期にわたって極端な長時間労働を行わせた後で短時間労働の時期をはさみ、それらをならして週40時間にする、という働かせ方が可能になりました。育児や家事には、毎日一定の時間が必要なのに、長時間労働の時期はそれが難しくなったわけです。

一因としては、男性が圧倒的多数を占める大手労組が「家族を扶養するための賃上げ」を最優先課題とし、1日の労働時間規制に関心が薄かったことがあります。妻が家事・育児を担う「妻付き男性モデル」の労働者は、まとめて働いて、まとめて休むという方向での「柔軟」化でも困らなかったからです。

このようななか、１９７０年代には1日8時間前後に集中していた働き方が、１９８０年代以降、1日10時間、11時間の日もある、といった形で多様化、長時間労働化していきました。

これらは「働き手が好きな時に好きなだけ働ける柔軟化」として、プラスイメージで語られました。ただ実際は、「企業が好きな時に働かせることができる柔軟化」でした。

オランダでは１９９６年、短時間労働でも同じ仕事なら差別待遇をしてはならない「労働時間差別の禁止」が導入され、2000年には、働き手が働きたい日時を選べる権利も規定されました。日本の「柔軟化」では、このような働き手の権利が規定されていなかったのです。

雇用形態の規制緩和の推進

正社員の長時間労働化の中で、多くの女性が家庭との両立のため短時間労働も許される非正規へ向かうしかなく、1990年代半ばには、女性の5人に2人が、働き手全体の5人に1人が非正規になりました。「女性は夫がいるから」「家事や育児の合間の仕事だから」という偏見が、不安定で経済的自立が難しい働き方を抵抗なく社会に普及させることに役立ちました。

こうした非正規の広がりを土台に、1995年の「新時代の日本的経営」が、バブル崩壊後社会の人件費抑制の切り札として登場することになります。ここでは、正社員を原則とする労務管理が放棄され、パートや派遣などの非正社員、フリーランサーなどの独立自営業者を組み合わせた低人件費経営が提案されました。

1997年の「山一証券破綻」などの中で、この提案は企業の賛同を集め、男性も巻き込んだ非正規化の大波へと発展していきます。

均等法が制定された1985年、「男性並みの働き方である正社員では女性は働きにくい」(故高梨昌・信州大名誉教授)とされ、「女性が好きな時に働けて高度な働き方をつくる」をうたい文句に「労働者派遣」が解禁されました。当初、女性の多い仕事に限定されていた派遣です。これも、1999年、原則すべての業務で解禁され、契約社員についての規制も、この時大幅に緩和されました。

そんななかで非正社員の使い勝手の良さは飛躍的に上がり、正社員の採用が絞られて、家事や育児を抱えていない女性や、若い男性も非正規に追い込まれて行きました。こうして、2004年には働く女性の過半数が非正規となり、これに押し上げられる形で、2020年の時点では働き手全体の4割近くが非正規になっています。

日本の非正規は、失業手当や健康保険、年金などからも外されがちです。「女性や若者は、夫や親の保険があるから問題はない」という無意識の前提は、こうしたリスクも見過ごさせる役割を果たしてきました。こうして、低賃金で不安定なばかりか、いざというときの支えもほとんどない「半失業」の「ワーキングプア」が増え、社会の貧困化が進んで行きます。

2極化する女性たち

ただ、こうした変化は、いまや限界を迎えつつあります。

まず、1980年代以降の労働時間の「柔軟化」と非正社員の増加のなかで、正社員ひとりあたりの負担が増え、長時間労働が恒常化して過労死が問題化していきます。生活できる賃金と、無期雇用の安定した働き方とを保障するとされてきた正社員が、長時間労働で結婚も子育てもしにくく、時には死に至る状態に追い込まれていったのです。

一方で、低賃金の非正規の増加によって、経済的理由で子どもを持てない若い世代も増えていきます。これでは少子化が進むのが当たり前です。

少子化が進むと、次には労働力不足が始まり、女性が働かないと手が足りないという状況が生まれます。そこにサービス産業化が加わり、女性労働の必要性が一段と高まります。こうした女性労働者に男性並みの働き方の強要を続ければ、子どもは育てられず、労働力不足はさらに進みます。

つまり、両立できる仕組みをつくらないと日本社会は危機を脱出できない事態が生まれたのです。２０１２年末に登場した第2次安倍政権が、まがりなりにも「女性が輝く政策」として女性活躍を掲げたのは、そんなどん詰まり状況があったからです。

問題は、この政権が、家族主義の右派勢力と、新自由主義の研究者や企業経営者を基盤としていたことです。

新自由主義の「自己責任主義」によって、保育や介護についての公的負担はむしろ絞られ、その穴を埋めるため、保育園の株式会社化などの民営化路線が進められました。これらの中には人件費を絞り込んで企業の利益に回す動きも指摘されています。これらが保育労働や介護労働の劣化を生み、介護士や保育士の希望者の減少も招いています。

２０１５年には派遣法がさらに規制緩和され、派遣労働者が派遣先の社員になる道は極端に狭められました。また、「外国人家事支援人材」の名で、家事労働者を海外から移入し、人材ビジネスなどの利益の源泉として開放する方策も進められました。

公的な支えの弱体化に伴ない、それを「家族の自己責任」という形で、女性の負担増によって乗り切らせようとする動きも強められていきました。たとえば安倍首相は、第2次安倍政権発足直後、まず『生命と女性の手帳』を発行して「20代で出産しないと子どもが産みにくくなる」というライフスタイルの管理に乗り出します。これに対し、「産めないのは貧困と長時間労働のせい」という反発が女性たちを中心に上がりますが、さらに、出産奨励のための婚活促進も、推進されていきます。

２０１９年、15～64歳の女性の就業率は70・９％（総務省の労働力調査）に達し、グラフでも、２０１７年は年収３００万円超の女性の比率は上向いています。ただ、祖母の支えなどで、「男性並み」の働き方に合わせられる条件を備えた女性は浮上しましたが、一方で、そこから取り残される女性が多数を占める「女女格差」が始まっています。

まず、製造業からサービス産業への構造転換を背景に賃金全般が低下し、「夫や父の扶養」への依存が難しくなったなかで、女性が過酷な長時間労働やダブルワークを引き受けてでも自力で生計を支えざるを得ない動きが強まっています。2013年にNHKで、2015年に電通で起きた女性正社員過労死事件は、そうした現実の一端を垣間見せるものでしょう。また、女性の過半数は低賃金の非正規、正社員でも賃金は男性の7割台、という状態は続いています。

2019年には「働き方改革」によって「同一労働同一賃金」も登場しましたが、是正されているのは手当など周辺部分だけで、基本給はなお、蚊帳の外です。

生活を立てるため、結婚、出産・育児どころではない若い女性たちも多く、2019年は、出生数、出生率ともに3年連続の低下となりました。

こうした女性たちの労働実態は、「輝く」や「活躍」以前に、まともな労働時間と賃金、育児や介護の公的支えの充実、という基本的な政策が必要であることを、改めて「北京女性会議」25年後の私たちにつきつけています。

（竹信　三恵子）

人権としての社会保障構築に向けて

はじめに

2020年は、新型コロナウイルスで幕が開け、その対策における政府の施策は、「補償なき自粛要請」で国民を混乱に陥れました。結局、国民の切実な要求に対し、2020年度補正予算に1人当たり一律10万円の給付を盛り込みました。ただ、科学的にはウイルスに対し予防効果のない「布マスクを各世帯に2枚配布」する愚策を撤回することなく、約460億円をつぎ込んでいます。政府は6月末までには全世帯に配布するとしていますが、不良品が多く一時配布を停止し追加で8億円（妊産婦用のマスクの検品費用は「800万円程度だ」と強弁していますが、全体の検品費用は8億円）をつぎ込んで検品しています。

このような中で、感染者と死者は日に日に増加し、特に公衆衛生、医療・介護・福祉現場では相当の疲弊と混乱が起きています。この間、自民・公明連立政権が行ってきた健康自己責任の強調、市場化を基本とした社会保障改革は、感染症の拡大の下で混乱に陥ってきています。社会保障の将来展望を語る時、自己責任・市場化ではなく「人権」を基本にしなければならないことが、新型コロナ感染問題で改めて浮き彫りになりました。

介護現場で起きていること

2020年5月に、福井県の小規模多機能ホーム職員、熊本県の地域密着型事業所職員、熊本県の特別養護老人ホーム職員に緊急にインタビューを行いました。

職員の人員配置や賃金に関して、「常時人員不足でぎりぎりで運営していますが、職員で発熱があると、念のため連休を取っていただきますが、その間補充がないまま」、「日常的に人員不足が、介護現場の実情。職員に感染の可能性がある者が出た場合、業務遂行が困難になります」と語っています。

もともと介護の現場は賃金水準が他の職種と比べて低く、人手不足が深刻です。賃金は基本的に介護保険から支払われる介護報酬をもとに決められます。介護報酬は3年ごとに改定されますが、これまで行われた6回の改定で実質的にプラスになったのは2009年度だけで、それ以外はマイナス改定でした。安倍政権下の2015年度、2018年度介護報酬改定もマイナスでした。

「老人福祉・介護事業」の倒産件数は2016年から4年連続で110件前後に高止まりしています。このうち訪問介護、通所介護、短期入所が約8割を占めます（東京商工リサーチ調べ、及び帝国データバンク調べ）。

国は十分な賃金を支払えるだけの介護報酬を保障せず、ぎりぎりの人員で介護を担うようにしてきました。

熊本県の地域密着型事業所職員は、「介護職員は、小さな子や孫、高齢者を抱える女性が多く、いつも感染にびくびくしながら勤務しています。また、利用者の殆どが認知症の方なので、清潔の保持はかなり困難です。職員は消毒や換気に追われ、最低限の職員数では、本来の介護業務に手が回りません。多分、このような状況で感染者が出れば、休業どころか一気に廃業も覚悟しなければなりません」と訴えています。今回、新型コロナの問題が発生したことで、介護事業所は恐々としながら事業を続けています。出勤できる職員が減って過重労働になり、休業する事業所も出ています。NHKの調査では、政府から緊急事態宣言が出された直後、デイサービス、ショートステイ事業を中心に約900カ所が休業しています（NHK NEWS WEB 2020年4月21日）。

厚労省は、「『新型コロナウイルス感染症に係る介護サービス事業所の人員基準等の臨時的な取扱いについて』のまとめについて」（4月20日厚労省事務連絡）において、無資格でも訪問介護員として従事できる旨通知しています。緊急時なので介護サービスの内容を低下させてもかまわないというのが国の姿勢です。これでは介護の専門性を発揮できないし、「コロナ後」の人員配置基準の規制緩和の口実にされる可能性もあります。また、無資格者雇用の規制緩和は、低賃金労働の固定化、市場化を一気に進めてしまいます。

国は緊急時だからこそ、介護の職員に特別手当を公費で支給し、事業所の減収を補償するなど財政的責任を果たすべきとの国民的要求に、厚生労働省はやっと重い腰を上げ、5月22日、介護施設支援金を全事業所に拡大する方針を決めました。

介護保険が抱える深刻な根源的問題

介護保険は、金銭給付方式を採用したことで、公金支出禁止条項（憲法89条）をすり抜ける手法を講じ、株式会社の参入を許しました。憲法89条（公金支出禁止条項）は、「公の支配に属しない（公的でない）慈善、教育若しくは博愛の事業（医療、教育や福祉事業）に対し」公金支出を禁止していることから、営利を目的とする病院や社会福祉施設には公金が投入できないというものです。例えば、医療機関は、国公立、学校法人、医療法人等が経営し「公の支配に属する施設」だけですから、公金（診療報酬等）を投入しても憲法89条違反とはなりません。また、社会福祉事業においても、国公立、社会福祉法人等であれば「公の支配に属する施設」ですから、公金の投入は許されます。しかし、株式会社は「公の支配に属しない施設」になりますから、それらへの公金支出は許されません。

ところが、介護保険は、法律上利用者本人に金銭給付（通常は9割分）を行うことになっており、憲法89条違反とはなりません。憲法89条は、対象は「施設（団体）」で、個人に対する公金支出は違反とはしていません。例えば、生活保護、児童手当、年金等は個人（家族を含む）に給付するので、公金支出条項違反とはなりません。介護保険は形式上「事業者が公金（介護報酬）を受領している」ように見せていますが、これを代理受領方式（利用者本人が金銭給付を受けますが、個々人に給付するのは事務的にも煩雑になることから、事業者が本人に代わり受領している）と呼びます。

きわめて複雑な仕組みを採用していますが、要は介護保険が株式会社の参入を拡大することを目的としたからです。結果的にはその意向通りに参入は拡大しましたが、国民の生命・生活にかかわる分野に利益追求を第一義にした株式会社が参入したことで、「参入と撤退の自由」を持つ株式会社は、利益が出なければいつでも容易く事業を放棄し、利用者は取り残されてしまいます。

また、株式会社が大量に参入したことで、実質的に介護労働者の賃金が低く抑えられる結果を招きました。公的法人が介護事業所を運営する場合は、会計上利益追求や配当は許されていませんから、介護報酬が上がれば賃金も上昇する可能性が十分あります。しかし、株式会社の場合、そもそも利益を出し株主に配当することが目的の組織ですから、利益をいかに生み出すかに躍起になりますが、介護報酬は公定価格として設定され、どのような組織がサービス供給をしても、同じサービスであれば同額の介護報酬しか給付されません。つまり、株式会社は配当のために、利益優先の経営にシフトしがちで、場合によっては介護労働者の賃金を抑制することもあります。その結果、常時最低限度の人員配置で運営することとなります。

生命・生活を守る介護分野の市場化は、余裕を失い、必要なサービスを十分には供給できないし、ウイルス性の感染症の拡大の際には、機能不全に陥ります。この分野の公共性をいかに守るか、効率性ではなく「人権としての社会保障」の視点が極めて重要です。

医療崩壊危機の背景―効率化を追求する行政改革のつけ

新型コロナ感染者は世界で866万人（6月20日）、死者は46万人を超えました。感染が始まった当初は東アジアでの拡大が懸念されましたが、4月以降はヨーロッパ、アメリカで、5月以降はアフリカ、中南米に感染拡大しています。

このような状況下、ヨーロッパではドイツの死者が際立って少ないことが注目されています。スペインやイタリアでは、重篤な感染者を受け入れる病床が足りず命の選別さえ見られ、医療崩壊が起きています。その原因は、両国が1990年代に欧州単一通貨ユーロに参加するための基準を満たすために緊縮財政を実施し、医療、福祉や教育を中心に社会支出を大幅に削減したことにあります。

緊縮財政が断行された1990年以降の人口1000人当たりの病床数（図表1）をみると、スペイン、イタリアとも大幅に削減され、現在ではスペインは3・0、イタリアは3・4、とドイツの8・2に比べるとかなり低い水準となりました。

スペイン、イタリアと新型コロナ感染者数の規模が同程度のドイツが、死者数では極端に少ない要因はベッド数が他国より相当多いことにあります。ドイツでは平時には、「過剰病床」として批判にさらされましたが、感染症患者が急増する中で集中治療室（ＩＣＵ）病床数が約3万床あり、重症患者を適宜治療できる体制が功を奏したようです。

図表１　スペイン、イタリア、ドイツの感染者・死者と病床数

国　名	新型コロナ感染者	死亡者	人口1000人当たりの病床数		
			1990年	2000年	2012年
スペイン	24万5268人	2万7136人	4.5	4.0	3.0
イタリア	23万8159人	3万4514人	7.2	4.7	3.4
ドイツ	19万0118人	8882人	10.4	9.2	8.2

資料出所：新型コロナ感染者数、及び死亡者数は米ジョンズ・ホプキンズ大学公衆衛生大学院の2020年6月19日付けの集計を引用、人口1000人当たりの病床数は世界銀行資料より筆者作成

日本も、安倍政権の下で病床削減を実施しようとしています。厚労省が2015年に示した2025年の医療機能別必要病床数の推計によると、現行高度急性期19・1万床を13・0万床に、急性期58・1万床を40・1万床に、回復期11・0万床を37・5万床に、慢性期35・2万床を24・2～28・5万床（医療機能報告書では計123・4万床。医療施設調査では計134・7万床）を、2025年には119万床に削減するというものです。

厚生労働省は2019年9月26日、急性期機能病床の再編統合の必要があるとして公立・公

的病院424カ所を実名入りで公表しました。病床のダウンサイジングは、人命を経済的効率の物差しで考えているだけの愚策です。その意味では、ドイツの事例から私たちは多くを学ぶべきです。

また、日本では1990年代以降、行政改革の流れの中で公衆衛生の要である保健所が削減されてきました。保健所長経験のある浜松医科大学教授尾島俊之氏は、「公務員は国も地方も減り続けてきています。保健所もずいぶん統廃合がすすみました。その結果、保健所の数はピークから半数近くの472カ所まで減少し、職員の数も減らされました。その分、業務がどんどん増えています。今回のコロナは、そんな現場を直撃した」（NHK NEWS WEB2020年4月2日「コロナと闘う公務員たち　厚労省〝コロナ本部〟現場の保健所は」）と指摘しています。

また、WHO事務局長は、5月3日、先進国の医療制度は需要すれすれの水準で運営され、緊急事態への対応が難しい、との見解を示しました。

人権視点から社会保障を考える

政府は2019年12月、健康自己責任と財界におもねる社会保障の市場化を謳う全世代型社会保障検討会議中間報告を公表しました。同会議は、2020年6月には最終報告を公表するとしましたが、これまで（6月22日現在）計8回会議が持たれましたが、第7回会議（5月22日）では第2回目の中間報告を公表し、最終報告は本年末に延期するとしました。

今回の新型コロナ危機は、社会保障分野における新自由主義・市場原理主義を基本とした改革では人の生命・生活を守ることができないとの事実を、私たちに突き付けました。

例えば、国連大学の研究所報告書では、感染症の影響で収入や消費が20％減ると想定した場合、貧困ラインを下回る人が約4億2000万人増え、約10年前の水準にまで戻ると予想しています。

今国が行うべきは、国民の生命・生活が守られるように経済給付を優先し、社会保障の市場化を速やかに中止し、誰でもが健康で文化的な生活が営めるだけの社会保障水準を達成することです。そのためには、人を殺す兵器や軍事費を速やかに削減すべきです。韓国は、4月30日、新型コロナ対策として全世帯に支給する「緊急災害支援金」の財源確保に向けた補正予算を可決し、軍事費9897億ウォン（約850億円）の削減を含む総額12兆2000億ウォンが支援金として国民に給付されます。

このような時期に、安倍政権は「緊急事態条項」を書き込む憲法改悪を断行しようと目論んでいます。危機に乗じて国民の自由を奪い、政府・財界の都合の良い国家を作り出そうとしています。いわゆる「ショック・ドクトリン」です。新型コロナは、人権を最大限尊重した自由と民主主義、協調と協同でコロナ後の世界を構築するのか、全体主義・保護主義や排外主義を通して社会を変えていくのかの選択を私たちに迫っているのではないでしょうか。

（芝田　英昭）

性暴力・ハラスメント──世界と日本

110年ぶりに刑法改正

2017年、110年ぶりに刑法の性犯罪に関する規定が改正されました。親告罪規定の撤廃、強姦罪から強制性交等罪への構成要件の拡大により男性も被害者とされることになり、法定刑が「3年以上」から「5年以上」に引き上げられました。また、親などによる18歳未満の子どもに対する性的虐待について監護者性交等罪が導入され、暴行や脅迫等の要件がなくても処罰される改正が実現しました。こうした改正を後押ししたのが声を上げ始めた被害者の方々でした。

しかし、2017年改正では肝心な課題が先送りされました。現在の日本の刑法では無理やり性行為をしただけでは犯罪は成立せず、性犯罪といえるためには暴行または脅迫（刑法177条強制性交等罪）、心神喪失または抗拒不能（刑法178条準強制性交等罪）という要件が求められ、いずれの要件も非常にハードルが高く、性暴力が犯罪として処罰されることは稀です。被害者が「いやだ」と明確に拒絶しても、強い暴行や脅迫がない限り意に反する性行為は不処罰でいいのか？　改正の可否が問われれましたが実現しませんでした。

性暴力に寛容な日本社会

著しく狭い性犯罪の定義は、被害にあっても多くの人が泣き寝入りをせざるを得ない現実を生んでいます。最近の内閣府の調査によると、女性の7・8％、男性の1・5％が「無理やり性交された」という経験を持っていて、このうち警察に相談した人は全体で3・7％、女性は2・8％に過ぎず、男性は8・7％とされています。9割を超える人が誰にも相談していません。仮に相談して事件として立件されたとしても、マジョリティーの事案は起訴されません。2018年の報告では強制性交等罪で立件された1307件のうち約3割にとどまっています。こうして、被害が裁かれない状況が常態化することは、性暴力に寛容な社会構造を作り上げます。

2017年の刑法改正当時、NHKの番組「あさイチ」で紹介された視聴者アンケートは、「性行為の同意があったと思われても仕方がない」と男性が思う女性（被害者）側の行為として、「2人きりで食事」が11％、「2人きりで飲酒」が27％、「2人きりで車に乗る」が25％、「露出の多い服装」が23％、「泥酔している」が35％でした。合意でも何でもない行為を、性行為に対する合意だと誤解し、そう誤解されても「仕方がない」とする認識が横行している社会は被害者にとって極めて危険な社会といえるでしょう。

まるで性被害にあうのは隙をつくった被害者が悪いと言わんばかりの男性側の認識が明らかになったのです。こうした社会の意識が、性暴力の被害者の落ち度や自己責任を問い、責められるのを恐れて被害者は声を上げられなくなる、そして被害が繰り返されるという悪循環があります。

不正義への怒りが広がる

２０１７年10月、世界を#MeToo運動が吹き荒れ、世界の女性たちが性暴力に対する不処罰をこれ以上許してはならないと声を上げました。日本では同年、元ＴＢＳ記者による性暴力事件が不起訴処分となったことに疑問を呈し、実名で被害を告白した伊藤詩織さんのケースが注目されました。伊藤さんは性犯罪に寛容な日本社会のブラックボックスを開けようとしたのです。

伊藤詩織さんの事件は起訴されませんでしたが、２０１９年12月、彼女が提起した民事訴訟で東京地方裁判所は、元ＴＢＳ記者による性行為が伊藤さんの意に反するものだったと認定、加害者に賠償責任を認めました（被告が控訴中）。このケースは意に反した性行為であると民事裁判で認められても加害者を有罪とすることはできない、そして、民事訴訟をたたかうプロセスで声を上げた被害者への深刻な誹謗中傷が繰り返される、という問題を浮き彫りにしました。

２０１９年3月、4件の性犯罪に関する刑事事件で次々と無罪判決が出されました。このうち3件は、加害者が被害者の意に反して性行為をおこなったこと、うち2件では被害者が抵抗できない状況であったことを裁判所が認めたにもかかわらず、無罪と判断されたのです。

このうち福岡地裁久留米支部の無罪判決で裁判所は、被害者は酔って抵抗できない状況にあったものの、加害者はそれを認識していなかった可能性がある、被害者が声を出したり目を開けたから同意があったと誤解したという被告人の言い分を認めて無罪判決を下しました（福岡高裁で逆転判決）。名古屋地裁岡崎支部は、19歳の女性が中学校2年生の時から実の父親による性虐待を受け、性行為を受け入れないと殴られたり、経済的制裁を受ける状況にあったとしながら、「抗《こう》拒《きょ》不能」（身体的または心理的に抵抗することが著しく困難な状態）とは認められないとして無罪判決を下しました（名古屋高裁で逆転判決）。

一連の無罪判決は、相手の意に反して性行為をしただけでは、加害者は犯罪をしたとは認められず無罪となるという法制度の現実とその不当性を社会に突きつけました。強制性交等罪における暴行や脅迫、準強制性交等罪における心神喪失または抗拒不能という要件がきわめて狭く解釈され、さらに加害者に無理やり性行為をしたという故意がないと認定されれば無罪になってしまう現実が明らかになったのです。

この不正義への怒りが広がり、2019年4月から全国でフラワーデモが始まり、女性たちが声を上げました。Change.orgでは10万の署名が集まりました。これらが後追しとなり、2020年4月から、法務省は刑法改正に向けて本格的に取り組むため、有識者の検討会を発足させました。世論が政治を動かしつつあります。

変化する世界、立ち遅れる日本

諸外国ではどこも日本と同じように、かつて刑法・性犯罪規定に、暴行や脅迫などの要件がありましたが、この20年ほどの間に、「同意のない性行為は犯罪」へと概念が変わり、性犯罪の法改正が進んでいます。

一番先端を行くのがスウェーデンです。2018年7月1日、「Yes means yes」、つまり、自発的に参加した性交でなければレイプであり、犯罪であるという新たな性行為同意を定めた刑法改正が実現しました。「Yes」以外はすべて「No（自発的でない）」と解釈し、性的侵害を処罰する法制です。犯罪の成立にあたっては、相手が同意して自発的に性行為に参加したかどうかが問題であり、加害者側が暴力や脅迫をもちいたか、あるいは加害者が抵抗できない状態だったかは要件とされません。

イギリス、カナダ、ドイツなどでは、「No means no」つまり拒絶しているのに意に反して無理やり性交をした場合にレイプが成立するとする法律改正を実現しています。

アジアでも、韓国、台湾では、性犯罪被害の実情にあわせた法改正がされ、犯罪の対象が広がってきています。台湾では上司、教師、コーチなど、地位関係性を利用した性犯罪を詳しく規定して立場の弱い被害者を保護しようとしています。

こうした法改正が進む中、日本はあまりにも立ち遅れています。諸外国に倣い、不同意性交罪や地位関係性を利用した性犯罪規定を創設し、被害者を守る必要があります。

日本は性交同意年齢についても立ち遅れています。

日本の性交同意年齢は13歳ですが、ドイツでは14歳、台湾でも14歳、フランスは15歳、カナダ、イギリス、フィンランドでは16歳とされています。日本の現行法は、被害者が13歳以上であれば、教師や周囲の大人から同意のない性交をされても、暴行、脅迫、心神喪失、抗拒不能などの要件を立証しない限り加害者は処罰されないことになります。性教育が実質的に行われていない日本で、子どもたちは被害にあっても、されている行為の意味が分からず、拒絶が困難であることが多いでしょう。低すぎる性交同意年齢は諸外国と比較しても異例であり、国際水準での改正が求められます。

法改正で厳罰化を

今年は刑法改正3年後の見直しの年、2020年です。私たちヒューマンライツ・ナウは、刑法の改正案を今年6月に発表しました。改正案は、刑法177条の強制性交等罪を不同意性交等罪に改正し、同意のない性行為をした場合は処罰をすることを求めています。「同意のない」ことを明確化する要件として、有形力の行使、威迫、不意打ち、監禁なども提案しています。

また、準強制性交等罪については、「抗拒不能」という非常にあいまいな要件を具体化する必要があることから、スウェーデンの条文にならって、明確に、被害者側の脆弱な状況を特定し、それを利用したということであれば有罪にする、たとえば、睡眠中や酩酊、困惑に乗じる、病気や障害があるなどの状況を利用した場合は、同意の有無にかかわらず、準強制性交等罪が成立するようにする法改正を求めています。

さらに、地位関係性を利用して性行為をした場合は、フィンランド、台湾など多くの国で特別の処罰規定があります。日本でも同様の規定を導入すべきと考え、台湾の規定を参考に、親族、後見人、教師、指導者、雇用者、上司、施設職員などを列挙し、そうした地位を利用した場合は、同意の有無に関わらず処罰することを提案しました。未成年にとどまらず、成人であっても、上司や指導教官との依存関係により性行為を断れない状況は広くあり、脆弱な立場を利用された性暴力は広がっています。脆弱な立場の人が守られるよう、地位関係性を利用した性犯罪規定を日本においてもぜひ実現する必要があります。

私たちの提案では子どもに対する保護として、性交同意年齢の16歳への引き上げ（18歳未満同士で年齢差が2歳以内を除く）、16歳未満の子どもに対する性犯罪の厳罰化、地位関係性を利用した18歳未満の子どもに対する性犯罪の厳罰化も求めています。

専門家の会合が私たちの提案を考慮し、2021年に国会で法律を改正することを私たちは求めています。

#MeToo運動以降、セクハラに関する世界の動きと日本

セクハラについても日本の深刻な被害が改めて報道されるようになりました。2018年には、財務省事務次官（当時）に執拗なセクハラを受けていたとしてテレビ局の女性記者が被害を告発しました。当時の事務次官は退職し、財務省はセクハラを認めて謝罪したものの、麻生財務大臣は「セクハラ罪はない」などと開き直りました。

２０１９年の男女雇用機会均等法（以下、均等法）等改正にあたり、就活セクハラ、雇用関係にない取引先、取材対象からのセクハラ、性的マイノリティに対するセクハラなど、これまでスポットライトが当たってこなかったセクハラ被害について声が上がり始め、実効的な法改正を求める機運が起きました。

２０１９年、ＩＬＯでは暴力とハラスメントに関する国際条約が採択されました。

条約４条には以下のことが明記されています。

・暴力とハラスメントを法的に禁止する。
・執行および監視のための仕組みを強化し、確立する。
・被害者が救済及び支援を受けられるよう確保する。
・制裁を設ける。

日本では均等法により雇用主に対しセクハラ防止や対応に関する措置義務が規定されていますが、罰則付きの法的禁止規定がなく、被害救済、監視等のメカニズムも十分とは言えません。

また、ＩＬＯ条約2条は実習生、就職志望者、契約上の地位のいかんを問わず働く者を保護の対象としています。また、6条では、女性労働者のほか、脆弱なグループが条約の対象とされると規定され性的マイノリティが想定されています。日本でも被害実態に即して対象者を拡大した被害の保護が必要です。

２０１９年、均等法等の一連の改正により、パワハラ防止法ができ、２０２０年6月から施行されましたが、２０１８年以降提起され続けてきたセクハラに関する法改正提案のほとんどは実現せず、改正は相談者への不利益取り扱いの禁止などごく一部にとどまり、罰則付きの禁止規定の導入は見送られました。法による保護の対象の拡大についても法改正から見送られました。改正が見送られたかわりに、声のあがった多くの論点への対応を求める、詳細な付帯決議が採択されました。付帯決議の適切な実施とともに、今後の法改正が国際基準に即して確実に行われて行くことが必要です。

性暴力のない社会を目指して

これまで多くの人が意に反する性行為の被害にあいながら、被害を回復するすべも社会からのサポートもなく社会的に孤立したまま苦しみ続けてきました。全国各地で広がったフラワーデモで、被害者の多くが初めて沈黙を破り、声を上げました。性暴力のない社会を実現するためには、勇気を出して声を上げた被害者の願いが叶い、被害者の視点に立った法改正が実現すること、被害者が社会的にも法的にもサポートを受け救済を得られること、被害者への誹謗中傷などのない社会を実現することが必要であり、今こそそのことが切実に求められています。

（伊藤　和子）

性教育の現状と課題

はじめに

　２０２０年は１９９５年の北京女性会議から25年目にあたり、ＳＤＧｓ（持続可能な開発目標）では２０２０年から30年までの「国連行動の10年」のスタートの年でもあります（注１）。そして２０１９年末に改定された日本政府のＳＤＧｓ実施指針では、優先課題として「ジェンダー平等の実現」が加わることとなりました。

　しかしながら日本社会におけるセクシュアルヘルスは、普遍的人権として捉えられているとは到底言い難く、またセクシュアルヘルスの実現のための権利としての性教育も充分に保障されていないという現状があります。一方で少しずつではありますが前進しつつある側面もあります。本稿では日本の性教育の現状がなぜ攻撃されるのかを概説し、今後の性教育の在り方について課題を提起します。

性教育とはどのような教育か

　性教育と一言でいっても、性教育の内容は多岐にわたります。どのような性の現実に向き合っているかによって異なります。筆者は性教育を包括的性教育として捉えています。包括的性教育とは、２００９年（２０１８年に改訂版）にユネスコによって出された「国際セクシュアリティ教育ガイダンス（以下、「ガイダンス」）」によると、以下のように定義づけられています。

「包括的性教育はセクシュアリティを精神的、心理的、身体的、社会的側面から捉えたうえで、カリキュラムに立脚した性教育のことである。自らの健康・幸福・尊厳への気づき、尊厳の上に成り立つ社会的関係・性的関係の構築、個々人の選択がいかに自己・他者に影響し得るのかという気づき、生涯を通して自らの権利を守ることへの理解と具体化できるための知識、スキル、態度、価値観を子どもに身につけさせることが主な目的である」。

　この定義からは、性は人権であり、人権保障の重要な柱として性教育が位置付けられていることがわかります。人権の定義としてよく耳にするのは、「人間が人間らしく生きていくために欠くことのできない、誰にも生まれたときからそなわっている権利の総称」です。「人間らしく生きる」とは、自分で自分の生き方を選択できることと言えるでしょう。選択するにあたって幅広い情報・教育が必要になります。また様々な選択を保障する社会の仕組みが必要になります。どう生きるかという時に、性は広く深く関わります。性に関する必要な知識とスキルを得て、人間関係のあり方についての学びを踏まえ、ここちよく生きるために必要な性的自己決定能力を高めることにつながるのが人権を基軸とした性教育です。

そして性教育の内容は多岐にわたります。「ガイダンス」では図表1のように8つの柱（基本的構想）があげられています。改訂版では国連女性機関が加わったことによって、よりジェンダー平等の実現に向けた内容となっています（注2）。またこうした幅広い内容を、単発の外部講師に委託するのではなく、あらゆる教科や教科外の教育活動を通して展開していく必要があります。

なぜ性教育は攻撃されるのか

セクシュアルヘルスの実現にあたって、性教育が保障されることは不可欠な権利であることが、国際的な宣言においても確認されてきました。しかしながら日本の教育現場では性教育を扱いづらい状況が続いています。

図表1　「ガイダンス」における性教育の基本的構想

人間関係

❶ 家族
❷ 友情・愛情・恋愛関係
❸ 寛容、包摂、尊重
❹ 長期的な関係性と親になること

価値観、人権、文化、セクシュアリティ

❶ 価値観とセクシュアリティ
❷ 人権とセクシュアリティ
❸ 文化、社会、セクシュアリティ

ジェンダーの理解

❶ ジェンダー・ジェンダー規範の社会構築性
❷ ジェンダー平等、ステレオタイプ、ジェンダーバイアス
❸ ジェンダーに基づく暴力

暴力、安全の確保

❶ 暴力
❷ 同意、プライバシー、からだの保全
❸ 情報コミュニケーション技術（ICTs）の安全な使い方

健康とウェルビーイング（幸福）のためのスキル

❶ 性的行動における規範と仲間の影響
❷ 意思決定
❸ コミュニケーション・拒絶・交渉のスキル
❹ メディア・リテラシーとセクシュアリティ
❺ 援助と支援を見つける

人間とからだの発達

❶ 性と生殖の解剖学と生理学
❷ 生殖
❸ 前期思春期
❹ ボディイメージ

セクシュアリティと性的行動

❶ セックス、セクシュアリティ、生涯にわたる性
❷ 性的行動と性的反応

性と生殖に関する健康

❶ 妊娠と避妊
❷ HIV/AIDSのスティグマ、ケア、治療、支援
❸ HIVを含む性感染症リスクの理解・認識・低減

※ユネスコ編、浅井春夫、艮　香織、田代美江子、福田和子、渡辺大輔による仮訳
資料出所：『国際セクシュアリティ教育ガイダンス　科学的根拠に基づいたアプローチ』（明石書店、2020年確定）

①子どもを〈性〉から遠ざけたいとする「子ども観」

それは第1に人権として性が捉えられていないことによります。性教育が性行動を活発化させるのではないことを示す研究結果があるものの、子どもが性の知識を得ることで性行動が活発になることを案ずる、教員や保護者の「子ども観」の問題があります。これは障がいのある子どもに対してはより強まる傾向にあります。既に子どもたちは様々な情報を得ており、性のトラブルを経験している者も少なくありません。そこで禁欲主義教育や道徳的な内容を説いても子どもの現状に合致しているとは言えないのです。

②性教育バッシングの影響―2000年前後

また第2に、2000年前後に起きた性教育バッシングの影響があります。一連の性教育バッシングは新保守主義に基づくものでした。バッシング側が目指すのは社会を構成する単位として「家族」を置き、「家族・共同体における責務を明確化」し、諸問題を自己責任のもとに家族に吸収させようとするものです。よって「伝統的家族」や「母性」「父性」のように、伝統的保守的価値観への回帰を目指すものや固定的性別役割分業の強調に固執します。性教育は性の自己決定や多様性、必要な知識の獲得に関わる内容を含みますから、攻撃の対象とされたのです。2000年前後にリプロダクティブ・ヘルス／ライツや、多様な家族、多様なセクシュアリティや日本軍「慰安婦」といったテーマが攻撃されたことにもそれは表れています。また七生養護学校（当時）への攻撃は、東京都の教育が、教育基本法を国家主義的・新自由主義的に改悪しようとする流れの中で起きています。つまり、性教育バッシングは極めて政治的な動向の中で起きたものであって、子どもにとって必要な性教育とは何か、その内容を真剣に議論することをそもそもの目的としていなかったのです。

③性教育バッシングの影響―2018年

2018年にも性教育実践を行った教育現場への政治介入が起きています。2018年3月16日の東京都議会文教委員会で、都議が区立中学校の性教育実践を、学校名と教員名を明らかにし問題視する発言をしました。それに対し都教委は、①総合的な学習の時間における人権教育の学習とする根拠が不明瞭であり、教育課程上の位置づけに課題がある、②学習指導要領にない性交や、高校で指導する避妊、人工妊娠中絶といった内容を取り上げ、中学生の発達段階に合わない内容、指導がされていた、③必ずしも保護者の十分な理解を得ないまま授業が実施されたことを課題としてあげています。さらに「是正」するために区教委との連携した授業の検証、当該校の管理職と全教員に指導、全都各種会議での周知、都内公立中学校全校において性に関する指導が適切に実施されるよう指導すると答弁しました。

その後の公開報告（4月26日）において、都教委では今後の対応として学習指導要領（文部科学省、平成20年3月）と保健体育の手引き（文部科学省、平成26年3月）、「学校における性教育の考え方・進め方」（文部省、1999年）の性教育に関する「基本的な考え方」の確認と取組方法の「認識の共有化」を図るとしています。例として「学習指導要領を超える内容」を指導する場合、事前に学習指導案を保護者全員に説明、理解・了解を得た生徒を対象に「個別指導（複数同時指導も可）」の実施をあげています。また「学習指導要領を超える内容」を指導する際の留意点等について、「全区市町村教育委員会及び全都立学校に周知」するという報告でした。これに対し、教育委員は議論の重要性や学習権、「現場が委縮」しないようにとしつつも、都教委の是正指導に関する異論はありませんでした。また家庭教育に重点を置いた意見（性教育は家庭教育の範疇である等）が出されました。

2003年の七尾養護学校事件以来、教育現場で踏みこんだ実践が困難になっている一方で、名指しでの言及のみをとっても、教育への不当介入に他なりません。今回のバッシングも単に性教育のみに向けられたものではなく、憲法改正や家庭教育支援法案の成立に向けた動き、行政主導の婚活や妊活奨励、健全育成条例等々に貫かれている理念と重なる部分が多くあります。

しかしその後の定例都議会の質問で東京の性教育のあり方が議論され、またマスメディアによる肯定的な報道やオンライン署名の後押しもあり、小池都知事も性教育を子どもの「人格の完成を目指す教育の一環」であると述べました（注3）。都教委は足立区の指導内容に変更を求める考えはないとし、授業を容認する姿勢を示していますが、一方で東京都の性教育の手引が改訂されました。性教育の定義が明確ではないまま「発達段階」を踏まえることや学習指導要領が重視され、保護者の了解を得ることが記されており（注4）、子どもの現状を軸とした豊かな性教育実践へのハードルがより高まることになりかねない内容となっています。

④制度的基盤の脆弱性―学習指導要領と男女共同参画社会基本法の記述から

バッシングに加え、第3に制度的基盤の脆弱性がありまず。まず、学習指導要領の位置づけの問題があります。前述したように2018年のバッシングでも学習指導要領の「逸脱」が話題となりました。しかしながら、そもそも学習指導要領は大綱的な位置づけであり、地域や学校の実態に応じて教育課程を編成するものです。そして必要に応じて学習指導要領に記述のない内容も加えることができることが総則に書かれてあるものの、実際は〝はどめ規定〟が性教育の創造的発展を阻害しています。

「性交」については「人の受精に至る過程は取り扱わないものとする」（小学校5年生「理科」）、「妊娠や出産が可能となるような成熟が始まるという観点から、受精・妊娠を取り扱うものとし、妊娠の経過は取り扱わないものとする（中学校学習指導要領第3学年「保健」）」となっています。

はどめ規定ではないものの、家族への感謝が強調されることを目標に掲げることの問題（小学校5年生「家庭」、中学校「家庭科」）や、制度面の課題に「深入りしない」といった記述もあります。社会の課題に向き合う記述がありつつも、権利行使の主体として行動する権利学習の不在からは、「自己責任」を重視しているのは明確です。LGBT／SOGIは高校の教科書に記載されましたが、学習指導要領には記述がありません。

また、性に関わる記述のある基本法の一つとして、男女共同参画社会基本法（以下、基本法）ならびに第4次基本計画（以下、基本計画）がありますが、セクシュアルヘルスと教育に関する記述には注視すべき内容があります。基本法は女性差別撤廃条約の批准や国際社会における差別撤廃の潮流を汲んで1999年に制定されました。基本計画では、幅広い年齢層に対して、人権に関する法令や条約等（女性差別撤廃条約やSDGs等）の理解に向けた教育・啓発活動の実施が記されているものの、初等中等教育では、発達段階に応じ、学校教育全体で「人権の尊重、男女の平等や男女相互の理解と協力の重要性、家族や家庭生活の大切さ等」について「指導」すると記されています。また「結婚、妊娠、子供、子育てに温かい社会の実現に向け、「家族の日」（11月の第3日曜日）や「家族の週間」（家族の日の前後1週間）において、様々な啓発活動を展開し、家族や地域の大切さ等についての理解」の促進を促しています。

その他の内容を見ても、意識の醸成に重点が置かれており、法的権利や権利行使の主体としての当事者性を持ち得る内容は少ないといえます。また進路や労働、家庭生活、リプロダクティブ・ヘルス／ライツは、個人の多様性や選択性ではなく、社会の問題解決のための固定的な価値基準に基づく記述が散見されます。性暴力やメディアと性の教育・啓発の記述が多い背景には性被害の問題があることによりますが、「性の恐怖教育（性のリスク強調の脅し教育）」となりかねないといった特徴があります　2020年6月には関係府省横断で「性犯罪・性暴力対策の強化の方針」が策定され、幼少期からの「予防教育」や教職員研修がもり込まれました。これを包括的な性の学びにどのようにつなげていけるかは大きな課題です。（注5）。

おわりに

性教育の内容や実施者については一枚岩ではなく、子どもに寄り添った実践を自主的に編成するには未だハードルが高いという現状があります。しかしながらバッシングの余波がありながら、その必要性に関する認識は確実に高まりつつあります。それは民間団体や教育や保育の現場に関わる人、医療、看護、福祉、研究者、市民、マスメディア等々と様々な協同連携によるところが大きく、希望を感じます。

日本の現状と課題を明確にするにあたって、日本が批准している人権や性に関わる国際条約の委員会―女性差別撤廃委員会（ＣＥＤＡＷ）や社会権規約委員会（ＣＥＳＣＲ）、自由権規約委員会（ＨＲＣ）、子どもの権利委員会（ＣＲＣ）からの勧告（注6）を共有し、今後の性教育の理念やそれをどう実践に具体化するかについて、幅広い議論を重ねていきたいものです。

（注1）United Nations、（２０１９）、The Sustainable Development Goals Report ２０１９

（注2）浅井春夫、艮香織、田代美江子、福田和子、渡辺大輔（２０２０）、『改訂版　国際セクシュアリティ教育ガイダンス―科学的根拠に基づいたアプローチ』、明石書店

（注3）季刊ＳＥＸＵＡＬＩＴＹ、（２０１９）、『東京都における性教育をめぐる新たな動き』、89、エイデル研究所

（注4）茂木輝順、（２０２０）、季刊「人間と教育」１０４号（２０１９年冬号）、特集総点検！日本のジェンダー問題、東京都教育委員会『性教育の手引』（２０１９年）への疑問、民主教育研究所

（注5）「性犯罪・性暴力対策の強化の方針」http：//www.gender.go.jp/policy/no-violence/seibouryoku/measures.html（2020.6.28アクセス）

（注6）艮香織、（２０１９）、季刊『人間と教育』１０３号（２０１９年秋号）、特集「子ども」が消える!?、子どものセクシュアルヘルス・性教育と「子どもの権利条約」、民主教育研究所

（艮　香織）

ジェンダー平等と右翼的潮流

はじめに

1995年9月、日本からも多くの女性たちが参加して北京で開かれた世界女性会議の影響は大きく、日本でもジェンダー平等の新たな波がおきました。

特に、日本軍「慰安婦」問題をはじめとした戦時性暴力の問題が注目を集めたほか、北京行動綱領に基づき、日本では男女共同参画の動きが進み、1999年の男女共同参画社会基本法の全会一致での制定につながりました。以降、各自治体で男女共同参画の推進に関する条例の成立が相次ぎ、様々な施策も行われていきました。

しかし、こうしたジェンダー平等への動きに反発した右派によるバックラッシュ（反動）の動きが、90年代半ば以降、顕著になっていきます。特に日本軍「慰安婦」問題や選択的夫婦別姓への攻撃が、そして2000年代に入ると男女共同参画や性教育へのバッシングが激しくなっていきました。この一連のバックラッシュの主要なリーダーが、現首相の安倍晋三議員でした。

北京からの25年間は、ジェンダー平等を目指す人たちにとって、右派によるバックラッシュとのたたかいの時代だったといえます。本稿では、とくに「家族」をめぐる動きに焦点を当てつつ、ジェンダー平等に反対してきた右翼の潮流を振り返ります。

選択的夫婦別姓、「慰安婦」問題と右派ネットワークの広がり

1990年代半ばごろから選択的夫婦別姓に反対する右派の動きが顕著になり始めます。1995年9月、法制審議会の民法部会が中間報告を発表し、翌1996年に同審議会が選択的夫婦別姓を盛り込んだ民法改正案を答申したことがきっかけでした。右派は1995年12月に、「家族の絆を守り夫婦別姓に反対する国民委員会」（渡部昇一代表）を設立し、1997年に、日本最大の保守団体「日本会議」が発足すると、地方議会の決議や大規模集会の開催、大規模署名運動、国会陳情活動などの反対運動を集中的に展開し、別姓法案の上程を阻止し続けま

した。

また、1996年6月に、文科省による中学校の教科書検定の結果が公表され、全ての中学校の歴史教科書に「慰安婦」問題の記述が入ることが明らかになりました。これに対して右派は大きな危機感を持ち、同年末に「新しい歴史教科書をつくる会」が、1997年には、中川昭一、安倍晋三議員らによる「日本の前途と歴史教育を考える若手議員の会」が結成されます。そして新たな層の市民が「つくる会」教科書採択運動などを通じて右派の運動に参入していきます。北京会議で「慰安婦」問題についての問題意識が高まり、国内外でNGOの活動が活発になったにもかかわらず、日本社会では「慰安婦」問題を否定する歴史修正主義が蔓延し始めたのです。これは女性の人権やジェンダー平等への攻撃であるとともに、右派の運動ネットワークが広がったという重要な意味を持っていました。

男女共同参画や性教育へのバックラッシュ

1999年、男女共同参画社会基本法が制定され、2000年ごろから地域での男女共同参画条例作りの動きが盛んになると、日本会議を中心とした右派は男女共同参画や性教育へのバックラッシュの動きを起こしていきます。具体的には、男女共同参画条例の制定、性教育や男女混合名簿などのジェンダー平等教育の実践、男女共同参画センターの講座やセンター資料室の蔵書、行政や外郭団体が発行した冊子などへの攻撃を展開していきました。右派は、男女共同参画は雌雄同体のカタツムリのように人間を完全に中性化し、伝統的な家族の崩壊を招くものであり、「ジェンダーフリー」はフリーセックスと同じなどという荒唐無稽な論を『産経新聞』などの右派メディアやインターネットを使って拡散していきました。

男女共同参画や性教育への反対運動を展開する上で、つくる会の教科書採択運動で作られた右派市民や地方議員のつながりが有効に機能しました。そして国会議員や『正論』などの右派論壇誌、統一教会系の『世界日報』などの右派メディアとも連携して、ジェンダー平等への攻撃を展開していったのです。

2001年に発足した、日本会議の女性組織「日本女性の会」は、バックラッシュ最盛期に男女共同参画に反対するために結成された団体です。同会は「家族の絆」や「家庭教育の充実」を訴え、男女共同参画や夫婦別姓を批判する内容の集会を開催し、大規模な署名運動を展開していきました。

さらに2005年3月には、自民党が「自民党過激な性教育・ジェンダーフリー教育実態調査プロジェクトチーム」(安倍晋三座長、山谷えり子事務局長)を立ち上げ、「実態調査」を実施し、シンポジウムなどを開催しました。そして同年12月、国の第2次男女共同参画基本計画で、「ジェンダーフリー」という文言を国としては使わないことが明記され、バックラッシュはひと段落していきます。しかし、その後、国や自治体は「ジェンダー」や「ジェンダーフリー」という文言の使用を避けるようになり、男女共同参画の施策は腰がひけ、予算も減り、厳しい状況に陥っていきました。

家庭教育の推進と「伝統的家族」

2006年9月に、第1次安倍政権が発足します。そして、「教育再生」を掲げた安倍首相のもとで、2006年12月に改正教育基本法が成立しました。この「改正」では、新たに「愛国心」条項が盛り込まれたほか、10条に「家庭教育」が導入されました。そして政府は2007年度から「家族の日」(11月第3日曜日)と、「家族の週間」(家族の日の前後1週間)を導入し、「家族や地域の大切さについての理解の促進」のための啓発活動などを行っています。

教育基本法への「家庭教育」導入と連動して、民間では、「親学」を推進する運動が始まっていました。「親学」は教育の原点は家庭という考え方のもとに、「親のための学び、親になるための学び」を伝えるとするものです。2005年12月には、PHP親学研究会が「改正教育基本法を具体的に推進する」目的を掲げて発足し、2006年1月には「親学推進協会」(発足時会長は木村治美氏、現会長は高橋史朗氏)が設立されています。

2012年4月には、超党派の「親学推進議連」(安倍晋三会長)が発足し、「家庭教育支援法」の年内成立を目指しましたが頓挫しました。同年5月に大阪維新が提出を予定していた大阪市の家庭教育支援条例案が明らかになり、その条例案に、発達障害は「乳幼児期の愛着形成の不足」に原因があり「わが国の伝統的子育てによって予防、防止できる」と書かれていたことが大きな批判を浴びたためです。

しかし、2012年の熊本県を皮切りに、自治体での「家庭教育支援条例」の制定が相次ぎ、2020年5月時点では8県6市で制定されています。この条例は多くの自治体で自民党議員による議員立法で制定されているのも特徴です。また、今年可決され、話題になった香川県のゲーム規制条例も、家庭での保護者の責務などを定めており、家庭教育支援条例の流れにあるものといえます(注1)。

そして自民党は2014年から自民党青少年健全育成推進調査会に設置したプロジェクトチームで、家庭教育支援法案を検討中です。この法案が通ると、家庭や私的領域への国家や地方公共団体などによる介入を許すことが懸念されます。

家庭教育を推進する右派論者がモデルとしてよく挙げるのが、1979年、大平政権時代の「家庭基盤の充実に関する対策要綱」で、これは「日本型福祉社会の創造」を掲げ、

「責任と負担・自助・相互扶助」を強調し、性別役割分業を強化する内容でした。復古主義的な伝統的家族や家族の絆といった考え方と、自助努力、自己責任といったネオリベラリズムとが合体したものだといえます。

さらにこの動きは、自民党が2012年12月に発表した改憲草案に直結しています。自民党改憲草案は、現行24条に「家族は、社会の自然かつ基礎的な単位として、尊重される。家族は、互いに助け合わなければならない」という、「家族保護条項」を新たに加えています。個を蔑ろにして家族を社会の基本とし、さらに家族間での自助努力を要求しているのです。

改憲への動きと「女性の活躍」

2012年12月に第2次安倍政権が発足します。これに伴い、日本会議をはじめとした右派は、安倍政権の間に憲法改正という悲願を掲げ、改憲運動を本格化させました。日本会議は、2014年に新たな改憲団体「美しい憲法をつくる国民の会」（櫻井よしこ、田久保忠衛、三好達共同代表）を立ち上げ、憲法改正に向けて各地での集会の開催やキャラバン、1000万人署名運動などを展開しています。毎年5月3日に開かれる改憲集会には、安倍首相がビデオメッセージを寄せるのが慣例となっており、政権との関係の近さが窺われます。

また、右派勢力は女性をターゲットとした改憲運動も展開しています。例えば「日本女性の会」は各地で「憲法おしゃべりカフェ」などと題した女性対象の勉強会を開いています。2014年には、冊子『女子の集まる憲法おしゃべりカフェ』（百地章氏監修、日本女性の会など編集協力、明成社）が発行され、マンガや動画版も作られました。憲法改正についての女性たちの質問に男性のカフェのマスターが答えるというストーリーです。2015年には自民党の憲法改正推進本部も『ほのぼの一家の憲法改正ってなあに?』というマンガを発行。憲法改正に不安を抱える母親を曽祖父らが説得するという内容です。これらの冊子では、女性は知識がなく、男性に改憲の必要性について教え諭される側として描かれており、右派の女性観が垣間見えます。

このように24条も含む改憲への動きを推し進める中で、安倍政権はアベノミクスの経済政策の一環として「女性活躍」を打ち出すようになりました。2015年には女性活躍推進法が、2018年には、政治分野における男女共同参画法が成立しました。海外への「女性が輝く社会」アピールとして外務省主導で「国際女性会議WAW!」を開催したり、国連が「持続可能な開発目標（SDGs）」を採択し、その中に「ジェンダー平等」項目が含まれていることから、バックラッシュにより消されていた「ジェンダー平等」の文言が多少復活するなど、一見、政府がジェンダー平等に取り組んでいるように見える状況です。ですが、多くの自治体では「男女共同参画」は「女性活躍」や「少子化対策」に取って代わられており、「ジェンダー平等」という文言が復活したところで、女性差別撤廃は打ち出されておらず、安倍政権の「女性活躍」と同様の意味で使われることが多く、その内実が問われる状態です。

安倍首相は2015年にはアベノミクスの「新3本の矢」の一つとして「夢を紡ぐ子育て支援」を打ち出し、「希望出生率1・8」を掲げました。そして3世代同居の推進や、少子化対策として結婚を推進する「官製婚活」や、若い女性に「卵子の老化」を教え込む「ライフプラン教育」などが行われていく中で、女性の性と生殖に関する権利（リプロダクティブ・ライツ）は軽視されています。さらに、自民党は2018年、LGBTについての「基本的な考え方」の中で「理解増進」を進める立場を打ち出しましたが、同性婚には反対し、「ジェンダーフリー」論の否定を入れ込むなど、LGBTに寛容なように見せながら、実際には多様な家族のあり方や人々の生き方を許容しているとはいえません。

右翼的潮流のこれから

2020年に入り、新型コロナウイルスの感染が拡大する中で、安倍首相は4月に緊急事態宣言を出しました。改憲右派はこれを利用し、「美しい日本の憲法をつくる国民の会」は憲法に緊急事態条項を導入すべきだという主張を前面に押し出し、オンラインでのチラシ配布キャンペーンなどを行っています。

さらに2020年2月、自民党女性局は女性に向けた改憲パンフレット『幸せのカタチ』を発行しました（注2）。「女性は特に9条改正へのアレルギーがある」からパンフを制作したと報道されています（注3）。また、2019年3月に設立された、稲田朋美議員らを共同代表とする自民党の議連「女性議員飛躍の会」も、女性への改憲の必要性をアピールするために各地での街頭演説や勉強会などを開催しています（注4）。

稲田議員や「女性議員飛躍の会」は、最近、クオータ制度、夫婦別姓、LGBTへの理解増進やひとり親支援など、ジェンダー平等に関連する課題について理解を示すかのような言動を見せています。しかし稲田議員は今年1月、「女性の力で憲法改正を！」をテーマとした「日本女性の会」の全国代表者大会で講演を行っていますし（注5）、同議連の松川るい議員らとともに、緊急事態宣言の最中に靖国神社にコロナ収束祈願のために参拝するなど（注6）、改憲への意欲も、過去の戦争への見方も変わっていません。分かりやすい復古主義を打ち出すのではなく、「女性活躍」の名のもとで、改憲や初の女性首相就任などの目的を優先して実をとり、より多くの女性たちを取り込む方向にシフトしている可能性も大きいといえます。

北京から25年、ずっと右派のバックラッシュとのたたかいが続いてきましたが、安倍政権や右派による反動はより狡猾で分かりづらいものになってきています。今後もジェンダー平等をめぐる右派の動向には、より注視していく必要があります。

（注1）「香川県ネット・ゲーム依存症対策条例」（https://www.pref.kagawa.lg.jp/somugakuji/kenpo/2020index/2020/0324gj24.pdf）

（注2）自民党女性局『幸せのカタチ　私たちの憲法』（https://jimin.jp-east-2.storage.api.nifcloud.com/pdf/women/pamphlet/women_pamphlet2020.pdf）

（注3）「自民党女性局が『改憲』冊子」『毎日新聞』２０２０年２月４日（https://mainichi.jp/articles/20200204/ddm/005/010/081000c）

（注4）「自民、改憲へ挙党態勢　幹部指導、二階氏は地元で大規模集会」『産経新聞』２０１９年９月28日（https://www.sankei.com/politics/news/190928/plt1909280023-n1.html）

（注5）日本会議「女性の会が全国代表者大会」２０２０年５月10日（http://www.nipponkaigi.org/activity/archives/12562）

（注6）稲田朋美 Twitter　２０２０年４月28日（https://twitter.com/dento_to_souzo/status/1255128438660198402）

松川るい議員は批判を受けて当該ツイートを削除したが、まとめサイトでツイートは閲覧できる。Naver まとめ「松川るい ＝自民党＝「昨日は稲田代行らと靖国神社にコロナ収束祈願にまいりました。」（https://matome.naver.jp/odai/2158830865058130001）

（山口　智美）

Ⅲ　女性の現状と要求

はたらく女性

「女性の活躍」という言葉の下で進む「非正規化」と「女性の貧困」

コロナ危機の下、あらためて明らかになった女性の困難

新型コロナウイルスの感染拡大は経済・くらし・雇用に深刻な影響を与えていますが、コロナ禍にもジェンダー差別が表れ、女性労働者をより困難な状況に追いつめています。国連ウィメンのアニタ・バティア副事務局長は、封鎖や隔離措置の経済的影響が、弱い立場にある女性に重くのしかかっていることを指摘し、「ジェンダー視点に立った対策」の必要性を強調しました。日本でもまさに、コロナ対策にジェンダー視点が求められています。

コロナ対策の最前線で働く医療・福祉従事者の7割以上は女性です。防護具も体制も不十分なまま、感染の危険にさらされながら、低賃金・過重労働を強いられています。女性たちの献身的な労働が、検査・医療体制が不十分な日本において感染拡大を封じる力となっているのです。

一方、働く女性の約6割は非正規雇用労働者であり、コロナ不況の下で真っ先に切り捨ての対象とされています。総務省の4月の「労働力調査」では、非正規雇用労働者は前年同月比で97万人減少し、2014年以降最大の下げ幅を記録しました。そのうち女性は71万人です。全国労働組合総連合(以下・全労連)の労働相談ホットラインには、4月だけでも4000件を超える相談があり「売り上げ減を理由に営業休止、『休んだ分の休業補償はない』と言われた」「『営業不振で明日から店を閉めます』と、パート全員解雇された」等、中身も深刻です。派遣労働者の「雇止め」も増えています。

コロナ危機の下、露呈したのは、フリーランスの増加とその不安定さです。スポーツジムやヨガ教室のインストラクター、通訳、ホテルのマッサージ師、俳優、舞台関係者、音楽

演奏家、塾や学校の講師、育児・介護サービスなど、様々な職種の方がフリーランスとして働いています。コロナの影響でまったく仕事がなくなり、それが無収入に直結しています。政府の「一斉休校要請」に伴う場合のみ特別措置として休業補償されたものの、日額4100円の補償（4月から7500円）にとどまり、他の労働者の半分です。5月にスタートした「持続化給付金100万円」も申請手続きが煩雑であり、申請してもなかなか支給されません。建設・運輸・宅配をはじめ、感染の危険の中で働くフリーランスに対する安全配慮義務や労災補償はありません。労働者保護法制が適用されず、雇用保険や労災保険などのセーフティネットもない「フリーランス」の問題点が一気に噴出しています。「多様で柔軟な働き方の推進」という名目で、「雇用類似の働き方」としてフリーランスを推奨してきた安倍政権の責任が問われます。フリーランスへの保護と規制とともに、緊急事態宣言下で広がった在宅勤務・テレワークについても労働時間管理をどうするのか、働くルールづくりが喫緊の課題です。

「小学生の子どもが2人。特別休暇を要求したがとれず、子どもに留守番をさせて、防犯カメラを見てチェックしている」など、非正規女性労働者とりわけシングルマザーからの相談は切実です。政府による突然の「一斉休校要請」は、政府の責任を放り投げたまま、学校と家庭に責任を押し付けました。母親は、子どもの世話、家庭教育の責任まで押し付けられ、「休みたいが休みがとれない」「休んだら生活できない」と苦しみました。家事・育児・介護負担が女性に押しつけられる「性別役割分業」、ジェンダーバイアスの問題点がコロナ危機の下で、あらためて表面化しました。外出規制や移動制限がDVや虐待を誘発している問題への対策もないままです。自粛や行動規制で人々のストレスが高まる中、顧客・利用者からのハラスメントが増えています。

コロナ危機は、医療・公衆衛生・介護・保育・学校などそもそも公務・公共サービスを生産性・効率優先で切り捨ててきた「緊縮財政」や「新自由主義」政策の誤りを浮き彫りにしました。そして、1990年代後半からすすめられてきた「新自由主義」路線に加えて、「女性活躍は『生産性向上・経済成長・地方創生』の切り札」と位置づけ、「女性切り捨て策」を推進してきた安倍政権の問題点も示しています。

北京会議（1995年）から25年、非正規化と貧困すすむ

1975年の国際女性年から20年後の1995年に、北京会議が開催されました。「ジェンダー主流化」が叫ばれた北京会議から25年、世界はジェンダー平等に向かって前進した一方、日本は、〝2019年ジェンダーギャップ指数121位〟という位置に取り残されました。その背景には、「新自由主義」政策と「戦

前回帰のバックラッシュ」政策があると考えます。

1995年、国内では1991年に制定された「育児休業法」が「育児介護休業法」に改訂されました。その背景にILO156号条約（家族的責任条約）批准があります。条約には家族的責任を有する男女労働者の平等、休暇などの特別措置とともに全般的労働条件向上がうたわれ、条約とセットの165号勧告には、保育所の拡充や1日の労働時間規制などが書かれました。一方で、1995年財界・日経連は「新時代の日本的経営」を発表し、非正規・有期労働主流の時代になると宣言し、これを旗頭に、「規制緩和」の名で「働くルール」を土台から破壊する攻撃を始めました。

この財界戦略のもと、1997年には、女性労働者の残業・深夜業を規制する「労基法の女子保護規定」が撤廃されました。全労連は「過労死を生み出すほどの長時間労働が問題。女子保護規定廃止ではなく、男女ともに残業規制を行うべき」と主張しました。そして、〝女子保護規定撤廃は長時間労働を広げ、家族的責任を押し付けられた女性を正規雇用からしめだし、非正規においこむ〟と、その本質を指摘して、2年にわたる反対運動を展開しました。

一方、1985年男女雇用機会均等法と同時に制定された労働者派遣法（以下・派遣法）によって、「企業が必要なときに安上がりに働かせる」という「女性の活用」策の道が敷かれます。そして、1990年代から2000年代へと、派遣法改悪、労基法改悪が積み重ねられ、今や女性労働者の54・6％が非正規労働者となりました。総務省の労働力調査（2019年）は、女性の就業者が3000万人を超えたと報告していますが、増えているのは非正規労働者なのです。

女性の低賃金の根底にジェンダー差別

非正規労働者の低賃金が、最低賃金にはりつき、全労働者の賃金を引き下げる役割を果たしています。2019年の地域別最低賃金は、東京で時給1013円、神奈川1011円と1000円を超えた一方、15県が790円でした。全労連の「最低生計費試算調査」によると、「健康で文化的な最低限度の生活」を確保するには、25歳単身者で、全国どこでも1500円の時間給が必要です。低すぎる最低賃金が、女性の賃金を引き下げ、女性労働者の4割が年収200万円以下のワーキングプアです。「夫のDVから逃れたいが離婚できない」賃金では自立した生活を営むことも、自分の人生を選ぶこともできません。そして、賃金は年金に反映し「高齢女性の貧困」を生み出しています。

男女賃金格差は歴然としています。国税庁の民間給与実態調査（2018年）では、男性労働者の平均年収は545万円、女性労働者は293万円と、女性の賃金は男性の約半分です。正規労働者どうしで比べても、女性の賃金は男性の

7割です。役員に昇進できないからです。安倍内閣は、「女性の活躍」を喧伝し、2015年には「女性の活躍推進法」も制定しました。しかし、「男女賃金格差」「不安定・低賃金の非正規雇用」「長時間労働」「仕事と子育ての両立の困難」など、女性の活躍を阻んでいる問題に対策を講じないばかりか、女性を昇進・昇格から外していく「コース別管理」制度に手を付けようともしていません。

さらに、コロナ危機の下、大活躍している医療・介護・保育労働者など女性が多いケアワークは、まるで家事の延長のように位置づけられ、他職種の賃金より10万円低いのです。これらの根底には、「男は外で仕事、女は家で家事・育児」という性別役割分業の意識が横たわっています。そして、第一子出産を機に5割の女性が離職し、育児休業取得は圧倒的に女性が多いという実態が続いています。

この「性別役割分業」を「日本の美しい伝統」であるかのように描き出し、戦前の家制度への復活を強めようと、激しバックラッシュ攻撃を行ってきたのが安倍晋三氏ら「日本会議」です。憲法24条を敵視し、その改悪をねらっています。

しかし、選択的夫婦別姓を支持する国民は半数を超えるなど、国民の意識は変化しています。マスクや給付金など「世帯給付」のコロナ対策を通じて、「主たる男性稼ぎ手とその妻子」という世帯モデルによる税制度や社会保障制度でよいのかと、国民も考え始めているのではないでしょうか。

課題は明確　コロナ後の社会を展望する

コロナ禍のもと、女性労働者の課題は明確になっています。第一に、間接差別も明確に禁止する「包括的差別禁止法」を制定することです。そのためには、男女雇用機会均等法改正が必要です。第二に、誰もが人間らしく生き働くことができる「働くルール」の確立です。「正規雇用が当たり前で賃金差別のない社会、「8時間働けば普通にくらせる社会」「最低賃金1500円」の実現です。そして、人間としての尊厳が守られる、暴力やハラスメントのない職場・社会の実現です。第三に、「格差と貧困」の解消、「誰一人取り残さない社会」の実現です。所得再分配が行われ、セーフティネットとしての社会保障が機能する社会です。これらをすすめるためには、政策や運動にジェンダー視点が求められます。

コロナ危機は女性を直撃していますが、一方、声を上げることが政治を動かすことを日本の女性たちは実感しつつあるのではないでしょうか。国連ウィメンのアニタ副事務局長は、「世帯内で行われているジェンダー役割を『非ステレオタイプ化』する好機です」と語っています。コロナ後の社会は「新自由主義」と「戦前へのバックラッシュ」に終止符をうち、ジェンダー平等に大きく歩みだしたいものです。

（長尾　ゆり）

教職員の働き方は子どもたちの重要な教育条件

はじめに

２０１９年４月、全日本教職員組合（以下、全教）・教組共闘連絡会・子ども全国センター・民主教育研究所・全教常任弁護団の各代表が呼びかけ人となって「せんせい ふやそうキャンペーン」実行委員会が立ち上げられました。同時に始められたネット署名と一筆署名は、半年間で約3万人分に達し、随時文部科学省（以下、文科省）に提出されています。これらの署名には、さまざまな立場の方からたくさんのコメントが寄せられました。中でも、教職員のコメントからは、現場の働く環境の厳しさが、ぎりぎりのところまできていることがわかります。

「教員採用試験に合格し、この春から夢を膨らませて教員になりました。1カ月働きましたが、はっきり言って異常です。残業せざるを得ない仕事量を任され、残業してもボランティア扱いで残業代は出ない。雑務等の仕事量が多いせいで授業や学級をより良くしようとする試み、子ども一人ひとりを考える時間が全くとれません。本当に悲しいです。日々の授業は、ほぼ準備なしです。子どもに本当に申し訳ないし、教育に未来を感じられない。（中略）子どもは本当に可愛く、やりがいのある素敵な仕事です。続けたいと思っています。しかし、このままでは質の良い教育を提供することはおろか、教員が死にます。助けてください」「生徒からの『先生、聞いて』という言葉が怖くて仕方がない状況です。身近で体調を崩して休職している先生は、この2年で5人にのぼります。60名ほどの中でこの数は少ないのですか？多いのですか？それすらもよくわかりません」「毎日寝不足でも授業する。きちんと授業するために頑張って元気にする。5日間何とか続け週末は部活動がある。休みがあっても起きられなく寝たきり。スキルアップの時間がどこにある」「私たちにとって最も大切なのは、一人ひとりの子どもたちと向き合う時間です。そのために一番大切なのは教員の数を増やすことだと思っています。毎年、有給休暇を10日も取れないまま35年の教員生活を送ってきました」

子どもたちの教育を守るためにも、教職員のいのちと健康を守るためにも、教職員の長時間過密労働の解消はもはや一刻の猶予もありません。

「学校における働き方改革」と「1年単位の変形労働時間制」

文科省は長年、教職員の時間外勤務は「自主的・自発的なもの」であって、「教職員の勤務時間管理は地方教育委員会や校長によって適切に行われている」と言い続けてきました。しかし、前述のような状況の蔓延とこれまでの教職員組合の運動により、今では、「長時間労働は看過できない状況にある」との認識を示さざるをえなくなっています。2018年6月から始まった中央教育審議会（以下、中教審）の議論「学校現場における働き方改革」には、現場の教職員をはじめ子育て中の保護者などからも、大きな期待が寄せられました。しかし、実際には、外部人材の活用や地域連携による業務改善をはじめ、勤務時間の客観的把握の徹底、在校等時間の上限ガイドラインの導入など、これまでの施策を踏襲するようなものや絵にかいた餅のような施策が多く、期待に応えるような内容にはなりませんでした。加えて、2019年秋の臨時国会では、多くの教職員や労働者が反対する中、「公立の義務教育諸学校等の教育職員の給与等に関する特別措置法」（以下、給特法）の一部改正法が成立し、2022年度から公立学校の教職員に「1年単位の変形労働時間制」を導入することが可能となってしまいました。

「1年単位の変形労働時間制」とは、授業のある期間を「繁忙期」として所定の勤務時間を延長し、「閑散期」とされる長期休業中に休日を増やし、1年間を平均して週あたりの労働時間が40時間を超えないようにするという制度です。「繁忙期」とされる平日の所定労働時間が1時間ないし2時間延長されることによって、これまでと同じ時刻まで働いているのに、あたかも時間外労働が減ったかのように見せかけることができます。これでは、現場の勤務実態が正しく反映されないばかりか、教職員組合などが業務負担の軽減や定員増を要求する根拠が見えにくくされてしまいます。

また、所定の勤務時間が延びて学校での拘束時間が増えれば、延長された時間に会議や打ち合わせ、子どもの指導などが入る可能性はおおいにあります。翌日の授業の準備や採点・評価、教職の専門性を高めるための学習・研究などは、結局所定の勤務時間が終わってから始めることになり、退勤時刻がさらに遅くなったり、持ち帰り仕事や早朝出勤が増えるなど、長時間労働が今よりも悪化することが予想されます。このことは、育児や介護、自身の病気治療など諸事情によって短時間勤務をしている教職員にとってはより深刻です。文科省は、「育児や介護が必要な人への配慮が必要」としていますが、今でさえ、同僚に過分に負担をかけてしまうと後ろめたさを感じている実態が多数報告されているのに、「これ以上迷惑はかけられない」と仕事をやめる教職員が現れかねません。やめることはなくても、短時間勤務をしている教職員に、「特別な配慮が必要な者」というレッテルが貼られてしまうことは想像に難くありません。

長期休業中を「閑散期」とする考え方も問題です。研修、補習、部活動や部活の大会引率、個別指導、家庭訪問、進路指導など、学期中にできなかった教科指導以外の業務が長期休業期間中には押し込まれています。夏季休暇や有給休暇を取得することさえままならないのが実態です。学校現場からは、「休日が増えたとしても、休日出勤をせざるを得ないだろう」との声が多数上がっています。

さらに、新型コロナウイルス感染拡大防止のための長期にわたる休校措置や、感染予防対策を徹底しながらの学校再開という、これまでに経験したことのないさまざまな判断を迫られる中、学校現場では、あらかじめ勤務の「繁忙期」「閑散期」の期間を決めて年間のカレンダーを固定する「1年単位の変形労働時間制」が、まるで現実にそぐわないものであることが実感されています。

一方、日本教育新聞（2020／1／6付）の全国市区町村教育長アンケートによると、「1年単位の変形労働時間制」を導入したくない（38・5％）、どちらともいえない（50・7％）と、9割近い教育長が制度導入に消極的なことがわかります。また、市民の共同のとりくみによって、わかっているだけでも、北海道、高知県、秋田県などの市町村議会で、「1年単位の変形労働時間制を導入しないことを求める意見書」が採択されています。山口県下関市のように教育長が導入しないと明言している自治体もあります。「1年単位の変形労働時間制」導入では、教職員の長時間過密労働を解消することにならないことは国会答弁のなかでも明白です。

文科省は、2022年度からの「1年単位の変形労働時間制」導入のためのスケジュールを示し、2020年度中に各都道府県、政令市に条例等の整備を促しています。新型コロナウイルス対策が急がれる中、「1年単位の変形労働時間制」導入の動きは止まっていましたが、7月2日の中教審をうけて7月中旬には省令、指針が告示される予定です。9月議会に向けて、「1年単位の変形労働時間制」の導入反対の運動を強めるとともに、長時間過密労働解消に資する真の「働き方改革」こそが求められています。

今こそ　「やっぱり　せんせいふやそう」

安倍首相による「全国一律の臨時休校」要請、その翌日の文科省事務次官通知発信を受け、3月初めからほとんどの小学校、中学校、高等学校、特別支援学校等が臨時休校に入ったことにより、全国の学校現場と社会は大混乱に陥りました。

学年末の学びを子どもたちに保障するために、卒業式や入学式を限られた時間・空間の中で少しでも心のこもったものにするために、全国の教職員が知恵を絞り工夫を凝らしてとりくみました。また、家で子どもだけで過ごさなければならない子どもたちへのケアや、気がかりな子どもたちとのつながりを断ち切らないための訪問・連絡などもほとんどの学校で行われました。一方、年度末のさまざまな書類作成や諸会議は例年通りに進められました。休校中の職員室では、「授業が無くてもこれだけの仕事があるのだから、いかにこれまで多すぎる仕事をかかえてきたのかよくわかった」などの声もあがっています。奇しくも、休校措置によって、学校の役割や教職員の働き方について改めて向き合い、考えあう機会が与えられました。

5月中旬ごろから、2か月を超えた休校措置が徐々に解除され、少しずつ子どもたちの登校が始まりました。学校再開にあたっては、学校での感染予防のための対策として、校内の消毒作業等が教職員の大きな負担となっています。しかし、何より教職員が力を入れなくてはならないことは、新型コロナ対策によって著しく外出や行動を制限され、ストレスや不安を抱え傷ついている子どもたち一人ひとりの表情や様子に目を配り、声に耳を傾け、不安な気持ちや悩みを受けとめ、寄り添い、安心感を与えながら仲間とともに学び合う楽しさを伝えることです。「3つの密」を回避しながら授業や諸活動を行うためには、ゆとりある空間で丁寧に対応できる少人数授業や少人数クラスが必要です。休校によって遅れた分を取り戻すのではなく、教職員の専門性をいかして、各学校が大胆に教育課程を編成できる柔軟さを保障することも重要です。文科省をはじめとする教育行政には、教職員の負担を増やすことなく、子どもたちが安全に安心して学校生活を送ることができるための環境整備と、少人数授業等に必要な教職員の加配や教室確保等を早急に実行すること、現場の創造的なとりくみを支えることが求められます。

「せんせいふやそうキャンペーン」は、「学校の現状、息苦しさを打破し、子どもにとっては学びがいのある、教職員にとってはやりがいのある学校をつくっていく契機にすること」「一年単位の変形労働時間制の導入ではなく、教職員定数の抜本的改善を求める世論を大きく広げること」を目的としてスタートしました。これは、多くの教職員や子どもたち、保護者のみなさん、地域のみなさんと共有できる願いです。今こそ、教育予算を増額し、「せんせい」を増やして、子どもたちも教職員も安全・安心の学校生活を送り、豊かな学びと人間らしいくらしが保障される教育の実現に向けて大きく前進するときです。全教は引き続き、「せんせい ふやそうキャンペーン」や概算要求に向けた「えがお署名」、そして累計4億6000万筆を超え32年目となる「ゆきとどいた教育を求める全国署名」の運動を、多くの市民のみなさんとともに広げていきます。

（山本　乃里子）

「自治体戦略２０４０構想」と自治体労働者

自治体職員をＡＩで半減させ、住民の福祉は民間まかせに

いま、新型コロナ感染症や災害で住民のいのちと安全が脅かされ、くらしや営業も厳しさを増しています。このような時だからこそ地方自治体は、憲法に基づき「住民の福祉の増進を図る」（地方自治法1条の2）役割を発揮することが求められています。行政サービスを担う自治体労働者には「全体の奉仕者」（憲法第15条の2）として、安心して公務に専念できる労働条件と人員を確保することが必要です。

ところが安倍政権は、地方自治体の役割や機能を縮小させ、ＡＩ（人工知能）やデジタルの技術を悪用して自治体職員（以下、職員）を大幅に削減するとともに、行政サービスを大企業の利潤追求の対象に開放するために民間委託などアウトソーシングを進めています。総務省は２０１８年、「少子高齢化がピークに達する２０４０年から逆算して自治体のあり方を変えるべき」として「自治体戦略２０４０構想」（以下、「２０４０構想」）を発表しました。国は「２０４０構想」をもとに、首相の諮問機関である第32次地方制度調査会において地方自治制度の法制化に向けた検討を進めるなど、自治体や職員のあり方を大きく変える動きを強めています。

「２０４０構想」の内容は、第一に、「スマート自治体へ転換する」として、ＡＩを活用して「従来の半分の職員でも自治体が本来担うべき機能を発揮できる仕組みが必要」だと、職員の半減化を打ち出しています。第二は、自治体を「新しい公共私相互間の協力関係を構築するプラットフォーム・ビルダーに転換する」として、住民の福祉は自治体ではなく、民間企業やボランティア、フリーランスにまかせるとしています。第三は、「圏域単位での行政をスタンダードにする」として、市町村の公共施設や行政サービスを、市町村や都道府県の枠を超えた広域な「圏域」に統合、集約するとしています。

地域を衰退させた「構造改革」を、新たな手法で推進

「２０４０構想」は、人口の減少や労働力の不足などで「地域の衰退が今後より深刻になる」と国民に危機感をあおり、この問題に対応するための「構想」として打ち出されています。しかし、地域の衰退は、歴代の政権が進めてきた社会保障の削減、雇用の不安定化、中小企業・農業の切り捨て、市町村合併の押し付け、地方財政と職員の大幅な削減など「構造改革」によって

もたらされたものです。地域の衰退をもたらした原因である「構造改革」を転換しなければ、地域再生への実効ある政策は打ち出せません。

２０００年代から国は、財界の要請を受けて、公共サービスに民間企業の経営手法を取り入れるニュー・パブリック・マネジメント（ＮＰＭ）という考え方に基づき、自治体が責任を持って実施すべき行政サービスを、民営化や民間委託、指定管理者制度の導入などアウトソーシングを進め、これに従わない地方自治体が財政で不利になるように地方交付税を減らしてきました。その結果、給食の調理、ごみの収集、窓口業務、公共施設の管理運営、保育・学童保育など、広範な部門でアウトソーシングが進み、自治体の正規職員の総人数は、１９９４年には約３２８万人だったのが、２０１８年には約２７４万人へと、54万人、17％も減らされました。正規の職員が削減される一方で、非正規で働く職員や、地方独立行政法人、指定管理者、民間委託で働く公務公共関係労働者が増え、多くが劣悪な労働条件の下で働いています。「構造改革」で行政部門の統廃合も進められました。全国の保健所数は１９９２年の８５２カ所から２０１９年には４７２カ所まで減少し、新型コロナ感染症への対応にも重大な支障が生じています。国が自治体に病床削減を求める「地域医療構想」によって公立・公的病院の統廃合が進み、各地で医療崩壊の危機を招いています。「２０４０構想」は、これまで地域を衰退させてきた国の責任を不問にし、ＡＩやデジタルなどの技術を悪用して、新たな手法で「構造改革」を推し進めるものになっています。

「２０４０構想」を先取りする自治体で問題が噴出

「２０４０構想」を先取りして、職員を減らし、アウトソーシングを進めてきた各地の自治体では問題が噴出しています。浜松市は学校給食調理の民間委託を進め、総務省から民間委託の「モデル自治体」と評価をされていましたが、新学期の直前になって業者が「調理員が確保できなかった」と撤退。替わりの業者が決まらず1学期間は栄養バランスの取れない市販の弁当で対応せざるを得なくなりました。区役所の窓口業務を民間委託した大阪市では、契約期間の途中で業者が「採算が取れない」と一方的に撤退し、区職員が他の部署から応援に入らなければならない事態になりました。

職員が削減された自治体では、災害時に職員が避難所に常駐できなくなったり、災害ゴミの収集が民間委託により大幅に遅れるなど、復旧復興に支障を来しています。

一方で、行政サービスを守るために、住民と自治体労働組合が共同した運動が展開されています。国の後押しを受け、全国に先駆けて水道事業を民営化しようとした浜松市では、日本自治体労働組合総連合（自治労連）と市民団体が共同して住民集会を成功させ、「料金が企業の利益優先で決められる」「災害時に対応できるのか不安だ」と反対世論が広がり、市は実施の無期延期を表明せざるを得なくなりました。戸籍業務を民間委託した足立区（東京）では、区の職員労働組合と住民が立ち上がり、「区民のプライバシー情報が漏洩する」と反対の声を広げたことにより、区は委託した業務の大半を直営に戻しました。島田市（静岡）は、市の非常勤職員全員を雇い止めにして、市の業務を民間企業に「包括委託」しようとしましたが、市の職員労働組合と住民の共同した運動で、市議会の全会派が市の予算案を否決し、市は民間委託の対象にしていた業務のうち9割の事業を直営で継続するとしました。

職員の仕事をＡＩに代替させれば、行政サービスに支障が

職員を減らして仕事をＡＩに代替させれば、行政サービスは良くなるのでしょうか。ＡＩは、過去の蓄積された大量のデータを解析してパターンを学習し、ある目的を達成するのに最適の「判断」や「予測」を短時間で割り出す機能をもちます。しかしデータに偏りがあったり、データが古い価値観に基づいたものであれば、ＡＩが誤った「判断」を繰り返すおそれがあります。ｗｅｂサービス会社Ａｍａｚｏｎは、社員を採用するために過去10年間分の履歴書パターンを学習させたＡＩシステムを導入しました。しかし、応募者の履歴書に「女子大卒」や「女性チェス部の部長」など「女性」に関する言葉が記されていると評価を下げる判断をしていたことがわかりました。過去の技術職の応募がほとんど男性だったため、男性を採用するのが好ましいとＡＩが認識したことが要因です。Ａｍａｚｏｎはプログラムを修正しましたが、別の差別も生み出す可能性があるとして、ＡＩを使うことをやめました（２０１８年10月ロイター通信）。川崎市は、市民からのスマートホンなどを使っての問い合わせにＡＩが自動的に答えるサービスを実証実験しましたが、「（ＡＩが）市民に対して誤った情報や誤認識による判断を繰り返してしまった場合の回復が困難になる」「ブラックボックス化する懸念もあり、その修正手法など不明確な部分がある」として、本格的な実施を見合わせています（２０１８年川崎市報告書より）。

ＡＩやデジタルの技術は、住民の利便性の向上や職員の労働負担の軽減に活用できる面がありますが、適切に管理運営できる自治体職員の体制がなければ行政サービスに重大な支障が生まれます。自治体の行政サービスは、医療、福祉、教育はもとより窓口業務も含めて、大部分が住民とのコミュニケーションが不可欠な公務労働によって担われています。人間同士の感情や意思の交流が必要な仕事はＡＩに代替させることはできません。ＡＩやデジタルの技術は、職員を減らすための代替手段として使うのではなく、職員が住民のためによりよい仕事ができるための補助手段として活用すべきです。

地域を衰退させる「圏域化」に、全国町村会が反対決議

市町村の行政サービスを、市町村や都道府県の枠を超える広範な「圏域」で行うように集約・統合すれば、住民に身近であるべき市町村の行政が遠ざけられ、「平成の市町村合併」の時以上に、地域の衰退がもたらされます。日本弁護士連合会の調査によると、１９９９年から２０１０年までに合併した人口４０００人未満の旧町村は、合併をしなかった近隣の同規模の町村に比べて、人口が大きく減少していることがわかりました。役場がなくなった影響で職員が減少し、商店の廃業、事業所閉鎖が相次いで地域が衰退したのが主な要因とされています。全国町村会は、「新たな圏域行政の推進は、連携やネットワーク化の名のもと、都市部を中心とした行政の集約化・効率化につながることが強く懸念され、周縁部の町村を衰退に追い込む危険性をはらんでいる。（中略）町村の自治権を大きく損なうものである。我々全国の町村は、このような圏域行政の推進に断固反対する」と大会決議を採択しています。地方からの強い反発を受けて、第32次地方制度調査会の答申は、「圏域」の法制化を見送りました。

地域から、くらしと地方自治を守る共同を

国が「２０４０構想」を押し付けようとすればするほど、住民との間で矛盾が拡大することは避けられません。人口減少や労働力不足への対策、地域の振興などの課題に立ち向かうためには、地方自治を守り、憲法を住民のくらしにいかし、安心して住み続けられる地域づくりを住民が主人公になって進めることです。具体的には、①市町村と都道府県の機能を充実し、防災や感染症対策をはじめとした住民のいのちと安全を守る体制を確立する、②国は地方自治を尊重し、自治体に十分な財源を保障する、③中小商工業・農業を振興して循環型の地域経済をつくり、良質な雇用を確保する、④小学校区や集落の単位で住民自治の機能を高め、自治体の行財政運営に住民の声を反映させる、⑤憲法９条をいかし、民主主義とジェンダー平等を実現し、住民の基本的人権を守る、⑥職員が「全体の奉仕者」の役割を発揮できき、健康で安心して働けるように人員と労働条件を確保することです。今こそ住民と自治体労働者が力を合わせ、地域からくらしと地方自治を守る共同の運動を進めることが求められています。

（久保　貴裕）

中小業者の経営と暮らしを圧迫
—消費税10％増税の影響と税率引き下げの展望

はじめに

全商連婦人部協議会は、昨年（２０１９年5月〜7月）「全国業者婦人の実態調査」（以下、実態調査）を実施しました。全国各地の小企業・家族経営に携わる30代から70代までの女性、８７７２人から回答が寄せられ、業者婦人（注１）の現状と要求が明らかになりました。なかでも、消費税が中小業者の経営と暮らしを大きく圧迫しており増税前でもすでにその負担が重かったことがわかりました。

昨年10月の10％増税と複数税率が景気悪化を招き、新型コロナウイルス感染症拡大による経済危機が、さらに深刻な影響を及ぼしています。「今こそ、最大の景気対策である消費税率引き下げを行うべき」との立場から、その展望について考えます。

業者婦人の実態調査から

地域に根ざし地域社会を支える存在

地域の隅々に多様な小企業・家族経営が存在することが、人びとの暮らしを豊かにし、地域内の雇用や仕事、所得を生み出すなど、中小業者は地域経済の再生になくてはならない役割を果たしています。さらに、建設関連、料理・飲食、生活関連サービス（理美容・エステ、修理・メンテなど）といった地域の生活インフラ整備の重要な一翼を担っています。

一方で、小企業・家族経営を取り巻く経済状況は厳しいものがあります。

「実態調査」の営業所得の構成をみると、ワーキングプアに相当する２００万円以下が39・6％にも達しています。「営業所得だけで生活できない」と答えた人は44・8％です。「生活できる」の46・3％とほぼ同じくらいというのが実態です。また、少なくない自営業者が家業だけで生活費が賄えず、不足分の補填のためのパート・アルバイトや家族の援助などによって生活しているという苦しい実態を回答として寄せています。

厳しい営業環境の中でも自営業者は、「なくなったらお客様が困る」と、必死の経営努力を積み重ねています。「自営業者でよかったと思うことは」という問いに対する回答の第1位は「年齢に関係なく働ける」（46・9％）、第2位は「お客さんに喜んでもらえる」（36・4％）が続いており、これに「納得のいく仕事ができる」（13・8％）を合わせると、自営業者の営業内容は、顧客の要望に応え、手抜きをせずに商品やサービスを提供している姿が浮かんできます。

業者婦人は、「子ども食堂」「町内会」への関わりも強くなっています。地域社会で関わっている人間関係は仕事上のつながりを超えた広がりを持っており、つながりを維持・拡大していくための連接点としての役割を果たしています。

経営を圧迫する消費税

こういう役割を果たしている中小業者に対して、消費税がいかに悪影響を与えているか、実態調査を通じて明らかになりました。

消費税の販売価格への転嫁状況を見ると、全体では「きちんと転嫁できている」のは39％に留まっています。他方「まったく転嫁できていない」が2割強となっており、「部分的に転嫁できている」（24・9％）を加えると、過半数の営業で、厳しい売上・収益状況の中で消費税の自己負担が営業基盤改善にとって大きな足かせとなっている姿が浮かび上がっています。

業種でみると、「まったく転嫁できていない」比率は全体では21・1％であるのに対して、料理・飲食では半数近くの45・4％にも及んでおり、赤字営業の一大要因となっています。また宿泊、生活関連サービス、不動産などの各種の対個人向けサービス業でも「身銭を切る」業者は相対的に高い割合です。

「これ以上の消費税増税は」という問いかけに対しては「絶対に困る」が全体の77・4％を占めています。

実態調査の「ひと言欄」に寄せられた声の一つ―「近頃の物価上昇で利益が減っているのに、消費税が10％になるとますます苦しくなります。複数税率用のレジを導入しなければならないし、キャッシュレスに対応しなければ客離れにつながりかねない。個人事業者の生活を守る政策を考えてほしい」―ここに多くの業者婦人の苦悩が凝縮されています。

価格への転嫁もできず、増税による営業の危機に陥るなど、消費税があるかぎり、中小業者は苦しめ続けられます。消費税そのものをなくすことが、中小業者の経営と暮らしを守り、地域経済を継続・発展させる道をひらきます。

消費税増税と新型コロナによる経済危機

そもそも消費税とは

消費税は１９８９年４月１日、国民の猛反対を押し切って3％で導入されました。5％から8％になった２０１４年4月以降、ありとあらゆる経済指標が落ち込みました。そして19年10月、国内の景気が「後退局面」にある中で、10％への引き上げと複数税率が強行されました。

消費税は景気を後退させ、人々の生活を圧迫します。消費税が上がると物価が上がり、消費者の財布のヒモが固くなり、買い控えが起こります。事業者にとっては、買い控えにより売り上げは減りますが、税率引き上げによって納める消費税は増えます。その影響は従業員の給料ダウン、非正規雇用への代替として現れ、結果として給料が上がらず、物が売れず、景気の悪循環を招くのです。

消費税は膨大な滞納を招く欠陥税制です。事業者は、1年間の売上高と仕入高を元に税金を計算して税務署に納めます。消費税は赤字・黒字に関係なく納めなければならず、その負担はきわめて重く、滞納せざるをえなくなるのです。銀行などの融資が受けられず、倒産・廃業に追い込まれる企業が多数出ることにより、景気後退を招いてしまいます。

消費税10％増税の影響

急激な景気悪化、混乱はさまざまな経済指標でも明らかになっています。19年10月～12月のGDPは年率換算で7・1％のマイナスという大幅な落ち込みとなり、続く20年1月～3月もマイナス3・4％と、2期連続の落ち込みとなりました。百貨店の売上高、新設住宅着工戸数、新車販売台数は、昨年10月から今年2月まで、5カ月連続で前年同月比マイナス。10％増税を前後して、各地のスーパーの閉店・廃業が相次ぐなど、深刻な事態です。

全商連附属・中小商工業研究所が実施した『営業動向調査』（2020年上期・3月実施）では、消費税増税から5カ月間の影響を事業形態別（個人事業者と法人事業者）に分析しています。

①値引き要請を受けたかどうか

消費税が10％になって以降、取引先や顧客から値引き要請を受けたと回答した個人は11・5％、法人では13・7％でした。このうち「値引きに応じた」のは、個人では70・3％、法人では81・3％に上ります。値引き要請に応じざるを得ない状況になっていることがわかります。なお、原材料・商品の仕入値DI値（注2）が上昇する中での値引きは利益の減少につながります。

②納税状況に表れる消費税の過酷さ

黒字法人と赤字法人の消費税の納税状況を19年上期と20年上期で比較したところ、黒字法人は「全額払っている」は96・2％から92・6％に下がり、赤字法人は81・8％でしたが73・7％に下がっています。さらに、赤字法人では、「一括では払えず分納」は18・2％から23・8％に、「分納できず、滞納している」は、ゼロ％から2・5％に、それぞれ上がっています。消費税を一括では納税できず分納している赤字法人が顕著に増えています。

③記帳や経理実務に費やす時間が増えた

消費税の複数税率が実施されてから、記帳や経理実務に新たに費やした平均時間を算出すると、個人で31・0時間、法人で32・4時間に上っています。時間給換算による平均負担額は、個人で2万7907円、法人で2万9186円。これらは、複数税率が実施されなければ生じなかった時間的金銭的負担だといえます。

さらに、2023年10月実施予定のインボイス制度については、「免税の取引先との関係が損なわれる」「取引先から値引きや仕事の打ち切りを求められる心配がある」など、事業の存続に直結する問題が浮かび上がりました。

追い打ちをかけた新型コロナ感染拡大

消費税増税によってダメージを受けた日本経済をさらに悪化させたのが、新型コロナの感染拡大です。感染拡大防止のための行動や営業への自粛要請によって、消費は本格的に落ち込みました。

この影響は、全国であらゆる業種・業態に広がっています。多くの中小業者は、売り上げの激減により、経営危機に直面しているのです。必要なのは、深刻な苦境に追い込まれる中小業者を、誰一人取り残すことなく、国や自治体の給付金、固定費補助、融資などの支援施策をすばやく届け、手遅れによる廃業・倒産を出さないことです。

私の家業である、自動車販売・修理でも、経済活動が縮小するなかで、売り上げが減少しています。さらに、事業主である夫が4月末から入院という不測の事態に直面しており、ともに家業を支える子どもが、車検や修理、板金塗装を、一手に引き受けることになりました。しかし、一人では引き受けられる仕事にも限界があり、特に経験を要する塗装は、外注せざるをえなくなりました。当然、収入は減ります。経営危機を乗り切る、さまざまな制度を活用しています。消費税は納税猶予の申請をしましたが、あくまで納税を待ってくれるだけ。消費税負担が重くのしかかります。

消費税率引き下げの展望

新型コロナウイルス対策として、消費税減税の声が広がりつつあります。

国会議員では、与野党合わせて211人（内訳は「『消費税減税』に向けての緊急声明」に賛同した自民党議員が112人、立民、国民、社民、社保で72人、れいわ2人、日本共産党25人）が、引き下げを求めています。

20年6月18日に開かれた「不公平な税制をただす会」の総会には、共産、立民、国民、社民、れいわの野党に加え、自民党の国会議員も参加し、消費税減税を主張しました。

埼玉県議会と沖縄県石垣市議会で消費税ゼロ%を求める意見書が採択されました。提案したのは、いずれも自民党議員です。

新型コロナウイルスのワクチンや医療技術が確立され、「コロナ禍」が終息したとしても、消費税率がそのままでは、生業の回復は見通せません。消費税減税はすべての国民への支援策であり、強力な消費喚起策になります。

ドイツのメルケル連立政権は、日本の消費税に相当する付加価値税を7月から半年間、税率3ポイント引き下げ16％に減税、食料品などに適用される軽減税率も7％から5％に引き下げる、経済対策を実施します。

消費税率引き下げとコロナ危機打開を求める運動は、安倍政権による大企業優遇の悪政を転換させるたたかいでもあります。そして、社会のありようを大きく変える、その分岐点になるともいえます。

新自由主義による大企業中心のグローバル経済重視の姿勢を改め、食糧、再生可能エネルギー、医療・介護を地域で自給し、中小業者を経済の柱に据え、人・モノ・資金を地域で循環させる経済へと、転換するべきではないでしょうか。

（注1）民主商工会（民商）では、小企業・家族経営に携わる女性の家族従業者と女性事業主を総称して「業者婦人」と呼んでいる。
（注2）企業の景況感を「良い」「悪い」といった定性的な指標で数値化したもの。「上昇」と回答した企業割合から「下降」企業割合を引いて判断している。

（塚田　豊子）

食料・農業政策の中核に位置づけられるジェンダー平等

この25年間を経て世界と日本の農業生産は大きな転換の時代を迎えています。

1994年WTO協定が締結され、世界で多角的な貿易ルールをという名目で新自由主義の流れが強まります。「緑の革命」の押し付けで、アジアでの穀物生産は増加しましたが、農産物価格の下落、農薬の多用や種子価格の高騰により再生産できず、農村で生活できない人々が都市部へ流出し、農村の過疎化や、飢餓人口の増加が問題になり始めます。その時に開催されたのが北京会議です。北京会議で提唱されたジェンダー平等を進めるためには、女性や子どもなどの弱者へ一番に手を差し伸べられる社会の構築が必要です。

日本がWTO協定を批准した1996年、ローマでは世界食料サミットが開催され、世界の農民組織ビアカンペシーナ(La Via Canpesina)が「食料主権」を提唱しました。食料主権は、すべての国と民衆が自分たち自身の食料・農業政策を決定する権利であり、それは、すべての人が安全で栄養ゆたかで、民族固有の食習慣と食文化にふさわしい食料を得る権利であり、こういう食料を家族経営・小農が持続可能なやり方で生産する権利です。

農村政策の作成に多くの女性が参加しなければ食料主権は実現しないということが強調されています。「緑の革命」では途上国に対し、農薬とセットでの種子販売や、遺伝子組み換え作物の作付けを推進していきます。ODAで各国のインフラが整備される反面、開発で農民は土地を奪われ、生物の多様性が失われました。国連で2000年に策定されたミレニアム開発目標(MDGs)は、2015年までに途上国の飢餓人口を減少させることを目標に掲げました。

国連の「世界の食料不安の現状2015年報告」では、世界の飢餓人口は7億5000万人(約9人に1人)となり、1990年~92年の期間より2億1600万人減少したと発表しました。国連食糧農業機関(FAO)がとりわけ重視してきた129カ国中72カ国が2015年までに栄養不足人口の割合を半減させMDGsの目標を達成したとしています。しかし、現実を見ると、いまだに8億人近くが慢性的栄養不足の状態にあります。

地球温暖化による災害の多発や終わりの見えない紛争やテロ、国境を越える感染症の解決、その中で食料生産のあり方を根本的に転換する必要が生まれました。各国での食料主権が確立されること、ジェンダー平等をすすめることなど、それまで個別の課題として扱われてきたテーマを包括的に解決するために2016年「持続可能な開発目標2030アジェンダ」（ＳＤＧｓ）が策定されました。そして「誰一人とりのこさない」という壮大な課題に立ち向かうため、「家族農業の10年」、「農民と農村で働く人々の権利宣言（農民の権利宣言）」などが国連で採択されていきます。国際社会の中で、ＳＤＧｓは突然発生した考えではなく、必然だったのです。

ジェンダー平等は農民の権利

２０００年代に入って、ビアカンペシーナが「農民の権利宣言」を提唱し、その中核の一つにジェンダー平等実現を位置づけています。家父長的な意識が強い農村社会で、女性は農業に従事しながら、家事・育児・介護などケア部門を担ってきました。しかし、農業での対価はもらえず、経済的自立を阻まれていました。農という営みの中で女性を位置づけることなしに、農村からの社会変革という目標は達成できないという、ビアカンペシーナの組織内での自己改革がそこにはあります。農村でジェンダー平等を掲げてたたかう農民組織として発展することで、ビアカンペシーナは国連の人権理事会やＦＡＯの取り組みに大きな影響を与えていきました。農民運動全国連合会は、２００５年にビアカンペシーナに加盟し、日本の農村女性の問題や運動を主要会議で報告してきました。税金申告における所得税法第56条「事業主と生計を共にする配偶者や家族が事業から受けとる報酬を事業の必要経費と認めない」の廃止を求める運動、ケア部門での性的役割分担の押し付けからの解放を訴え、「農民の権利宣言」の中身を深めていきました。

２０１８年12月、国連総会において「農民の権利宣言」が賛成多数で採択されました。これは全部で27条からなる文章ですが、その核心は、農民が地域で農業を営むことは権利であり、国家と国際社会はその権利を保護する義務があるという考え方です。農業は、狭い意味での産業ではなく、人間の生存に欠かせない生存基盤とみています。農民の存在についても、なんとしてもその地域に踏みとどまって食料生産を続けてもらいたい、そのために各国が全力で支援する存在と考えられています。

女性農業者については、第4条第2項において、10項目にわたってジェンダーに関する核心的権利が記されています。土地や天然資源に平等にアクセスする権利、開発計画の作成と実施に平等に参加する権利、自助グループや協同組合を組織する権利、あらゆる形態の暴力を受けない権利など、これらの権利が実現しなければ農民の権利が実現しないのです。

日本政府は、「農民の権利宣言」の採択を棄権し今も、無視し続けようとしています。私たち農民自身の努力とたたかいで実現した「農民の権利宣言」を、日本社会の中で止めることはできないのです。そのために「家族農業の10年」を成功させることが今一番大事な課題となっています。

国連「家族農業の10年」で、ジェンダー平等を農村に広げよう

２０１４年国際家族農業年をへて、２０１９年～28年を国連「家族農業の10年」にすることが２０１７年の国連総会で採択されました。10年の間で、世界の農業を家族農業中心に作り変えることができなければＳＤＧｓは達成できない、という国連の並々ならぬ決意が表れています。

世界の穀物生産は約２７億トンあり、本来、全ての人々を養う食料は充分あるのに、行き届かず飢餓が拡大しています。その要因としてカーギルなど4大アグリビジネスが穀物と大豆市場の75%を支配しています。２０００年以降外国人投資家にわたった世界の農地は２６７０万ヘクタールといわれています。企業が自らの儲けのために農地を手に入れて、そこに住んでいる農民を追いだすことが増えています。

一方、気候変動で１９８１年～２００２年の間に、とうもろこし、小麦、その他の主要穀物の生産量は年間４０００万トン減少し、農地の52%が中程度、または深刻な土壌荒廃の影響を受けており、２０５０年までに穀物価格は7・6%上昇すると予想されています。また生産された食料のうち、25～30%が喪失または廃棄されています。食品廃棄物２７５９万トンのうち、食品ロスは６４３万トンで、ＷＦＰ（国連食糧計画）による食料援助３９０万トンの１・６倍を超える現象です（国連ＷＥＢサイトとＩＰＣＣ報告書より）。

いま、日本の農村は本当に疲弊しています。農業と食料の危機を表す指標は食料自給率です。日本は、戦後農地解放が進み、１９６０年初頭までは食料自給率80%程度を維持していました。女性差別撤廃条約を批准した１９８５年には53%と、50%以上を維持していた食料自給率は、２０１８年現在37%と世界の主要国には例がない異様に低い水準にあります。Ｇ７やＥＵ、ロシア、新興国を加えたＧ２０の国々は、経済大国であるのと同時に、農業大国です。農商工のバランスがとれた国こそが世界の常識です。日米安保条約によってゆがんだ構造の国が作られました。１９８８年、アメリカからの牛肉・オレンジの自由化がスタートしましたが、２０１8年には牛肉、みかんの農家戸数は8割も減少しています（図表1）。輸入増加、生産費を償えない米価の下落などが影響し、１９９５年には農業就業人口の６割を担っていた女性農業者数は、その10年後には5割を切るほどです。

政府は自らの責任を棚上げし、補助金を使って農地の集積を推し進め、経営規模の大きい農業生産法人が各地でつくられ、後継者がいない農家の離農がさらに加速していきます。

こうした現状の中で国連「家族農業の10年」がスタートしましたが、「今さら家族農業といわれても」という声もあり

図表1　牛肉・豚肉・みかんの生産量・輸入量・農家戸数の推移

単位：千トン、千戸

		1980	1990	2000	1980	1980	
牛肉	生産量	302	388	365	358	333	
	輸入量	120	384	738	512	620	5倍増
	農家戸数	364	232	117	74	48	▼78%
豚肉	生産量	1,001	1,075	879	895	897	
	輸入量	145	342	651	768	916	6倍増
	農家戸数	141	43	12	6	4	▼97%
みかん	生産量	2,892	1,653	1,143	786	774	4分の1に
	農家戸数	302	140	84	57	48	▼84%
オレンジ	輸入量	71	145	136	110	82	
グレープフルーツ	輸入量	135	157	272	175	72	

牛肉・オレンジの自由化は1988年

資料出所：農民運動全国連合会作成

ます。しかし国連がいう「家族農業」とは、家族が経営する農業、林業、漁業、養殖、牧畜であり、男女の家族労働を中心として実施されるものであって、耕作面積の大小や法人か否かではないのです。

国連が打ち出した「家族農業の10年」のビジョンは「多様で、健康的で、持続可能な食と農のシステムが花開き、強靭な農村と都市の社会での質の高い生活を送り、尊厳と平等が実現し、貧困と飢餓から解放させる社会を目指す」「家族農林漁業はこのビジョンを達成するために欠くことのできない存在」などと未来への持続可能な社会をつくる上で大事なことを求めています。

農民連女性部で、10年後の未来への悩みや取り組みたいことのアンケートを実施しました。回答の多くは、5年後、10年後も規模を縮小してでも農業をやっていきたいと願っています。安全で安心な生産現場にしていきたい。そのための有機、無農薬の作物への転換や技術を学んでいきたい。また、大型機械などの講習にも参加して地域を丸ごと守っていくための共同を広げていきたいと前向きです。しかし、悩みとして出されたのが「近年多発する異常気象の影響での減収」「降水量が年々変化し水の確保が大変」「鳥獣害被害対策にかかる費用が増加」「農産物の病気が以前より多く発生し消毒などの作業が増えている」など、農家個人だけでは解決でき

図表2　世界行動計画の7つの柱

1. 政策：	家族農業の強化を実現できる政策環境を構築する
2. 若者：	若者を支援し、家族農業の世代間の持続可能性を確保する（横断的柱）
3. 女性：	家族農業における男女平等と農村の女性のリーダーシップを促進する（横断的柱）
4. 農林漁業組織：	家族農業組織とその知識を生み出す能力、加盟農民の代表性、農村と都市で包括的なサービスを提供する能力を強化する
5. レジリエンス（回復力）：	家族農家、農村世帯および農村コミュニティの社会経済的統合、レジリエンスおよび福祉を改善する
6. 気候変動：	気候変動に強い食料システムのために家族農業の持続可能性を促進する
7. 多面的機能/多就業：	地域の発展と生物多様性、環境、文化を保護する食料システムに貢献する社会的イノベーションを促進するために、家族農家の多面性を強化す

資料出所：「家族農林漁業プラットフォーム・ジャパン」HPより

ないものばかりです。倒壊したハウスや鳥獣被害対策の電気柵への補助、地域ごとの治水事業、作物転換するさいの種苗代補助など、小規模な家族農業を守るための農業予算を増やしていくことも重要です。

国連は「家族農業の10年」で達成すべき世界行動計画の7項目一つひとつを各国政府は具体化し、国連事務総長へ2年ごとに実践状況を報告するよう求めています（図表2）。

日本国内でどのように実施していくのかが今問われています。国連「家族農業の10年」共同提案国である日本政府は「すでに家族農業を基本にしている」と正面から向き合おうとしていません。また、国連女性差別撤廃委員会から勧告をうけている農業女性の実態調査を早期に行い、「食料・農業・農村基本計画」の中に女性の役割をもっと位置づけていく必要があります。

世界農政の大転換の時代を迎えているいま、日本政府が化石のようなこれまでの立場から抜け出さなければ、家族農業における根本的なジェンダー平等は実現できないのです。

同時に、「今頑張っている女性農業者が、今できること」を取り組むことが大切です。家族経営の中で、仕事内容の分担や経営などの問題点を率直に話し合うこと、地域社会でも頑張る女性農業者を評価し発言の機会を増やしていくことが大事です。地域でジェンダー平等をすすめ、男性農業者の負担も減らしていくことにつながっていくと思います。

北京会議に農民連女性部が代表派遣した野田幸子さんは「食料の安定供給を実現し貧困をなくすために『NO！WTO』とフィリピンの女性と声を上げました。この時、成長した娘たちが農業でやっていける社会を作るためにジェンダー平等を進めていきたい、私にできることは、農業委員となって、女性の声を直接届けること、米作りもあきらめないし、地域農業を守っていこうと決意できたのが北京会議だった」と話します。

今こそ長年の運動で手にした「農民の権利宣言」を胸に、私たちは田畑を耕し、世界の農業女性たちと手を取り合いながら「農は国の基、命の源」を訴えて、行動する時が来ています。

（藤原　麻子）

日本で働く外国人労働者
―制度の問題とこれから

はじめに　外国人労働者の概況

日本で働く外国人労働者は右肩上がりに増加しています。厚労省の「『外国人雇用状況』の届出状況」で見ると、２０１５年10月末に90万７８９６人（女性は42万８２２６人）であった外国人労働者数は、直近の２０１９年10月末には１６５万８８０４人（女性77万６８９１人）となり、この５年間で約75万人、１・８倍の増加です。

これをさらに詳細に見ていくと、国籍別では、中国が最も多く41万８３２７人（25・２%）、次いでベトナムが40万１３２６人（24・２%）であり、この２国だけで約半数を占めています。他方、増加率で見ると、ベトナムが最も高いものの（26・７%）、インドネシアが23・７%、ネパールが12・５%と続き、東南アジア各国からの受け入れが目立ちます。

次に、在留資格別で見ると、身分に基づく在留資格（永住者、永住者の配偶者、日本人の配偶者、定住者など）が最も多く（53万１７８１人、32・１%）、技能実習がこれに続き（38万３９７８人、23・１%）、資格外活動（留学など、37万２８９４人・22・５%）、専門的・技術的分野の在留資格（32万９０３４人、19・８%）となっています。一方、増加率で見ると、技能実習や専門的・技術的分野の在留資格、特定活動（経済連携協定〈ＥＰＡ〉に基づく外国人看護師・介護福祉士候補者など）、資格外活動の順となっており、総じて、長期間にわたる就労というよりも短期間での就労が増加している傾向にあります。

さらに、産業別の割合を見ると、製造業が20・４%、卸売業・小売業が17・４%、宿泊業・飲食サービス業が14・２%、建設業が10・７%であり、幅広い業種で雇用されているとともに、いわゆる「人手不足」の業界が目立つのも特徴的です。

このように、外国人労働者は過去最高を更新し続けるほど増加している状況にありながら、その労働条件・就業環境は決して十分とは言えません。いくつかの制度的課題を指摘しながら、今後のあるべき姿を考えたいと思います。

技能実習制度をめぐる状況

外国人技能実習制度は、国際貢献のため、開発途上国等の外国人を一定期間（最長５年間）受け入れ、ＯＪＴ（企業内教育）を通じて技能を移転する制度です。１９９３年に制度が創設されて以降、制度内容がたびたび見直される一方で、外国人技能実習生自体は増加の一途をたどりました。上記統計に倣うなら、２０１５年10月時点で16万８２９６人であった技能実習生は、２０１９年10月時点で38万３９７８人となっており、実に2・3倍もの増加です。なお、上記統計には無いものの、外国人技能実習機構がまとめた業務統計によると、２０１８年度時点で女性が42・８％を占めています。

一方、制度の目的が「技能移転」にあるとしても、実際には単純労働の調達先との見方も強く、様々な人権侵害が社会問題となっています。この点、外国人技能実習機構（地方事務所含む）に寄せられた相談件数は２０１８年度で２６９５件にととまっており、相談窓口の周知にも課題がありそうです。ただし、その中でも、「賃金・時間外労働に関すること」（20・1％）、「管理に関すること」（16・5％）、「途中帰国に関すること」（10・８％）などが多く、深刻な相談が多いものと思料されます。関連して、全国の労働局や労働基準監督署が外国人技能実習生に対して行った監督指導の状況２０１８年度、厚労省）によると、実習実施者の70・4％（５１６0件）で労働基準関係法令違反が認められました。この70％という数値はここ数年ほとんど変わりなく、労働法遵守の意識に欠けた実習実施者が多いことが窺えます。また、主な違反事項は、①労働時間（23・3％）、②安全基準（22・8％）、③割増賃金の支払い（14・８％）となっており、重大・悪質な労働基準法違反によって送検された事案も19件に上ります。

このような労働法違反や人権侵害（暴力、ハラスメント、強制帰国など）を根絶し、技能実習生が安心して実習に励むことができる環境をつくるには、制度上のさらなる見直し（特に、就労に介在する事業者の排除）が必要であるとともに、実習実施者や監理団体の指導・援助を行う外国人技能実習機構、及び労働法規の順守を指導する労働局・労働基準監督署の体制強化が求められます。

特定技能をめぐる状況

外国人労働者の増加が顕著になる中、政府は「高度な専門的・技術的分野に限った受け入れ」との方針を転換し、２０１８年12月の出入国管理及び難民認定法（入管法）改正において、新たな在留資格である「特定技能」を創設しながら、事実上、単純労働者を含めた外国人労働者の受け入れ拡大を明らかにしました。

この「特定技能」は「特定技能1号」と「特定技能2号」に分かれており、「特定技能1号」は「特定産業分野（２０１9年6月時点で14分野）に属する相当程度の知識又は経験を必要とする技能を要する業務」に従事し、「特定技能2号」は「特定産業分野（同2分野）に属する熟練した技能を要する業務」に従事するとされています。また、「特定技能1号」は通算5年までの在留期間で、技能水準や日本語能力水準を試験で確認（ただし、技能実習２号を終了した者は免除）

し、家族の帯同は基本的に認められていません。一方、「特定技能2号」は在留期間の上限が無く、技能水準の確認はあるものの日本語能力水準の確認は不要とされており、何よりも家族の帯同が認められます（要件や範囲の限定あり）。

このように、政府は「新たな外国人材の受け入れと共生社会の実現」などと銘打ちながら特定技能制度を発足させましたが、その思惑とは異なり、実際には思うように対象者が増えていません。２０１９年12月末時点での「特定技能」は１６２１人（うち、女性７７７人、出入国在留管理庁）にとどまっており、政府が初年度に想定していた最大４万人とはあまりにかけ離れています。政府はこの点を問われると、「特定技能試験（上記の技能水準や日本語能力水準）を受ける機会と周知が不足していたため」と説明しますが、実際にはそれ以外にも問題がありそうです。とりわけ、技能実習制度と同様、悪質な事業者（いわゆるブローカー）を介在が指摘されたり、最初のステップである「特定技能1号」で家族帯同が認められない非人道的な仕組みは、外国人労働者の人権を阻害するものであることから、多くの外国人労働者から敬遠されている可能性があります。

家事支援人材をめぐる状況

これまで述べてきた通常の在留資格とは別に、国家戦略特区における外国人材の活用が打ち出されています。具体的には、外国人による創業やクールジャパン人材の受け入れ、農業人材の受け入れなどであり、国家戦略特別区域法に基づき、自治体管理のもとで外国人労働者を受け入れる仕組みです。

これらの「特区メニュー」の中で特に注目されているのが、外国人家事支援人材の受け入れです。従来、家事支援活動を行う外国人は、外交官などが雇用する場合にしか認められていませんでしたが、今回の国家戦略特区では、家事支援サービス企業に雇用される外国人の入国・在留が可能（最大5年）となりました。実際、家事代行業や清掃サービス業、人材派遣業などが参入しており、「女性の活躍」などを謳い文句にしながら、外国人労働者の受け入れと利用世帯への派遣（形式上は請負契約）が行われています。

実績で見ると、いち早く手を挙げた首都圏や関西圏での「活用」が進んでおり、２０１８年度には、神奈川県で４３８人の受け入れ・４２４６世帯の利用、東京都で６５３人の受け入れ・１万６０００世帯の利用、大阪府で１０２人の受け入れ・５１４世帯の利用、兵庫県で97人の受け入れ・27世帯の利用となっています。

しかしながら、当該制度において、技能実習制度や特定技能制度と同様、外国人家事支援労働者の権利保障に懸念があります。実際、諸外国では、家事支援労働者の労働条件にかかる課題（低賃金、不安定雇用など）が顕在化しているほか、熱湯をかけられたり、殴打されるなどの暴力事件も発生しています。しかも、家庭という密室であり、家事労働の軽視や外国人への蔑視が加わることで暴力や抑圧が生じやすいことは、多くの識者から指摘されています。政府はこの点、「第三者管理協議会が受け入れ企業（「特定機関」と呼称）の認定を厳格に行っている」「相談窓口を設置している」と強調しますが、「第三者管理協議会」は特区に指定された自治体や内閣府地方創生推進室など特区推進派が中心であり、相談窓口についても、外国人労働者を雇う「特定機関」が設置義務を負っていることから、いずれも実効性に乏しいと言わざるを得ません。

今後、特区制度を活用した外国人家事支援労働者の受け入れがさらに増えるものと予想されますが、人権擁護の方策を充実させることが急がれます。とりわけ、「第三者管理協議会」が「特定機関」を認定する仕組みを改めたり、相談窓口についても、受け入れ企業でなく、まさに第三者的な機関が必要です。さらに、外国人労働者と受け入れ企業が雇用関係にある以上、労働基準監督機関からの指導も不可欠です。

おわりに

冒頭に述べたように、日本に在留する外国人も増加を続けており、政府は「外国人材の受入れ・共生のための総合的対策」を策定（２０１８年12月25日決定、その後、数次に渡って改訂）しながら、外国人との共生社会をつくるとしています。しかし、そうした美辞麗句とは裏腹に、外国人労働者への人権侵害はあとを絶たず、劣悪な労働環境に置かれる状況も依然改善されていません。

こうした状況下において、外国人労働者が安心して働き続けられる社会を築くには、すでに述べてきたように、それぞれの制度に内在する課題の解決が求められます。同時に、外国人労働者の労働条件などを確保するには行政の役割がきわめて重要であり、これも先述のとおり、地方労働行政（労働局、労働基準監督署、公共職業安定所）や外国人技能実習機構（本部、地方事務所・支所）の体制強化が不可欠です。政府はここ数年、出入国管理行政の増員こそ図っているものの、外国人技能実習機構は不十分な増員にとどまり、地方労働行政に至っては毎年１００名以上の削減を続けています。これでは、外国人労働者が適切な環境で働くことは困難であり、早急な体制整備が求められます。

（津川　剛）

女性とくらし

日本の税制と女性

税制は、比較的男女平等が進んでいる分野ともいえます。例えば、子どもの扶養控除を受けようとするとき、夫が扶養すべきなどという決まりはなく、夫婦のどちらの所得から控除しても差し支えありません。同時に、税制には社会の抱える問題を反映した制度があちこちに残っているのも事実です。ジェンダーの視点から税制上の問題点を探ってみます。

課税単位と女性

所得税法には妙な規定が存在しています。納税者と同一生計にある親族が納税者から何らかの対価の支払いを受けたときは、これを無かったことにするというものです（所得税法56条）。これを夫婦間の問題としてとらえると、例えば、夫の事業に従事する妻が毎月夫から給与の支払いを受けるという場合に、他人の下で働いた場合には問題にならないことが起きるのです。給与の支払者が夫であるというだけで、この給与は夫の所得に合算されるわけです。給与の支払い自体は否定しないのですが、所得税の計算上はその給与は無かったことにされるのです。

このような規定が存在するのは、配偶者や同居親族に給与等を支払ったことにして所得分散を図るというような「要領の良い納税者対策」だと説明されてきました。戦後75年になる現在、こうした規定が必要なのかということが問われます。

この所得税法の規定には例外があって、青色事業専従者給与と白色事業専従者控除の制度（所得税法57条）です。これはあくまで「恩恵的」な制度であって、この制度を適用すると配偶者控除は認められなくなってしまいます。夫婦の問題としてこの制度を考えると、現実の社会の中では男女平等の問題になります。

戦後制定された民法は個人主義を基本原理としましたが、

所得税には家族単位課税が残っているのです。これを個人単位課税であるべきだとすれば、税制は婚姻に対して中立なものになります。というのは、所得の高い人ほど大きな税負担となる超過累進課税の所得税の下では、共働き夫婦はその所得を合算されませんから比較的軽い課税になり公平になると考えられます。

日本国憲法が、「配偶者の選択、財産権、相続、住居の選定、離婚並びに婚姻及び家族に関するその他の事項に関しては、法律は、個人の尊厳と両性の本質的平等に立脚して制定されなければならない。」（憲法24条）としていることからすれば、家族単位課税は憲法と矛盾した制度だということができるでしょう。

１０３万円のカベの行方

誰にでも認められる基礎控除と配偶者控除・扶養控除を「人的控除」と呼びます。これは、「最低生活費非課税」という近代所得税の大原則を保障する仕組みで、課税最低限を意味します。このうち配偶者控除について考えてみます。国税庁ＨＰには、「納税者に所得税法上の控除対象配偶者がいる場合には、一定の金額の所得控除が受けられます。これを配偶者控除といいます。」と説明されています。では、「控除対象配偶者」とは誰のことをいうのでしょう。それは、12月31日現在で次の４つのすべてに当てはまる人とされています（納税者本人の合計所得金額が１０００万円以下であることも条件）。

(1) 民法の規定による配偶者であること（内縁関係の人は該当しない）
(2) 納税者と生計を一にしていること
(3) 年間の合計所得金額が48万円以下であること（給与だけの収入の人は１０３万円以下）
(4) 青色申告者の事業専従者として給与の支払を受けていないこと、または白色申告者の事業専従者でないこと

配偶者ですから、夫婦のそれぞれが対象となりうるのですが、実際には妻が配偶者控除を受ける例が圧倒的です。それは、税制の問題ではなく日本の社会の現実が反映しているからです。

では、妻がパートなどで働いていると課税問題はどうなるでしょう。

配偶者控除には、配偶者の年間所得が48万円以下であることという条件がありました。給与収入に換算すると年間収入１０３万円です。これが「１０３万円のカベ」ができる元凶です。専業主婦の場合は、これ以下にとどまる限りにおいて配偶者控除が受けられるという仕組みです。

それでこの問題の解決方法として配偶者控除廃止の議論もありましたが、２０１７年税制改正では配偶者控除と配偶者特別控除が徐々に切り替わる形で、給与収入１５０万円まで

は48万円の控除額が受けられるようになりました。「103万円のカベ」は「150万円のカベ」に引き上げられたかと思えば、公的年金や健康保険への単独加入が義務付けられる「130万円のカベ」が存在することから、この「カベ」はわずかに引き上げられたにとどまりました。ただ、あまり知られていないのが住民税の問題です。住民税の基礎控除額は所得税より3万円低く設定されていることから、103万円のカベではなく、実は「100万円のカベ」なのです。

税制改正で、この配偶者控除制度はかなり複雑なものとなり、もう手計算は無理な状況です。そして、控除が一方の配偶者（夫）の所得に左右されることとなったことに加え、その所得にも3段階のクラス分け制限が入りました。「働き方」の選択がその分狭まることになります。また、この配偶者控除・配偶者特別控除の適用を受けるためには、配偶者の所得金額を他方の配偶者（納税者）に証明しなければならないという制度であり、夫婦別産制を採る民法との関係で問題があります。夫婦といえどもプライバシーの保護は必要なはずですが、これはやむを得ないものでしょうか。

配偶者の収入が150万円を超えると控除額はその収入額に応じて減っていき（消失控除）、配偶者の収入が201万円以上になると控除額はゼロになるので、その先には「201万円のカベ」ができてしまいました。こうした仕組みは、女性の就労意欲を削ぐことになっているという指摘があり、配偶者控除のあり方について制度廃止論もくすぶっていることから、共働き、片働きに関わらず控除できる仕組みの創設など抜本的改正が今後の課題になります。

「ひとり親」の控除　所得控除の種類に「寡婦控除」「寡夫控除」があります。寡婦（寡夫）とは、夫や妻と死別、もしくは離婚した後に婚姻をしていない人、または夫や妻の生死が明らかでない人で本人の所得が一定の要件に該当する人をいいます。例えば、寡婦控除の場合の条件は、扶養親族か、生計を一にする子がいる人です。離婚して子を養っている人も該当します。また、夫と死別した後婚姻をしていない人で合計所得金額が500万円以下の人も控除対象です。この場合は、扶養親族の有無は問いません。

問題は、婚姻を前提とした制度だったことです。子どもがいても婚姻歴がない人にはこの控除の適用はありませんでした。つまり、同じひとり親であっても、離婚・死別であれば寡婦（夫）控除が適用されるのに、未婚の場合は適用されませんでした。また、男性のひとり親と女性のひとり親で寡婦（夫）控除の額が違うなど、男女で扱いが異なっていました。そこで、主に「未婚の母」の寡婦控除適用の運動と声が広がっていました。

事実婚を否定する政治の力が支配する中で、時間はかかりましたが、ようやく2020年度税制改正で、すべてのひとり親家庭に対して公平な税制支援を行うとして、①生計を一にする子（総所得金額等が48万円以下）を有する単身者について、同一の「ひとり親控除」（控除額35万円）を適用すること、②①以外の寡婦については、引き続き寡婦控除として控除額27万円を適用し、子以外の扶養親族を持つ寡婦についても、男性の寡夫と同様の所得制限（所得500万円〈年収678万円〉以下）が設けられました。

不合理な制度を変える粘り強い運動の必要性を証明した特筆できる成果です。

相続税・贈与税の問題

相続における配偶者保護の観点から、民法改正により「配偶者（短期）居住権」という新たな権利が設けられました。その趣旨・目的は、遺された配偶者が安心して暮らしていけるようにするためであって、節税のためではありません。また、相続税には、もともと配偶者の税額軽減措置があり、最低1億6000万円までは相続税が課されないという制度があります。しかし、相続税が存在する根拠の一つは「富の集中の排除」にありますから、将来的にはそのあり方が議論の対象になるものと思われます。

贈与税には、婚姻期間が20年以上の夫婦の間で、居住用不動産またはその取得のための金銭の贈与が行われた場合、基礎控除110万円のほかに最高2000万円まで配偶者控除ができるという制度があります。これは、一方の配偶者の「寄与分」だと言われています。そうだとすると、なぜ20年で区切るのかが問題になります。婚姻期間に合わせて控除額が増加する仕組みにすべきという議論もあります。

相続税や贈与税を含め日本の税制で、男女により異なる課税がなされているようにみえるものの多くは、現実の社会が影を落としています。「配偶者」とは往々にして女性を指すものと考えられてしまう現実があるということです。

コロナ禍の中で

突然世界を襲った新型コロナウイルス感染症とのたたかいは、長期戦を強いられそうです。経済は大きな打撃を受け、社会の弱者にしわ寄せが生じています。もともと存在した社会の脆弱性があらわになった形です。

政府に対して、様々な経済的支援措置が求められ、政府も財政出動を余儀なくされています。怖いのはウイルスだけではありません。ポストコロナの時代では、これまでの借金財政のつけに上乗せした大増税が到来しそうです。消費税は10％に増税されたばかりですが、さらなる税率アップが安易に提案されかねません。

近代の税制の特徴は、大衆課税の強化です。消費税はついに税収第1位の座を占めました。消費税は誰にも一律の税率が適用されることで逆進性という問題を抱えていて、所得税に期待されている所得再分配の機能は大きく損なわれてしまっています。大増税時代、それも庶民増税が目論まれているときだからこそ、女性の地位向上とあわせて民主的な税制の確立の課題は緊急性を帯びています。

（岡田　俊明）

家計

北京世界女性会議以降のジェンダー統計の進展

「家計」は、1995年の第4回世界女性会議で示された北京行動綱領の12領域の中の特に「A：女性と貧困」「F：女性と経済」と関連しています。国際的にジェンダー統計が問題にされたのは、1993年のフィレンツェでの「国際統計学会」においてであり、1995年の北京世界女性会議で北欧の女性統計家たちがこの問題に取り組み、NGO参加者を含めたワークショップも開催されました（注1）。ジェンダー統計とは、単なる性別統計を指すのではなく、ジェンダー（社会的、文化的、歴史的、政治的につくられた性別）の諸問題を解決するために作成される統計であり、多角的なジェンダー・イシューを可視化する理論に基づく統計のことです。この認識には、性のグラデーションへの考慮も含みます。

2020年は『北京＋25』の年であり、また2030年を期限とする「持続可能な開発目標」（Sustainable Development Goals：SDGs）の達成まであと10年という区切りの年に、本稿では、「家計」をジェンダー統計視点から概観します。

世帯収入の減少

北京世界女性会議が開催された1995年から2010年までの5年おきと、現時点で最新の2019年の、総世帯のうちの2人以上の勤労者世帯の家計を総務省統計局「家計調査」でみてみましょう（図表1）。ジェンダー統計視点でみると、1995年にはなかった「世帯主の配偶者の収入」の区分が2000年以降は示されるように変化しています。これは、「世帯主収入」と「妻の収入」が対になっている家計調査の収入区分は、「世帯主は主たる生計維持者である夫」という既成概念にとらわれているとして、政府統計のユーザーである女性研究者たちの疑問提示によって区分が変更されました。

世帯主収入をみると、2019年は2015年と比べると、若干の増加はあるものの、1995年以降減少傾向にあります。2019年の実収入は、58万6149円（前年比名目1・1%、実質0・5%増）で、消費支出は32万3853円（名目1・8%、実質1・2%増）です。表には示していませんが、実収入のうち勤め先収入の内訳は、世帯主の定期収入及び世帯主の配偶者の収入は名目増加、世帯主の臨時収入・賞与及び他の世帯員収入は名目減少しています。妻の収入は8万2305円で、実収入に占める妻の収入の割合は1995年以降徐々に増加傾向にあるものの、14%にしかすぎません。

図表1　2人以上の勤労者世帯の月平均家計収支の推移（1995～2019年）

（単位：人・歳・%・円）

年	1995	2000	2005	2010	2015	2020
世帯人員（人）	3.58	3.52	3.46	3.41	3.39	3.31
有業人員（人）	1.67	1.67	1.66	1.66	1.73	1.77
世帯主年齢（歳）	45.6	46.2	46.9	47.3	48.8	49.6
実収入（円）	570,817	562,754	524,585	520,692	525,669	586,149
勤め先収入	536,458	527,818	493,829	485,340	485,595	536,305
世帯主収入	467,799	460,289	425,706	417,281	412,884	438,263
うち男	–	446,333	412,147	399,677	396,809	418,160
（うち女）	–	(13,956)	(13,559)	(17,604)	(16,075)	(20,103)
世帯主の配偶者の収入	–	54,723	57,338	57,891	64,768	83,468
（うち男）	–	(411)	(303)	(948)	(787)	(1,163)
うち女	54,484	54,312	57,035	56,943	63,981	82,305
（実収入に占める割合 %）	9.5	9.7	10.9	10.9	12.2	14.0
他の世帯員収入	14,013	12,806	10,785	10,168	7,944	14,574
実収入以外の受取	379,923	401,908	399,061	406,649	411,150	446,909
実支出	438,307	430,239	412,928	409,039	413,778	433,357
消費支出	349,663	341,896	329,499	318,315	315,379	323,853
非消費支出	88,644	88,343	83,429	90,725	98,398	109,504
実支出以外の支払い	512,956	536,782	513,814	522,638	529,419	614,769
可処分所得	482,174	474,411	441,156	429,967	427,270	476,645

（注）2000年以降は農林漁家世帯を含む
資料出所：総務省統計局「家計調査」より作成

女性の就業と収入の低さ

図表2は、前述の「家計調査」よりも標本数が多く、属性別の分析が可能な「全国消費実態調査」（現時点で最新。2019年から「全国家計構造調査」と調査名を変更）を用いています。「全国消費実態調査」は1989年から収入主体の男女別表示が採用されており、「ジェンダー統計運動」の展開事例といえます。図表2は、天野晴子氏の分析をもとに、妻が「普通勤務・職員」の共稼ぎ世帯（以下、「妻普通勤務職員」と表記）、妻が「パートタイム・労務作業者」の共稼ぎ世帯（以下、「妻パート労務」と表記）、世帯主だけが稼いでいる世帯、という3つのタイプ別に家計を示したものです。

この3つの世帯の世帯収入を比べると、実収入は「妻普通勤務職員」世帯で66万8761円、「妻パート労務」世帯で47万5033円、「世帯主だけが稼いでいる」世帯で41万3388円です。「世帯主だけが稼いでいる」世帯に比べた世帯収入は、「妻普通勤務職員」世帯で1・62倍、「妻パート労務」世帯で1・14倍となっています。夫妻の勤め先収入の合計を100とした場合の妻と夫の収入割合を示すと、「妻普通勤務職員」世帯では夫61対妻39、「妻パート労務」世帯では夫83対妻17です。妻が普通勤務職員の共稼ぎ世帯であっても、妻の収入は夫に比べてなお低い状況は、男女の賃金格差、家事労働が妻に集中することから生じる勤務時間の減少、労働環境の影響などが、妻の収入に反映された結果といえるでしょう。また、パートタイムの妻の収入は、これらに加えて、配偶者控除・第3号被保険者の維持などこれまでの税・社会保障制度による「就業調整」の結果が反映された金額といえます（注2）。

図表2　「共稼ぎ世帯」・「世帯主だけが稼いでいる世帯」の1世帯当たり1カ月平均の収入と支出（2014年）

（単位：人・歳・円）

妻の就業形態	共稼ぎ世帯[1] 普通勤務・職員[2]	共稼ぎ世帯[1] パートタイム・労務作業者[3]	世帯主だけが稼いでいる世帯
世帯人員（人）	3.47	3.56	3.08
世帯主の年齢（歳）	45.2	49.7	48.0
実収入	668,761	470,503	413,388
勤め先収入	625,586	431,753	350,918
世帯主の勤め先収入	380,682	341,657	350,727
世帯主が男の収入	369,809	341,043	322,202
世帯主の配偶者の勤め先収入	232,955	69,075	132
配偶者が女の収入	227,414	68,612	132
他の世帯員の勤め先収入	11,949	21,022	59
（再掲）夫婦の勤め先収入	613,637	410,731	
夫の勤め先収入	375,350	341,506	
妻の勤め先収入	238,287	69,226	
事業・内職収入	592	370	2
本業以外の勤め先・事業・内職収入	2,227	2,197	3,464
他の経常収入	32,275	28,884	49,780
実支出	506,057	377,180	360,677
消費支出	375,265	303,097	287,568
非消費支出	130,792	74,084	73,109
直接税	51,763	27,082	30,046
社会保険料	78,937	46,901	43,000
貯蓄現在高（千円）	13,642	8,646	11,862
負債現在高（千円）	9,623	7,127	6,218
うち住宅・土地のための負債（千円）	9,015	6,517	5,851

（注1）世帯主が勤労者でその配偶者も勤労者である二人以上の世帯
（注2）妻が職員で正規の職員・従業員
（注3）妻が労務作業者でパート・アルバイト
資料出所：総務省統計局　「平成26年　全国消費実態調査」より作成

支出および貯蓄・負債の特徴

消費支出を見ると、「妻普通勤務職員」世帯の消費支出の総額は37万5265円で、「世帯主だけが稼いでいる」世帯の1・30倍です。「妻パート労務」世帯の消費支出の総額は30万3097円で、「世帯主だけが稼いでいる」世帯の1・05倍です。

貯蓄と負債の現在高を「世帯主だけが稼いでいる」世帯と比べると、「妻パート労務」世帯では貯蓄現在高が少なく、負債現在高が多いのに対して、「妻普通勤務職員」世帯では貯蓄現在高、負債現在高とも多くなっています。負債の大半は住宅ローンであると考えられ、共稼ぎ世帯のほうが持ち家率も若干高く、妻が稼ぐことで住宅ローンの返済を可能にしているともいえるでしょう。

以上からは、「妻パート労務」世帯では支出を抑えながらパート収入で補っている様子がうかがえます。一方、「妻普通勤務職員」世帯では、就業にかかわる支出を伴いながら消費支出全般を増加させ、住宅ローンを返済しながら貯蓄もしていく傾向が見られます（注2）。

自営業世帯の家族従業員に対するジェンダー課題

一方、勤労者以外の家計として、「家計調査」の「世帯主の職業別、総世帯」で自営業世帯の家計を確認すると、自営業は勤労者以外の世帯のうちの個人営業世帯に分類され、さらに世帯主が商人および職人、個人経営者、農林漁業従事者の3種類に分けられます。勤労者以外の世帯の収入は、年間収入しか調査されていないので、年支出及び年間収入しか得られないという限界があります。年収は、個人営業世帯としての括りで年平均のみの数値しか把握できません。個人営業世帯の家計をジェンダー視点で分析することは、家計調査では、収入主体の男女別表示が示されていないため不可能となっています。

これまで本白書でも取り上げられてきたように、国連女性差別撤廃委員会は、日本の所得税法第56条は、個人事業主による配偶者と親族への対価の支払いを、税法上、必要経費として認めておらず、農業や中小業者の家族従業員の働き分が必要経費と認められていないことを懸念し、改善を勧告しています。労働の対価であるにもかかわらず、働き手が親族であるということで、個人事業主の所得から控除されることは、家族従業者の社会的・経済的自立を妨げるジェンダー課題として所得税法第56条の廃止の検討が求められています。

２０２０年の新型コロナウイルス感染症拡大による経済的打撃は計り知れない状況にあり（注３）、勤労者世帯、それ以外の世帯の家計に影響を及ぼしています。そのような中で、貧困リスクの大きい女性の就業環境や賃金格差の是正、子育て支援の拡充、母子世帯や高齢単身女性の経済不安を解消するための早急な対応が求められます。

（注１）伊藤セツ（２０２０）「ＳＤＧｓとジェンダー統計」『日本の科学者』vol.55, No.6, pp.44-45。

（注２）天野晴子「家計収入・支出の構造に見るジェンダー」伊藤純・斎藤悦子（２０１９）『ジェンダーで学ぶ生活経済論』ミネルヴァ書房、pp.75-91。

（注３）経済統計学会 ジェンダー統計・政府統計・労働統計研究部会ＮＬ編集事務局共同発行（２０２０）「ＯＸＦＡＭのメディア・ブリーフィング：貧困ではなく尊厳を『万人のための経済的救済計画』はコロナウイルス危機と取り組み、より平等な世界を再建する（事務局仮訳）」Ｏｘｆａｍ Ｉｎｔｅｒｎａｔｉｏｎａｌ，"DIGNITY NOT DESTITUTION：An 'Economic Rescue Plan For All' to tackle the Coronavirus crisis and rebuild a more equalworld" (https://www.oxfam.org/en) ２０２０年5月26日アクセス。

（粕谷　美砂子）

女性の低年金を是正させジェンダー平等の実現を

安倍政権がめざす「全世代型社会保障改革」の狙いは、少子高齢化に対応するため、労働力不足対策として「改正」高年齢者雇用安定法（高年法）で、高齢になっても可能な限り働き続けさせるとともに、年金をはじめとする社会保障の給付水準引き下げや費用負担増など社会保障制度全般の「改革」（改悪）を推進することです。

新型コロナウイルスから、国民の命と健康を守ることが最大の課題となっている最中に、「火事場泥棒」的に数の力で、年金を削減し続ける仕組み「マクロ経済スライド」を放置したまま、年金受給の開始年齢の選択肢を75歳まで先延ばしする「年金改革関連法案」を採決したことは許されません。

女性の生涯は、家庭での無償労働や結婚、妊娠、出産、家事や子育て、介護などを含め、人生の出来事に対して働き方を変えざるをえないのが実態です。このため、厚生年金の男女別の年金受給額は、現役労働者の男女の賃金格差を反映して男性が高く女性が低くなっています。

また、女性の多くが社会保険加入の「4分の3ルール」により厚生年金に加入できず、国民年金に加入せざるを得ないのが実態です。総務省統計局の労働力調査（2020年2月14日）によると2019年度の非正規労働者2165万人に占める女性の割合は68％を超えています。

このため、一人あたり平均年金受給月額は、国民年金が5万5708円、厚生年金が14万3761円で、国民年金は厚生年金の約38・75％となります。また、厚生年金の平均受給月額を男女で比較すると、男性16万3840円、女性10万2558円となり、女性は男性の約62・59％と男女間の格差は歴然としています（厚生労働省年金局「平成30年度　厚生年金保険・国民年金事業の概況」）。

女性の低年金は「ジェンダー不平等」が原因

2012年（平成24年）の「国民年金等の一部を改正する法律」（平成24年改正法）による年金の減額は、年金受給者に一律2・5％を減額したため、低年金受給者・女性への影響は大きく深刻でした。全日本年金者組合は、この法改正が憲法違反であるとして2015年に裁判所に提訴して39地裁で5279人が原告としてたたかっています。

原告の一人である齋藤美恵子さんは、高校卒業後就職して厚生年金に加入したものの、結婚を機に退職し、当時国民年金に加入するという知識がなく、すぐに国民年金に加入しませんでした。離婚しましたが、育児、介護のためにすぐに仕事をすることが出来ず、ようやく、育児、介護が一段落して就職したものの、賃金は高くありませんでした。このように齋藤さんは女性であることから、結婚を機に厚生年金から外れたり、出産・育児、介護のため仕事をする期間が限られ、また連続して正社員として雇用されなかった事から賃金が少なく、女性であるということからの賃金の少なさもあって、60歳まで保険料を払い続けたにもかかわらず、年金額は約6万4000円と低年金にとどまっています。齋藤さんは、単身世帯であり、配偶者の年金に頼ることは出来ず、貯金だけが頼りで、その貯金が毎月減ってくる通帳を見ては、切ない思いでいます。健康の不安もある中での年金の減額は、齋藤さんの命にかかわることです。

こうした女性の構造的低年金問題について年金裁判の東京弁護団は、①男女雇用機会均等法（以下、均等法）制定（1985年）以前から働き始めた世代で、結婚退職制や妊娠退職制等で働きつづけられなかったこと、②出産時に雇用を中断され、いったん離職した後に再就職しても非正規労働が多いこと、③正社員として働きつづけても、女性の賃金は男性の賃金の約6割台から7割台と男女賃金格差が大きく、それが年金の男女間格差に繋がること、④主婦パートの拡大をはじめ、派遣や有期雇用などの身分が不安定で低賃金の非正規労働者が増えたこと、⑤その非正規労働者には、「所定労働時間が通常の労働者の4分の3以上」が加入要件という「4分の3ルール」によって厚生年金加入資格が認められない者が多いこと、⑥主婦パートは、第3号被保険者として年金資格が認められても平均して月額5万円を切る基礎年金しか受給していないこと等々が、女性が無年金・低年金であることの原因となっていることを指摘しています。（2020年1月31日、東京地裁宛準備書面15）

このように、女性の低年金は、「男は外で働き、家族を養い、女は専業主婦として家を守り、家事をやる」といった、役割分担が押し付けられてきたこと、「女は、結婚したら退職し、子育て、介護、身の回りの世話をするのが当たり前」、というジェンダー不平等によるものといえます。

ジェンダー平等実現に向けた国際的とりくみ

女性差別撤廃条約は、男女の完全な平等の達成に貢献することを目的に、女性に対するあらゆる差別を撤廃することを基本理念としています。具体的には、「女性に対する差別」を定義し、条約批准国に対し、政治的、経済的、社会的活動などにおける差別の撤廃のために適当な措置をとることを求めています。条約第2条は「女性に対するあらゆる形態の差別を非難し、女性に対する差別を撤廃する政策をすべての適当な手段により、かつ、遅滞なく追求する」として、男女平等のための立法等の措置を求め、第11条1項では、雇用の分野における女性に対する差別を撤廃するため、「労働の権利」「同一の雇用機会の権利」「職業を自由に選択する権利、昇進、雇用の保障」「同一価値労働同一賃金」などを求めています。

日本政府は女性差別撤廃条約の批准にあたって均等法を制定しましたが、募集・採用・配置・昇進・賃金格差は依然として解消されておらず、男女の賃金格差が過去最小となった２０１９年でも、一般労働者の女性で男性の74・３％という実態にあります。（厚労省の「賃金構造基本統計調査」（２０２０年３月発表）。

安倍政権は、少子高齢化社会が進む中で「１億総活躍社会」「女性が活躍できる社会を目指す」といっています。「女性が活躍できる社会を」を実現するためには①女性も男性も人間らしく働くことのできるルール確立、②男女の賃金格差是正、③男性も女性も共に仕事と子育て等の家族的責任を両立できる環境整備が必要です。

国は締結した条約や確立した国際法規を誠実に遵守する義務があります（憲法98条）。女性差別撤廃委員会（ＣＥＤＡＷ）は、２０１６年３月、日本政府の第７次・第８次日本報告に対して審議総括所見を発表し、雇用の分野では、①賃金のジェンダー格差や女性雇用の低賃金分野への集中を是正するために同一価値労働同一賃金原則実施、②家族的責任により女性がパートタイム労働に偏ることに対して、両親休暇導入や十分な保育施設の提供、③ＩＬＯ第１１１号条約（差別禁止）や家事労働者のディーセント・ワークに関するＩＬＯ第１８９号条約（家事労働）の批准を検討することなどを、日本政府に「強く要請」しています。日本政府は、女性差別撤廃条約の基本理念や目的にもとづき、均等法を抜本的に改正すべきです。

「女性の低年金」を是正させ、ジェンダー平等を一日も早く実現するためには、女性の権利を国際基準にすることが求められています。

国際労働基準を活用したとりくみ

ＩＬＯ（国連労働機関）は、創設以来「仕事とジェンダーの問題」にとりくみ、フィラデルフィア宣言（１９４４年）で「すべての人間は、自由及び尊厳、経済的保障、機会均等についての男女平等を宣言」したことを受けて１９５１年には「同一価値の労働についての男女労働者に対する同一報酬に関する条約（第１００号）、１９５８年には「雇用及び職業についての差別待遇に関する条約」（第１１１号）、１９８１年には「家族的責任を有する労働者条約」（第１５６号）を採択しました。そのほかにも「母性保護条約」（第１８３号）など、この分野における条約・勧告を数多く制定してきました。

さらに、1999年のILO総会では「すべての人にディーセント・ワーク（Decent Work）」（働きがいのある人間らしい労働）を主唱しました。ジェンダー平等はディーセント・ワーク実現のための横断的目標とされています。

2015年の国連総会で採択された国際目標「持続可能な開発のための2030アジェンダ」（SDGs）では、ディーセント・ワークと、ディーセント・ワーク・アジェンダの4つの柱、①雇用の創出、②社会的保護の拡充、③仕事における権利の保障、④社会対話の推進が、中心的な要素となりました。目標5では「女性に対するあらゆる差別、暴力、有害な慣行に終止符を打ち、介護・育児や家事労働などの無償労働を認識・評価し、ジェンダー平等の促進」などさまざまなターゲットを掲げています。ディーセント・ワークは、目的であるだけでなく、持続可能な開発に関する新しい国際計画の具体的な目標を達成する手段でもあります。この目標が達成されれば、男女間の性差別が撤廃され、実質的なジェンダー平等実現に大きく前進することができます。

「ジェンダー平等」社会をめざすためには、「男は仕事、女は家庭」という役割分担の押し付けを見直し、意識を変える必要があります。

家族的責任を有する女性労働者が、差別されることなく働く機会や待遇の実質的平等を実現するうえで重要な役割をはたす条約が「家族的責任を有する労働者条約」（156号）です。日本が1995年に批准した156号条約は、男女の労働者に対して家族的責任と職業的責任とが両立できるようにすることを目的とし、「家族的責任を有する労働者と有しない労働者のあいだに差別的取り扱いがあってはならないこと、さらに、家族的責任を有する男性労働者と女性労働者のあいだに差別的待遇があってはならないこと」「家族的責任について、男性も女性も平等に負担すべきこと」を定めています。日本における雇用の分野で女性に対する差別をなくし、「女性の低年金」を是正させ、「ジェンダー平等」を実現するためにも、この条約を活用した運動が求められています。

国際労働基準は、すべての労働者にとって「仕事の世界」における平等を促進するための根本的な手段です。雇用の分野における男女の均等な機会及び待遇の確保を実効あるものにするために、女性差別撤廃条約や国際人権規約の基本的理念や目的、ILO条約など国際的な規範に沿った国内法の整備、均等法の抜本的な改正を実現するとりくみが必要です。

（廣岡　元穂）

女性・子どもの貧困の現状と課題

貧困の拡大と連鎖をもたらす日本社会

貧困や格差の拡大によって、「健康で文化的な最低限度の生活」（憲法25条）を維持できない人々が増大しています。政府は、新自由主義のもとでの規制緩和と行政の活動の見直し（「小さな政府」「官から民へ」）を進めてきました。労働法制の規制緩和の結果、女性の非正規雇用が増大し、低く留めおかれている最低賃金のもと、シングルマザーや単身女性労働者の生活を直撃しています。ひとり親家庭を支えるセーフティネットが脆弱であったところに追い打ちをかけるように社会保障費の抑制と負担増が進められました。貧困世帯の増加は、子どもにも深刻な被害をもたらし、世代を超えて拡大再生産されるという「貧困の連鎖」が生じています。

そのような中、新型コロナウイルスの感染拡大による補償なき自粛要請は貧困層を直撃しており、ひとり親家庭や子どもに深刻な影響をもたらしています。

女性の貧困と女性労働者の実態

年齢階層別の貧困率を推計するとほとんどの年齢層で男性よりも女性の貧困率が高く、その差は高齢期になるとさらに拡大する傾向にあります（図表1）。

労働基準法4条では男女同一賃金の原則が定められ、日本は同一価値の労働についての男女労働者に対する同一報酬に関する条約（ＩＬＯ１００号条約）や女性差別撤廃条約（11条1項〈d〉）を批准しています。しかし、男女雇用機会均等法制定後も、様々な差別と労働法制の規制緩和によって非正規雇用が増大する中で、男女の賃金格差は是正されていません。

同じ正規労働者間であっても、女性の所定内給与は男性の74・8%にとどまり、女性非正規労働者にいたっては男性正規労働者の52・2%でしかありません（厚生労働省「平成26年賃金構造基本統計調査」）。女性の雇用者数（役員を除く）に占める非正規労働者は、２０１４年に56・7%に及んでいます（総務省「労働力調査特別調査」、「平成26年労働力調査」）。民間事業所で働く女性の43・7%が年収２００万円以下の収入しかなく（国税庁「平成25年分民間給与実態統計調査」）、20歳から64歳までの勤労世代の単身女性の33・3%が相対的貧困（等価可処分所得が全人口の中央値の半分未満）の状態にあります。

脆弱な社会保障

雇用保険法の失業給付については5人に1人しか受けておらず、給付日額も低く抑えられており、女性非正規労働者のセーフティネットとして十分に機能しません。非正規労働者は社会保険の適用対象外の場合もあり、国民健康保険では傷病手当と出産手当は条例による任意給付となっており、実態としては支給がありません。

稼働収入の格差は、受給できる年金の種類や受給額、そして蓄えられる資産にも大きく影響します。65歳以上の単身女性世帯の46・２%が相対的貧困の状態にあります（阿部彩前記）。最後のセーフティネットとされる生活保護は、貧困の拡大で利用世帯が増えているものの、申請窓口での水際作戦や支給基準額の切り下げが強行されています。この制度を利用できる人に対して現実に生活保護を受けている人の割合（捕捉率）はわずか2割程度と推計されています。

子どもの貧困

子どもの相対的貧困率は１９９０年代半ば頃からおおむね上昇傾向にあり、２０１２年には16・３%、２０１５年でも13・９%となっています（「国民生活基礎調査」）。

母子家庭においては、母親の80%以上は就労しているにもかかわらず、２０１６年の全国ひとり親世帯等調査によれば、平均年間収入は２４３万円であり、児童のいる世帯の平均所得の約49パーセントです。半数近くは生活保護水準以下の稼働所得で家計を支えています。生活困窮家庭の子どもが義務教育に伴う費用の一部の給付を受けられる就学援助制度の利用者は、２０１６年度で約15%におよびます。経済的理由により高等学校を中途退学する者が私立高校に多く（２０１５年、６・３%）、高等学校中途退学者におけるひとり親世帯の割合も高くなっています。

貧困世帯やひとり親世帯においては、朝食を毎日食べている割合も低くなっていることが指摘されており、世帯所得支出と子どものう歯（虫歯）割合との関連性も指摘されています（文部科学省・平成25年度「全国学力・学習状況調査」、内閣府・「平成28年度子どもの貧困に関する新たな指標の開発に向けた調査研究報告書」）。子どもの貧困は成育や健康状態にも影響が及んでいるのです。

児童相談所が対応した子どもの虐待相談処理件数は、２０１９年度に年間15万９８５０件と過去最高になっています。東京都の調査によると、子どもの虐待が行われた家族状況の上位３つが「ひとり親家庭」、「経済的困難」、「孤立」であり、割合としても増加しており、背景にしばしば貧困問題があることが指摘されています（東京都「児童虐待の実態Ⅱ」２００５年12月）。

新型コロナウイルス感染拡大の中で深刻化する貧困

新型コロナウイルスの感染拡大のもと、非正規労働者は、真っ先に使い捨ての対象となります。子どもの学校休業に伴い、親の就労が困難になれば収入

図表1　年齢層別・性別の相対的貧困率（2015年）

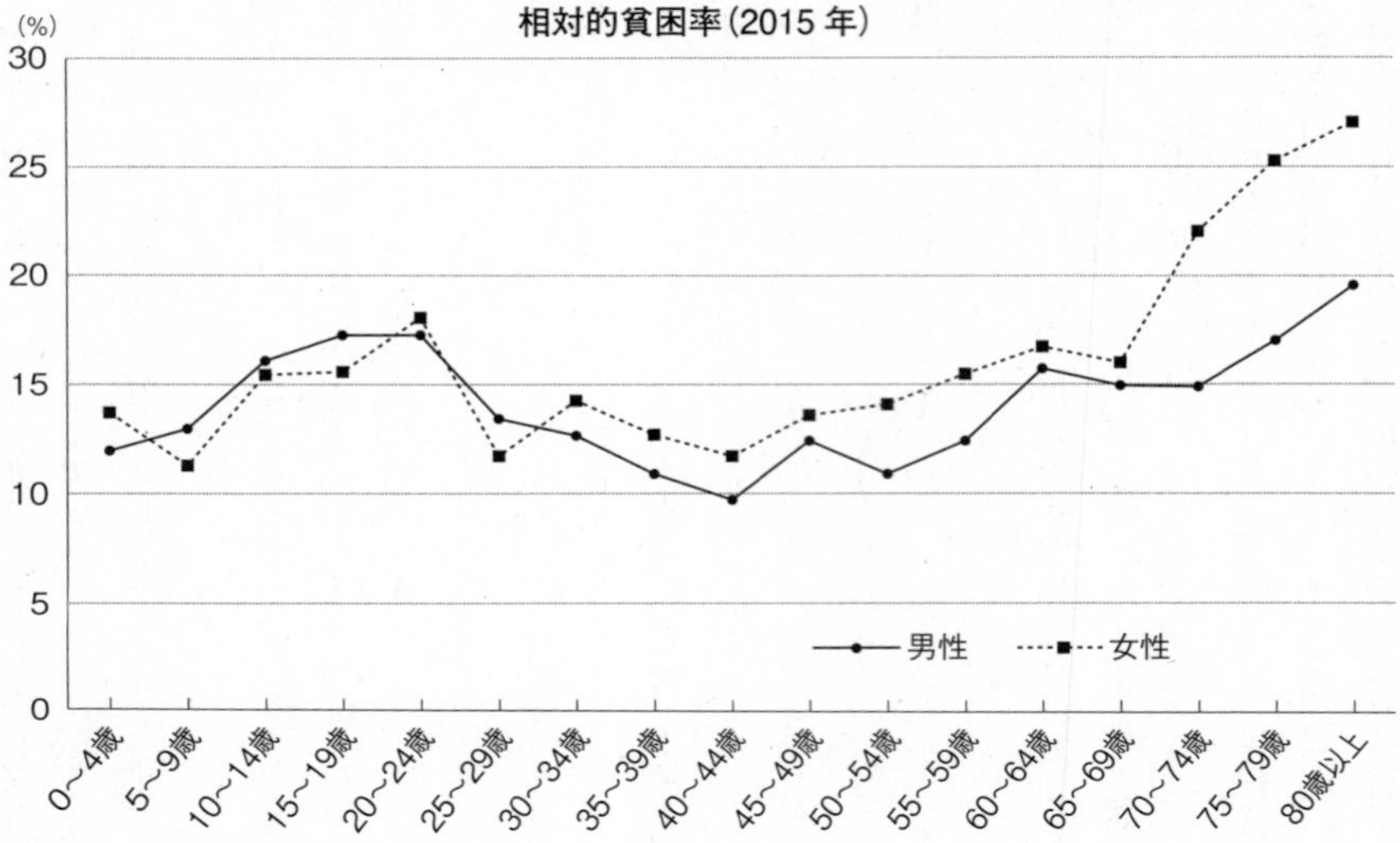

・男性では、最も貧困率が高いのは、80歳以上、次は20～24歳。
・女性では、高齢期（70歳以上）の貧困率が最も多い。

資料出所：阿部彩（2018）「日本の相対的貧困率の動態：2012年から2015年」貧困統計HP

図表2　男性の年齢階層別の貧困率の推移：2012年から2015年の動き

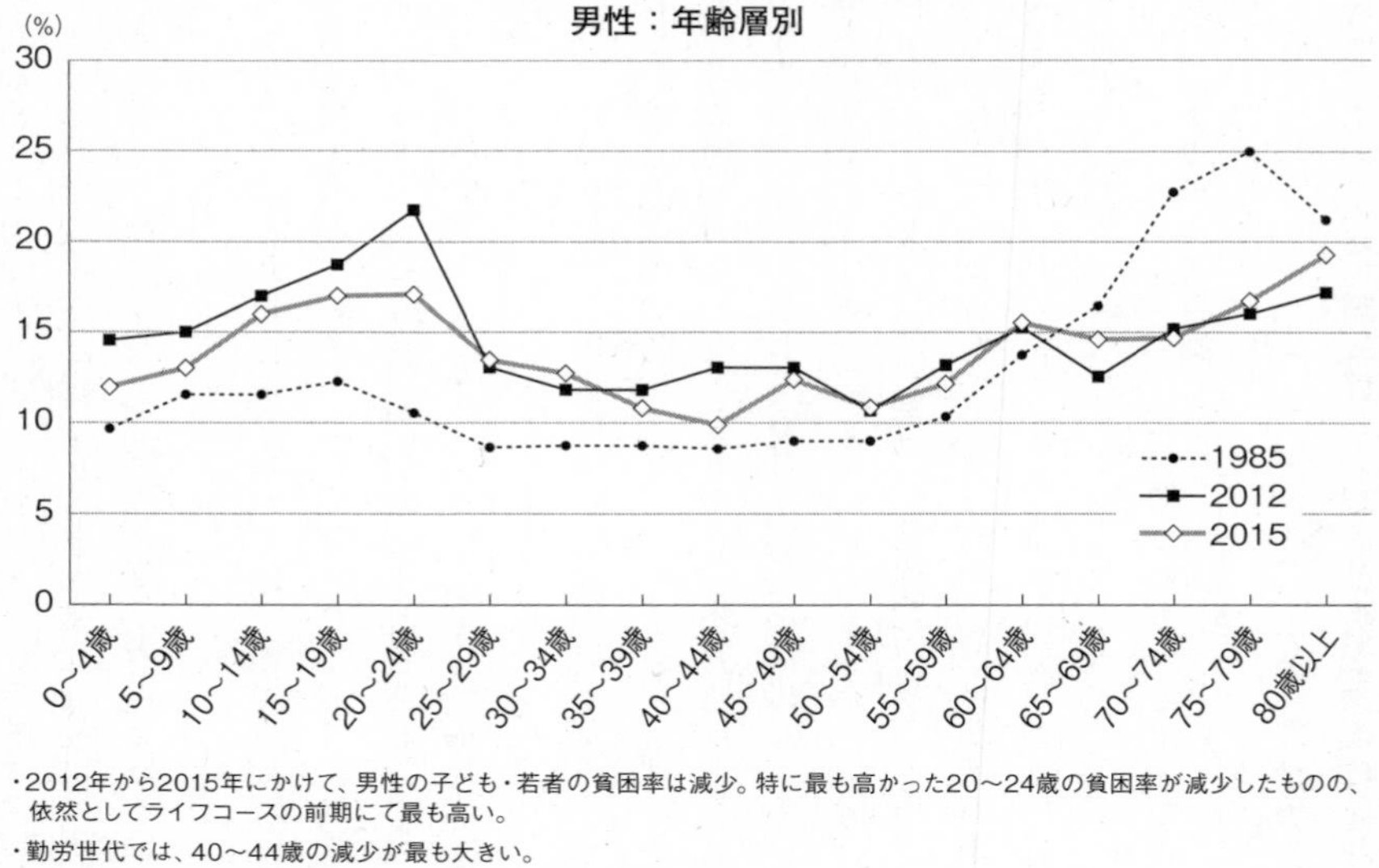

・2012年から2015年にかけて、男性の子ども・若者の貧困率は減少。特に最も高かった20～24歳の貧困率が減少したものの、依然としてライフコースの前期にて最も高い。
・勤労世代では、40～44歳の減少が最も大きい。
・65歳以上においては、若干の上昇（特に、65～69歳、80歳以上）。

資料出所：阿部彩（2018）「日本の相対的貧困率の動態：2012年から2015年」貧困統計HP

減をもたらします。雇用調整助成金や児童手当を受給する世帯に対する臨時特別給付金等の補償は十分なものではありません。学校給食によって栄養が確保されていた子どもたちの栄養状態や健康状態への影響、DVの増加、子どもの虐待が懸念される世帯に対する児童相談所や学校による子どもの状態の確認の困難も指摘されています。

「NPO法人しんぐるまざーず・ふぉーらむ」が、緊急事態宣言下の2020年4月に実施したアンケート「ひとり親家庭への新型コロナウイルス（COVID—19）の影響に関する調査」（回答数901人。同年5月19日公表）によれば、59%が収入減となっており、収入がなくなったひとり親も12%になっています。節約のための工夫としては、食費を抑えるが最も多く、1日1食または2食にする、お粥にする、自分の食を抜いて子どもに回す、公園の飲み水を使う、外のトイレを使う、入浴や洗濯の回数の制限などが回答されています。成長期の子どもの健康状態への影響が懸念されます。学校の授業に代わる学習も、学習教材を買い与えることが難しい、自宅のネット環境が整っていないためにコンビニでフリー Wi-Fi を利用している等の回答があり、教育を受ける権利が保障されない状況も生じています。

女性労働者が差別なく人間らしい生活を送ることできる労働法制

女性労働者の賃金の実態は、そもそも男女差別と非正規労働の増大の中で雇用形態による格差が是正されていないことが大きく影響しています。根底にある性別役割分担意識や、主に女性が担っている家庭内労働やケアワークなどへの低い評価も見直さなければなりません。

2020年4月、不合理な待遇の禁止（8条：旧労働契約法20条）、通常の労働者と同視すべきパート・有期雇用労働者に対する差別的取扱の禁止（9条）が明記されたパートタイム・有期雇用労働法が施行されました。月例給、賞与や退職金等の中核的労働条件における格差の是正に役立つものとなることが期待されています。

また、全ての人が人間らしい生活を営むことができるように、地域別最低賃金を大幅に引き上げ、全国一律最低賃金を実現することや、国や地方自治体が事業主と締結する契約（公契約）において、使用者となる事業主が使用する労働者の最低賃金を定め、これを遵守させる措置をとることなどが法律や条例の制定によって整備されることが必要です（日本弁護士連合会2015年10月2日「全ての女性が貧困から解放され、性別により不利益を受けることなく働き生活できる労働条件、労働環境の整備を求める決議」、2020年2月

20日「全国一律最低賃金制度の実施を求める意見書」)。

社会保障制度の見直し

日本の税・社会保障制度は、性別役割分担の意識を反映し、主たる男性稼ぎ手とその妻子で構成された世帯を標準モデルとして構築されています。これは標準モデル世帯に属さない個人に対しては不利に働き、単身女性や母子世帯を経済的に困窮させる要因となっています。日本は税・社会保障制度による所得再分配効果が低く、低収入であっても、相当額の税金や社会保険料を負担しなければならないことが、低所得者の貧困化に一層の拍車をかけています。

女性やひとり親の貧困の解消に向けた、児童扶養手当の拡充や職業訓練、医療、住宅、相談支援などの充実とともに、標準モデルによる制度設計を見直し、諸制度を多様な家族の形態に応じた制度に変革し、所得の再分配機能を強化すること、性別役割分担の問題を解消するため、学校、職場、家庭、地域におけるジェンダー平等教育を位置付けていくことも必要です。

子どもたちへの貧困の連鎖を断ち切るために

子どもの貧困対策推進法は制定されましたが、貧困の連鎖を断ち切るためには広い視野に立った社会保障政策の再構築と充実が求められます。

すべての子どもが良質な保育を受けることができるように、保育施設の量的拡充と質的向上が必要です。義務教育課程から高等教育まで、すべての子どもにその資質や発達段階に応じた教育を受ける権利を実質的に保障されるよう、施策や予算における措置を充実させることが不可欠です。

貧困率が高い母子家庭では、相談相手がいない者が19・3％（２００３年）から23・1％（２００６年）と増えています（全国母子世帯等調査）。学校、福祉事務所、児童相談所など、子どもの福祉に関わる機関の体制・予算の充実や専門性の確保、継続的な相談支援のコーディネーターの配置なども検討される必要があります。競争と自己責任を強調する社会の風潮の中で、貧困の連鎖を断ち切るには、子どもたちが「助けて」と言え、それを支援できる体制が不可欠です（日本弁護士連合会：２０１０年10月8日「貧困の連鎖を断ち切り、すべての子どもの生きる権利、成長し発達する権利の実現を求める決議」）。

おわりに

世界的にも、新自由主義経済によって貧困と格差が拡大し、公的責任による医療や介護が減退させられてきたことで、コロナ禍で多くの生命が失われています。生命と人権が大切にされ、人間らしい生活を送ることができる働き方と社会保障が実現する社会にするためには政治を変えていくことを求められています。

（滝沢　香）

新自由主義の下、岐路に立つ日本の医療
―コロナ危機からの回復の処方箋に向けて

新型コロナウイルス危機は、日本の医療が抱える様々な矛盾・問題を浮き彫りにしました。新自由主義による医療費抑制政策の弊害です。以下、コロナが浮き彫りにした医療・公衆衛生の状況と安倍政権の対応、及び政府が進める医療改悪計画について触れます。新自由主義と決別し、医療・社会保障充実に政策転換することこそがコロナ危機から回復する処方箋です。

コロナが浮き彫りにした日本の医療提供体制の脆弱性

コロナ危機の深刻化の大元には、長年の医療費抑制政策がもたらした医療現場の困難があります。

脆弱化されてきた公衆衛生行政

感染識別や早期診断・治療の要となるPCR検査の整備・拡大が進んでいません。感染爆発した5月初頭で、PCR検査数（人口比）は、日本と比べてイタリア17倍、アメリカ9倍、韓国6・4倍、フランス5倍など、日本の低さが目立ちます。国の消極的な姿勢に加え、当初PCR検査を中心的に担うとした保健所が機能不全に陥ったことが一因です。

1990年代以降、「行政改革」と称して、地域の公衆衛生の司令塔である保健所は大幅に削減されてきました。1992年に852カ所あった保健所は2019年に472カ所に激減し、職員総数も約3万4000人から約2万8000人に減り、特に医師数は4割以上減です。他方、地域包括ケアや介護予防など保健所の通常業務は増え続け、平時でもギリギリの人員で多忙な状況です。そこにコロナ対応が重なり、機能がパンクした形です。

病床、医師・看護師の不足

重篤な感染症患者を治療する集中治療室（ICU）の病床数（人口10万人当たり）も、世界トップのドイツは日本の7倍弱、医療崩壊が話題となったイタリアでも3倍と、日本は桁違いに少ない状況です。感染症病床は1998年の9134床から約20年間で1884床、5分の1にまで激減しています。2000年代に入り、SARS（重症急性呼吸器症候群）の流行など感染症病床の整備が求められていましたが、政府は対応してきませんでした。

医療従事者も不足しています。医師数（人口1000人あたり）は、ドイツの4・2人、フランスの3・4人、イギリスの2・8人と比べ、日本は2・4人と先進国で最低に近い水準です。イタリアでさえ4・0人、国民皆保険がないアメリカでも2・6人と日本よりも多い状況です。日本の医師総

数は32万人弱ですが、主要先進国などで構成する経済開発協力機構（ＯＥＣＤ）平均水準に比べ11～12万人も足りません。医療費抑制として医師数を抑え込んできた結果です。

看護師の不足も深刻です。平時でも始業前の仕事が約7割、就業時間後も7割弱であり、医療に固有の夜勤・宿日直も重なり、介護職や医師も含めた全回答で「疲れている」が半数近くに及び、病院現場は疲弊しています（日本医労連調査、２０１８年）。こうした状況にストレスを強く伴うコロナ感染防止対策や非常に手間を要するコロナ患者に対する人員の集中投入が必要となり、病院は「医療崩壊」に瀕しました。

高い窓口負担、国保料などで受診抑制

感染症対策で第一に重要なことは「感染者を潜伏させない」ことですが、普段より医療機関にかかれない、検査・治療を受けられない状態が感染拡大防止の障害になった可能性があります。

日本の原則3割の窓口負担は先進国でも突出して高い水準です。本会の調査では、開業医の3人に1人が経済的理由による患者の受診の中断・中止を経験しています。病院勤務医でも2人に1人が、患者の経済的な事情から安価な処方に変更した経験をしています。判明しているだけで、例年60～80人前後が経済的困難から受診が遅れて亡くなったケースが報告されています。氷山の一角であり、全国で5千人以上に及ぶと懸念されます。特に、国民健康保険では、２００万円の収入で最大50万円近い医療費が課され、正規の保険証を持っていても、窓口負担の支払いが困難です。

微熱、倦怠感や喉の痛みなど体調に違和感があっても、受診しなかったり、市販薬などで済ませた結果、市中に感染が広がった可能性があります。

戦後最悪政権の下、コロナ危機が深刻化

憲法改悪と自己保身を最優先する戦後最悪の安倍政権がコロナ対策を担っていることが、危機を一層深刻化させています。

後手、思いつき、出し渋りで状況悪化

安倍首相はオリンピック開催に固執し、本格的なコロナ対策に出遅れました。野党の強い要望があったにもかかわらず、本予算には対策費用は殆ど組み込まれず、第一次補正予算も4月末と後手に回りました。一次補正もコロナ患者受け入れ対応など医療支援（緊急包括支援交付金）は１５００億円と小規模に留めた結果、実効的な対策となりませんでした。

首相独断の突如の全国一斉の休校要請により、女性の就業比率が高い医療界は、看護職員らが保育等で自宅待機を強い

られるなど、医療現場の人手不足に拍車がかかりました。

安倍政権が、事業補償に背を向けたまま外出自粛と休業要請を求め、消費税10%実施で疲弊していた国民・事業者に更なる忍耐を強いた結果、廃業・閉店、解雇などが相次ぎ、戦後最悪の景気悪化が懸念されています。

ようやく第2次補正予算で交付金は2兆2000億円積み増しされました。しかし、PCR検査センターの設置・維持などに必要な予算は366億円とされ、日本医師会の有識者会議が試算した4694億円と比べても間尺に合いません。保健所の恒常的な体制強化の予算にいたっては1円もありません。

全ての医療機関への減収補填が急務

本会の調査（回答数：医科診療所（無床）6034、歯科診療所3626）では、院内感染を懸念する患者の受診減などで、医科・歯科ともに85%で収入減（昨年と今年の4月の保険診療分を比較）に見舞われ、医科で4分の1強、歯科で3分の1弱が同様に30%以上の収入減、更に50%以上の収入減が医科で6・2%、歯科で10%に及びます。患者と近接する耳鼻咽喉科や親の意向による受診影響を受けやすい小児科などで減少割合が特に高くなっています。しかし、コロナ患者を直接診ていない医療機関に対しては一部の診療報酬について算定要件が緩和されたに留まります。患者減による大幅な収入減で、平時の医療確保、地域医療の存続が危ぶまれています。

他方、主要な病院団体の調査（4月診療分）では、院内感染を懸念する受診・入院減や、コロナ対応への病床・職員投入による診療できる患者数減や予定の手術・検査の延期などで、コロナ患者の入院を受け入れた病院では、医業収入が約13%減と大幅に落ち込んだ結果、0・3%の黒字から約12%の赤字に転落し経営破綻に瀕しています。2次補正や診療報酬対応で、コロナ感染患者を受け入れる病院や受け入れ体制を整備した病院に対する予算投入（医療機器・施設整備、空床確保など）や診療報酬（集中治療室、一般病床など）引き上げがされましたが、コロナ患者の受け入れ有無に関わらず、全ての医療機関に対し、減収補填などの対応が望まれます。

火事場泥棒で医療改悪を推進

コロナ対策に万全を尽くすべき中にありながら、安倍政権は医療改悪を着々と進めています。医療機関内での紛失や番号漏洩が危惧されるマイナンバーカードの保険証利用の環境整備を進めるとともに、セルフメディケーション促進と称して、医師・薬剤師など専門家のリスクを憂慮する声を無視する形で、処方箋なしで購入できる医薬品（スイッチOTC）の大幅拡大を図ることなどが検討されています。

また、住民自治を形骸化し、企業が患者・住民の個人情報を一元管理し、医療・交通・金融サービスなどを独占提供することを可能とするスーパーシティ法（改正国家戦略特区法）を成立させています。コロナ感染拡大の下で受診機会を保障するとして例外的に初診から認めたオンライン診療の取り扱いを恒久化しようとする動きも出ています。

いずれも患者・国民や医療現場に大きな影響を及ぼすものです。コロナ危機に便乗して公的医療サービスを市場化し、企業の儲け先に変えていくショック・ドクトリンであり、まさに火事場泥棒です。

「全世代型社会保障改革」に依然固執

安倍政権は、医療現場、患者・国民が困難な状況にある中にも関わらず、年末には窓口負担増の具体的計画を取りまとめるなど、全世代に負担増を強いる「全世代型社会保障改革」は進めていく構えです。▽75歳以上の高齢者の窓口負担1割から2割への引き上げ▽中規模病院（200床以上）に紹介状を持たずに受診した場合5千円以上の追加負担を求める▽ドラッグストアでも買える医薬品（風邪薬、湿布、漢方等）は保険給付から外すことなどが検討予定です。

また、2024年4月より医師の働き方改革が本格的にスタートしますが、当面15年間は通常の勤務医は過労死ラインまで、研修医と専門医研修には過労死ラインの2倍までの働き方を容認します。到底「働き方改革」と呼べるものではありません。それも医師は増やさずに、病院・病床を減らし医療アクセスを犠牲にして医師配置の是正を進めたり、他の医療職種の労働強化などで対応を図る構えです。

コロナ危機により各地で感染症病床はじめ病床不足が深刻な状況にもかかわらず、昨年9月に示した公立・公的病院など424病院（現在約440病院）の統廃合候補リストについてを依然進めていくとしています。

新自由主義と決別し、医療・社会保障充実へ

コロナの第2、第3波も想定される中、政府はコロナ感染者数は減少傾向に転じたとしていますが、科学的な対策を立案する上で、コロナ感染状況を正確に把握することが不可欠です。PCR検査や抗原検査等の検査体制の大幅な整備・拡充が急務です。安心して診療に専念できるよう医療物質の迅速・安定的な供給も必要です。

全ての患者・国民の命と健康を守る上で、有事のコロナ治療体制の充実と平時の医療の確保を両輪として進めていくことが肝要です。受診や介護サービス利用の手控え、外出自粛や雇用・景気悪化などに伴い、うつ病・依存症などメンタルヘルス悪化、認知症の進行、ワクチン接種や健診・検診、手術・検査の遅れ、更にDV・児童虐待等の増加はじめ、患

者・国民の健康状態の悪化が危惧されます。日常診療を担う医療機関に対し減収補填など経営を底支えし、地域医療の再建・整備を図ることが急務です。

コロナ対応と並行しつつ、コロナ危機からの日本社会・経済全般の立て直しも長期に及び求められます。「全世代型社会保障改革」の撤回とともに、内部留保を溜め込んだ大企業や、庶民よりも税金が軽い超富裕層に応分な負担を求めていく世論喚起が必要です。

コロナ危機からの回復の処方箋は、新自由主義による医療費抑制の下で進められてきた医療・社会保障削減路線と決別し、医療・社会保障充実に舵を切る政策転換にこそあります。

（松山　洋）

コロナ禍であぶり出された保育の問題点と改善課題

コロナ禍で明らかになったこと

新型コロナウイルス感染症が広がるなか、安倍首相は2月27日、全国の学校の3月2日から春休みいっぱいの臨時休業を要請しました。さらに4月7日に発出された緊急事態宣言によって、多くの自治体が5月末まで休業を延長することになりました。

厚労省は、この要請をうけて「新型コロナウイルス感染防止のための学校の臨時休業に関連しての保育所等の対応について」（2020・2・27）を発出し、保育所については「保護者が働いており、家に一人でいることができない年齢の子どもが利用するものであることや、春休みもないなど学校とは異なる」として、「原則として開所していただくようお願いしたい」としました。学童保育（放課後児童クラブ）も同様に、原則開所を要請し、開所時間も長期休暇中に準じるよう求めました。

一方で、小学校休校のため保育士等が不足することなどがある場合には、仕事を休んで家にいる保護者に園児の登園自粛を要請することもありえるが、その場合でも「保育所等は保育が必要なものに保育が提供されないということがないよう、市区町村において十分にご検討いただきたい」としましたが、具体的な対応については各自治体や現場まかせになりました。

たとえば緊急事態宣言の対象となった東京都は、4月10日に休止を要請する施設を発表しましたが、保育所は「休止要請の対象外」となりました。そのうえで市区町村に対しては、保護者に登園自粛を要請して保育等の提供の縮小実施と同時に、医療、交通、社会福祉関係等仕事を休むことが困難な保護者への確実な保育の提供を要請するにとどまりました。

各自治体、園でも原則休園、自粛要請など対応が分かれました。保育を受ける場合でも、保護者の職種を限定（両親ともに警察、消防、医療関係など）する、テレワークであっても在宅とみなし自粛を要請する、登園日数を制限する、などです。

自粛要請の結果、保育現場では登園児が減少しました。登園率は園や地域によってさまざまですが、特に都市部では5〜20％と大幅に減少しました。その中で、保育自体は感染予防を徹底し、緊張感をもって行われましたが、登園児が半数以下になり、一人ひとりの子どもに配慮できる本来の保育ができた、現行国基準（3歳児20対1、4・5歳児30対1の職員配置基準、１・２歳児一人あたりの面積基準１・98㎡など）がいかに貧しく、保育からゆとりを奪い、子どもの発達を阻害しているのか、あらためて実感した、という声が多くあがっています。

また、正規職員は休業できても非正規職員は出勤が求められ休業補償がされない、感染予防対策を十分とれる体制や条件がないなど、現行制度の構造自体に問題があること、そこに改善課題があることがいっそう明らかになったといえます。

貧しすぎる保育の基準と規制緩和の実態

保育は3密がさけられず、濃厚接触なしには成り立たない仕事です。子どもの発達保障のためには、恒常的な保育環境の整備と条件改善が必至ですが、この間の保育政策は待機児童解消を名目に、つめこみ保育や規制緩和、効率優先の保育の市場化など、子どもの最善の利益とは逆行するものになっていました。

１９９７年の児童福祉法一部改正など、国が公的保育制度解体に踏み出した１９９０年代後半以降の主要な規制緩和の実施状況を整理したものが図表1です。

たとえば、１９９８年に実施された短時間勤務保育士の導入は、より少ない人件費で保育体制をやりくりできるよう8時間勤務の常勤保育士の代わりに短時間勤務保育士の複数配

図表1　保育所に関わる規制緩和事項

年度	規制緩和事項
1998(平成10)年度	短時間勤務保育士の導入容認／給食調理の業務委託容認 定員超過入所の規制緩和――年度当初10%、年度途中15%(育休明け20%)※
1999(平成11)年度	定員超過入所の規制緩和の拡大――年度当初15%、年度途中25%(育休明けに産休明けを加え規制撤廃)※
2000(平成12)年度	保育所の設置主体の制限撤廃
2001(平成13)年度	短時間勤務保育士の割合拡大(定員超過分) 定員超過入所の規制緩和の拡大――年度後半の制限撤廃※
2002(平成14)年度	保育所の分園の条件緩和――定員規制および分園数規制の緩和 短時間勤務保育士の最低基準上の保育士定数2割未満の規制撤廃
2003(平成15)年度	児童福祉施設最低基準緩和――保育所の防火・非難基準緩和
2006(平成18)年度	認定こども園の制度化――地方裁量型等で実質的な規制緩和が行われた
2010(平成22)年度	定員超過入所の規制緩和の拡大――年度当初の制限撤廃※ 給食の外部搬入容認――3歳以上児・公私ともに
2011(平成23)年度	最低基準の地方条例化に関わる地域主権改革一括法の成立　2013年3月末日までに、都道府県・政令市・中核市で条例化
2014(平成26)年度	4階以上に保育室設置の場合の避難用外階段必置規制の緩和
2015(平成27)年度	新制度実施により創設された地域型保育事業で、保育所の基準を緩和した基準の設定(面積・保育士資格) 認可化のためとして、認可外保育施設の運営費に対する国庫補助創設
2016(平成28)年度	最低基準における保育士配置に関する規制緩和(特例での実施とされているが期限等はない)――最低2人配置原則の適用除外、小学校教諭等による代替容認、認可定員上必要とされる人員を上回って、常時基準を満たすために配置されるべき人員について知事等が認める者でも容認する 企業主導型保育事業の創設で、保育所の基準を緩和した基準の設定(面積・保育士資格)
2017(平成29)年度	国土交通省告示改正で、既存事務室等から保育室への転用を促す採光規定の緩和
2019年度	国家戦略特区として、地方裁量型認可化移行施設創設 幼児教育・保育の「無償化」対象に、認可外施設等も加えられる

※は最低基準を達成した範囲での緩和措置
資料出所：『保育白書2019年版』（ちいさいなかま社）

置を可としました。結果的に常勤者の減少を促し、非常勤保育士の増加につながりました。

また、保育所の定員を超えた入所も1998年以降徐々に緩和され、2010年度には定員のおおむね15%が上限とされてきた年度当初の超過規制が撤廃され、最低基準を達成していれば何人でも入所可能になりました。

自園調理が原則だった給食についても、調理業務の委託から2010年には3歳以上児について外部搬入が容認され、給食の外注化（業者委託）、公立施設を中心に給食センターからの搬入が進みました。保育の一環である給食は保育との連携が不可欠ですが、給食の外部搬入はその連携を困難にし、事故も起こるなどさまざまな弊害を引き起こしています。

2000年の設置主体制限の緩和では、地方自治体や社会福祉法人などに限定されていた設置主体の規制が撤廃され、企業など営利法人による保育所設置が可能になりました。しかし、企業等の保育所には、私的財産形成につながるとして施設整備費の補助が認められないため、最低基準ギリギリの施設、園庭のない施設などが増加し、改善がすすみつつあった保育環境の後退・劣化が急速に進みました。

また、2011年の地域主権改革一括法によって、これまで国が定めていた保育所の最低基準が廃止され、これらの基準は都道府県、政令・中核市が条例によって定めることになり、同時に待機児童の多い自治体では待機児童が解消するまでのあいだ、居室面積基準の緩和も容認されました。

2015年度から実施された子ども・子育て支援新制度は、さらに多様な基準・条件による保育の供給を認めることになりました。特に、小規模保育事業等の地域型保育事業では保育士資格がないものの配置も認められ、2016年度に創設された企業主導型保育事業ではさらに緩和された基準が適用され、保育条件の切り下げはいっそう進んでいるといえます。

改善がすすまない保育士の処遇

コロナ禍のもとで、原則開所が求められてきた保育所ですが、臨時休園や休業等保育の提供の縮小等を実施した場合にも、認可施設について公定価格は通常どおり給付され、施設の収入は保障されることになっています。ところが一部の保育所で保育の縮小等で保育士を休業させた際に賃金が支払われなかったり、有休取得が強要されたりするなどの実態が報告されました。

この間、保育士の給与は全産業平均より10万円低いなど劣悪な処遇が問題になっており、そのために保育士が職業として選ばれず、保育士不足が深刻になっています。保育需要の増大による保育時間・開所時間の長時間化、低年齢児の増加などによる保育労働の過密化で、改善がすすまない保育士の処遇や労働条件はいっそう厳しくなっています。

保育士の賃金改善については、2016年に野党が共同で改善法案を国会に提出しましたが、いまだに審議すらされていません。いま、コロナ禍のもとで、エッセンシャルワーク（社会機能維持に必要な労働）が注目されていますが、保育労働もその一つにあげられています。そうした仕事にとりくむ保育士を称賛するだけにとどめず、保育環境や保育条件、処遇の改善課題を具体化し、実行することが政治に求められています。

2019年10月実施の幼児教育・保育の無償化

2019年10月の消費税率10％への引き上げによる財源を活用し、少子化対策として幼児教育・保育の無償化が実施されました。今回の無償化の対象となるのは3～5歳児が中心で、子ども・子育て支援新制度の対象施設―幼稚園、保育所、認定こども園、地域型保育（小規模保育、家庭的保育、事業所内保育、居宅訪問型保育）などが対象になります。無償化の期間は3歳児クラスの4月から3年間ですが、幼稚園については満3歳になった日から無償化の対象になります。

0～2歳児（保育を必要とする子ども）は、住民税非課税世帯（年収約260万円以下の世帯）の子どものみが対象で、ほとんどの世帯は対象にはなりません。低年齢児ほど保育料が高く経済的負担が大きいという現状から見ても、不十分であるという指摘があります。

子ども・子育て支援新制度に移行していない幼稚園は月額2万5700円を上限に、3～5歳児（保育が必要な子ども）で認可施設に入れず、やむを得ず認可外施設を利用する場合には、月額3万7000円までの利用料が無償化されます。また、0～2歳の住民税非課税世帯の子どもが認可外施設を利用した場合は、4万2000円までの利用料が無償化されます。

無償化の対象となる認可外施設の範囲は、都道府県に届出を行い、国が定める認可外保育施設指導監督基準（劣悪施設の排除の基準）を満たすことが必要であるとしながら、5年間は基準を満たさない施設についても対象になります。これは子どもの安全、保育の質確保の点からも問題です。

また、これまで国は保育に必要な費用を公定価格（保育にかかる費用）として示し、その一部を保育料として保護者の負担能力に応じて徴収できるとしてきました。実際には保育料以外にも実費で徴収される費用（通園送迎費、3歳以上の給食の主食費、行事費等）がありますが、これらは無償化の対象にはなりません。特に給食の食材費については、3歳児以上は主食費に加え、これまで公定価格に含まれていた副食費も実費徴収すること、徴収は各施設が行うことになりました（0～2歳児については給食費の徴収はありません）。

しかし、この実費徴収によってこれまでもほぼ保育料負担のなかった低所得世帯が負担増になるなどの現象が一部で生じました。そのため、給食費の無償化、全年齢の保育料無償化など独自施策をすすめる自治体もあり、自治体格差が広がっています。無償化施策自体は否定するものではありませんが、制度の見直し、改善が必要です。

無償化で増える待機児

これまで「保育料が高いから」と保育所に預けて働くことをあきらめていた人たちが、保育料が無料ならば預けて働きたいと思うのは当然です。3歳になれば無償になるが保育所に入りにくいから入れるときに入っておきたい、という希望が増えています。またこの間の待機児童対策は、0～2歳児を対象とする小規模保育や企業主導型保育の拡充などが中心でしたが、そのことで逆に3歳児の待機児童増加が問題になっており、無償化の実施によってさらに深刻になっている実態があります。

国は2017年度末までに待機児童を解消するとしていました。しかし、これが難しくなったため、新たな待機児童対策として2020年度末まで女性の就業率80%に対応できる約32万人分の受け皿を確保する「子育て安心プラン」を発表していますが、この達成も難しいと思われます。依然として国の待機児童対策は、予算をかけずに行える認可外施設や少子化の影響で子どもが減少している幼稚園の活用等が中心ですが、保護者の願いは、安心で安全な、職員も環境も十分な認可保育所に預けたいということです。需要増に見合う保育の量的拡大は認可保育所等を中心に行うこと、規制緩和などの安易な待機児童対策をすすめさせないことを自治体に求めていくことが必要です。

だれもが安心して保育が利用でき、また保育者が生きがいをもって働きつづけるためには、消費税ではない子どものための予算を確保し、保育政策を抜本的に転換する政治が必要です。

（実方　伸子）

介護制度・介護保険の問題点とこれから

はじめに　介護保険制度の現状

介護保険制度がスタートして21年目を迎えた現在、制度創設時と比べると要介護（要支援）認定者、介護保険サービス利用者ともに3倍以上に増加し、給付額は3兆2000万円から10兆2000万円まで拡大しました。街の風景の中に通所介護の送迎車が溶け込み、「ケアマネージャー」「ショートステイ」といった言葉が住民同士の会話の中で交わされます。介護保険制度は我々の生活にとって欠かせないものとして定着したと言えるでしょう。

しかしこの間、介護保険サービスの利用者は、負担増と給付の抑制の連続の中におかれています。

具体的には、介護保険料（平均）は第1期の2911円から第7期5896円と2倍以上に増え、さらに2025年には8000円を超えると推計されています。2014年法改正では、予防給付から訪問介護と通所介護を外し、介護予防・日常生活支援総合事業に移行、特別養護老人ホームの入所を原則要介護3以上に限定、一定以上所得者に2割負担の導入（利用者負担の引き上げ）などが行われ、2017年法改正では、さらに3割負担を導入しました。高額介護サービス費の自己負担額上限の引き上げや、補足給付（食費・居住費の補助）の資産要件の厳格化による引き下げは、次期改正でも行われる見込みです。また、次期改正では2割負担対象者の拡大等のさらなる利用者負担の引き上げは見送られましたが、そのことに対し、制度の持続可能性の確保の観点から「踏み込み不足」という表現がなされています。次々改正では利用者負担の引き上げ、居宅介護支援（ケアプラン作成）の有料化などの議論が再燃することでしょう。

高齢者の増加、介護給付額の増加に対応しながら介護保険制度の持続可能性を確かなものにするためには財源を確保しなくてはなりませんが、介護保険の財政の持続可能性だけではなく、要介護者自身の生活は安定し、継続できているのでしょうか。

介護保険料を滞納したことにより預貯金等の資産の差し押さえ処分を受けている人、保険給付の制限を受けている人はそれぞれ年間1万人以上にのぼります。利用者負担引き上げ後には、介護保険サービスの利用控えも発生しています。サービス利用を控えたことで、要介護者の状態の悪化や、家族介護者の身体的、精神的な負担増が家庭内の虐待を招くことが懸念されます。高齢になるにつれ、介護だけではなく、医療を必要とする人も増えますが、医療保険も給付の抑制と負担増が続いています。高齢者の生活全体において経済的な負担が増えているのです。少なくとも低所得者への今以上の配慮は欠かせません。

家族介護者の現状と介護の社会化

かつて、我が国では子どもが親の面倒を見るのは当然という社会規範は主流であり、１９７８年『厚生白書』では老親と家族の同居は「福祉における含み資産」と記されました。１９９０年代まで、「模範嫁」「孝行嫁」など呼称は異なりますが、無償で介護にあたってきた「嫁」を自治体などが表彰してきた歴史があります。

介護保険制度が我々の生活の中に定着したことは前述のとおりですが、では、「介護の社会化」は達成したのでしょうか。「介護の社会化」とは明確な定義はありませんが、従来の家族依存的な介護体制からの脱却を目指すもの、介護体制の中心を「私」から「官（国家）」「協（市民社会）」へと移行するものととらえられています。現状、在宅介護の担い手は配偶者が25・2％、子が21・8％、性別にみると女性が66・7％を占めています（平成28年「国民生活基礎調査」）。また、年間10万人弱が介護・看護を理由に離職しており、そのうち7割を女性が占めています（図表１）。家族介護は、長時間にわたる介護、老老介護、介護離職、介護・看病疲れによる自殺・殺人など、依然として厳しい環境におかれてい

図表１　介護・看護を理由に離職・転職した人数

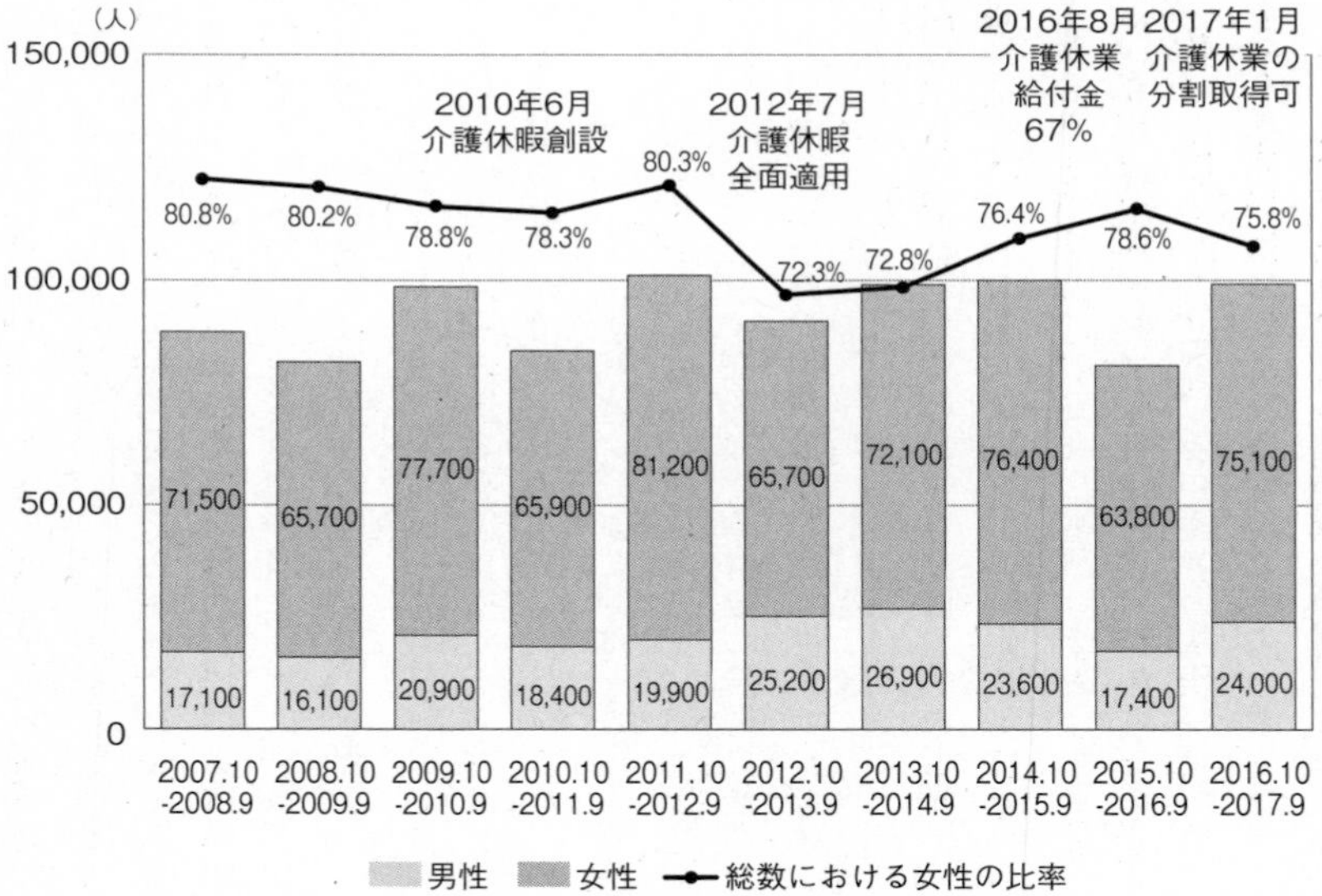

資料出所：総務省「就業構造基本調査」（2017年）より作成

ます。地域包括ケア研究会報告書では、介護保険サービスは介護の社会化に大きな役割を果たしてきたが、家族等が要介護者の生活を支えるうえで大きな役割を果たしていることも事実であるとし、介護者自身に対する直接的なサポートの強化の必要性を指摘しています。育児・介護休業法の改正等により、介護をしている者の有業率は上がっていますが、家族による介護が大きな役割を果たしていること、女性が家族介護の多くを担っているという状況は変わっていないと言ってよいでしょう。

では、要介護者本人は家族、女性による介護を望んでいるのでしょうか。男性の半数以上は配偶者の介護を、女性は介護サービス、子による介護を望んでいます（平成29年内閣府「高齢者の健康に関する調査」）。一見、家族、女性による介護の期待が高いように感じますが、40歳以上の男女を対象に自分の介護が必要になった場合の介護を尋ねると「家族に依存せずに生活ができるような介護サービスがあれば自宅で介護を受けたい」という回答が最も多くなっており（平成28年「高齢社会に関する意識調査」）、自宅での生活を希望するものの介護の担い手は家族に限定せず、介護サービスへの期待が高くなっています。

介護保険制度と家族介護者の支援

介護保険制度の対象は要介護者であり、在宅サービスを中心に提供することにより、家族介護者を支援するという考え方に立つものです。介護基盤整備に資金投入がなされ、要介護者が利用することで介護者の休息や就労を間接的に支援する通所系サービスや短期入所サービス事業所数は増え、24時間365日の在宅生活を支援するために新たなサービス類型も創設されました。しかし、介護基盤整備の不足や偏りが解消されていないことは、介護離職者の減少がみられないことからも明らかです。

現在、介護保険法の中で家族介護支援に関する事項は、地域支援事業の任意事業「家族介護支援事業」に見ることができます。任意事業ですから、未実施の市町村もありますし、事業の内容（質、量ともに）に大きな違いがあります。また、その内容は、家族介護教室や慰労金等の支給などが多く、家族に介護技術を教え、介護用品を支給することで介護技術の向上と介護負担の軽減をはかり、金品の贈呈や交流会で慰労することと読み取れます。家族に介護を継続してもらうための支援事業といえます。諸外国では家族介護者を要介護者に従属的に規定せずに、要介護者、家族の両者をそれぞれ個人として個別的に支援します。家族もアセスメントの対象となり、家族も介護をしながら自身の人生を生きるための支援を受けることが可能になっており、わが国の家族介護者支援と発想の違いが感じられます。

我が国では、第7期介護保険事業計画（2018年~2020年）の基本指針に「介護を行う家族への支援や虐待防止対策の推進」「『介護離職ゼロ』に向けた、介護をしながら仕事を続けることができるようなサービス基盤の整備」という家族介護者支援に関する項目が設定され、次期計画においても継承されます。次期改正に向けては、介護離職ゼロの実現に向けた文脈のなかで、家族の相談支援や健康の確保を図っていくことが重要であると指摘されています。認知症施策推進大綱（2019年）にも家族の支援という言葉が何度も出てきます。家族の介護負担の軽減、仕事との両立支援が中心ではありますが、国の文書に家族への直接的な支援という言葉が登場するようになったことが、家族介護者支援の現在の到達点です。

介護離職ゼロの実現と介護サービス基盤の整備

「介護離職ゼロ」の実現に向けて、介護保険制度見直しに関する意見（2019年12月）では介護施設の整備を進めるとともに、在宅サービスの充実を図り、在宅の限界点を高めていくことが必要であるとしています。具体的に小規模多機能型居宅介護、介護付きホーム（特定設入居者生活介護）などの整備促進に触れています。地域医療構想のなかで病床数の削減が進みますから、「介護離職ゼロ」とは関係なしに、在宅の限界点を高めるためのサービス基盤整備は待ったなしの状況です。

ところが、2019年の「老人福祉・介護事業」倒産は、111件と過去最多だった2017年に並びました。2016年から倒産件数は4年連続100件を超え、倒産が高止まりしています（東京商工リサーチ調査）。その理由の1つとして人員不足と人件費、採用コストの高騰による経営状況の悪化が考えられます。特別養護老人ホームなどの入所施設では、多くの入所待機者を抱えながら、人員不足のために部分的に居室を閉鎖しているところもあるほどです。また、倒産ではなく事業の廃止・休止も利用者に与える影響は大きく、例えば東京都では令和2年4月だけで25事業所が廃止届を提出しています。なかには、事業所指定から廃止までの期間がわずか1年という事業所もあります。

介護事業所は介護報酬が主たる収入となっているため、3年に一度実施される介護報酬改定に経営状況が左右されます。倒産件数の増加の背景には、2015年の過去最大のマイナス改定が大きく影響しています。2018年の介護報酬改定は、収益の悪化と人材不足による人件費の上昇、地域包括ケアシステムへの移行を受けて0・54%と若干のプラス改定でしたが、倒産件数は高止まりしています。

倒産企業の約7割が小規模な企業で、事業別では訪問介護、通所介護が多数を占めています。近年の介護報酬改定では基本報酬は上げずに、加算報酬の種類を増やしたり単位数を引き上げる傾向があります。より上位の加算を算定するためには、人員配置基準を上回る人員を配置したり、配置すべき専門職（有資格者）の雇用形態や兼務の有無も問われたりします。そのような加算を算定できる事業所は、介護報酬がマイナス改定であっても、収入を維持、あるいは増収に転じることができますが、小規模事業所は加算要件を満たすことが厳しいという実情もあります。2019年10月に介護報酬が改定されましたが、消費税増税への対応ですから事業所の経営改善に資するものではありません。加えて約1000億円を投入し介護職員等特定処遇改善加算が導入されましたが、小規模事業所と大規模事業所の経営状況の格差が拡大するおそれもあります。加算の種類を増やし介護報酬の算定を複雑にしていくのではなく、事業所の運営が安定するよう、基本報酬の見直しが求められます。

おわりに

本稿の最初に、介護保険制度は我々の生活に定着したと書きました。介護保険サービスを組み合わせ、最期まで在宅生活を継続する要介護者、仕事と介護を両立する家族も増えていると感じます。

しかし、地域に要介護者の生活を支えるだけの介護保険サービスがなければ、そして、要介護者、家族がある程度の費用負担をできなければ、家族が介護を引き受けるしかない、「介護の社会化」に逆行する現実もあります。介護サービス事業所の経営の安定、利用者負担の緩和（特に、低所得者への配慮）の両方が介護離職ゼロの実現のためには必要です。必要なサービスを確実に受けることができれば、家族は要介護者を精神的に支えるという、家族でなければ出来ない介護に専念できるようになりますし、要介護者本人の生活の安定と生活の豊かさの持続可能性の向上に通じるでしょう。

（柴崎　祐美）

気候変動とくらし
——持続可能な社会をめざして

はじめに

地球温暖化は、異常気象、生態系・食料などへの悪影響をもたらします。２０１５年「パリ協定」後、抜本的対策を考えた国・自治体・企業・市民の行動が目立ちます。ここでは温暖化の悪影響を最低限にするため低い気温上昇に留める世界のCO_2排出削減を見て、日本の排出削減対策を地域課題と一緒に取り組むことを検討します。

世界と日本の異常気象

世界で異常気象が多発、気候変動が極端になり、巨大台風・大雨・洪水が各地を襲い、干ばつ、大規模な山火事も発生しています。

日本でも異常気象が多発、２０１７年九州北部豪雨、２０１８年7月西日本豪雨、9月関西空港水没、２０１９年10月台風19号で関東・信越・東北に被害が出ました。日本近海の海水温が高くなり、台風が強いまま上陸しています。ドイツのＮＧＯジャーマンウォッチは、２０１８年に日本が最大の気象被害を受けたと発表しました。

温暖化の進行はくらしを直撃します。異常高温・熱波、大雨・洪水、干ばつなどは生活基盤を脅かします。島国は海面上昇で国土が海に沈みます。日本の農業も打撃を受け、日本の食料輸入国でも干ばつ・山火事があいついでいます。熱中症増加、熱帯性伝染病の可能性もあります。

温暖化で何がおこるか、温暖化の悪影響抑制に排出をどこまで下げるか

ＩＰＣＣ（気候変動に関する政府間パネル）が２０１８年に気温上昇１・５度（産業革命前比）の科学的知見を報告しました。

２０１７年に世界平均気温は産業革命前から約１℃上昇しました。このままでは早ければ２０３０年に１・５℃を超えると予測されます。つまりこの10年の対策が重要です。

温暖化が進むと洪水、干ばつ、農業など様々な分野で悪影響が出ますが、気温上昇１・５℃抑制なら２℃やそれ以上の上昇に比べ悪影響が小さいと予測されます。気温上昇１・５℃未満抑制の世界のCO_2排出経路例として、２０３０年に２０１０年比45％削減、２０５０年ゼロ、を示しました。

世界と日本のエネルギーとCO_2

過去30年で世界の排出構造が大きく変化、新興国が工業化で世界のCO_2の約半分を占め、先進国と新興国で大半を占めます。世界のCO_2排出量はまだ停滞で減少に至りませんが、先進国は１９９０〜２０１８年に10％減、ＥＵ（欧州連合）は23％減、英国は37％減、ドイツは28％減です。

日本のCO_2割合は火力発電所が全体の約3分の1、発電所と工場などで約3分の2を占めます。家庭の排出は一部で

す（購入電力分の発電所の排出を入れても15%）。日本のCO$_2$排出量は原発事故後の省エネ普及と再生可能エネルギー（以下「再エネ」）普及で2013年以降減少に転じ、2018年は1990年比2%減です。

世界のとりくみ
国際条約、パリ協定合意

IPCCは1990年の報告書以来、温暖化の科学的知見を伝えてきました。これを受け1992年に気候変動枠組条約、1997年に京都議定書（先進国に排出削減義務）に合意しました。2015年に「パリ協定」に合意、全体目標で気温上昇2℃未満抑制（産業革命前比）、1・5℃を努力目標に定めました。各国の削減目標・対策は各国に任せました。各国目標は全体目標から見て不十分ですが、パリ協定に対策強化議論のしくみがあり、2020年は2030年目標を提出する年です。

2015年「パリ協定」合意、2015年「持続可能な開発目標SDGs」、2018年のIPCC1・5℃特別報告書で、脱炭素・脱化石燃料、再エネ100%への方向性が認識され、新しい動きが見られます。

気候非常事態宣言、2050年CO$_2$排出ゼロ目標

温暖化の進行で気候が非常事態、ただちに対策を取るべきと、世界の1700以上の国・自治体が気候非常事態宣言を出しました。日本でも2020年6月までに32自治体が宣言しました。

2050年CO$_2$排出実質ゼロ目標を、世界の半分以上の120の国（EUも含む）、世界の数百の自治体が目標にしました。企業も排出実質ゼロ、再エネ100%目標が増えています。日本でも100自治体が排出ゼロを宣言しました。今後住民とともにどう実現するかの議論が必要です。

再エネの増加、石炭の減少

先進国の再エネ電力割合は1990年の17%から2018年26%に増えました。欧州は電気の3分の1が再エネです。背景に再エネ優先の政策があります。

CO$_2$排出の大きい石炭火力の割合は、先進国で1990年40%から、2018年26%に減りました。米国とドイツが割合をほぼ半減、英国は10分の1にしました。CO$_2$排出削減義務化政策に加え、石炭火力ゼロ年次目標があいついで制定され、ドイツが2038年に石炭火発ゼロ達成の頃、西欧全体が石炭火発ほぼゼロになる予定です。

企業・金融の脱化石燃料

今後は脱炭素・脱化石燃料に向かい、化石燃料事業や投資は「リスク」という認識が共有され、企業が投資を控えています。

投資家、金融機関が、投資からのひきあげ（例えば石炭関連企業の株を売却）を行っています。一部の民間銀行は石炭鉱山や石炭火力発電所の融資をしない方針、一部の保険会社

は石炭企業の保険を引き受けない方針です。

これは私たちのくらしに関係があります。大口投資家のひとつが年金基金で、日本の年金も株式などで運用しています。石炭企業が含まれると、今後化石燃料消費の大幅削減でこうした企業が経営悪化すると年金の原資が失われます。世界の温暖化対策でこの分野は縮小するので最初から投資を避けることが必要です。

日本の対策　世界でCO_2排出ゼロ、再エネ１００％が可能とする多くの研究が発表されています。

日本の再エネ電力の可能性は電力消費量の8倍以上あり、日本は多様な再エネ資源に恵まれています。

省エネでCO_2排出の大きな削減が可能です。家庭では断熱住宅、省エネ家電、太陽光発電を導入、古い設備の家庭に比べ、外から購入するエネルギーを4分の1つまり75％削減可能との研究があります。家庭の排出は一部（前述）なので、日本全体の排出削減には家庭以外の対策が重要です。

省エネと再エネにより２０３０年に１９９０年比でCO_2排出量を半減以下、２０５０年には95％削減の技術的可能性があります。一部有望な新技術も使う研究では再エネ１００％、排出ゼロになります。

日本の対策・政策の課題　日本のCO_2排出量は１９９０〜２０１８年に2％減少しました。先進国は平均10％減、削減率は先進国で小さい方です。目標は、気温上昇１・５℃抑制に世界でCO_2を２０１０〜２０３０年45％削減、２０５０年ゼロに対し、日本の温室効果ガス目標は２０１３〜３０年に26％削減、２０５０年80％削減です。化石燃料ゼロ政策は国になく、化石燃料を使いCO_2を回収し地下に埋めることや新技術開発を目指しています。

日本の２０１８年再エネ電力実績は欧州の半分、日本の２０３０年目標22〜24％は先進国で２０１８年に達成済みです。日本では再エネ発電所建設が、送電線がいっぱいと接続を断られたり、待たされたり、新しい送電線・変電所建設費負担を求められるケースもあり、「送電線接続問題」として有名になりました。再エネ普及への最大の問題です（実際の送電線利用率は低いという指摘もあり議論になっています）。

CO_2の多い石炭火力発電は、日本は発電量の3割で先進国でトップクラスです。国内新設と途上国輸出の両方で議論があり、国内旧型を減らす政策が発表されました。２０３０年目標は電力の26％ですが、２０３０年頃に西欧の多くはゼロ目標です。

原発目標は２０３０年電力割合で20〜22％で大きな議論があります。国では大口排出事業者に排出削減を義務づける制度はなく、自主的取り組みにまかせています。東京都が義務化制度を導入したところ義務を大きく超える削減が得られ、費用対効果も良好ということです。

省エネ規制は車や家電等にあります。住宅建築物の断熱規制は規制水準も欧米より弱く、戸建住宅など小規模建築物は断熱規制をしない方針です。

省エネ対策・温暖化対策情報提供は、一部機器に省エネラベル、企業向けに省エネ診断があります。欧州自治体のように地域の専門家を集めたセンターで、住民や地域企業の相談に応じるしくみがありません。

政策は縦割が多いと各所で指摘されます。意思決定の初期の段階から、テーマを狭く限定せず市民に知見や意見を聞く参加は少ないとみられます。自治体委託でコンサルが「このまちをどうしたいですか」と市民に聞いて回る、数十回のタウンミーティングを実施する、などが日本の意思決定で想像できるでしょうか。

科学に基づく方向性が見え、技術的に大きな排出削減が可能、費用対効果も良好です。実務家も地域にいます。それらを結びつけるシステム・制度の課題が大きいと言えます。

地域のくらし向上、雇用拡大のチャンス

欧州自治体で、脱炭素・再エネ100％を、化石燃料費流出を地域に取り戻し、地域発展、地域課題解決のチャンスと位置づける所が少なくありません。

日本の地域から食料・エネルギー購入費が流出しています。地域のエネルギーを地元主体が担い地域で賄えば、お金が地域で流れ地域に産業・雇用がうまれます。再エネ施設、ソーラーシェアリング、地域の再エネ電気を地域で売る電力小売会社、省エネ・再エネ工事をする地元企業が育ち、雇用が増え、高校生が地元で就職し、人口減をくいとめる大きな変化の芽があります。

これはエネルギー・温暖化対策から発展させるまちづくりといえます。地域の様々な課題解決と両立させ、地域の将来を地域住民が知恵を出し、議論し、決めることが必要です。

まとめ

ＩＰＣＣの２０１８年の「１・５℃特別報告書」は、これまでの温暖化で悪影響が出ており、今後放置すると大きな気温上昇が見込まれること、対策により気温上昇を小さく抑制する排出経路も示しました。

日本で家庭は排出の一部であり、排出の大きな発電所や工場などの対策を重視し、早くから取り組むと、２０５０年には今ある優良技術普及でCO_2排出ゼロ近くに、一部新技術を使うと排出ゼロになる技術的可能性があります。この対策は政策で進める必要があります。

対策は社会の中で選択するもので、地域のくらし、まちづくりとして、地域の諸課題と一緒に解決するため、地域の人々が話し合って意思決定していくことが必要です。

（歌川　学）

子どもと教育

おれ、AI時代に生き残れない？
―「あまりにも競争的」と言われる教育

「あまりにも競争的」と指摘された日本の教育制度

「おれ、ＡＩ時代に生き残れない」とつぶやく中学生。「いい子じゃないと見捨てられる」と言う小学生。子どもが子どもらしく過ごす時間が奪われています。社会全体が閉塞感におおわれる中、「自己責任」の名の抑圧のもと、夢や希望を見出すことが困難になっています。

２０１９年２月に採択された国連子どもの権利委員会の最終所見（以下、「２０１９最終所見」）は、日本政府に「子どもの保護に関する包括的な政策」を求め、子どもの自殺や、虐待、体罰などについて全面的な対策をとることを要請しました。また、日本社会全体の「競争的な性格」を指摘するとともに、「子どもがその子ども期を享受することを確保するための措置をとること」「あまりに競争主義的な制度を含むストレスフルな学校環境から子どもを解放すること」を求めました。豊かな「子ども期」を奪われ、常に競争にさらされる中で、自分への信頼や希望、豊かな関係性を奪われていることがするどく指摘されたのです。

文科省の「平成30年度児童生徒の問題行動・不登校等生徒指導上の諸課題に関する調査結果」によると、学校における暴力行為の発生件数（小・中・高）は７万２９４０件、いじめ認知件数（小・中・高・特別支援）は54万３９３３件、不登校児童生徒（小中）は16万４５２８人と、いずれも過去最多となっており、さらに、自殺した児童生徒数（小中高）は３３２人と３年連続増加しています。また、日本語指導が必要な児童生徒は５万７５９人で、このうち、日本語指導等の特別な指導をうけているのは約４万人にとどまっています。また、約２万人の外国籍児童生徒の不就学の可能性が推計されています。
子どものおかれている実態をありのままにつかみ、その「子ども期」を保障するための教育政策が求められます。

教育を「人材」育成の手段とすること

「LGBTには生産性がない」「子どもは3人以上」などと、人を経済効率でしか見られない政治家が跳梁跋扈する安倍政権の「教育再生」政策の根底には、子どもたちを生産性向上のための「人材」としかとらえない考え方があります。

政府と経済界が一体となって「Society5.0」（注1）という未来像を描き、経済政策として「教育を通じて必要な資質・能力を育成していく」（教育再生実行会議第十一次提言）として、「Society5.0に向けた人材育成」をすすめようとしています。教育を手段とした財界の求める「人材」育成の具体化をはかる動きが加速しています。

中央教育審議会（以下・中教審）は2019年12月に「新しい時代を見据えた学校教育の姿（イメージ）」を発表しました。そこには、「個別最適化された学びの実現」が打ち出され、「これからの学びを支えるICTや先端技術の効果的な活用」が強調されています。また安倍首相は経済財政諮問会議で「PCが一人あたり一台になることが当然だ」と発言しました。教育政策が経済振興対策として位置付けられていることを如実に示します。

子どもの生活と「教育のICT化」・教育の市場化

官邸・経済産業省主導の「教育のICT化」は、幼児教育から高等教育まで特定企業が一人ひとりの行動や育ち・学びの履歴をビッグデータに集積・管理し、AIが「個別最適化された学び」を導く危険性があります。「個別最適化された学び」によって、学ぶ内容のパターン化や画一化がすすむことが危惧されます。共同の学びの場や実際の体験や実験を踏まえた学びが保障されず、獲得する知の内容が非常に浅いものとなるのではないでしょうか。「飛び級」や「落第」などを安易に導入する契機ともなり得ます。また、「STEAM学習」（注2）の推進により、人文系、社会科学系が軽視されることも危惧されます。

共通するのは、公教育を市場開放し、民間教育産業の参入をすすめることです。すでに、多くの学校でベネッセなどの企業が、学校教育に深く入り込んでいます。教職員研修や指導計画の立案、就学前検診の民間委託等の子育て支援事業への参入等がすすめられています。公教育が担ってきた教育の平等性や公共性を損い、教職員のあり方や専門性まで変質させる危険性があります。それは、大学入学共通テストでの民間英語検定試験利用の問題やベネッセの「classic」の情報流出問題などでもあきらかです。

コロナ禍のもとでの「ICT化」の課題

コロナ禍のもとで家庭学習を強いられている子どもたちを、少しでも励ましつながろうと、多くの教員がオンラインによる学習指導などを工夫しています。長期間にわたり自宅で過ごすことで「友達と会いたい」「勉強が遅れるのが心配」などの不安を持ち、また、DVや虐待の増加も心配されるもと、重要なとりくみです。一方、コロナ禍のもとでの緊急対応としてのICTの活用と、教育全体を「ICT化」することの課題を混在させず、整理して検討すべきです。コロナによる混乱に乗じて、「ともかくICT」とすることは問題です。

「教育のICT化」を議論する5つの観点

次の5つの観点から議論を広げることが求められています。

①子どもの心と体の発達との関連

子どもの心と体に及ぼす影響について専門家から深刻な警鐘が示されています。中学生（女子）の6・1%がネット依存の疑いがあり、スマホとネット依存に強い関連性があることや、乳幼児期からのスマホ使用と言語発達・認知障害との関連、愛着形成や自制心への影響が小児科医から指摘されています。その実態を踏まえたデジタル・ツールの活用はどうあるべきでしょうか。

②人格と人格の触れ合いとしての教育、共同の学びの保障

中教審は「多様な人々と共同しながら新しい価値を創造する人材の育成」とします。共同の学びは「新しい価値を創造」しないとだめなのでしょうか。他者との人格的な関わりを通して全面発達を保障する共同の学びや、子どもたちが五感すべてを動員して「実物」とリアルに触れ合い獲得する豊かな成長をどう保障するかが問われます。

③教師の自主性や専門性の保障

大手民間業者によるデジタル教材づくりが加速しています。民間業者が作成した教材を「効率よく」活用することが教員の使命であるとの発想が拡大しないでしょうか。すでに学習評価がパターン化・システム化され、生きた学習評価が困難となっています。教師の仕事は、「個別最適化」されたコンテンツを提示・監督しシステマチックに評価するものではありません。「人格の完成」をめざし、学ぶ権利を保障する教育の専門家としての教員の役割・あり方を根本から変える危険性があります。

④学びの「履歴」をビッグデータに蓄積することの危険性

「キャリア・パスポート」「eポートフォリオ」（注3）等、小学生から高校生までの学びや活動の「履歴」を蓄積し、高校・大学入試に活用することが可能となります。「リクナビ」事件であきらかなように就職にも活用されます。人としての

発達・成長の記録を蓄積・管理することの危険性をどう考えるべきか。道徳教育の強化とともに、生き方そのものが政府や権力の監視下におかれるディストピア（注４）を導くとは考えすぎでしょうか。

⑤保護者の教育費負担増大、家庭・地域の格差

　家庭・地域格差や保護者負担増があってはならないことです。個人持ちのデジタル機器の活用を進めることが検討されています。常に更新される機器やソフトへの継続した対応が求められます。ＩＣＴ機器が、数年後には「遅れた機器」となる事態が生じないでしょうか。

矛盾広げる改訂学習指導要領、教育のスタンダード化

　改訂学習指導要領は、２０２０年から小学校で本格実施となります。英語の小学校での教科化・早期化やプログラミング教育等を押しつけています。また、授業時間の増加などで、小学生に毎日６時間授業と宿題のつまった重たいランドセルを押しつけ、休み時間を削り、自由な時間を奪っています。

　また、授業形態を定式化し、ノートの取り方や掲示物の位置までそろえる「スタンダード」化された指導方法が「〇〇スタンダード」として広まっています。

　同時に、「学力の三要素」のひとつに位置付けた「主体的に学習に取り組む態度」の評価は、自由であるべき内心まで拘束しています。例えば、小学校新教科書は、調べ学習の内容や授業中の板書例など、授業のすすめ方や学びの過程が細かく記述され、考え方を誘導するものが増えています。ある「道徳」の公開授業で、「読んだだけで何が言いたいのかわかる。いろんな意見なんて出す必要ないやん」と生徒から発言があったと報告がありました。矛盾を鋭く指摘しています。

　「Society5.0」の到来にそなえるとして幼児教育から大学教育までを貫いて押しつけられている「資質・能力」とは何かを、子どもたちの成長・発達の視点から検証することが求められます。

自由に意見を表明する権利、聞かれる権利、受容的応答的に応答すること

　はじめに述べた国連子どもの権利委員会「２０１９最終所見」は、さらに、「意見を自由に表明する権利」の確保とともに、「聞かれる権利を子どもが行使することを可能とする環境」の提供することとして、子どもがありのままに受け入れられること、さらには「その力を伸ばし、発揮させるような参加」を可能とすることを要請しています。学校や地域・社会のあらゆる場面で、発達段階に応じて受容的共感的に応答することは、私たちが信頼できる大人として立ち現れることであり、主権者として子どもたちを尊重することではないでしょうか。

声をあげる子どもたち・青年たち、声を受容し応答すること

　高校生などの当事者が声をあげ、大学入学共通テストへの英語民間検定利用の導入は延期・再検討に追い込まれました。記述式問題の導入も同様です。コロナ禍のもとアルバイト収入も絶たれ学ぶことができないことを訴えたＦＲＥＥなどの学生団体の声は、緊急に学生へ直接支援する給付金の措置につながりました。２０１９年には小学生が「制服自由化宣言をしてほしい。自由でもいいんだ、じぶんらしくとわかる町になる！」と、女子制服にスラックス着用も可能とする改善要求を区長に届け、実現しました。首相官邸で特定記者を排除する政府に姿勢に疑問を持った中学生が「こんなこと許したら普通の人ももっと自由に発言できなくなると思って」とネット署名を呼び掛けました。ひとりの16才の高校生の行動から、気候変動に有効な対策を求める高校生の行動は世界中に広がっています。

　子どもたち・青年たちの声を受容し共感する社会・組織と個人の存在があります。子どもの声を聴き受け止めることは、子どもたちの「個人の尊厳」を保障し尊重することです。

（注1）サイバー空間とフィジカル空間を高度に融合させたシステムにより、経済発展と社会的課題の解決を両立する新たな未来社会とされる概念

（注2）科学（S）、技術（T）、工学（E）、数学（M）、芸術（A）を統合する教育手法

（注3）リポートや授業のメモ、プリント、教師のコメント、課外活動など、生徒の「学び」に関わるあらゆる記録をデジタル化して残すシステム。現在、多くの学校で文科省大学入学者選抜改革推進委託事業として高大接続ポータルサイト「JAPAN e-Portfolio」（ベネッセ等が運営）が活用されている。

（注4）ユートピアの正反対の社会。SFなどで空想的な未来として描かれる、反ユートピアの否定的な要素を持つ社会。

（宮下　直樹）

いじめ・不登校の急増が浮き彫りにする教育と子育ての変質

いじめ、不登校の急増と学校の現状

２０１９年10月18日の新聞各紙は、２０１８（H30）年度に全国の小中高校で起きたいじめや不登校等に関する文科省の調査報告を掲載しました。それによれば、小中高校のいじめは前年度から13万件増えて過去最多の54万３９３３件、小中学校の不登校も過去最多で16万４５２８人とされています。また文科省の報告ではいじめに関する報告がなかった学校は２割に上り、暴力行為は小中高で７万２９４０件あったそうです。さらに文科省が調査した２０１８年度の小中高生の自殺者は３３２人で過去30年間で最多になりました。ただし警察庁の発表では10歳から19歳までの自殺者は５９９人でした。

この調査報告を見る際には留意すべき点が２つあります。

１つは文科省が公表するデータは学校が判定した件数であり実際の件数とは違うということです。いじめや不登校を学校の不名誉と考え、少なめに報告するケースも少なくないのです。にもかかわらずこの調査報告が重要なのは、個々の数字の正確さ以上に数字の経年変化から子どもの発達にとって重要な教育環境の問題点が見えてくるからです。

２つ目はいじめの認知件数の単位が「人」ではなく「件」となっていることの意味です。「件」数は被害者の数と一致する訳ですから、被害者数に加害者数を加えたいじめに関わる児童生徒の数は数百万「人」に上ることが分かるのです。

これらの数字に子どもの自殺者数を重ねて考えると、学校はかなり深刻な状況にあることが分かります。調査結果へのコメントとして土井隆義氏（筑波大）は「文科省が（軽微なものもいじめとして）認知するように促しているため件数が増えた面もあるが、実態が好転しているとは思えない」（朝日２０１９・10・19）と述べています。様々な対応にも関わらず学校の状況は改善していないからです。

データが示すいじめ・不登校の急増と低年齢化

ここで図表１と図表２を見て下さい。これらは２０１８年度までに行った調査に基づいて文科省が作成したものです。まず図表１はいじめの認知件数の推移ですが、そこからは少なくとも２つの特徴を読み取ることができます。

第１の特徴は、縦に３本の波線が入っていることと、波線の直後は認知件数が非連続的に跳ね上がっていることです。波線がある年の前年には社会を震撼させた深刻ないじめ・自殺事件が起きています。１９９４（H６）年には愛知県西尾

図表１　いじめの認知（発生）件数の推移

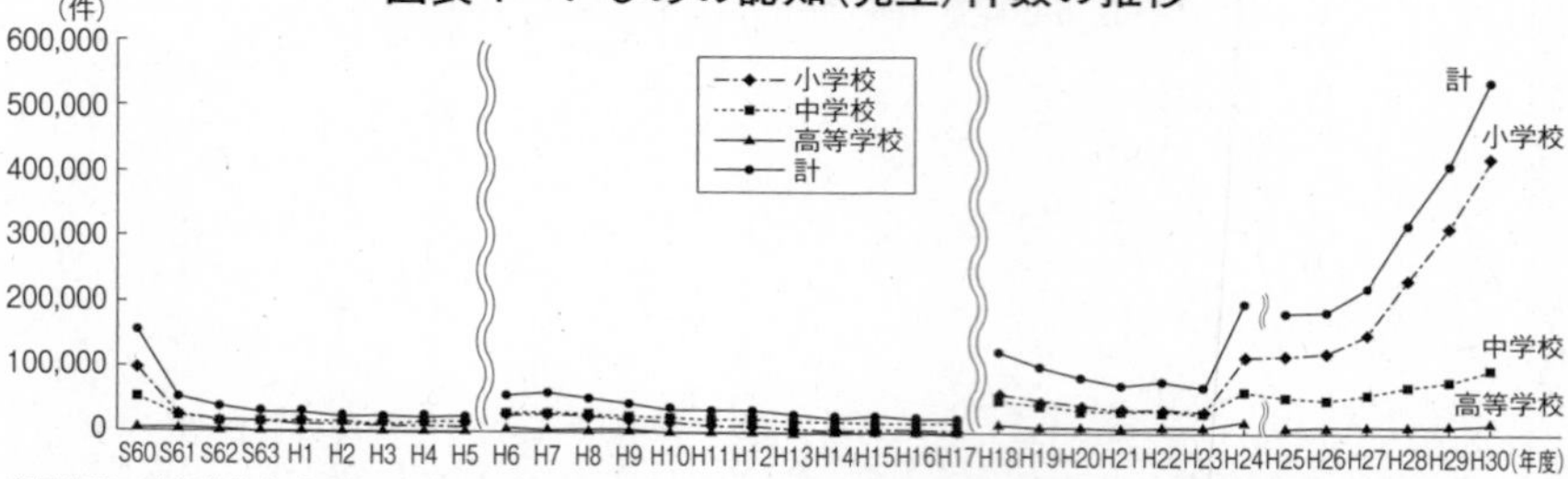

資料出所：文部科学省「平成30年度　児童生徒の問題行動・不登校等生徒指導上の諸課題に関する調査結果について」

図表２　不登校児童生徒数の推移

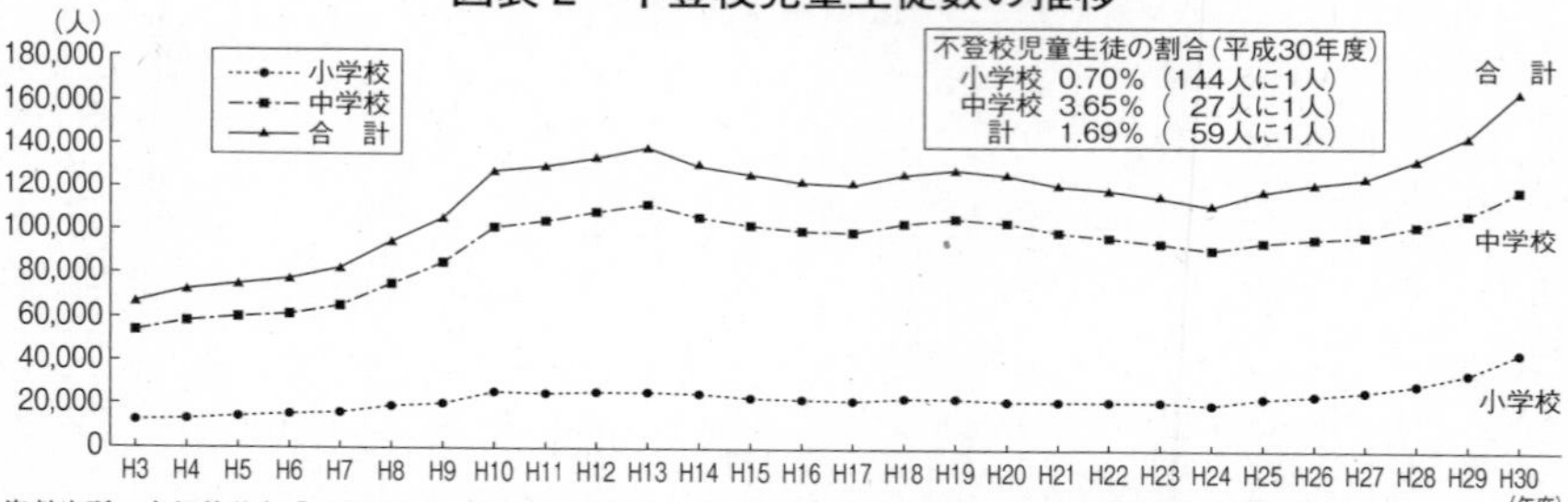

資料出所：文部科学省「平成30年度　児童生徒の問題行動・不登校等生徒指導上の諸課題に関する調査結果について」

市の中学校で恐喝的ないじめによる自殺事件があり、２００６（Ｈ18）年には幾つもの小中学校でいじめ自殺事件が連続して起き、２０１２（Ｈ24）年には滋賀県大津市の中学校で自殺を唆すいじめによる自殺事件が起きています。

どの事件でも教師たちは被害者からのサインを見抜けず有効に対応出来ませんでした。事件後に文科省はいじめの定義を変えたのですが、認知件数は一瞬跳ね上がってはすぐに下がる傾向を繰り替えしています。そこで大津市の事件後の２０１３年には「いじめ防止対策推進法」（以下「いじめ対策法」）が制定されました。それによって認知件数が増え続けて来たのは確かですが、いじめの防止効果については評価できるデータがほとんどありません。

第２の特徴は、２０１２（Ｈ24）年以降小中共に認知件数は連続的に増えていますが、小学校の認知件数の増加だけが非常に顕著だということです。小中高それぞれの増加率の違いについては「いじめ対策法」の効果として説明することはできませんので、本稿では小中学校における急増の要因と背景について不登校の増加問題と併せてこの後で検討することにします。

次に図表２ですが、これは小中学校における不登校の発生件数のグラフです。一番上にある小と中の合計のグラフを見ると急増期が２つあることが分かります。１９９１（Ｈ３）

年頃から始まり２００１（Ｈ13）年にピークを迎える迄の第１期と、２０１２（Ｈ24）年から今日に至る第２期です。

第１期の特徴は、中学校での急増にあります。それは臨時教育審議会が提起した能力主義的教育改革の具体化が、高校の入試制度改革として全国に波状的に広がった時期に符合しています。すなわち高校の学区が小学区制から中学区制へ、あるいは中学区制から大学区制へと拡大されて学区内での高校の序列化が進み、入試競争が激化して中学校の教育に多大な影響を与えた時期です。

第２期の特徴は、小学校の増加率が上昇して中学校の増加率とほぼ同じ傾向を示している点にあります。それは安倍内閣の私的諮問機関である教育再生実行会議による、学力競争と道徳教育の強化政策が教育現場に降ろされた時期に符合しています。すなわち全国学力調査が２０１２年から悉皆調査となり、すべての小中学校を巻き込んで教育の質を大きく変えた時期です。調査に名を借りた学力テストの実施によって、子ども間の競争だけでなく教師間、学校間、自治体間を競わせ、その順位が各自治体の議会で問題にされる程に注目度が高まったのです。それが小学校に対する「学力向上」の圧力となり、小学校における不登校の増加率を中学校並みに押し上げる重要な要因になったのです。

全国学力テストの成績で１位を続けてきた福井県では、２０１７（Ｈ29）年12月に県議会が「福井県の教育行政の根本的見直しを求める意見書」を採択しています。教師の指導による中学生の自殺事件がきっかけでしたが、「意見書」の中には次のような表現があります。

「『学力日本一』を維持することが本県全域に於いて教育現場に無言のプレッシャーを与え、教員、生徒双方のストレスの要因となっていると考える。これでは多様化する子どもたちの特性に合わせた教育は困難と言わざるを得ない。日本一であり続けることが目的化し、本来の公教育のあるべき姿が見失われてきたのではないか検証する必要がある。」として、「学力偏重は避けること」を求めていたのです。

図表１の説明で触れた、いじめ被害が２０１２（Ｈ24）年以降小学校で急増し続ける要因の一つがここにあります。いじめの急増もまさに学力競争の日常化が引き起こしたもので、公教育の変質に起因するストレス発散の被害者増を示すサインと見ることが出来るのです。

教育制度が持つ教育力と　いじめ・不登校の急増

いじめと不登校の急増という世界的にも特筆すべき日本の状況を、子どもの「情緒的な幸福度の低さ」の顕れと捉えたのは国連の子どもの権利委員会でした。そして子どもの権利委員会は、その主な要因が「並外れて高い学力を達成し」ながら「高度に競争主義的な学校環境」にあると認定して、日本政府に改善を勧告していたのです（2010年）。

不登校の臨床的研究の経験から考えるとき、子どもに「情緒的幸福度の低さ」を強いる要因として触れておくべき問題がもう一つあります。それは国民と子どもの中にテストで測定した学力を人間の評価における唯一の基準と見なす価値観を浸透させてきた教育制度の変質です。その新しい制度への適応を巡って急増してきたのが、今日のいわゆる「教育虐待」であり幼児期の早期英才教育による子どもの育ちのもつれです。

全国学力テストと並んで問題とすべき教育制度の変質とは、22年前（1998年）の学校教育法の改定によって導入された中高一貫校の制度化です。小中学校の9年間は義務制ですが高校は義務制ではありません。しかし新しい制度は一部の「優秀」な小学生を選別するために敢えて制度的性格が異なる中と高の一体化を特例として認め、中等教育の複線化を図るものでした。それ以前にも中高一貫教育を行う少数の私立学校はありましたが、新たに登場した国公私立の中高一貫校は1999（H11）年度には4校、2004（H16）年度には153校、2009（H21）年度には370校、そして2016（H28）年度には595校へと急増したのです。

中高一貫校の設置を、地方から難関大学にチャレンジ出来る中学受験の機会と捉える世論の影響もあり、小学校教育の性格は大きく歪められてきました。12歳の中学受験で中高一貫校に合格できた子を「勝ち組」と見なし、その他の子を「負け組」と見なす風潮さえ生まれて来たのです。教育制度が持つ教育力の強さと怖さです。

小学校の2、3年生を境にして、習いごとの他に中学受験のための学習塾に通う子どもが非常に増えてきました。周囲の期待を負わされた12歳の受験に幼少期の子どもを駆り立てる「先回り教育」の傾向が強まり、人格の育ちに深刻なもつれのある相談事例が増えています。それが精神科医の間で「教育虐待」と言われる問題であり、今日のいじめ、不登校や子どもの自殺が急増する土壌にもなっているのです。

（広木　克行）

大学入試の現状と課題

「二枚看板」は相次いで見送りに

２０２０年度は、政府や文部科学省による当初の皮算用では、これまでの大学入試センター試験に代わって、新たに「大学入学共通テスト」が颯爽とデビューし、政策側のめざす「高大接続改革」が本格的な一歩を踏み出すはずの年でした。

しかし、昨年11月と12月、新テストの「二枚看板」ともいうべき英語民間試験の導入と国語・数学の記述式問題は、試験や採点の実施方法の妥当性や公平性をめぐって、高校生や教育関係者からの強い批判を受け、相次いで見送られることになりました。まさに土壇場で、大学入学共通テストは、「看板倒れ」と言われても仕方のないような状況に追い込まれたのです。

いったいなぜ、こんなことになったのでしょう。この点を解き明かすためには、そもそも高大接続改革が何をねらいとするものであり、そして、そこには当初からどんな問題点が潜んでいたのかという点にまで遡って考えてみる必要があります。

出発点は、教育再生実行会議

高大接続改革の議論が開始されたのは、２０１２年に文部科学大臣から諮問を受けた中央教育審議会（以下、中教審）でした。しかし、実質的な意味で、そこでの審議に大きな影響を与えたのは、首相の私的諮問機関である教育再生実行会議の第4次提言「高等学校教育と大学教育との接続・大学入学者選抜の在り方について」（２０１３年）です。

教育再生実行会議に集ったメンバーたちの問題意識は、ある意味で明快です（単純ともいえます）——。

①今日のグローバル経済競争に立ち向かうためには、人材育成の強化が不可欠である。しかるに、日本の教育制度は、将来の国と企業を背負って立つエリート層や上位層の人材育成に失敗している。その元凶は、知識偏重で、１点刻みで合否を分けるような現行の大学入試にある。ゆえに、大学入試を変えなくてはならない。

②これからの入試においては、知識だけではなく、自ら考え判断する力や創造性などが評価され、志願者の意欲や進学動機、高校までの活動歴や実績などの人物評価も併用されるべきである。

③そのために、２つの共通テストの創設を提案する。１つは、思考力・判断力などを評価し、大学入試に活用する「発展レベル」のテスト（これまでのセンター試験は廃止する）。

もう1つは、高校教育の底上げを図り、基礎・基本の習得を確かめるための「基礎レベル」の共通テストである、と。

ここで確認しておくべき点が2つあります。

1つは、こうした教育再生実行会議の議論は、理念レベルの「床屋政談」の域を出ず、毎年50万人以上が受験する大学入試の共通テストで、実際にはどのような出題が可能なのかという現実的・技術的な問題は、いっさい検討されていないということです。これが、言ってしまえば、今に至るまでの大学入試改革の「迷走」を招いた原因です。

2つめは、実行会議のメンバーの課題意識は、最初からエリート層をどう選抜し、育成するかという点に焦点化されていたということです。逆にいえば、大多数の受験生は、「グローバル人材」や「英語4技能」などがまさにそうなのですが、エリート層や上位層をよりよく選抜し、育成するための仕組みづくりに巻き添えにされているにすぎないのです。

中教審答申から「高大接続改革実行プラン」へ

中教審は、2014年に答申「新しい時代にふさわしい高大接続の実現に向けた高等学校教育、大学教育、大学入学者選抜の一体的改革について」を出しました。

しかし、その内容は、教育再生実行会議の第4次提言の基本線をなぞったもので、具体的な入試改革の制度設計がなされていたわけではありません。答申が打ち出したことは、せいぜい今般の改革を、大学入試の改革をテコにして、高校教育と大学教育の改革を一体的にすすめる「高大接続改革(一体的改革)」として定式化したくらいのことです。

にもかかわらず、文部科学省(以下、文科省)は、この中教審答申を下敷きにして、現実的な制度設計などは抜きのままに、2015年に「高大接続改革実行プラン」を公表します。これが「混迷」の始まりです。なぜなら、実行プランには、何の見通しも根拠もないままに、2つの共通テストの実施年度などが、工程表のかたちで書き込まれていたからです。

さすがに文科省は、この後すぐに高大接続システム改革会議を立ち上げて、大学入試改革の具体化を急ぎます。しかし、2016年に出された高大接続システム改革会議「最終報告」においても、細かな点については、十分に煮詰めきれていない状況が残りました。新たに創設される2つの共通テストの名称でさえ、「大学入学希望者学力評価テスト(仮称)」「高等学校基礎学力テスト(仮称)」と、最終決定されたものとは異なっていることが、こうした事情を端的に物語っています。

もしも、この最終報告に唯一の「功績」があるとすれば、それは、教育再生実行会議に端を発し、中教審答申でさえもが引きずっていた、共通テストの年複数回実施、「合教科型」問題の出題といった案を、さすがにすぐには実現不可能なものとして、素直に取り下げたことくらいです。

すべては、文科省内の検討・準備グループで

結局、大学入試改革の具体的な制度設計が整うのは、高大接続システム改革会議の「最終報告」後に急遽設置された、文科省内の検討・準備グループにおいてでした。グループでの検討結果を経て、2017年に2つの共通テストの「実施方針」が公表されました。

1つは、センター試験に代わる「大学入学共通テスト」です。ここで初めて、英語4技能を評価するために民間事業者による英語検定を利用すること、国語と数学には記述式問題を導入することが正式に決まります。ただし、実際に活用する英語民間試験の種類が決まったのは、この後の2018年3月。また、国語・数学の記述式問題を誰が採点するのかに至っては、その後も決定が遅れ、最終的に採点を委託する民間事業者が決まったのは、2019年8月のことでした。

共通テストのもう1つは、高校段階における基礎学力の定着を測るための「高校生のための学びの基礎診断」です。こちらは、実施方針の段階から、出題・採点等の実施運用はすべて民間事業者に委託することが決まっています。大学入学共通テストと比較して、世間ではあまり話題になっていませんが、民間への「丸投げ」に近いやり方がはたして妥当なものなのかどうかについては、大いに疑問が残ります。

何が問題なのか

見てきたように、政府・文科省によって進められてきた大学入試改革には、いくつもの問題点があります。

第一に、具体的な制度設計がないままの「床屋政談」に引きずられ、しかも「始めに工程表ありき」で強引に突き進んできたことです。

英語民間試験の活用にしても、目的の異なる複数の民間試験をどうやって公平に扱うのか、検定料の負担や受験機会の地域間格差をどうするのかなどについては、当初から懸念が表明されていました。記述式問題の導入にしても、50万人以上が受験する共通テストで、どうやって公平な採点作業を短期間のうちに済ませるのかは、最初から難題であると指摘されていたはずです。

にもかかわらず、昨今の大学入試改革は、文科省の「高大接続改革実行プラン」に明示されたスケジュールを墨守しながら、騙し騙し進められてきたのです。ようやく実施目前になって、「これ以上の無茶はできない」と文科省自身が認めたのが、昨年末の「二枚看板」の見送り騒動であったのだと見ることもできます。

何のための大学入試改革なのか

第二に、より根本的な疑問として、そもそも何のための大学入試改革なのかという問題があります。すでに指摘したように、政策サイドの危機意識は、これまでの入試制度ではエリート層や上位層の選抜・育成が十分に機能していないという点にありました。

そうした課題意識じたいが、本来は批判されてしかるべきものだと思いますが、百歩譲って、そうした目的を認めたとしても、それは、大学入試センター試験の改革によって追求すべきものではありません。英語4技能の評価にしても、知識偏重ではない思考力・判断力・表現力の評価にしても、各大学が、自らのアドミッション・ポリシー（入学者の受け入れ方針）に沿って、個別入試で工夫を凝らすことが本筋であるはずです。

第三に、「高大接続改革」という仕掛けは、大学入試を変えることで高校の教育に改革を迫るという本末転倒したねらいを持っています。高校教育に改善が必要な点があるとしても、本来、そのための取り組みは、入試という圧力を利用するのではなく、高校側での改革努力に委ねられるべきものです。

入試圧力を利用しようとする以上、こうした改革は、国連の子どもの権利委員会が日本政府に再三にわたって是正を勧告している、日本の教育の「過度に競争的な性格」を改善するどころか、強化するものにしかなりません。現在の入試改革の方向は、端的に言って、これまでの「知識」獲得競争を、「思考力・判断力・表現力」競争へ、さらには「主体性」競争へと押し広げてしまいかねないものなのです。

民間教育産業は跳梁跋扈

第四に、高大の接続の本来の意味での改善にはならないであろう今般の大学入試改革の動向において、ただひとり「漁夫の利」を得てきた勢力があります。言うまでもなく、高校生のための学びの基礎診断では、国からの認定を受けてそれを実施・運営し、大学入学共通テストでは、英語4技能の検定試験や記述式問題の採点を請け負うことになった民間教育事業者です。

それだけではありません。現在の入試改革においては、教育再生実行会議の提言にあった、志願者の意欲や進学動機、高校までの活動歴や実績などを評価すべきだという視点は、文科省によって、各大学の個別入試において、受験者の「主体性・多様性・協働性」を評価するという政策へと集約され、そのための調査書の様式の変更までが決められています。そこに目を付けた民間教育産業は、新調査書に対応するためには、日頃から生徒の活動の記録や振りかえりを集積しておく必要があるとして、eポートフォリオのシステムを巧みに高校に売り込んでもいます。

ここまで来ると、本当に、高大接続改革とはいったい誰のためのものだったのかと訝しくも感じてしまいます。

大学入試はどうなる？

今後、大学入試はどうなっていくのでしょうか。

明確なのは、英語民間試験や記述式問題の導入はいったん見送られたとしても、大学入学共通テストは、予定どおり2020年度から実施されるということです。大学入学共通テストに関しては、実は二度にわたる試行調査（プレテスト）の結果に対して、①知識だけではなく、思考力・判断力を測ろうとする出題のゆえに、難易度が上がりすぎた、②国語の出題に典型的なのですが、新学習指導要領を先取りするような出題傾向に対して、教育関係者から内容面でも多くの疑義が出された、等の問題点が指摘されていました。

にもかかわらず、文科省は、新テストの「ぶっつけ本番」での実施に突き進んでいます。実際に、どのような結果が生じるのかについては、注視が必要です。

他方で、見送られた英語民間試験や記述式問題の導入、「主体性」評価の方法などを含め、文科省は、大学入試改革のあり方を再検討するための有識者による検討会議を発足させています。ターゲットにしているのは、高校の新学習指導要領が完成年度を迎える2024年度でしょう。今後、どのような大学入試改革の枠組みが出されてくるのか、現時点では予測がつきませんが、予断は許せません。

いずれにしても、私たちは、何のための大学入試改革なのか、それは国と経済界が願うエリート選抜のためにあるわけではないという、当たり前の原点に立ちかえって、事態の推移を注視していく必要があります。

（児美川　孝一郎）

平和・人権・民主主義

日本国憲法・戦後75年
―コロナ禍のなかで日本国憲法について考える

はじめに

戦後75年を迎えます。敗戦後の混乱の中、人々に希望の灯をともした日本国憲法が施行されてから73年が過ぎました。この間、憲法に規定されている基本的人権が踏みにじられたり、戦争放棄・戦力の不保持を謳う憲法の下で、自衛隊が整備され、集団的自衛権の行使が認められたり、全国民の代表で構成される国会の審議が軽視されたりと、様々な問題がありました。他方、国を挙げての戦争に巻き込まれることなく時が過ぎ、権利を侵害された人々が憲法を掲げ、世に訴え、裁判に訴え、権利を獲得してきた事実もありました。平和を希求し、平等を願い、表現の自由を主張し、国家賠償を請求し、生存権の保障を要求しと、憲法を手掛かりに、様々な営みが繰り広げられてきたのです。本稿では、新型コロナウイルス感染症が猛威を振るう中で、改憲の必要性が説かれている憲法について、その果たしてきた役割、そしてこれからの日本における存在意義を確認したいと思います。

コロナ禍に憲法改正で対応!?

首相自らが憲法改正の必要性を声高に主張しています。また、新型コロナウイルス感染症の感染拡大のなかで、緊急事態条項を盛り込む必要があるという言説が世間にも流布しています。安倍首相は、5月3日の憲法記念日に、櫻井よしこ氏らが主催する憲法フォーラムに、つぎのようなビデオメッセージを送りました（産経新聞２０２０年5月3日配信：https://www.sankei.com/politics/news/200503/plt2005030008-n1.html)。「今般の新型コロナウイルスという未知の敵との戦いにおいて、われわれは前例のない事態に繰り返し直面しております。政府においては、国民の命と健康を守るため、全国に緊急事態宣言を発出し、政策を総動員して各種対策を進めています。（中略）しかしながら、そもそも現行憲法においては、緊急時に対応する規定は、『参議院の緊急集会』しか存在していないのが実情です。今回のような未曾有の危機を経験した今、緊急事態において、国民の命や安全を何としても守るため、国家や国民がどのような役割を果たし、国難を乗り越えていくべきか。そして、そのことを憲法にどのように位置付けるかについては、極めて重く、大切な課題であると、私自身、改めて認識した次第です」。「そして、憲法9条です。今回の新型コロナウイルスへの対応では、延べ1万7000人を超える自衛隊員が対応に当たり、この瞬間も、各地の自衛隊病院などで、感染症患者の救護に当たるとともに、空港での検疫、自治体職員などへの感染予防のための教育支援を行っています。」「創設以来、何十年にもわたり続く、『自衛隊は違憲』というおかしな議論に終止符を打つためにも、自衛隊の存在を憲法上、明確に位置付けることが必要です」。

2012年に自由民主党は日本国憲法改正草案を発表し、翌年のQ&Aにおいて「東日本大震災における政府の対応の反省も踏まえて、緊急事態に対処するための仕組みを、憲法上明確に規定しました」と説明しています。さらに、2018年に発表された「憲法改正に関する議論の状況について」は、「わが国では有史以来、巨大地震や津波が発生しており、南海トラフ地震や首都直下型地震などについても、想定される最大規模の地震や津波等へ迅速に対処することが求められている」として、憲法に緊急事態対応の規定を設ける必要があるとしています。しかしながら、震災後に、日本弁護士連合会が実施した被災自治体を対象としたアンケートでは、災害対策・災害対応に憲法は障害になったかという問いに対して、「障害にならない」は23自治体、「なった」は1自治体という結果でした（日本弁護士連合会『シンポジウム大規模災害と法制度記録集』76頁）。このような緊急事態条項導入論については、「震災便乗型」の導入論と批判されています（山内敏弘『安倍改憲論のねらいと問題点』（日本評論社・2020年）72頁・105頁）。今回の場合は、「コロナ禍便乗型」といえるのではないでしょうか。

法律による新型コロナウイルス感染症対策

感染拡大に直面し、「新型コロナウイルス感染症」を「新型インフルエンザ等」とみなす法改正を行った上で、政府対策本部長（内閣総理大臣）は、新型インフルエンザ等対策特別措置法に基づき、緊急事態宣言を発しました。この法律は、新興・再興型インフルエンザと全国的かつ急速なまん延の恐れのある新感染症を対象とし、緊急事態宣言の対象区域となった都道府県知事に、つぎの措置を採ることを認めています。①まん延の防止措置として、外出自粛要請、学校、社会福祉施設、興行場の使用制限、催物の開催制限等の要請・指示、住民に対する予防接種の実施、②医療提供体制の確保措置として、臨時の医療施設開設、土地等の使用、③国民生活および経済の安定措置として、緊急物資・資材の供給・運送等の要請、政令で定める特定物資の売渡しの要請・収用、埋葬・火葬の特例、生活関連物資等の価格の安定（国民生活安定緊急措置法等の的確な運用）など。今回、これらすべての措置が実施されたわけではありません。適切な時期に適切な措置が採られていれば、感染を一層抑制することができたでしょう。また、マスクや消毒液の不足から生じた人々の不安を低減することも可能であったと考えられます。

この法律が、新型インフルエンザ等の発生に備え、国、地方公共団体の行動計画の作成、物資・資材の備蓄、訓練、国民に対する啓発といった常時の対応について規定していることにも目を向けておきましょう。不十分なＰＣＲ検査体制、医療施設や福祉施設におけるマスク等の感染防護資材の不足、患者受入れ施設の逼迫といったことは、常時の備えが不十分だったことから生じたものです。「国民の命を守る」ためには、常時の備えが不可欠です。感染症流行の拡大後、大規模自然災害の発生後、原子力災害が出来後の緊急事態対応では、できることが限られます。憲法の基本的人権を守る施策とは、こうした事態が起こることを最大限に想定し、事前に十分に備えておくことではないでしょうか。法律上できる限りの措置をすべて実施しても対処することができなかったというのであればともかく、今般の感染拡大に対して、いきなり憲法の改正が必要であるかのように説くのは欺瞞としか言いようがありません。まして、法的根拠なしに突然学校の臨時休校が要請され、子どもや保護者、学校が混乱した事実、全世帯へのマスク配布といった的外れの施策が行われた事実を前に、政令制定権を広く内閣に付与する緊急事態条項を憲法に盛り込むことがどれほどの危険を有するものであるか、私たちは知ることになりました。人権保障の否定、民主主義の否定につながるような憲法改正には、強く反対していかなければなりません。

9条のもとで常時の備えを

平和についても、同様に考えられるでしょう。自衛隊を整備し、「我が国に対する外部からの武力攻撃が発生した事態又は我が国に対する外部からの武力攻撃が発生する明白な危険が切迫していると認められるに至った事態」に対処し、さらに、「我が国と密接な関係にある他国に対する武力攻撃が発生し、これにより我が国の存立が脅かされ、国民の生命、自由及び幸福追求の権利が根底から覆される明白な危険がある事態」（自衛隊法・武力攻撃事態対処法参照）に対処することが、人々の命を守ることになるでしょうか。武力攻撃を受けてからの対処では、人々の命を守ることはできません。このような事態が生じないよう、常日頃から、諸外国、そこで生活する人々、そして日本国内で生活する諸外国出身の人々と良好な関係を築いておくことが大切なのです。

憲法の平和主義は、一国平和主義であり、消極的であると批判されることもありますが、このような批判は適切ではありません。憲法の平和主義原理の「原意」は、それ自身を実現するための「政策」を必要とし、非軍事の積極的平和政策を想定しているはずであるとし、非武装の下で行われる平和政策を研究し、積極的に推進し展開することを目的とする「平和省」の設置と、日本政府が紛争当事者に和解交渉の場を提供し、紛争解決に向け徹底した交渉をしてもらうことを目的とする「平和のテーブル」構想を提言する見解が示されています（鈴木眞澄「自民党『改憲4項目』批判―第9条には『平和省』こそ相応しい」憲法ネット103編『安倍改憲・壊憲総批判　憲法研究者は訴える』（八月書館・2019年、11頁以下）。また、日本国憲法の制定過程において、帝国憲法改正案委員会および小委員会の委員長を務めた芦田均が、本会議で委員会の修正提案を行う際、「改正憲法の最大の特色は、大胆率直に戦争の放棄を宣言したことであります、是こそ数千万人の人命を犠牲とした大戦争を体験し、万人の斉しく翹望する所であり、世界平和への大道であります。我々は此の理想の旗を掲げて全世界に呼び掛けんとするものであります」と報告を結んでいることも記憶に留めておきたいと思います（古関彰一『日本国憲法の誕生　増補改訂版』（岩波書店・2017年、332頁以下）。9条1項において「日本国民は、正義と秩序を基調とする国際平和を誠実に希求し」と規定する憲法は、攻撃されてから対処するという消極的な防衛ではなく、積極的に平和をつくることを求めているのです。

感染症対策は慎重に

感染症対策には、細心の注意が必須であることにも言及しておきたいと思います。感染症の予防及び感染症の患者に対する医療に関する法律（感染症法）の前文は、「我が国においては、過去にハンセン病、後天性免疫不全症候群等の感染症の患者等に対するいわれのない差別や偏見が存在したという事実を重く受け止め、これを教訓として今後に生かすことが必要である。…感染症の患者等の人権を尊重しつつ、これらの者に対する良質かつ適切な医療の提供を確保し、感染症に迅速かつ適確に対応することが求められている」と謳っています。感染症に対する恐怖や感染症に関する知識不足から、行き過ぎた政策がとられ、患者の人権が不当に制限されたり、差別・偏見が助長されたりした歴史がありました。感染症対策としては、

①感染者を物理的に封じ込めること、②感受性者を物理的に封じ込めること、③予防接種等により感受性者ではなくならせることが考えられます。しかしながら、①と②の場合、行動制限を伴い、人権保障上の問題が生じます。③の場合、予防接種の副作用等の問題が生じます。感染症法がいうように、感染症を根絶することは人類の悲願であり、感染症は、新たな形で今なお人類に脅威を与えているとしても、感染症対策については、人権を侵害しないよう、慎重な判断が求められるのです。日本国憲法の下にありながら、らい予防法や後天性免疫不全症候群の予防に関する法律（エイズ予防法）の制定およびその後の改廃の不作為がありました。このような痛ましい歴史を繰り返してはなりません。前例のない事態に直面している時こそ、憲法の基本的人権が脅かされることがないよう慎重な配慮が求められます。

おわりに

権力担当者が憲法を改正したいということは、見方を変えれば、憲法が公権力を拘束するという本来の役割を果たしているということになります。自由民主党の改憲提案をみると、権力担当者が憲法を窮屈に感じ、その拘束力を弱めたいと望んでいることが窺えます。日本国憲法は、権力を縛り、人権を保障するという機能をきちんと発揮しているのです。この点を軽視してはなりません。

　また、憲法により基本的人権を保障される立場にある人々が憲法改正を考える際には、その改正が弱い立場に立つ人々の人権を一層保障することにつながるか否かという視点を持つことが不可欠です。人権保障を要求する際の基盤となる憲法を、権力担当者の思うままに改正させないために、今一度、日本社会の中で憲法が果たしてきた役割を一つ一つ確認していく作業が重要であると思われます。

（藤野　美都子）

被爆75年―核兵器をめぐる情勢と課題

はじめに

ことし2020年は、広島・長崎への原爆投下から75年、核不拡散条約（NPT）の発効から50年目にあたります。

そしていま、世界が新型コロナウイルスのパンデミックのもとで、「自国優先主義」による対立や分断ではなく、紛争と戦争をやめ、核兵器をなくし、軍事費を削減し、ジェンダー平等、公正、持続可能な世界を実現することの必要性に人びとが目覚め行動に立ち上がっています。

被爆75年のことし、「核兵器のない平和で公正な世界」へと世界を動かすチャンスです。

核兵器廃絶は緊急の課題

世界にはいまなおおよそ1万4000発もの核兵器が存在しています。意図的であれ、偶発的であれ、そのうちの1発の核爆発でさえ、人類の生存にとって計り知れない影響・被害を与えます。核兵器の脅威を根絶することは、世界の安全と、人類の未来がかかった緊急の課題であることに変わりはありません。

今年のはじめ、アメリカの原子力科学者の雑誌『ブレティン・オブ・ジ・アトミックサイエンティスツ』は、世界の「終末時計」の針が午前零時100秒前という、史上最悪の「時刻」を指したことを発表しました。人類の破滅を「午前零時」として、核戦争の危険を時刻で示し始めた1947年以来ではじめてのことでした。理由は、核戦争の危険が続いていること、気候変動の危機が拡大していることです。

グテーレス国連事務総長も、「核兵器の脅威は単なる仮説でも遠い先の話でもない、それはいまここに実存する現実の危険なのだ」と警告しています。

事実を見ればその危険は明らかです。最大の核保有国のアメリカは、ロシアとの「核優位」を追求して、核兵器を使用する姿勢をいっそう強めるとともに、新たな核ミサイルの開発もすすめつつあります。

トランプ政権は昨年8月、中距離核戦力（INF）全廃条約を失効させ、中距離弾道ミサイルの再配備を計画中です。今年2月5日には、「低威力」の海上発射型弾道ミサイル（SLBM）の原子力潜水艦への配備を行いました。オバマ前政権が退役させた海上発射型の核巡航ミサイル（SLCM）の開発をすすめています。

これに対してロシアは対抗姿勢をつよめ、原子力推進の核魚雷を搭載する潜水艦の建造や大陸間弾道弾（ICBM）の近代化を急いでいます。プーチン大統領は地域紛争での戦術核兵器の先制使用も公言しています。

こうした新たな核軍拡競争につながる動きが核兵器使用の現実の危険を高めています。

しかし、大国の利害対立で国連安保理が新型コロナウイルス問題での共同声明すらあげられなかったことに失望がひろがったように、人類の生存よりも核兵器を振りかざし、「自国の安全」を優先する核大国の姿勢は、今日の国際社会では受け入れられません。

国際政治の場で追い詰められる核保有国

核兵器禁止条約の成立からまもなく３年。調印国は81、批准国は40となり、発効に必要な50カ国まで10となりました（２０２０年７月現在）。条約の発効は時間の問題であり、核保有国に対する大きな政治的道義的圧力になっています。

昨年12月の第74回国連総会では、アジア、アフリカ、ラテンアメリカ諸国、東南アジア、カリブ共同体、アフリカグループ、アラブグループなど地域共同体を代表する国の代表が次々に核兵器禁止条約への支持を表明し、核兵器禁止条約の早期の署名と批准を呼びかける決議「核兵器禁止条約」は賛成１２３、反対41、棄権16の圧倒的大差で採択されました。

核保有国の様々な妨害や圧力にもかかわらず禁止条約を支持する勢力は揺らいでいません。核兵器を禁止し、廃絶する世界的な流れと、核兵器に固執する一握りの国々―この構図がいっそう明確になっています。

核兵器禁止条約を早期に発効させ、ＮＰＴの義務と再検討会議の合意を核兵器国に迫る世論がますます重要となっています。

核保有国に迫る世論と運動を

ことし4月に開催が予定されていた第10回ＮＰＴ再検討会議は、コロナ禍の影響で延期が決定され、来年1月の開催で調整されています。延期されたとはいえ、この会議が「核兵器のない世界」の実現にとって、きわめて重要な機会になることは間違いありません。

五大国のみに核保有を認める不平等性にもかかわらず、多くの国（１９１カ国が加盟）がＮＰＴを支持しているのは、五つの核保有国もまた条約第６条で、核軍備競争の停止、核軍備撤廃の有効な措置、全面完全軍縮条約の交渉の義務を負っているからです。ＮＰＴを核独占体制の柱としてきた核保有国もこの「義務」を免れることはできません。

この間、核保有5カ国は世論におされて、核軍備撤廃に至る自国核兵器の全面廃絶を達成するという「明確な約束」（２０００年）、「核兵器のない世界の平和と安全を達成する」「そのために枠組みを創ること」（２０１０年）などに合意してきました。しかし、アメリカなどは「安全保障の環境がない」として義務と合意の実行を棚上げし、さらにこれらの約束を確認することでさえ「時代遅れ」として拒否しています。

次回NPT再検討会議は、核兵器禁止条約を力に非核国政府と市民社会が共同して、核保有国に対してNPT第6条の義務とこれまでの合意の履行を迫り、実行させる決定的な機会としなければなりません。

そのためにも、核保有国とその同盟国において、核兵器廃絶、核兵器禁止条約を支持する世論を築き、核兵器廃絶を自国の安全保障政策の中に位置付けさせるたたかいを前進させることが求められます。

世界大会ニューヨーク（オンライン）

4月25日、史上初のオンラインによる原水爆禁止世界大会（世界大会「核兵器廃絶、気候危機の阻止と反転、社会的経済的正義のために」）が開かれました。国連で予定されていた核不拡散条約（NPT）再検討会議に合わせ、ニューヨークでの世界大会を準備してきた世界の反核平和団体が主催し、インターネットでの参加者は5大陸36か国から1000人を超えました。

ノーベル平和賞を受賞した核戦争防止国際医師会議（IPPMW）や国際平和ビューロー（IPB）のほか、日本からは日本原水爆被害者団体協議会（日本被団協）、原水爆禁止日本協議会（原水協）、原水爆禁止日本国民会議（原水禁）の3団体がよびかけました。

オンライン大会は、活動が困難な時期でも世界の市民がつながれば、大きなメッセージを発信できることを示しました。

大会が発表した声明は、「核兵器の廃絶を求めたNPT第6条の即時履行」「核兵器禁止条約の早期発効」をめざす行動を提起。「中東非核地帯の早期創設」「地域紛争の停止」「軍事予算の世界的な大幅削減」も目標に掲げました。

気候危機阻止に立ち上がった17歳の青年、貧困問題で活動する牧師など多様な人々が、力を合わせようと発言しました。声明は「貧困にあえぐ者、移民、難民、強権的非民主的政権の犠牲者たちを含む世界の弱者や抑圧された人々との連帯」「民主主義、真理と科学の尊重、人種・ジェンダー・経済での公正」を打ち出し、広範な運動との連携をよびかけました。

5月8日、原水爆禁止世界大会実行委員会は総会を開き、被爆75年にあたる今年の世界大会を「被爆者とともに、核兵器のない平和で公正な世界を―人類と地球の未来のために」のテーマで、原爆投下の日8月6日と9日を中心にオンラインで開催することを決定しました。

また、実行委員会は、8月6日から9日までの4日間、世界大会に呼応し、核兵器廃絶を共通の目標とし「ヒバクシャ国際署名」を共通の行動として、地球の自転に合わせて世界をまわる草の根の共同行動「平和の波」をおこなうことを内外によびかけました。

8月の世界大会は、危機に直面する世界を、自国優先主義の対立や分断でなく協力と連帯によって核兵器のない、平和と共同の、平等で公正で持続可能な世界へと転換させていく展望を掲げ、人類が進むべき進路を発信する重要な意義をもっています。

核兵器禁止条約に調印・批准する政府を

この間、核保有国に擦り寄る日本政府の被爆国にあるまじき姿勢があらわとなっています。

昨年、日本政府が国連総会に提案した決議案（「核兵器のない世界に向けた共同行動の指針と未来志向の対話」）は、一昨年の決議案にはあったNPT第6条やこれまでの再検討会議の核兵器廃絶にかかわる合意についての記述を削除しました。それに縛られることを嫌うアメリカなど核保有国の意向に沿ったからです。核兵器禁止条約についてはこれまで同様、一切言及せず無視しました。これも核保有国、とりわけ米国の要求に沿ったからです。これには一般的には決議案に賛成した国も含めて、多くの国が強い失望と批判を表明しました。

日本政府は、核保有国と非核保有国の対話の「橋渡し」をするとしてきましたが、実際にはアメリカをはじめとする核保有国に追随して、核兵器廃絶を妨害しているのです。

２０１８年12月に安倍政権が決定した「防衛計画の大綱」は、「核兵器の脅威に対しては、核抑止力を中心とする米国の拡大抑止が不可欠」として米国の核戦略への追随姿勢を強めました。そしてトランプ政権の言いなりに、陸上配備型迎撃システム「イージス・アショア」、辺野古新基地建設、「いずも型」護衛艦の空母化、F35ステルス戦闘機の爆買いなどをすすめ、トランプ大統領の対イラン「有志連合」に呼応して自衛隊の中東派兵を強行しました。

しかし、いま日本がなすべきことは、唯一の被爆国として核兵器禁止条約に入り、核兵器のない世界の実現のために先頭に立つことです。

核兵器禁止条約への参加を求める声は、大きく広がっています。すべての国に核兵器禁止条約の締結を求める「ヒバクシャ国際署名」は3月末で１１８０万筆を超え、20県知事を含む7割の首長が署名しています。日本政府に核兵器禁止条約の調印・批准を求める自治体意見書決議は4分の1にあたる４６０自治体（6月30日現在）に達しました。昨年10月、全国の99％の自治体が加盟する平和首長会議は、日本政府に対して「一刻も早く核兵器禁止条約に署名・批准」するよう強く求める要請書を提出しました。

NHKがおこなった昨年12月の世論調査は、ローマ教皇が各国に核兵器禁止条約への参加を呼びかけましたが「日本は参加すべきか」との問いに、参加しないでよいが17・1％、参加すべきは65・0％にのぼりました。

新型コロナウイルスの感染防止に留意しながら、「ヒバクシャ国際署名」を前進させ、核兵器禁止条約の調印・批准を求める圧倒的世論を築き、来るべき総選挙で被爆国にふさわしい役割を果たす政治への扉を開くことが求められています。

（安井　正和）

ＬＧＢＴＱ・多様な性と家族
――個人の尊重

性のあり方の多様性

本稿のタイトル「ＬＧＢＴＱ」とは、レズビアン、ゲイ、バイセクシュアル、トランスジェンダー、クエスチョニングの英語の頭文字を連ねた表記です。順に、性的指向（性愛）が同性に向かう人、異性・同性どちらにも向かう人、出生時に割り当てられた性別（身体の性）と性自認が適合しない人、性自認や性的指向を確定できない人を指します。トランスジェンダーについて、身体の性が男性で性自認が女性の人をトランス女性、逆の場合をトランス男性と言います。

また、出生の時点で外性器による性別の判定が困難な人がいます。インターセックス、医学用語として性分化疾患と言います。性に関する身体の発達（性分化）の1つの状態であり、その人の性の特徴です。国際的な当事者団体は、ＤＳＤs（Differences of Sex Development、性に関する身体の発達の相違・特徴）を用いることを提唱しています。現在では、身体の状態が命に関わる場合に治療や手術がなされます。内性器、例えば、卵巣の機能不全であるターナー症候群、先天的に子宮のないロキタンスキー症候群などもＤＳＤsに含まれます。身体の性には、典型としての男性、女性の間にグラデーションのように多様な特徴があります。それぞれに性自認と性的指向があります。まさに性のあり方は多様なのです。

そこで、国際社会では、ＳＯＧＩ（ソジ）という言葉が使われ始めています。性的指向（Sexual Orientation）と性自認（Gender Identity）の頭文字を合わせたものです。ＬＧＢＴＱは特定の性的マイノリティを表す言葉であり、例えば、ＤＳＤsやアセクシュアル（性愛が誰にも向かない人）などが含まれません。しかし、ソジはすべての人に共通する属性を表す言葉です。例えば、異性愛者にも性的指向と性自認があり、身体の性の特徴もすべての人に存在します。多数か少数かは関係ありません。一人ひとりの性のあり方が大切にされる社会を築くべきではないかと思います。今の日本の現状はどうでしょうか。

同性カップルをめぐる最近の動向

２０１５年３月、東京都渋谷区に端を発した同性パートナーシップ証明制度は、２０１９年１月から２０２０年３月にかけて多くの自治体に広がり、民間団体「虹色ダイバーシティ」の調査では、4月20日で47自治体が導入し、９４５カップルが利用しています。政令指定都市の札幌、福岡、大阪、川崎、横浜、府県では茨城、大阪などが含まれています。5月17日時点では51に増えました（同性パートナーシップ・ネット調べ）。法的な権利義務は生じませんが、自治体が当該カップルをパートナーとして認めるのですから、入院先での看病や手術の立ち会い、賃貸マンションの入居などで、病院や業者からパートナーとして対処されるというメリットがあります。

ダイバーシティ（多様性）を掲げる企業は、先進的な対応を始めています。例えば、生命保険各社は、同性パートナーを生命保険契約の保険金受取人に指定できるようにしました。損害保険各社も、同性パートナーを「配偶者」として扱います。大手携帯電話会社は、同性パートナーも携帯電話の「家族割り」の対象にします。外資系やグローバル系企業では、同性パートナーを社内の各種手当や休暇の対象にしています。2017年5月16日、日本経団連の提言は、「LGBTを『身近な存在』として、周囲が進んで理解するとともに、『多様な存在』として社会が認識・受容し得る社会を構築していく必要がある」とします。

2015年7月、同性婚人権救済弁護団は、当事者455名の代理人として、日本弁護士連合会（日弁連）に対して、内閣総理大臣・法務大臣に同性婚法案を国会に提出するよう勧告することおよび衆議院議長・参議院議長に同性婚法案を制定するよう勧告することを求めて、人権救済申立てをしました。2019年7月、日弁連は同性婚の導入を勧告する意見書を公表しました。「我が国においては法制上、同性間の婚姻（同性婚）が認められていない。そのため、性的指向が同性に向く人々は、互いに配偶者と認められないことによる各種の不利益を被っている。これは、性的指向が同性に向く人々の婚姻の自由を侵害し、法の下の平等に違反するものであり、（憲法）13条、14条に照らし重大な人権侵害と言うべきである」と結論づけています。

2019年2月14日、バレンタインデーの日に、同性カップル13組26人が東京、札幌、名古屋、大阪地裁に、同性婚を認めない民法・戸籍法は、個人の尊重、法の下の平等、婚姻の自由に反し違憲であるとして、国家賠償請求訴訟を提起しました。弁護団は「すべての人に結婚の自由を」訴訟と称しています。

結婚して子を生み育てることは、今もなお社会的に期待されています。これを奨励する自治体もあります。しかし、年齢や身体的な事情、自分たちのライフスタイルなどから子をもうけないカップルがいます。セックスレスのカップルもいます。こうした人も婚姻することができます。子どもをもつことは婚姻の必要条件ではありません。婚姻と生殖の一体性が失われると、婚姻は主として当事者の個人的利益の保護を目的とするもの、幸福追求の1つの選択肢になります。同性カップルに婚姻の自由を認めない法的な根拠はありません。

だからこそ、２００１年のオランダを皮切りに、現在、欧米を中心に世界29カ国が同性婚を認めているのです。２０１９年５月、アジアで初めて台湾が同性婚を可能としました。日本も導入を検討する時機に来たように思います。

トランスジェンダーの権利保障

トランスジェンダーの人が社会生活を営む上で、性自認に適合した性別の法的な記載（日本では戸籍の父母との続柄で「長男」「長女」などとして記載されます）に変更できることが重要です。性自認の性別で進学、就職、パスポート取得等ができるからです。日本では、２００４年７月から施行された「性同一性障害者の性別の取扱いの特例に関する法律」（以下「特例法」）がこれを保障しており、２０１８年12月まで８、６７６名が戸籍の性別記載を変更しました。

しかし、①20歳以上（年齢要件、２０２２年４月からは18歳（成人年齢）に引下げ）、②現に婚姻をしていない（非婚要件）、③現に未成年の子がいない（子なし要件）、④生殖腺がないこと又は生殖腺の機能を永続的に欠く状態にある（生殖不能＝断種要件）、⑤その身体について他の性別に係る身体の性器に係る部分に近似する外観を備えている（外性器近似要件）といった５つの要件を満たさない限り、性別記載の変更は認められません。

２０１９年１月23日、最高裁第２小法廷は、要件④を現時点では合憲と判断しましたが、性同一性障害者によっては、上記手術まで望まないのに当該審判を受けるためやむなく上記手術を受けることもあり得ると指摘し、その意思に反して身体への侵襲を受けない自由を制約する面もあることは否定できないと述べました。

すでに２０１４年５月、ＷＨＯ（世界保健機関）を含む国際機関は、希望するジェンダーに適合する出生証明書その他法的な書類を入手するために断種手術を必要条件とする立法例を指摘して、「強制・強要された、または不本意な不妊手術の廃絶を求める共同声明」を発しています。また、２０１９年５月、ＷＨＯ総会は、２０２２年１月実施予定の「国際疾病分類（ＩＣＤ）」改訂案（ＩＣＤ－11）において、「性同一性障害」を削除し、「性の健康に関する状態（conditions related to sexual health）」の章に「性別不合（Gender Incongruence）」を置きました。トランスジェンダーは疾病ではなくなるのです。こうした国際的な医療の動向を踏まえるとき、未だに「性同一性障害者」という用語を用いる特例法は、④⑤の手術要件の削除も含めて見直しを迫られています。

身体的な事情で④⑤の手術を受けることができなかったトランス女性に対して、女性用トイレの使用を制限したケース

（経産省事件）で、２０１９年12月12日、東京地裁は、「個人が自認する性別に即した社会生活を送ることができることは、重要な法的利益として、国家賠償法上も保護されるべき」であり、「自認する性別に対応するトイレの使用を制限されることは、個人が有する重要な法的利益の制約に当たる」とした上で、経産省が「尽くすべき注意義務を怠ったもので、違法」と判断しました。手術や性別記載の変更の有無にかかわらず、すべての人が安心して利用できる施設対応が求められています。

今、夫婦別姓は

以上述べたことは、ＳＯＧＩがなんであれ、その人の個性として社会生活が保障されることであり、憲法13条の保障する「個人の尊重」の問題です。夫婦別姓もその一つです。

２０１８年に３つの関連する訴訟が提起されました。民間会社の男性経営者が、妻の氏を夫婦の氏としたために、株式の名義書換などで高額の出費が生じたことを示し、婚姻後に旧姓を戸籍上の氏として使用できないことを平等原則違反だと主張しています。４組の事実婚カップルが、夫婦別氏という選択肢を認めず、別氏を希望する者を婚姻制度から排除することが、婚姻制度として正当化できるのかと問題提起をしています。居住地である米国ニューヨーク州で婚姻をした日本人夫婦が、国に対して婚姻関係確認訴訟を提起しています。外国で婚姻した場合、戸籍実務は、夫婦が称する氏の申出をさせるのですが、当事者は夫婦別姓を実践しているため、申出をしませんでした。その結果、夫婦の戸籍が編製されておらず、戸籍による婚姻関係の証明ができないからです。

２０１８年10月、有志が集まって、地方議会への陳情や請願を行う市民団体「選択的夫婦別姓・全国陳情アクション」が結成されました。この５月までに全国で90の地方議会が選択的夫婦別姓の法制化や国会での議論を求める意見書等を可決しています。同アクションのメンバーとして活動するひとり娘を応援するために、北海道幕別町在住の父親が町議会に「選択的夫婦別姓の法制化を求める意見書提出の陳情」を行い、全会一致で採択されたりしています。２０１７年11月の内閣府世論調査によれば、選択的夫婦別姓制度の導入に賛成42・５％、反対29・３％です。60歳未満全体では、賛成50・０％、反対16・８％です。

選択的夫婦別姓制度は、婚姻をしても生来の姓を名乗りたいという個人の思いを尊重する制度です。性のあり方や家族の多様性は、個人の尊重が前提です。本稿で述べた３つの課題について、早急な法改正が必要です

（二宮　周平）

資料

第64回国連女性の地位委員会に際したアントニオ・グテーレス国連事務総長の声明

２０２０年３月９日

第64回国連女性の地位委員会に参加できることを大変嬉しく思います。

新型コロナウイルス感染症の感染拡大により、国連女性の地位委員会のセッション全体を延期し、本日1日のみの会合とせざるを得ないという異例の状況が起きていることについて、本当に心を痛めています。

世界中の活動家及び女性団体の方々は、私と同じようにがっかりされていることと思います。

しかし、私は心強く感じてもいます。なぜなら、私たちがジェンダー平等という目標達成のために、今後も変わらず尽力していくのだと理解しているからです。私たちは皆、ジェンダー平等に関する、ＳＤＧｓ（持続可能な開発目標）ゴール5を達成することが至上命題であると理解しています。

これは、端的に申し上げて、正義の問題です。リスボンのスラムで学生ボランティアとして、政治家としてのキャリアを通して、そして難民のための国連機関（注：国連難民高等弁務官事務所、ＵＮＨＣＲ）のリーダーとして、私は常に、正義、平等、人権のために闘わなくてはいけないという気持ちに突き動かされてきました。

事務総長として、私は世界中で圧倒的な不正義を目にしています。ジェンダー不平等と女性及び女児に対する差別です。

ジェンダー平等は、本質的には力の問題です。

私たちは、未だに男性優位の文化が蔓延する男性優位の世界に生きています。そして何千年もの間、そうした世界に生きてきました。

何世紀にもわたる差別、根深い家父長制及び女性蔑視は、私たちの経済、政治システム及び企業において、ジェンダーの力関係に大きな格差を作り出してきました。

これを絶対に変えなければなりません。

北京宣言及び行動綱領採択から、今年で25年になります。

北京宣言及び行動綱領は、一体となって、ジェンダー平等及び女性のエンパワーメントのための最も包括的かつ革新的な、グローバルなアジェンダを定めるものです。

世界中の国々が時代の複雑な課題に対する解決策を探す中で、持続可能な開発目標の達成に向けて軌道に乗る1つの方法が、北京行動綱領の実施を加速させることです。

北京を振り返ると、感化された若手活動家の新たな世代が、世界中で、建設的な行動と恐れを知らないレジリエンスの精神を躍進させていることを、特に心強く思います。

そうした取組が大いに必要とされています。北京のビジョンは、まだ部分的にしか実現されていません。

女性議員の数はまだ男性の3分の1であり、女性の賃金は男性が1ドル稼いでいるところ77セントであり、無償ケア労働や家事労働は世界中でかたくなに女性のものとなってしまっています。

ジェンダー平等に向けた進捗が失速した地域や、逆行さえしている地域もあります。

女性を暴力から守る法律を後退させた国、市民社会スペースを制限した国、依然として女性を間接的に差別する経済政策及び移民政策を推し進めている国もあります。

性と生殖に関する健康のためのサービスに、女性全員がアクセスできるにはほど遠い状況です。

私たちは、押し戻しを押し戻さなければなりません。

友よ、
北京プロセスの重要な遺産は、動きを作ったことです。

過去25年の間に、女性たちによる動きが成長し、強化され、活気に満ち、国境を越え、多様化して、早急に根本的な変化を求めることで、遅々とした断片的な進捗に対し、ますます異議を唱えるようになりました。

こうした動きによって、ジェンダー平等が進められ、政府その他の有力な関係者による説明責任が求められています。

また、女性及び女児の権利を向上させ、それが全員にとっての経済的、社会的及び環境的正義と密接に結びついていることを示すため、連携してテーマ、部門及び政治的境界を越えた取組を行っています。

こうした動きは、異なる世界を作るための大胆で新たな選択肢を提示するものです。

例えば、アフリカにおける環境的正義を目指す若い女性たちの活動によって、採取産業及び持続不可能な消費・生産パターンによる影響に関心が集まりました。

そして、ラテンアメリカにおけるNi Una Menos 運動（注：2015年にアルゼンチンで始まった女性への暴力に反対する運動）によって、階級や世代を越えた強い連携が構築され、女性及び女児に対する暴力への対策が求められるようになりました。

今こそ、女性の権利のために連携し団結するときです。

そうした連携の1つが、持続可能な開発目標達成のための行動の10年の間にジェンダー平等に関して形ある成果を得るため、国連女性機関（UN Women）によって招集され、メキシコ及びフランスの政府によって共同開催される、平等を目指す全ての世代フォーラムです。

そのビジョンは明確です。政治生活、あらゆる生活領域における意思決定に、女性及び女児が平等に参加することです。

ここ、国連において、我々が模範を示すと決意しています。

今年1月、国連では、フルタイムの幹部級職員が男女90人ずつとなり、男女同数を達成しました。私が任期の初めに設定した目標を2年前倒しで達成したこととなり、今後全ての階層において男女同数を実現するためのロードマップもあります。

実現まで長くかかり過ぎたこの変化は、女性職員の平等な権利及び価値を認める必要不可欠なものであり、国連内において力関係を変える基本的な手段です。

また、私たちが仕える人々のために、効率性を高め、より大きな成果を上げることでもあります。

本委員会は、世界中で強まっているジェンダー平等及び女性の権利に対する勢いを、更に活気づける機会です。

私たちを団結させるものに注目し、北京宣言及び行動綱領とその完全、効果的かつ加速的な実施をしっかりと再確認するためにこのセッションを利用していただくよう、お願いいたします。

女性の権利は人権であり、ジェンダー平等は持続可能な開発目標全ての中心をなすものであると、世界に明確なメッセージを送りましょう。

ありがとうございました。

（内閣府仮訳）

第4回世界女性会議25周年における政治宣言

第64回国連女性の地位委員会
２０２０年3月9日

我々、各国の大臣及び代表は、

北京宣言及び行動綱領（注1）並びに第23回特別総会「女性２０００年会議：21世紀に向けての男女平等・開発・平和」成果文書（注2）の実施について、北京宣言及び行動綱領の実施とジェンダー平等並びに全ての女性及び女児のエンパワーメントの達成、そして全ての女性及び女児による生涯を通じた全ての人権及び基本的自由の完全かつ平等な享受並びにそれによる持続可能な開発のための２０３０アジェンダ（注3）のジェンダーに配慮した実施への寄与に影響を与える、目下の課題及び格差の評価を含む、レビュー及び評価を行うため、また、行動綱領の実施を加速させることを確保するため、また、ジェンダー平等並びに全ての女性及び女児のエンパワーメントの実現に効果的に寄与できるよう、開発、経済、社会、環境、人道及びそれらに関連する分野における、全ての主要な国連の会議及びサミットの準備、一体的かつ協調的な実施及びフォローアップにおいて、ジェンダーの視点の主流化を確保するという約束（コミットメント）をもって、１９９５年に北京で開催された第4回世界女性会議から25周年を迎えるに当たって、第64回国連女性の地位委員会のためニューヨークに集まり、

1. 北京宣言及び行動綱領、第23回特別総会成果文書、並びに第4回世界女性会議10周年、15周年及び20周年に当たっての国連女性の地位委員会による宣言（注4）を再確認し、それらの実施を約束する。

2. 北京宣言及び行動綱領の完全、効果的かつ加速的な実施、並びに女子差別撤廃条約（注5）に基づく義務の履行は、ジェンダー平等並びに全ての女性及び女児のエンパワーメントの達成、並びに女性及び女児の人権の実現において相互に補強しあっていることを認識し、同条約及びその選択議定書（注6）の未批准又は未加盟国に対しては、検討を求める。

3. ジェンダー平等並びに全ての女性及び女児のエンパワーメントの達成と、北京宣言及び行動綱領の完全、効果的かつ加速的な実施と、持続可能な開発のための２０３０アジェンダのジェンダーに配慮した実施と、関連する主要な国

連の会議及びサミット並びにその成果及びフォローアップとの間の相互に補強しあう関係を強調する。また、ジェンダー平等並びに全ての女性及び女児のエンパワーメントは、2030アジェンダにおける全ての目標の進捗に、決定的に寄与するものであることを強調する。

4．国連女性の地位委員会による2020年のレビューに貢献した、地域レベルにおける政府間のプロセスの成果に留意しつつ、国連の地域委員会によって実施された地域レビューの開催を歓迎する。

5．国、地域及びグローバルレベルにおける一丸となった政策行動を通じた、北京宣言及び行動綱領の完全、効果的かつ加速的な実施に向けた進捗についても歓迎し、第4回世界女性会議25周年の状況における各国政府によるレビュー活動を市民社会及びその他全ての関連するステークホルダーによる重要な貢献に留意しつつ歓迎し、2019年9月12日の総会決議73／340を想起し、2020年9月23日に、「ジェンダー平等並びに全ての女性及び女児のエンパワーメントの実現を加速させる」をテーマとして実施される第4回世界女性会議25周年の国連総会ハイレベル会合に期待を寄せる。

6．全体として進捗の速さ及び深さが十分でないこと、進捗が一様でない地域もあること、依然として大きな格差があり構造的障壁、差別的な慣習及び貧困の女性化を含む障害が残り続けていることに懸念を表明し、第4回世界女性会議から25年が経ってもジェンダー平等並びに全ての女性及び女児のエンパワーメントを完全に達成した国がないこと、世界中で大きな不平等が依然として残存すること、多くの女性及び女児が生涯を通じて複数の交差的形態の差別、脆弱性及び周縁化を経験すること、とりわけアフリカ系女性や、HIV及びAIDSに感染した女性、農山漁村の女性、先住民女性、障害のある女性、移民女性、高齢女性などについて進捗が最も遅いことを認識する。

7．貧困、世界的な経済的不平等、国内及び国家間における開発利益の不平等な分配を、北京宣言及び行動綱領の実施に当たっての基本的な課題として認識する。

8．女性及び女児が開発の担い手として欠かせない役割を果たすこと、人類の半分が完全な人権及び機会を否定され続けている状態では、人間が最大限の能力を発揮し持続可能な開発を実現することはできないこと、持続可能な開発目標は万人のために達成されるべきであることも認識する。

9．ジェンダー平等並びに全ての女性及び女児のエンパワーメントを達成するため、男性及び男児が戦略的パートナー及び同盟者並びに変化の担い手及び受益者として全面的に関与する重要性を認識し、北京宣言及び行動綱領の完全、効果的かつ加速的な実施を達成するための取組に、男性及び男児を全面的に関与させる措置を講じることを約束する。

10. 新たな課題が顕在化していることを認識し、政治的意思を再確認して、既存の及び顕在化する課題並びに12の重大問題領域、すなわち女性と貧困、女性の教育と訓練、女性と健康、女性に対する暴力、女性と武力紛争、女性と経済、権力及び意思決定における女性、女性の地位向上のための制度的な仕組み、女性の人権、女性とメディア、女性と環境、女児の全てにおいて依然として残る実施格差に取り組むことを確約する。

11. こうした新たな課題に関しては、次のような方法によるものを含む、北京宣言及び行動綱領並びに12の重大問題領域の完全、効果的かつ加速的な実施のためのより強力な取組が必要とされることも認識する。

(a) 全ての女性及び女児について教育を受ける権利を実現する取組を強化し、この点における障壁を撤廃し、包摂的かつ公平な質の高い教育、訓練及び能力開発を保障し、生涯学習の機会を促進し、あらゆる部門、特に科学、技術、工学及び数学といった特に女性割合の少ない分野において女性及び女児の参加を支援し、こうした問題に関する国際協力を強化する。

(b) あらゆるレベル及び社会のあらゆる領域において、全ての女性による意思決定への完全、平等かつ有意義な参加、並びにリーダーシップ及び代表性への平等なアクセスを確保する。また、女性の発言力を強化し、そのために安全でそれを可能にする環境を確保しあらゆる障壁を撤廃する措置を講じる。

(c) 労働市場及び働きがいのある人間らしい仕事について女性の完全なアクセス及び機会平等を強化すること、職場における差別及び虐待に対して効果的な措置を講じること、同一価値労働同一賃金を促進すること、社会保障を提供すること、あらゆる部門において非公式から公式な仕事への移行を支援すること、融資及び起業への女性のアクセス並びに女性及び女児の金融包摂及び金融リテラシーを促進すること、関連する全てのステークホルダーとの協力を強化することにより、女性の経済的エンパワーメントを確保する。

(d) 女性及び女児が無償のケア及び家事を不均衡に分担していることを認識し、これらの削減及び再分配に向けた対策を講じる。また、仕事と生活の調和（ワーク・ライフ・バランス）及び家庭内の男女間における平等な責任分担を促進する。

(e) 女性が世帯主である世帯を含め、女性及び女児の支援及びエンパワーメントを行い、女性及び女児にのしかかる貧困の重荷を取り除くため、社会保護システム及びその他の方策を強化する。

(f) 環境、気候変動及び災害リスク緩和策においてジェンダーの視点を主流化し、気候変動及び自然災害が女性及び女児、特に脆弱な立場にある者に与える不均衡な影響を認識し、気候変動及び自然災害による悪影響に対応するため女性及び女児のレジリエンス及び適応能力を強化し、環境及び気候変動問題に関する意思決定における女性の参加とリーダーシップを促進する。

(g) デジタル環境を含む公的及び私的領域において、全ての女性及び女児に対するあらゆる形態の暴力及び有害な慣習、並びに人身取引、現代の奴隷制及びその他の形態の搾取を撤廃、防止し、これらに対応する。また、暴力の被害にあった女性全員に対し、司法へのアクセス及び法務、保健及び社会サービスを含む支援サービスの提供を確保する。

(h) 武力紛争における女性及び女児の保護、並びに武力紛争の防止及び解決を含むあらゆる意思決定レベルと和平プロセス及び調停努力のあらゆる段階における完全、平等かつ有意義な女性の参加を強化する。また、そうした状況における女性及び女児のリーダーシップ並びに平和維持における女性及び女児の代表性の強化に対するニーズを認識する。

(i) 女性及び女児が、いかなる差別も受けず、生涯を通じて最大限の水準の身体的及び精神的健康を享受する権利を実現するための取組を強化する。また、国民皆保険の達成を含め、公平で質が高く、手頃な価格で提供される万人のための保健及び福祉サービスへのアクセスを促進する。

(j) 生涯のあらゆる段階における多様な栄養上のニーズに目を向けることで、女性及び女児の飢餓及び栄養不良に取り組む。

12. 北京宣言及び行動綱領並びに第23回特別総会の成果文書の完全、効果的かつ加速的な実施を確保するため、次のような方法によるものを含め、更なる具体的措置を講じることを誓約する。

(a) 差別的な法律を全て撤廃し、法律、政策及びプログラムが全ての女性及び女児の利益となるものであること、完全かつ効果的に実施され効果を確保するため体系的に評価されること、不平等及び疎外を作り出したり強化したりしないことを確保する。

(b) メディアにおけるバランスがとれ、固定観念にとらわれない描写などを通じて、構造的障壁、差別的な社会規範及びジェンダー固定観念を撤廃し、全ての女性及び女児に力を与え、女性及び女児の貢献を認識し、女性及び女児に対する差別及び暴力を撤廃するような社会規範及び慣習を促進する。

(c) ジェンダー平等並びに全ての女性及び女児のエンパワーメントを促進するため、あらゆるレベルにおける制度の有効性及び説明責任を強化する。また、司法及び公共サービスへの平等なアクセスを確保する。

(d) 万人の人権の実現とジェンダー平等並びに全ての女性及び女児のエンパワーメントの達成のため、持続可能な開発の経済、社会及び環境的側面においてジェンダーの視点を主流化する。

(e) あらゆる財源の動員を通じて、ジェンダー平等並びに全ての女性及び女児のエンパワーメントへの約束（コミットメント）に十分な資金供給を行う。

(f) ジェンダー平等並びに全ての女性及び女児のエンパワーメントへの約束（コミットメント）の実施に関する説明責任を強化する。

(g) 女性及び女児の生活を改善し開発格差及びジェンダー間での情報格差を含む情報格差を縮小するため、技術及び技術革新の潜在力を利用する。また、技術の利用によって発生するリスク及び課題に取り組む。

(h) ジェンダー統計の定期的な収集、分析及び利用の状況を改善することを通じて、データ及びエビデンス格差を縮小する。これには、国の統計に関する能力を強化する、政策及びプログラムの実施並びに評価を強化するといった方法がある。

(i) ジェンダー平等並びに全ての女性及び女児のエンパワーメントを達成するための約束（コミットメント）を実施するため、南北、南南及び三角協力を含む国際協力並びに官民連携を強化する。

13. 第4回世界女性会議及び第23回特別総会成果文書のフォローアップに対する国連女性の地位委員会の一義的な責任を再確認し、その点についての同委員会によるフォローアップ作業を想起する。同委員会が、ジェンダー平等及び女性のエンパワーメントの促進、国連機関内におけるジェンダー主流化の促進及び監視と、ジェンダー平等並びに女性及び女児のエンパワーメントを達成するためには全ての女性及び女児のあらゆる人権並びに基本的自由の完全な実現が必要不可欠であるとの認識を示した北京行動綱領の実施及び監視の調整を、推し進める役割を果たすことも再確認する。さらに、同委員会は、ジェンダー平等並びに全ての女性及び女児のエンパワーメントの実現を加速させるため、持続可能な開発のための２０３０アジェンダのフォローアップにも貢献することを再確認する。

14. ジェンダー平等と女性のエンパワーメントのための国連機関（国連女性機関（UN Women））の設立10周年を認識する。そして、ジェンダー平等並びに全ての女性及び女児のエンパワーメントを促進し、加盟国を支援し、国連機関の調整を行い、市民社会、民間部門及びその他の関連するステークホルダーをあらゆるレベルで動員するに当たり、北京宣言及び行動綱領の完全、効果的かつ加速的な実施及び持続可能な開発のための２０３０アジェンダのジェンダーに配慮した実施を支援する同機関が果たす、重要な役割を再確認する。

15．組織的なジェンダー主流化、成果を収めるための資源の動員、データ及び確固たる説明責任システムによる進捗状況の監視及び評価などを通じた北京宣言及び行動綱領の完全、効果的かつ加速的な実施を引き続き支援するよう、国連機関に求める。

16．北京宣言及び行動綱領の実施に対する、非政府組織、女性組織及び地域に基礎を置く組織、若者が率いる組織、並びに存在する場合は国の人権機関といったその他のステークホルダー全てを含む、市民社会による貢献を歓迎する。安全で実現しやすい環境を促進及び確保することなどにより、ジェンダー平等並びに全ての女性及び女児のエンパワーメントの前進及び促進のために行われる、地方、国、地域及びグローバルレベルにおける市民社会による取組を引き続き支援することを固く約束する。また、ジェンダー平等並びに全ての女性及び女児のエンパワーメントの達成に寄与するため、開かれた、包摂的で透明性のある関わりを市民社会と持つことの重要性を認識する。

17．人権の完全な享受を含むジェンダー平等並びに全ての女性及び女児のエンパワーメントの達成に向けた共同の取組を強化することで、北京宣言及び行動綱領の完全、効果的かつ加速的な実施を約束する。

（注１）第４回世界女性会議報告書、北京（１９９５年９月４日―15日）（United Nations publication, Sales No. E.96.IV.13）第１章　決議１ annexes Ⅰ及びⅡ

（注２）総会決議 S-23/2 annex 及び決議 n S-23/3 annex

（注３）総会決議 70／1

（注４）以下参照

・２００５年経済社会理事会公式記録 補足№７及び正誤表（E／２００５／27、E／２００５／27／Corr.1）第１章セクションA

・経済社会理事会決議 ２００５／２３２

・２０１０年経済社会理事会 公式記録補足№７及び正誤表（E／２０１０／27、E／２０１０／27／Corr.1）第１章セクションA

・経済社会理事会決議 ２０１０／２３２

・２０１５年経済社会理事会 公式記録 補足 №７及び正誤表（E／２０１５／27）第１章セクションＣ決議57／１ annex

（注５）国連条約集 vol. 1249, No. 203786同上 vol. 2131, No. 20378

（注６）同上 vol. 2131, No. 20378

（政府仮訳）

ムランボ＝ヌクカ国連女性機関（UN Women）事務局長の声明

「女性と女児に対する暴力：陰のパンデミック」

2020年4月6日

90か国が封鎖され、40億人がCOVID－19という世界的な伝染病から自宅で避難しています。これは保護するための措置ですが、そのことがもう一つの致命的な危機をもたらしています。女性に対する暴力という陰のパンデミックが拡大しているのです。

感染と都市封鎖を報告する国が増加するにつれ、世界中のDVに関する電話相談窓口やシェルターが、助けを求める声の高まりを報告しています。アルゼンチン、カナダ、フランス、ドイツ、スペイン、英国、米国では、政府当局、女性の権利活動家、市民社会のパートナーが、今回の危機の間にDVの報告が増加し、緊急避難所への需要が高まっていることを指摘しています。シンガポールとキプロスの電話相談窓口では、30％以上の電話件数の増加を記録しています。オーストラリアでは、ニューサウスウェールズ州の調査において、最前線で対応を行っている人の40％が、激しさを増す暴力への支援要請が増加していると報告しています。

外出制限は、治安、健康、金銭面での懸念から生じる精神的不安や緊張を助長しています。そして、暴力的なパートナーを持つ女性の孤立感を高め、彼女たちを最も助けてくれる人々や資源から彼女たちを引き離しています。この状況は、閉ざされたドアの向こうでの支配と暴力的な行動を助長する、最悪の状況です。同時に、医療システムが限界点に、そしてDVシェルターも定員に達しつつある中で、センターが通常の目的に加え、COVID－19の追加的な応急対応をしなければならないことで、サービスの不足が更に悪化しています。

COVID－19が存在する前から、DVは既に最大の人権侵害の一つでした。過去12か月間に、世界中で2億4300万人の女性と女児（15～49歳）が、親密なパートナーから性的、又は身体的な暴力を受けています。COVID－19パンデミックが続く中、この数字は、女性の健康・福祉、性と生殖に関する健康、精神衛生、そして、彼女たちが私たちの社会と経済の復興・回復に参画して主導していく能力に対し、複合的な影響を与えながら増加していく傾向にあります。

以前より、DVやその他の形態の暴力の報告が過少であることが、対応やデータ収集を困難にしており、暴力を経験した女性のうち、何らかの助けを求めたり犯罪を報告したりした女性は40％未満でした。助けを求める女性のうち、警察に行く女性は10％未満です。現在の状況は、女性や女児の電話や相談窓口へのアクセスの制限や、警察、司法、社会サービス等の公共サービスの途絶等を含んでいることから、報告を更に困難にしています。また、このような途絶は、例えば強姦被害者の診察状況の管理、精神衛生や精神・社会的支援など、性的暴力からの生存者が必要とするケアや支援にも支障をきたしている可能性があります。同様に、これらの途絶は、加害者の免責を助長することにもなります。多くの国では、法律は女性の味方ではなく、4か国に1か国は、DVから女性を特別に保護する法律がありません。

もし対処しなければ、この陰のパンデミックもまた、COVID－19の経済的影響を増大させることになります。女性に対する暴力の世界全体での損失は、かつては約1・5兆ドル（約160兆円）と見積もられていました。この数字は、暴力が現在のように増加するにつれて上昇するばかりであり、パンデミックの余波においてもそれが継続するでしょう。

女性に対する暴力の増加は、この困難の重要性及び規模に見合った、そして様々な形態の差別に直面している女性のニーズを反映した経済的支援と景気刺激策に組み込まれた対応をもって、喫緊に対処されなければなりません。国連事務総長は、全ての政府に対し、女性に対する暴力の予防と救済を、COVID－19に対する各国の応急対応のための計画の重要項目とするよう呼びかけています。女性のためのシェルターや相談窓口は、全ての国にとって必要不可欠なサービスであるとみなされ、具体的な資金調達と利用に関する情報の周知・啓発のための広範な対応をしなければなりません。

草の根及び女性の組織やコミュニティは、過去の危機（注：エボラ出血熱等）において、予防及び応急対応のための重要な役割を果たしており、現在の最前線での役割を果たすため、長期的な資金提供を含め、強力に支援する必要があります。電話相談窓口、心理的・社会的支援、オンラインカウンセリングを強化し、SMS（ショートメッセージサービス）、オンライン上のツール、ネットワークなどのテクノロジーに基づく解決手段を活用して、社会的支援を拡大するとともに、電話やインターネットにアクセスできない女性にも手を差し伸べるべきです。加害者が免責されることのないよう、女性と女児に対する暴力事件の優先度を確実に高いものとするため、警察と司法サービスが動員されなければなりません。民間セクターにもまた、情報を共有し、職員にDVの事実と危険性について注意を喚起し、家庭でのケアの責任を分担するなどの積極的な対応を奨励するなど、重要な役割があります。

COVID－19は、私たちのほとんどが未だかつて経験したことのない方法によって私たちを試し、感情的及び経済的なショックを与えており、私たちはそれらを乗り越えようと奮闘しています。このパンデミックの邪悪な特徴の一つとして、今、出現している暴力は、私たちの価値観や私たちの回復力及び共通する人間性に対する、鏡であり挑戦なのです。私たちは、コロナウイルスから生き延びるだけでなく、女性を強力な力として復興の中心に据え、新たに立ち上がらなければなりません。

（政府仮訳）

国際連合「政策概要：新型コロナウイルスの女性への影響」

2020年4月9日

序文

北京行動綱領採択25周年となる2020年は、ジェンダー平等の新局面を開く年となるはずであった。ところが、新型コロナウイルスの流行拡大により、過去数十年に得られた限定的な改善ですら、揺り戻しの危険にさらされている。新型コロナウイルスの大流行は、既存の不平等を深め、社会、政治及び経済システムの脆弱性を浮き彫りにしている。そして、そうした脆弱性により、大流行の影響は増幅されている。

新型コロナウイルスが及ぼす悪影響は、健康から経済、安全、社会保障に至るまでのあらゆる領域において、単に性別だけを理由として、女性及び女児にとって大きくなっている。

＞一般的に収入や貯蓄が少なく、不安的な仕事に就いていていたり貧困に近い生活をしていたりすることの多い女性及び女児は、経済的な悪影響を特に大きく受ける。

＞初期の報告によれば、新型コロナウイルスによる死者は男性の方が多いとのことであったが、一般的に女性の健康は、性と生殖に関する医療サービスを含む資源と優先順位の見直しによって悪影響を受けている。

＞子どもたちが学校に通えず、高齢者に対するケアの必要性が高まり、医療サービスが逼迫する中で、無償ケア労働が増えている。

＞移動の制限や社会的隔離施策と相まって、新型コロナウイルスの大流行による経済的及び社会的緊張が深まる中で、ジェンダーに基づく暴力が急激に増えている。被害者を支援するサービスが中断されたり利用できなくなったりするのと時を同じくして、多くの女性が加害者とともに家庭での「ロックダウン（都市封鎖）」を強いられている。

＞社会的一体性が既に損なわれ、体制の能力及びサービスが限定的となる脆弱、紛争、緊急事態といった状況では、これら全ての影響が増幅される。

本政策概要においては、こうした問題に順に焦点を当て、新型コロナウイルスに直面して女性及び女児の生活がどのように変化しているかを考察し、即時的な応急対応及び長期的な回復の取組の両方に付随して提言する優先施策の概要を示す。

新型コロナウイルスは、世界の医療システムに対する挑戦であるだけでなく、人間の精神に対する試練でもある。対応は、将来起こる危機に対してより強靭となる、より平等な世界につながるものでなければならない。新型コロナウイルスによる影響を緩和するため、多くの国では財政刺激パッケージや公衆衛生格差に対処する緊急施策が導入された（注1）。必要な効果を上げるためには、国による全ての応急対応において、女性及び女児を中心に据えること（女性及び女児の包摂、代表性、権利、社会経済的成果、平等、保護）が極めて重要である。これは、長年にわたる不平等を是正するということだけでなく、より公正で強靭な世界を作るということでもある。女性及び女児だけでなく、男性及び男児の利益にもなる。女性は、この大流行により最も深刻な打撃を受けるが、コミュニティにおける対応の中心ともなる。これを認識した政策的対応は、より大きな効果を上げる。

これを達成するため、本政策概要においては、3つの横断的な重点事項が強調されている。

1)新型コロナウイルスに関する全ての応急対応計画及び意思決定において、女性の平等な代表性を確保する。経済計画や緊急対応を含む分野を越えたエビデンスによれば、女性に協議せずに、または、意思決定に女性を含めずに立案された政策は、ことごとく効果が低く、害を与える可能性すらあることに疑いはない。個々の女性を越えて、コミュニティにおいて最前線で対応を行うことが多い女性団体が、代表に加えられ、また、支援されるべきである。

2)有償及び無償のケアに対処することで、平等に向けた革新的な変化を推進する。教員から看護師に至るまで、経済におけるケアの仕事の給与は、他の業種に比べて低い。家庭において、女性は、無償、かつ、目に見えないケア労働の大部分を担っている。いずれも日常生活及び経済の基盤となるものであるが、性別役割規範及び不平等を前提としており、それを定着させるものである。

3)新型コロナウイルスの社会経済的影響に対処する取組全てについて、女性及び女児を対象とする。平等性を高め、機会を増やし、社会保障を充実させるため、財政刺激パッケージ及び社会扶助プログラムの設計に、意図的にジェンダーの視点を適用することが重要になる。

これら3つの横断的な重点事項は、先日事務総長が発表した「人権に関する行動呼びかけ」を反映したもので、推進されれば、女性と女児の権利に重要な影響を与えるであろう対策を挙げている。これらの施策は、大流行という状況下ではより重要性を増している。

I．経済への影響

新型コロナウイルスは、世界中で経済に重大な影響を与えるだろう。新型コロナウイルスが及ぼす社会経済的影響についての政策概要「共有の責任とグローバルな連帯」においてより詳細に説明されているとおり、既に市場及びサプライチェーンは混乱しており、企業は休業や事業の縮小を余儀なくされており、多数の人が仕事や生計を失ったか、失うと予想される（注2）。ＩＬＯ

（国際労働機関）による推定によれば、現在27億人の労働者が、完全、又は部分的な都市封鎖の影響を受けており、これは世界の労働人口の81％に当たる。他方、ＩＭＦ（国際通貨基金）は、世界における２０２０年の生産高が大きく減少すると予測している（注3）。新型コロナウイルスは、世界経済を世界的な不況へと傾けており、この不況は、過去の不況と著しく異なるものとなるだろう（注4）。

新型コロナウイルスによって、女性の経済及び生産生活は、男性よりも大きく、また男性とは異なった影響を受けるというエビデンスが浮上しつつある。世界中で、女性の方が収入や貯蓄が少なく、不安定な仕事に就いており、インフォーマル経済において雇用されている場合が多い。また、社会保障にアクセスしにくく、ひとり親家庭の大半を占めている。したがって、経済的ショックを吸収する余力が男性より小さい。

女性の方が家庭において多くのケア需要を引き受けているため、人員削減や解雇によって、女性の仕事もより大きな影響を受ける。こうした影響により、女性の労働参加率に見られるただでさえ微細な改善が揺り戻しの危険にさらされ、特にひとり親家庭において、女性が自身及び家族を養う能力が制限される。多くの国において、最初の解雇は特にサービス業で大々的に行われた。ここには、小売、接客、観光といった、女性の多い業種が含まれる。

女性の大半（70％）が、解雇に対する保護や有給の病気休暇がほとんどなく、社会保障へのアクセスが限定される状態で、インフォーマル経済で雇用されている発展途上国において、状況は更に深刻である。生計を立てるため、こうした労働者は公共の場や社会的交流に頼ることが多いが、現在の流行拡大を抑えるために、交流が制限されている（注5）。

エボラウイルスは、隔離によって女性の経済及び生計活動が大きく減り、貧困率が上昇し、食糧不足が悪化することを示した（注6）。市場で日々の商売を行う人の約85％が女性であるリベリアにおいては、エボラ予防施策（移動の制限を含む）が女性の生計及び経済的安定に重大な影響を与えた（注7）。そのうえ、男性による経済活動は予防策が取られなくなると間もなく危機前の水準に戻ったにもかかわらず、女性の経済的安定及び生計への影響はずっと長く続いた。

過去の経験と新たなデータから、新型コロナウイルスによる世界的不況の影響によって、長期にわたって女性の収入と労働参加率が下がる結果となり、既に貧困の中で生活する女性には更なる悪影響があると予測できる。近年の経済成長の結果として極度の貧困から脱出できた人は、再びその非常に脆弱な状況に戻ってしまうおそれがある。

経済的な回復のための施策

新型コロナウイルスによる危機の最中及びその後の施策は全て、より平等で、包摂的で、持続可能な経済及び社会を作ることを目指すものでなければならない。これはおそらく、大流行によって浮上した最も明白な教訓だろう。これには、ジェンダーに配慮した経済及び社会政策、そして女性の経済生活を大流行への対応計画の中心に据えることが含まれる。

3月31日時点で65か国が、総額4・8兆米ドルに相当する財政対応パッケージを通過させていた（注8）。4月3日までに計106か国が、新型コロナウイルスに対応して社会保障及び雇用プログラムを導入、又は変更した（注9）。こうしたパッケージにおいて、最も幅広く使用されているツールは社会扶助（拠出なしの給付）であり、続いて社会保険及びサプライサイドの労働市場への介入である。こうした介入においては、性別ごとのデータやジェンダーの視点を盛り込み、具体的に女性をターゲットとすることが必要である。例えば、現金給付プログラムは、最も幅広く使用される社会扶助介入である。女性労働者の割合が高く、サプライチェーンが混乱している業種には、女性労働力を雇用し続けられるよう、信用、融資、助成金へのアクセスが十分に認められるべきである。同様に、支払手続きにおいては、給付へのアクセスができるよう、女性及び女児のケア義務や、雇用においてインフォーマルな地位を占めている可能性を考慮する必要がある。

これに加えて、即時的な応急対応のためであっても長期的な回復のためであっても、経済政策全般がジェンダーの視点から立案及び実施される必要がある。これには、女性が経済活動に十分に関与するのを妨げる障壁を取り除くこと、同一賃金と機会の平等、既存のバイアスを考慮した社会保障制度、女性起業家への融資、女性の自営を推進するメカニズムが含まれる。こうした経済的対応には、公共及び民間領域の両方が含まれることとなるだろう。

同様に、ジェンダーに基づく教育格差を縮小し、女性が公式な労働市場にとどまり参加を拡大できるようにすることは、多くの経済がより力強く、公平で、持続可能な成長によって「回復する」力を得るのに大きな役割を果たすだろう。

最後に、現行の社会保障制度の適用範囲は十分でない。労働力へ公式に参加していなければ適用されないことも多いため、多くの女性はセーフティーネットを利用できない。南アジアにおいては、農業以外の職に就いている女性の80％超がインフォーマル雇用である。サハラ以南のアフリカでは、この数字が74％である。ラテンアメリカ及びカリブ海地域では、農業以外の職に就いている女性の54％がインフォーマル雇用に従事している。健康保険、有給の病休や産休、年金、失業給付といった給付等は、正規雇用の枠を越えて届くもの、あらゆる領域で働く女性が利用できるものである必要がある。

国による応急対応計画においては、以下が推奨される。

＞女性の手に現金を行き渡らせる。モバイルバンキングを使用した条件付き現金給付プログラムなど、女性の手に直接現金を行き渡らせる既存のプログラムが存在する国は、そうしたプログラムを拡大すべきである。

＞低い取引コストで実施できる施策（低所得者に対する一時的な電気代の免除など）を導入する。

＞国による既存の社会保障プログラムを利用し、新型コロナウイルスの影響を受ける集団、特に女性が非常に多い業種（観光、教育、小売、飲食、接客等）の所得を保障するようターゲティング方法を変更する。
>基本的な社会保障を、インフォーマル労働者に拡大する。
>女性が所有するビジネスの税負担を軽減する施策を導入する。
>マイクロファイナンスや貯蓄グループなど女性のネットワーク及び市民社会組織を利用し、給付等について伝達する。
>経済的影響及びそれに効果的に対処する方法を含め新型コロナウイルスが女性及び女児に与える影響を理解するため、全ての国別評価にジェンダー評価を組み込む。

インフォーマル労働者及び女性が率いるビジネスへの直接的な支援が特に不可欠である。経済的支援は、助成金付き融資、国による融資、税や社会保険料の支払猶予や免除により、女性の多い業種で女性の率いる、深刻な打撃を受けた企業やビジネスを対象とするものである必要がある。例えば、政府は、特に家内労働者を対象とする施策を含め、（タイやペルーで行われているように）インフォーマル労働者の所得代替施策を支援することが考えられる。また、食品、基本物資、衛生設備用品、個人用防護具の公共調達において、女性が率いるビジネスから直接調達することが考えられる。インフォーマル経済で働く女性、特に金融にアクセスできない女性が現金給付や失業補償を受けられる支援が必要である。

コスタリカ政府は、協同組合への信用及び若者、女性、高齢者、先住民、アフリカ系、小作人、移民、障害者など優先度の高い住民を対象とするビジネスプロジェクトの利率を全面的に引き下げた。

国連にできること

国連は、新型コロナウイルスに対応するプログラムや政策に関連するものを含め、国の政策に情報提供するため、ジェンダー分析及び性別ごとのデータを提供できる。また、各国政府に対し、低い取引コストで実施できる施策は何か、新型コロナウイルスによる隔離及び都市封鎖政策の影響を受けている業種で多く働く女性に収入を与えるプログラムに、どのように照準を定めるかについて助言できる。その際、国連は各国政府に対し、現金給付プログラムの拡充などを通じて女性の手に現金を行き渡らせる最も効果的な方法について助言したり、融資条件について助言したり、女性が資金にアクセスでき、その使用をコントロールできるようにするため、プログラムにおいてどのようにモバイルバンキングを活用できるかについて提案できる。国連はまた、女性を適切に対象とした財政刺激パッケージの設計を支援できる。

Ⅱ．健康への影響

疾病の大流行により、女性及び女児は治療や医療サービスを受けるのがより難しくなる可能性がある。民族性、社会経済的地位、障害、年齢、人種、地理的位置、性的指向、その他不可欠な医療サービス及び新型コロナウイルスに関する情報へのアクセスや意思決定に影響を与える要素による、複数の、または、交差する不平等によって状況は悪化する。

女性及び女児には独自の健康上のニーズがあるが、特に地方や社会から疎外されたコミュニティにおいては、質の高い医療サービス、必要不可欠な薬やワクチン、妊産婦向け及び性と生殖に関する医療、日常の及び突発的な医療費に適用される保険にアクセスできない可能性が高い。制限的な社会規範及び固定的性別役割も、女性が医療サービスにアクセスする能力を制限し得る。これら全ては、健康危機が広がる中で特に影響を及ぼす。

性別による職業の分離により、女性がリスクやウイルスにさらされているおそれがある。世界的に、医療労働者の70%が女性であり、特に看護師、助産師、コミュニティヘルスワーカーといった最前線で働く医療労働者に女性が多い（注10）。医療施設において清掃、洗濯、ケータリングといったサービスを提供する従業員も大半が女性であり、女性がウイルスにさらされる可能性を高めている。地域によっては、女性が個人用防護具や適切なサイズの装備にアクセスしにくくなっている。こうした数字にもかかわらず、女性の声は、新型コロナウイルスへの対応についての国やグローバルな意思決定に反映されていないことが多い。

性と生殖に関する医療への影響。妊産婦向けの医療やジェンダーに基づく暴力に関連するサービスを含む性と生殖に関する医療の提供は、女性及び女児の健康、権利、ウェルビーイングの中心である。こうした医療の提供から関心がそれたり欠かせない資源が転用されたりすれば、妊産婦の死亡や罹病の増加、思春期の妊娠率の上昇、ＨＩＶ、性感染症といった結果を生じさせるおそれがある。ラテンアメリカ及びカリブ海地域では、新型コロナウイルスの大流行の現状を考えると、更に１８００万人の女性が最新の避妊薬に通常通りアクセスできなくなると推定されている（注11）。

新型コロナウイルスが健康に与える影響に対し、国による対応においてどのように対処できるか

新型コロナウイルスに対する公衆衛生面での備え及び応急対応計画の全てにおいて、女性及び女児の健康に対する直接的及び間接的な影響について検討することが欠かせない。

オランダにおいては助産師のチームが、大流行の中にあって休業しているホテルで妊産婦へのケアを提供している。

女性及び女児が新型コロナウイルスに関する公衆衛生メッセージにアクセスできるようにする。医療に関する対応に当たっては、女性及び女児の様々な状況及び懸念に照準を定めた、公衆衛生メッセージの作成及び普及を推進しなければならない。場合によっては教育へのアクセスが限られているため識字率が低いが、メッセージは全ての人にとってアクセス可能であり、文化的に適切で、理解できるものでなければならない。新型コロナウイルスの感染予防及び医療に関する正確な情報は、紛争の影響を受けている状況においても、難民、国内避難民のための集落に住む人、僻地や地方のコミュニティに住む人を含む、全ての女性及び女児に届くよう発信されるべきである。

最前線で働く医療従事者としての女性の役割に、明確な注意を払う。助産師、看護師、コミュニティヘルスワーカーなど最前線で働く女性医療従事者、そして医療施設のサポートスタッフの健康、心理社会的ニーズ、労働環境には特別な注意を払う必要がある。個人用防護具は、女性にとって適切なサイズであるべきである。設計及び生産において使用されることの多い「標準的な男性」サイズの大きさに作られたマスクやカバーは、女性をウイルスにさらしたままにすることが分かっている。女性医療従事者、女性及び女児、特に感染予防、検査、治療のために隔離された人のために、必要不可欠な保健衛生用品（生理用品、石鹸、手指消毒液等）といった製品を用意することも重要である。最前線で働く労働者やコミュニティボランティアの女性の脆弱性が高まっていること、そうした人に対する暴力の件数を考えれば、虐待やジェンダーに基づく暴力の防止及び減少のための明確な施策が必要である。対応策の立案に当たっては、最前線で働く女性の声を盛り込まなければならない。

標準的な医療サービス、特に性と生殖に関する医療が継続できるような措置を講じる。高齢の女性やジェンダーに基づく暴力のサバイバーへの医療サービス、産科及び新生児ケアの救急を含む産前産後のケア及び分娩について、特に注意を払う必要がある。感染をコントロールするのに必要な措置が講じられるべきである。ＨＩＶ治療へのアクセスは中断なく維持される必要がある。特にＨＩＶの母子感染予防の観点から必要性が高いが、理由はそれに限らない。

国連にできること

国連は、世界保健機関主導によって行われる公衆衛生に関する対応の一環で、大流行のジェンダーに関する局面を考慮する。加えて、大流行に対応するとともに他の医療サービスの中断を避けるため、ジェンダーの見地から医療システムの強化を支援する。これには、政策的助言と、医療従事者用の個人用防護具を含む医療用品及び物資の調達との両方が含まれる。国連は、人道的問題を抱える国を含む公衆衛生及び社会的支援システムが脆弱な国に対する支援を提唱しており、妊婦、ＨＩＶ感染者、障害者といったリスクの高い集団を含め、特に女性及び女児を対象とした、新型コロナウイルスに感染するリスクを減らす方法に対する意識向上を支援している（注12）。加えて、各国政府及びパートナーと協力して、女性及び女児の性と生殖に関する健康及び権利に引き続き注意が払われるよう取り組んでいる。

Ⅲ．無償ケア労働

世界の経済及び我々の日常生活の維持は、女性及び女児による目に見えない無償の労働の上に成り立っているという事実が、新型コロナウイルスによるグローバルな危機によって極めて明白になった。子どもたちが学校に通えず、高齢者や病気の家族に対するケアの必要性が高まり、医療が逼迫する中で、新型コロナウイルスが蔓延する世界においてケア労働の需要が急激に高まっている。

新型コロナウイルスへの対応において、無償ケアは不可欠な立役者である。無償ケア労働の分担については、男女間で大きな不均衡が見られる。新型コロナウイルスが世界的な大流行となる前、女性は男性の3倍の無償ケア及び家庭内労働を担っていた。この目に見えない経済は、実態経済及び女性の生活に実体的な影響を及ぼしている。ラテンアメリカにおける無償労働の価値は、GDPの15・2％（エクアドル）から25・3％（コスタリカ）に及ぶと推定されている（注13）。

大流行という状況において、ケア労働の需要が増えたことで、性別役割分業において既に存在する不平等が深まっている。ケア経済の目に見えにくい部分でひずみが大きくなっているが、経済的対応において考慮されないままである。

医療。病院及び医療センターが新型コロナウイルス感染の潮流を止めようと懸命に努力する中で、家庭及びコミュニティにおける医療負担は例外なく日々増加している。新型コロナウイルスに罹患した患者は、他の患者に場所を譲るため早く退院するかもしれないが、家庭でケアや支援を必要とする。新型コロナウイルスに関連しない医療サービスやソーシャルサービスが縮小されるおそれもあり、それは慢性の病気を含む他の病気の患者に対し、家族がより多くの支援をする必要があることを意味する。女性は、無償で家族のケアをすることが既定事項となっている者として、無償、又は薄給で働くコミュニティヘルスワーカーの大半を占める者として、新型コロナウイルスへの対応の第一線にいる。

学校の休校により、女性及び女児に重荷や要求が加わっている。ユネスコによれば、新型コロナウイルスによる休校が広がる中で、現在15億2000万人の児童生徒（87％）及び6000万人超の教員が家にいる。公式及びインフォーマルな保育の供給が減少する中で、無償の保育に対する需要が女性に重くのしかかっている。これは、既存の労働力構成のみならず、社会規範を理由としている。こうした状況は、特に離れた場所から仕事ができない場合、働く能力を制約するものである。保育に対する支援の欠如は、ケア責任を負う必要不可欠な労働者にとって特に問題となる。米国では、病院における職の78％だけでなく、薬局における職の70％、食料品店の仕事の51％をも女性が占めている（注14）。

高齢者の（高齢者による）ケアも、新型コロナウイルスに直面する中で不可欠なニーズである。国を越えて、特に年齢が高くなるにつれ、高齢者に占める女性の割合が高くなる。世界的に、70歳の人の57％、80歳を超える人の62％が女性である（注15）。高齢の女性は、終身年金や老齢年金の受給額が少ない傾向にあり、自分自身のためのケアにアクセスする可能性は低くなる。あらゆる世代の女性が、男女を問わず高齢者に対する無償ケアの大部分を担っており、こうしたケアを継続できるかどうかは、女性自身の健康及びウェルビーイングと、そうした女性が持つ、ケアの対象となる人の感染リスクを最小化できる能力に依存している。

女児及び思春期の女性も、新型コロナウイルスによるケア労働の負担の影響を受けている。最近のデータによれば、思春期の少女は、同年代の少年に比べてかなり多くの時間を家事に費やしている（注16）。学校の休校により、女児が家庭でより多くの家事を担うこととなるだけでなく、非常に多くの女児、特に貧困の中にある女児、障害のある女児、地方の孤立した場所に住む女児が、教育を修了する前に学校を中退することになりかねない。この大流行が起こる前ですら、質の低い教育しか受けられない女児が非常に多く、基礎的な読解及び算数の最低限の技能も身につけられず、生産的で充実した生活を送るのに必要な中等レベルのスキル、知識、機会も得られない人が非常に多かった。過去に病気が流行した際のエビデンスによれば、思春期の女性は、学校を中退し危機が去っても復学しないリスクが特に高くなっている。

ジェンダー包摂的な経済的対応のために必要な施策

女性による無償ケア労働は、長年にわたり不平等を推進するものとして認識されてきた。それは賃金の不平等、低い所得、低い学業成績、身体的及び精神的健康を害するストレス要因に直結している。この分野における無償の目に見えない労働が、新型コロナウイルスの大流行によって急激に深刻化している。しかしこの大流行は、日々の家族、コミュニティ、経済の機能がこうした目に見えない労働に依存している様子をはっきりと示した。より包摂的で回復力の高い強靭な経済構造を再建するに当たり、変化を起こし、これを最後に無償ケア労働を認識し、減らし、再分配する機会が与えられている。

新型コロナウイルスの大流行への対応に女性が参画する一方で、女性の提供する無償労働に際限なく融通が利くわけではない（注17）。十分な支援がなければ、社会保障及び公共サービスの提供における穴を応急的にふさぐために女性の仕事を広げる長期的なコストが膨大なものとなり得る。したがって、必要とする人へのケアの継続を保障し、無償で家族及びコミュニティのケアをする人をこの危機の中で必要不可欠な労働者として認識するため、即時的な措置が必要である。

新型コロナウイルスが、ここ数十年間で達成されたジェンダー平等における進歩、特に女性の労働力参加に関する進歩を後退させないよう、即時的な措置が必要である。今投資の決定をすれば、後に効果を体感できる。例えば２００８年の世界的な金融危機の直後には、主として男性を雇用していた大規模なインフラプロジェクトに対して支援策が提供された一方で、教育、看護、公共サービスといった女性の多い業種では人員削減が行われた。

新型コロナウイルスを受けた支援策は、公式な業種の仕事に就いている労働者だけでなく、ほとんどが女性である、インフォーマル、パートタイム、季節労働者を含める必要がある。各国政府による外出禁止施策のため現在操業停止状態にある接客業、飲食業、観光業など、女性の多い領域では特にその必要がある。既にこうした方向に動いている国もある。例えば、イタリアは、インフォーマル及び臨時労働者の契約が終了した場合に対象となる支援策の実施を検討している。最後に、救済措置や支援策により、大企業や中企業のみならず、女性起業家が比較的多い零細企業や小企業をも支援するべきである。加えて、民間部門による経済的支援及び信用は、男女が平等に利用できるようにすべきである。

当座の危機を越えて、社会規範に対し、より良い平等に寄与し得る影響が残る可能性もある。世界的に多くの企業が柔軟な勤務体制に移行しており、仕事とケア責任をよりうまく両立できる、こうした働き方のモデルが実現可能なことは明らかである。同様に、多くの女性が必要不可欠なサービスの労働者として、家庭の外で、または、この期間中両親ともに仕事と子育てを両立させながら家にいる家族のために働き続けている中で、父親がケアの役割を主に担うか共有することで、危機の後、役割分担及び定着した性役割に対して波及効果を及ぼすかもしれない（注18）。こうした変化は、意図的に積み上げられ、強固なものとされる必要がある。

国による施策には、以下を含めることが推奨される。


＞高齢者、障害者、新型コロナウイルスから回復中の人に対するケアの継続を保障する。

＞無償で家族のケアをする人については、都市封鎖による制約の適用を除外し、こうした仕事を安全に遂行するための支援及び装備を提供する。

＞新型コロナウイルスの大流行に効果的に対応するため、無償でケアをする人及びコミュニティの医療従事者に情報、研修、十分な装備及び生活支援を提供する。

＞無償ケア労働の負担が過剰になることによる影響を緩和するため、ケアをする人に対し、以下の措置により包摂的な社会保障を拡充し提供する。

＞有給の家族休暇及び有給の病気休暇へのアクセスを拡大する。

＞ケア責任を負う労働者のために、有給の労働時間削減・ワークシェアリングを導入する。

＞現金給付や社会年金といった、女性が多く対象となる社会扶助プログラムの適用範囲拡大及び給付の増額を行い、新型コロナウイルスによる危機の間は全ての条件の適用を見合わせる。

＞ケア責任を負う女性に対するものを含め、新たな現金給付を導入する。

＞テレワークができない労働者のために、保育サービスを利用するための一時金、補助金、バウチャーを追加支給し、これをインフォーマル労働者へも拡充する。

＞地方、インフォーマル居住地、国内避難民及び難民向けキャンプにおけるものを含め、基本的なバリアフリーインフラ及び公共サービスへの投資とアクセスを、以下の措置により優先する。

＞学校が休校し、保育及び家族支援サービスが休業する中で、働く親に対する子育て支援を拡充する。特に、必要不可欠な労働者が安全に利用できるサービスに焦点を当てる。

＞学校給食プログラムを、危機的状況に合わせ配達や持ち帰りという形態に変更して継続する。

＞インフォーマル居住地、地方、難民キャンプの女性を含め、弱い立場にある女性集団に対し、十分かつ手頃な価格の水道、下水、衛生サービスへのアクセスを保障する。

＞インフラ及び公共サービスのための財及びサービスを、女性が経営する企業から調達する。

国連にできること

無償ケア労働の問題に立ち向かう国連の戦略は、単に無償労働の可視性を高めるという範囲を越えている。そこには、ケア負担を軽減し、男女間、家族と公共・市場サービス間でより良く再配分する政策的措置が含まれているのである。国連は、地方及び僻地への十分かつ手頃な価格の水道、下水、衛生サービス、そして電力供給を提唱する。これは、危機によって増大している、女性による生産的かつ無償のケア及び家事労働を支援するため、そして、社会的ケアのインフラに配分する資金を増やすべく公的支出の優先順位を付け直すためである。

Ⅳ．ジェンダーに基づく暴力

4月5日、事務総長は、この大流行を止めることに注意と資源を集中させることができるよう、世界的な停戦とあらゆる場所における暴力をやめることを呼びかけた。しかし、暴力が行われているのは戦場だけではない。家庭においても行われている。新型コロナウイルスの大流行により、経済的、社会的ストレスが増し、人との接触及び移動を制限する施策が取られる中で、女性及び女児に対する暴力は世界的に増加している。人の密集した家庭、薬物乱用、サービスへのアクセス制限、ピアサポートの減少により、こうした状況が悪化している。大流行の起こる前、一生のうちに暴力を経験する女性は3人に1人と推定されていた。現在そうした女性の多くが、虐待者とともに家に閉じ込められている。

包括的なデータを得るには時期尚早であるが、世界中で女性に対する暴力が増えているという、懸念すべき報告がすでに数多く存在する。多くの場合、急増が報告されており、報告制度のある国においては、25％も増加している。報告件数が倍になった国もある。

こうした数字には、最悪の事例しか反映されていない可能性もある。1人になれる空間にアクセスできなければ、多くの女性は、電話をかけたりオンラインで助けを求めたりするのに苦労することになる（注19）。

件数の増加と並んで、女性に対する暴力は新たな複雑さを呈している。新型コロナウイルスに身をさらすことが脅迫に使われ、加害者は女性が助けを求めたり逃げたりできないことに付け込み、女性は追い出されて路頭に迷う危険にさらされている。同時に、支援サービスも苦闘している。女性に最初に対応する司法、警察、医療サービスは、ひっ迫していたり、優先順位を変更していたり、他の理由で支援を提供できなかったりする状況である。市民社会グループは、都市封鎖やリソースの再配分の影響を受けている。家庭内暴力の被害者向けシェルターは、満室の場合もあれば、閉鎖を余儀なくされたり、医療センターとして利用されたりしている場合もある。

国による対応計画においては、効果的であると分かっている施策を実施することにより、女性に対する支援を優先的に行うことが重要である。そうした施策には、以下が含まれる。

> 女性に対する暴力を防止するための取組やサービスを、新型コロナウイルスへの対応計画に一元化する。

> 家庭内暴力の被害者向けシェルターを必要不可欠なサービスに

指定し、そうしたシェルター及び最前線で対応する市民社会グループへ割り当てる資源を増やす。

>隔離ニーズに対応するため、空室のホテルや教育機関など他の空間を転用することにより、暴力の被害者向けシェルターの収容可能人数を増やし、誰でも利用できるように配慮する。

>食料品店、薬局等の中に、加害者に気付かれずに虐待を報告できる、女性のための安全な空間を指定する。

>サービスをオンライン化する。

>家にいる男性を対象としたものを含め、アドボカシー及び意識向上キャンペーンを強化する。

国による応急対応においては、外出禁止期間や都市封鎖期間中であっても、法の支配が中断するわけではないことを、一般向けに具体的に伝えることが重要である。ジェンダーに基づく暴力を防ぐ戦略は、危機の最中にあっては司法及び保安部門の稼働計画に一元化される必要があり、犯罪に対する時効、特に性暴力に関する犯罪に対するものは、中断されるべきである。

国連にできること

国連はこうした措置を、人道的緊急事態である場合も含め、全般にわたって国連自身による対応に取り入れる方針である。国連カントリーチームと幹部は各国政府とともに、新型コロナウイルスの大流行への即時的な対応及びより長期的な政策パッケージに、女性を暴力から守る施策を標準的な部分として含めるよう提唱する。国連は、女性及び女児に対する暴力をなくすための単独の投資としては世界最大である、欧州連合とのパートナーシップ「スポットライト・イニシアティブ」を活用し、新型コロナウイルスの大流行により生まれた新たな課題に対する取組を各国政府が拡大できるよう、各国政府と協力する。また、状況に応じて、女性に対する暴力の防止や女性に対する暴力への対応を目指した既存のプログラムも活用する。

オーストラリアのニューサウスウェールズ州で行われた調査では、最前線で働く労働者の40%が、サバイバーによる支援要請が増えているとし、70%が、新型コロナウイルスの大流行中に受理した事例の中に、複雑度の高いものが増えているとした（注20）。

カナダ政府による新型コロナウイルス対応パッケージには、性暴力や他の形態によるジェンダーに基づく暴力に直面する女性向けシェルターを支援するための５０００万カナダドルが含まれている。オーストラリアにおいては、国による対応費用のうち1億５０００万オーストラリアドルが、家庭内暴力への対応に割り当てられている。そしてメキシコにおいては、シェルターの国内ネットワークへ4億５００万ペソを支給する法律の審議が行われている[21]。家庭内暴力の被害者向けシェルターは、必要不可欠なサービスとみなされており、都市封鎖・外出制限中も開いたままでいなければならない。

革新的なバーチャルソリューション

中国においては、#AntiDomesticViolenceDuringEpidemic と

いうハッシュタグが、オンラインのリソースへのリンクとともに、アドボカシーの一環として使われ始めた。沈黙を破り、暴力が都市封鎖・外出制限中のリスクであることを明らかにするのに役立っている。アンティグア・バーブーダにおいては、オンライン及びモバイルサービスのプロバイダーが、ヘルプラインへの無料通話といった支援を届ける措置を取っている。スペインにおいては、位置情報機能付きのインスタントメッセージングサービスが、暴力のサバイバーに対して即時的な心理的支援を行うオンラインチャットルームを提供している。アルゼンチンでは、薬局が、虐待の被害者が通報を行うのに安全な空間とされている。同様にフランスでは、食料品店がポップアップサービスを提供しており、虐待を受ける状況から一時避難する必要がある女性は、延べ２００００泊分のホテルを利用できる。コロンビア政府は、法的助言、心理社会的助言、警察及び司法サービス（ヒアリングを含む）を含め、ジェンダーに基づく暴力に関するバーチャルサービスに引き続きアクセスできることを保障している。

V．人道的及び脆弱な状況における影響、人権への影響

新型コロナウイルスの大流行は、脆弱であったり、紛争の被害を受けたりといった状況にある女性及び女児に、壊滅的な危険をもたらす。不可欠な医療、人道及び開発プログラムの中断により、医療システムが既にひっ迫していたりほぼ存在しないに等しかったりする場所においては、生死にかかわる結果となりかねない。脆弱さに見舞われている国において、妊産婦の死亡の過半数は、妊娠や出産に伴う合併症によるものである。医療分野への影響が更に大きくなれば、この数字が更に大きくなると考えられる。国内避難民であっても、難民であっても、地方にいても、貧しくても、他の理由で疎外されていても、紛争地域のあらゆる状況において、女性は孤立、誤情報の一斉拡散、不可欠な技術へのアクセスの欠如に直面している。人道的影響についての詳細は、（脚注22）に示されている。

警察及び治安部隊の移動が制限されると、僻地のコミュニティにおいて法の支配が真空状態となり、性暴力及びジェンダーに基づく暴力、女性の人権擁護者を狙った殺人の発生が増える。オンラインでの言論に移行することで、女性の市民社会組織が活動し、女性の権利を擁護して緊急のアドボカシー及びサービス提供を担う余地が狭くなる危険もある。

女性、平和及び安全保障に関する課題の効果的な遂行は、この期間を通じ重点事項であり続ける必要がある。現に安全保障理事会決議第２２４２号（２０１５年）は、病気の大流行が平和及び安全保障情勢の一部であることを認識し、予防、保護及び平等な参加の原則と、女性のリーダーシップを全ての応急対応に組み入れることの必要性を強調した、最初の理事会決議の1つである。

最後に、グローバルな大流行により、世界中の人々の移動の自由が大きく制限され、緊急施策の濫用によって人権及び法の支配が更に蝕まれているという懸念すべき報告もなされている。これについては、今後公表される、新型コロナウイルスが人権に及ぼす影響についての政策概要に詳述されているとおりである。こう

した状況は、市民空間や、コミュニティ及び個人が平和的集会の権利や表現の自由を行使する能力に、悪影響を与えている。女性リーダー及び活動家は、オンライン及びオフラインの両方において、ハラスメントや攻撃の矢面に立ち続けている。長期にわたる世界的な不況が予想されており、こうした保護の格差や人権の制限への対処方法について、深刻な懸念が生じている。将来起こる同様の危機に対する回復力を高めるため、大流行からの回復が、女性の権利の拡大及び公共的な問題への女性の参画拡大につながることを願う。

結論

　大流行は、既存の不平等を増幅させ、増大させる。そしてこうした不平等が、影響を受ける人、その影響の深刻さ、回復における取組を次々と変容させる。新型コロナウイルスの大流行及びその社会経済的影響により、国連の歴史において他に例を見ない地球規模の危機が生じており、その規模と複雑さに対峙するには社会全体での対応が求められる。しかし、国レベルであれ国際レベルであれ、こうした対応は、不平等によって我々全員が危機の影響を受けやすくなっている点を考慮に入れなければ、又は単に過去の政策を繰り返すことを選び、この機会を利用してより平等で、包摂的で、回復力の高い強靭な社会を再建することをしなければ、効果が大きく弱まってしまう。

　新型コロナウイルスへの全ての応急対応計画、全ての回復パッケージ及び資金の予算編成において、この大流行がジェンダーに与える影響に取り組む必要がある。これは、（1）女性及び女性団体を新型コロナウイルス対応の中核に含めること、（2）無償ケア労働の不公平さを、皆にとってうまくいく新しい包摂的なケア経済に変えること、（3）女性及び女児の生活及び将来に意図的に焦点を当てて社会経済的計画を立案することを意味する。女性及び女児を経済の中心に据えることは、本質的に、あらゆる人にとってより良い持続可能性の高い開発の成果を推進し、より迅速な回復を支え、持続可能な開発目標を達成する地盤を取り戻すことである。

（注1）ＤＥＳＡ（国連経済社会局）政策概要№58〝財政出動計画による社会危機への対応〟（https://www.un.org/development/desa/dpad/publication/un-desa-policy-brief-58-covid-19-addressing-the-social-crisis-through-fiscal-stimulus-plans/）

（注2）〝共有の責任、グローバルな連帯〟：Covid-19の社会経済的影響への対応（２０２０年３月）（https://www.un.org/Sites/Un2.Un.Org/Files/Sg_Report_Socio-Economic_Impact_Of_Covid19.Pdf）

（注3）ＩＭＦ追加レファレンス（https://blogs.imf.org/2020/04/06/an-early-view-of-the-economic-impact-of-the-pandemic-in-5-charts/）（ＩＭＦが世界経済の見通しを発表予定（4月14日））

（注4）（https://www.forbes.com/sites/miltonezrati/2020/03/18/heading-off-the-covid-19-recession/#651eba9a28e6）

（注5）世界的に見ると、インフォーマル雇用は女性（58・１％）よりも男性（63・０％）の方が多いが、低・中所得国では女性の方が男性よりも高い割合でインフォーマル雇用にある。例えば、アフリカでは、雇用されている女性の90％がインフォーマル雇用であるのに対し、男性の83％がインフォーマル雇用である。（https://www.ilo.org/wcmsp5/groups/public/---dgreports/---dcomm/docu-ments/publication/wcms_626831.pdf, pages 20-21）

（注6）社会福祉・ジェンダー・子供省、ＵＮ Ｗｏｍｅｎ（国連女性機関）、オックスファム、シエラレオネ統計局（２０１４）：エボラウイルス感染症のジェンダー次元での分野横断的な影響評価

（注7）（https://www.unwomen.org/en/news/stories/2014/11/in-liberia-mobile-banking-to-help-ebola-affected-women-traders）

（注8）ＵＮ Ｗｏｍｅｎ推計値－オックスフォードＣＯＶＩＤ－19政府応急対応トラッカー準拠：https://www.bsg.ox.ac.uk/research/research-projects/oxford-covid-19-government-response-tracker

（注9）（http://www.ugogentilini.net/wp-content/uploads/2020/04/Country-social-protection-COVID-responses_April3-1.pdf）

（注10）ＷＨＯ医療従事者におけるジェンダー平等：１０４か国の分析（２０１９年）：https://apps.who.int/iris/bitstream/handle/10665/311314/WHO-HIS-HWF-Gender-WP1-2019.1-eng.pdf?ua=1

（注11）ラテンアメリカにおける避妊薬のための自己負担費用ＵＮＦＰＡラテンアメリカ・カリブ地域事務所（２０２０年３月）

（注12）（https://www.unfpa.org/featured-publication/women-and-young-persons-disabilities10）

（注13）ECLAC ラテンアメリカ・カリブ海地域の時間利用に関する情報（２０１９年）（https://oig.cepal.org/sites/default/files/2019-10_repositorio_uso_del_tiempo_eng.pdf）

（注14）米国労働統計局、最新雇用統計－ＣＥＳ（Ｎａｔｉｏｎａｌ）雇用と所得の表（Ｂ－５ｂ）：（https://www.bls.gov/web/empsit/ceseeb5b.htm）（February 2020）

（注15）国際連合経済社会局人口課（２０１９）世界人口の見通し（２０１９）オンライン版：https://population.un.org/wpp/

（注16）ＵＮＩＣＥＦ、プラン・インターナショナル、ＵＮ Ｗｏｍｅｎ（２０２０）女児にとっての新しい時代：25年の歩みを振り返る：https://www.unicef.org/media/65586/file/A-new-era-for-girls-2020.pdf

（注17）Ｅｌｓｏｎ

（注18）Alon,T.; Doepke, M.; Jane Olmstead-Rumsey, Y.; and Tertilt, M.: 新型コロナウイルスの男女共同参画への影響（２０２０年）（http://faculty.wcas.northwestern.edu/~mdo738/research/COVID19_Gender_March_2020.pdf）

（注19）同様に、個人がオンラインで過ごす時間が増えるにつれ

て、デジタル空間におけるジェンダーに基づく暴言の増加が懸念される。

（注20）「コロナウイルスの流行中、家族が家に閉じこもる中で家庭内暴力が急増」
https://10daily.com.au/news/australia/a200326zyjkh/domestic-violence-spikes-during-coronavirus-as-families-trapped-at-home-20200327（閲覧日：２０２０年４月２日）

（注21）（https://comunicacionnoticias.diputados.gob.mx/comunicacion/index.php/mesa/diputadas-piden-que-las-medidas-tomadas-por-el-gobierno-de-la-republica-durante-la-contingencia-por-el-covid-19-tengan-perspectiva-de-genero）

（注22）世界人道対応計画ＣＯＶＩＤ－19国連協調アピール（２０２０年12月）
（https://www.unocha.org/sites/unocha/files/Global-Humanitarian-Response-Plan-COVID-19.pdf）

（内閣府仮訳）

年金制度の機能強化のための国民年金法等の一部を改正する法律案要綱

２０２０年６月５日公布

第一　改正の趣旨

社会経済構造の変化に対応し、年金制度の機能強化を図るため、短時間労働者に対する厚生年金保険の適用拡大、被用者の老齢厚生年金に係る定時改定の導入及び在職中の支給停止制度の見直し、老齢基礎年金等の受給を開始する時期の選択肢の拡大、確定拠出年金の加入可能要件の見直し、政府管掌年金事業等の運営の改善、独立行政法人福祉医療機構が行う年金担保貸付事業等の廃止、障害年金と児童扶養手当の併給調整の見直し等の措置を講ずること。

第二　国民年金法の一部改正

一　国民年金手帳を廃止するものとすること。（第十三条関係）

二　年金給付の受給権の保護の例外について、年金給付を受ける権利を別に法律で定めるところにより担保に供する場合を削るものとすること。（第二十四条関係）

三　老齢基礎年金の繰下げ受給の上限年齢を七十歳から七十五歳とするものとすること。（第二十八条関係）

四　国民年金法第三十条の四の規定による障害基礎年金の前年の所得による支給停止をその年の十月から翌年の九月までとするものとすること。（第三十六条の三第一項及び第三十六条の四第一項関係）

五　寡婦年金を支給しないこととする要件を、その夫が障害基礎年金の受給権者であったことがあるとき又は老齢基礎年金の支給を受けていたときから、老齢基礎年金又は障害基礎年金の支給を受けたことがある夫が死亡したときとするものとすること。（第四十九条第一項関係）

六　障害者、寡婦その他の地方税法の規定による市町村民税が課されない者として政令で定める者であって前年の所得が政令で定める額以下であるものについて、申請があったときは国民年金の保険料を納付することを要しないものとすること。（第九十条関係）

七　この法律の適用を除外すべき特別の理由がある者として厚生労働省令で定める者について、国民年金の任意加入被保険者となることができないものとすること。（附則第五条関係）

八　脱退一時金の額について、保険料の額に二分の一を乗じて得た額に保険料納付済期間等の月数に応じて政令で定める数を乗じて得た額とするものとすること。（附則第九条の

三の二関係）

九　その他所要の改正を行うこと。

第三　厚生年金保険法の一部改正

一　厚生年金保険の適用拡大

1　弁護士、公認会計士その他政令で定める者が法令の規定に基づき行うこととされている法律又は会計に係る業務を行う事業の事業所又は事務所であって、常時五人以上の従業員を使用するものについて、厚生年金保険の適用事業所とするものとすること。（第六条第一項第一号レ関係）

2　事業所に使用される者であって、その一週間の所定労働時間又は一月間の所定労働日数が同一の事業所に使用される通常の労働者の所定労働時間又は所定労働日数の四分の三未満である短時間労働者に係る厚生年金保険の適用除外の要件について、当該事業所に継続して一年以上使用されることが見込まれないこととする要件を削るものとすること。（第十二条第五号ロ関係）

二　二月以内の期間を定めて使用され、当該定めた期間を超えて使用されることが見込まれる者について、厚生年金保険の被保険者とするものとすること。（第十二条第一号ロ関係）

三　年金給付の受給権の保護の例外について、第二の二に準じた改正を行うこと。（第四十一条第一項関係）

四　受給権者が被保険者である場合の老齢厚生年金の額について、毎年九月一日を基準日とし、基準日の属する月前の被保険者であった期間を基礎として、基準日の属する月の翌月から改定するものとすること。（第四十三条関係）

五　老齢厚生年金の繰下げ受給の上限年齢を七十歳から七十五歳とするものとすること。（第四十四条の三関係）

六　保険給付の返還を受ける権利は、これを行使できる時から五年を経過したときは、時効によって消滅するものとし、徴収金を徴収し、若しくはその還付を受ける権利又は保険給付の返還を受ける権利の時効については、その援用を要せず、また、その利益を放棄することができないものとすること。（第九十二条関係）

七　厚生労働大臣は、被保険者の資格、標準報酬、保険料又は保険給付に関する決定に関し、必要があると認めるときは、適用事業所であると認められる事業所の事業主に対して、立入検査等を行うことができるものとすること。（第百条関係）

八　実施機関は、厚生年金保険に関する事業状況を把握するために必要な事項として厚生労働省令で定める事項について厚生労働大臣に報告を行うものとすること。（第百条の三関係）

九　六十五歳未満の被保険者に支給する老齢厚生年金の支給停止について、六十五歳以上の被保険者に支給する老齢厚生年金の支給停止の仕組みと同じものとすることとし、総報酬月額相当額と老齢厚生年金の額との合計額から平成十六年度における四十八万円を基準として名目賃金変動率に応じて自動改定される額を控除して得た額の二分の一に相当する額とするものとすること。（附則第十一条関係）

十　脱退一時金の額について、被保険者であった期間の平均標準報酬額に、保険料率に二分の一を乗じて得た率に被保険者であった期間に応じて政令で定める数を乗じて得た率を乗じて得た額とするものとすること。（附則第二十九条第四項関係）

十一　その他所要の改正を行うこと。

第四　国民年金法等の一部を改正する法律（平成十六年法律第百四号）の一部改正

一　三十歳未満の第一号被保険者等であって本人及び配偶者の所得が一定以下のものに係る国民年金の保険料の免除の特例を五年間延長し、令和十二年六月までとするものとすること。（附則第十九条第二項関係）

二　国民年金法の適用を除外すべき特別の理由がある者として厚生労働省令で定める者について、第二の七に準じた改正を行うこと。（附則第二十三条関係）

三　その他所要の改正を行うこと。

第五　公的年金制度の財政基盤及び最低保障機能の強化等のための国民年金法等の一部を改正する法律（平成二十四年法律第六十二号）の一部改正

一　短時間労働者を適用対象とすべき特定適用事業所の範囲について、事業主が同一である一又は二以上の適用事業所であって、当該一又は二以上の適用事業所に使用される特定労働者の総数が常時五百人を超える適用事業所から、令和四年十月一日以降は当該総数が常時百人を超える適用事業所とするものとし、令和六年十月一日以降は当該総数が常時五十人を超える適用事業所とするものとすること。（附則第十七条第十二項及び第四十六条第十二項関係）

二　経過措置

1　令和六年度から令和九年度までの間における再評価率の改定等に用いる名目手取り賃金変動率について、特定適用事業所（当該特定適用事業所の事業主の一又は二以上の適用事業所に使用される特定労働者の総数が五百人以下であるものに限る。）に使用される特定四分の三未満短時間労働者に相当する者又はその者以外の者の構成の変動により補正するものとすること。（附則第十七条の二第二項関係）

2　令和十年度及び令和十一年度における再評価率の改定等に用いる名目手取り賃金変動率について、特定適用事業所（当該特定適用事業所の事業主の一又は二以上の適用事業所に使用される特定労働者の総数が百人以下であるものに限る。）に使用される特定四分の三未満短時間労働者に相当する者又はその者以外の者の構成の変動により補正するものとすること。（附則第十七条の二第三項関係）

第六　政府管掌年金事業等の運営の改善のための国民年金法等の一部を改正する法律（平成二十六年法律第六十四号）の一部改正

一　三十歳以上五十歳未満の第一号被保険者等であって本人及び配偶者の所得が一定以下のものに係る国民年金の保険料の免除の特例を五年間延長し、令和十二年六月までとするものとすること。（附則第十四条第一項関係）

二　その他所要の改正を行うこと。

第七　特定障害者に対する特別障害給付金の支給に関する法律の一部改正

一　特別障害給付金の支給停止について、第二の四に準じた改正を行うこと。（第九条及び第十条第一項関係）

二　未支払の特別障害給付金に係る規定を設けるものとすること。（第十六条の二関係）

三　その他所要の改正を行うこと。

第八　年金生活者支援給付金の支給に関する法律の一部改正

一　年金生活者支援給付金の支給について、第二の四に準じた改正を行うこと。（第二条第一項、第十三条、第十五条第一項及び第二十条第一項関係）

二　年金生活者支援給付金の支給に関する処分に関し、厚生労働大臣が資料の提供等を求めることができる者の範囲を、年金生活者支援給付金の支給要件に該当する者から、年金生活者支援給付金の支給を受けている者及び年金生活者支援給付金の支給要件に該当するか否かを調査する必要がある者として政令で定める者とするものとすること。（第三十六条、第三十七条及び第三十九条関係）

三　その他所要の改正を行うこと。

第九　児童扶養手当法の一部改正

児童扶養手当の受給資格者が障害基礎年金等の給付を受けることができるときは、児童扶養手当を支給しないものとする対象を障害基礎年金等（子を有する者に係る加算に係る部分に限る。）の額に相当する額に限るものとすること。（第十三条の二関係）

第十　国家公務員共済組合法の一部改正

一　国家公務員共済組合法の短期給付に関する規定について、常時勤務に服することを要しない国家公務員で政令で定める者等に適用するものとすること。（第二条第一項第一号、第七十二条、第百二十五条及び第百二十六条並びに附則第二十条の二第一項及び第二十条の六第一項関係）

二　標準報酬の等級及び月額について、厚生年金保険及び健康保険の標準報酬月額等級に準ずるものとすること。（第四十条関係）

三　退職年金の支給の繰下げについて、第三の五に準じた改正を行うこと。（第八十条関係）

四　組合の給付に要する費用のうち育児休業手当金及び介護休業手当金の支給並びに基礎年金拠出金の納付に要する費用について負担するものから、独立行政法人造幣局、独立行政法人国立印刷局、独立行政法人国立病院機構又は独立行政法人郵便貯金簡易生命保険管理・郵便局ネットワーク支援機構を削るものとすること。（第九十九条及び第百二十四条の三並びに附則第二十条の二第四項関係）

五　組合員の資格を取得した日の属する月にその資格を喪失し、その月に、更に厚生年金保険の被保険者（組合員たる厚生年金保険の被保険者を除く。）又は国民年金の被保険者（第二号被保険者を除く。）の資格を取得したときは、その喪失した資格に係るその月の退職等年金分掛金は徴収しないも

のとすること。（第百条第二項関係）

六　掛金を徴収し、若しくはその還付を受ける権利又は退職等年金給付の返還を受ける権利の時効について、第三の六に準じた改正を行うこと。（第百十一条関係）

七　当分の間、組合員期間が一年以上である日本国籍を有しない者であり、かつ、退職している者に対し、一時金を支給するものとすること。（附則第十三条の二関係）

八　その他所要の改正を行うこと。

第十一　地方公務員等共済組合法の一部改正

一　地方公務員等共済組合法の短期給付に関する規定について、第十の一に準じた改正を行うこと。（第二条第一項第一号、第七十四条及び第百四十一条から第百四十二条まで関係）

二　標準報酬の等級及び月額について、第十の二に準じた改正を行うこと。（第四十三条関係）

三　退職年金の支給の繰下げについて、第三の五に準じた改正を行うこと。（第九十四条関係）

四　退職等年金分掛金の徴収について、第十の五に準じた改正を行うこと。（第百十四条第二項関係）

五　掛金を徴収し、若しくはその還付を受ける権利又は退職等年金給付の返還を受ける権利の時効について、第三の六に準じた改正を行うこと。（第百四十四条の二十三関係）

六　第十の七に準じた改正を行うこと。（附則第十九条の二関係）

七　その他所要の改正を行うこと。

第十二　私立学校教職員共済法の一部改正

一　標準報酬月額の等級について、第十の二に準じた改正を行うこと。（第二十二条第二項関係）

二　退職年金の支給の繰下げについて、第三の五に準じた改正を行うこと。（第二十五条関係）

三　第十の七に準じた改正を行うこと。（第二十五条関係）

四　徴収金を徴収し、若しくはその還付を受ける権利又は退職等年金給付の返還を受ける権利の時効について、第三の六に準じた改正を行うこと。（第二十五条及び第三十四条関係）

五　その他所要の改正を行うこと。

第十三　確定給付企業年金法の一部改正

一　老齢給付金の支給開始時期について、事業主等は六十歳から七十歳までの範囲で規約に定めることができるものとすること。（第三十六条第二項第一号関係）

二　終了制度加入者等（遺族給付金の受給権を有していた者を除く。）が個人型年金加入者の資格を取得したときは、当該者の申出により、当該者に分配すべき残余財産を国民年金基金連合会に移換することができるものとすること。（第八十二条の四関係）

三　企業年金連合会は、企業型年金加入者であった者の個人別管理資産の移換を受け、老齢給付金又は遺族給付金の支給を行うことができるものとすること。（第九十一条の十八第二項第三号及び第九十一条

の二十三関係）
四　その他所要の改正を行うこと。
第十四　確定拠出年金法の一部改正
一　企業型年金の加入要件について、六十五歳未満等の要件を削り、実施事業所に使用される第一号等厚生年金被保険者（企業型年金規約で一定の資格を定めた場合における当該資格を有しない者及び企業型年金の老齢給付金の受給権を有する者等を除く。）を企業型年金加入者とするものとすること。（第二条第六項及び第九条関係）
二　企業型年金加入者の個人型年金の加入要件について、当該企業型年金の規約に企業型年金加入者が個人型年金加入者となることができることを定めることとする要件を削るとともに、企業型年金加入者は、企業型年金加入者掛金の拠出又は個人型年金の加入を選択できるものとすること。（第三条第三項第七号の三及び第六十二条第一項第二号関係）
三　簡易企業型年金の実施について、実施する企業型年金の企業型年金加入者の資格を有する者の数の要件を百人以下から三百人以下とするものとすること。（第三条第五項第二号関係）
四　企業型年金の規約の変更について、変更事項が資産管理機関の名称及び住所等である場合は、厚生労働大臣への届出を要しないものとすること。（第六条第一項関係）
五　企業型記録関連運営管理機関等は、企業型年金加入者等に係る掛金の拠出の状況等を電子情報処理組織を使用する方法等により、当該企業型年金加入者等が閲覧することができる状態に置かなければならないものとすること。（第二十七条第二項関係）
六　老齢給付金の受給開始時期の上限年齢を七十歳から七十五歳とするものとすること。（第三十四条関係）
七　企業型年金加入者であった者（企業型年金運用指図者を除く。）は、企業型年金に個人別管理資産がある者に限り、企業型年金連合会の規約において、あらかじめ、個人別管理資産の移換を受けることができる旨が定められているときは、当該者の申出により、当該個人別管理資産を企業年金連合会に移換することができるものとすること。（第五十四条の五関係）
八　中小事業主掛金を拠出できる中小事業主の範囲について、その使用する第一号厚生年金被保険者の数を百人以下から三百人以下とするものとすること。（第五十五条第二項第四号の二関係）
九　個人型年金の加入要件について、六十歳未満の要件を削り、国民年金法の第一号被保険者（保険料免除者を除く。）、第二号被保険者（企業型掛金拠出者等を除く。）、第三号被保険者及び任意加入被保険者は、個人型年金加入者となることができるものとすること。（第六十二条第一項関係）
十　国民年金基金連合会は、資料提供等業務を企業年金連合会に委託できるものとすること。（第七十三条関係）
十一　確定拠出年金運営管理業の登録事項から役員の住所を削

るものとすること。（第八十九条第一項第三号関係）

十二　六十歳未満であること、企業型年金加入者でないこと、個人型年金に加入できないこと等のいずれにも該当する者について、脱退一時金の支給を請求できるものとすること。（附則第三条関係）

十三　その他所要の改正を行うこと。

第十五　公的年金制度の健全性及び信頼性の確保のための厚生年金保険法等の一部を改正する法律（平成二十五年法律第六十三号）の一部改正

一　第十四の十に準じた改正を行うこと。（附則第三十八条第三項及び第四十条第八項関係）

二　第十三の三に準じた改正を行うこと。（附則第四十条第二項第六号及び第四十九条の二関係）

三　その他所要の改正を行うこと。

第十六　独立行政法人農業者年金基金法の一部改正

一　農業者年金の被保険者となることができる年齢を六十歳未満から六十五歳未満とするものとすること。（第十一条及び第十三条関係）

二　農業者老齢年金の受給開始時期の上限年齢を七十五歳とするものとすること。（第二十条、第二十八条及び第二十八条の二関係）

三　その他所要の改正を行うこと。

第十七　労働者災害補償保険法の一部改正保険給付の受給権の保護の例外について、第二の二に準じた改正を行うこと。（第十二条の五第二項関係）

第十八　独立行政法人福祉医療機構法の一部改正

一　独立行政法人福祉医療機構が行う厚生年金保険制度、国民年金制度及び労働者災害補償保険制度に基づき支給される年金たる給付の受給権を担保とした小口の資金の貸付けを廃止するものとすること。（第十二条関係）

二　その他所要の改正を行うこと。

第十九　健康保険法の一部改正

一　健康保険の適用拡大について、第三の一に準じた改正を行うこと。（第三条関係）

二　二月以内の期間を定めて使用され、当該定めた期間を超えて使用されることが見込まれる者について、第三の二に準じた改正を行うこと。（第三条関係）

三　その他所要の改正を行うこと。

第二十　施行期日

この法律は、令和四年四月一日から施行するものとすること。ただし、次に掲げる事項は、それぞれ次に定める日から施行するものとすること。（附則第一条関係）

一　第三の八、第四の一、第六の一、第七の二、第八の二、第十三の一、第十四の十及び十一、第十五の一並びに第二十一の二公布の日

二　第三の七公布の日から起算して二十日を経過した日

三　第十四の三、四及び八公布の日から起算して六月を超えない範囲において政令で定める日

四　第九令和三年三月一日
五　第二の五から八まで、第三の十、第四の二及び第十の四令和三年四月一日
六　第二の四、第七の一及び第八の一令和三年八月一日
七　第十三の二及び三、第十四の一、七、九の一部及び十二、第十五の二並びに第十六の一令和四年五月一日
八　第三の一及び二、第五の一部、第十の一及び二、第十一の一及び二、第十二の一、第十四の二、五及び九の一部、第十九の一及び二並びに第二十一の三令和四年十月一日
九　第五の一部令和六年十月一日

第二十一　検討

一　政府は、この法律の施行後速やかに、この法律による改正後のそれぞれの法律の施行の状況等を勘案し、公的年金制度を長期的に持続可能な制度とする取組を更に進め、社会経済情勢の変化に対応した保障機能を一層強化し、並びに世代間及び世代内の公平性を確保する観点から、公的年金制度及びこれに関連する制度について、持続可能な社会保障制度の確立を図るための改革の推進に関する法律第六条第二項各号に掲げる事項及び公的年金制度の所得再分配機能の強化その他必要な事項（二の事項を除く。）について検討を加え、その結果に基づいて必要な措置を講ずるものとすること。（附則第二条第一項関係）

二　政府は、この法律の公布の日以後初めて作成される国民年金事業の財政の現況及び見通し、厚生年金保険事業の財政の現況及び見通し等を踏まえ、厚生年金保険及び健康保険の適用範囲について検討を加え、その結果に基づいて必要な措置を講ずるものとすること。（附則第二条第二項関係）

三　政府は、第二十の八の事項の施行後五年を目途として、改正後の確定拠出年金法の施行の状況等を勘案し、同法の規定に基づく規制の在り方について検討を加え、必要があると認めるときは、その結果に基づいて所要の措置を講ずるものとすること。（附則第二条第三項関係）

第二十二　経過措置等

その他所要の経過措置を設けるとともに、関係法律について所要の改正を行うものとすること。（附則第三条から第九十七条まで関係）

年金制度の機能強化のための国民年金法等の一部を改正する法律案に対する修正案要綱

２０２０年5月12日
衆議院

第一　児童扶養手当法関係

児童が受給資格者の配偶者に支給される公的年金給付の額の加算の対象となっているとき等及び受給資格者が障害基礎年金等の給付を受けることができるときの児童扶養手当の支給の制限に係る政令を定めるに当たっては、監護等児童が二人以上である受給資格者に支給される児童扶養手当の額が監護等児童が一人である受給資格者に支給される児童扶養手当の額を下回ることのないようにするものとすること。

（第十三条の二第四項関係）

第二　検討条項の追加

一　附則第二条第一項及び第二項の検討は、これまでの国民年金事業の財政の現況及び見通し及び厚生年金保険事業の財政の現況及び見通しにおいて、国民年金の調整期間の見通しが厚生年金保険の調整期間の見通しと比較して長期化し、老齢基礎年金の額に二を乗じて得た額と平均的な男子の賃金を平均標準報酬額として計算した老齢厚生年金の額との合算額の男子被保険者の平均的な賃金に対する比率に占める老齢基礎年金の額に二を乗じて得た額に相当する部分に係るものが減少していることが示されていることを踏まえて行うものとすること。

（附則第二条第三項関係）

二　政府は、国民年金の第一号被保険者に占める雇用者の割合の増加の状況、雇用によらない働き方をする者の就労及び育児の実態等を踏まえ、国民年金の第一号被保険者の育児期間に係る保険料負担に対する配慮の必要性並びに当該育児期間について措置を講ずることとした場合におけるその内容及び財源確保の在り方等について検討を行うものとすること。

（附則第二条第四項関係）

三　政府は、国民が高齢期における所得の確保に係る自主的な努力を行うに当たって、これに対する支援を公平に受けられるようにする等その充実を図る観点から、個人型確定拠出年金及び国民年金基金の加入の要件、個人型確定拠出年金に係る拠出限度額及び中小事業主掛金を拠出できる中小事業主の範囲等について、税制上の措置を含め全般的な検討を加え、その結果に基づいて必要な措置を講ずるものとすること。

（附則第二条第五項関係）

第三　その他　その他所要の規定の整理を行うこと。

雇用保険法等の一部を改正する法律案要綱

2020年3月31日公布

第一　雇用保険法の一部改正

一　目的の改正

労働者が子を養育するための休業をした場合に必要な給付を行うことにより、労働者の生活及び雇用の安定を図ることを雇用保険の目的として追加するものとすること。（第一条関係）

二　育児休業給付の新しい給付の体系への位置付け

1　育児休業給付金について、失業等給付の雇用継続給付から削除するとともに、失業等給付とは別の章として育児休業給付の章を新設するものとすること。（目次及び第十条第六項関係）

2　現行の育児休業給付金に係る規定を削除するとともに、1で新設する章に同内容を規定するものとすること。（第六十一条の六から第六十一条の八まで関係）

3　失業等給付で措置されている未支給の失業等給付、返還命令等、受給権の保護及び公課の禁止の規定について、育児休業給付について準用するものとすること。（第六十一条の六第二項関係）

4　国庫は、育児休業給付について、当該育児休業給付に要する費用の八分の一を負担するものとすること。（第六十六条第一項関係）

5　一般保険料徴収額に育児休業給付率（千分の四の率を雇用保険率で除して得た率をいう。第四の二において同じ。）を乗じて得た額は、育児休業給付に要する費用に充てるものとすること。（第六十八条第二項関係）

三　高年齢被保険者の特例

1　次に掲げる要件のいずれにも該当する者が、厚生労働省令で定めるところにより、厚生労働大臣に申し出た場合には、当該申出を行った日から高年齢被保険者となることができるものとすること。（第三十七条の五第一項関係）

(一)　二以上の事業主の適用事業に雇用される六十五歳以上の者であること。

(二)　一の事業主の適用事業における一週間の所定労働時間が二十時間未満であること。

(三)　二の事業主の適用事業（申出を行う労働者の一の事業主の適用事業における一週間の所定労働時間が厚生労働省

令で定める時間数以上であるものに限る。）における一週間の所定労働時間の合計が二十時間以上であること。

2　事業主は、労働者が1の申出をしたことを理由として、労働者に対して解雇その他不利益な取扱いをしてはならないものとすること。（第七十三条関係）

四　被保険者期間の計算方法の改正

被保険者期間が十二箇月（特定理由離職者及び特定受給資格者にあっては六箇月）に満たない場合は、賃金の支払の基礎となった日数が十一日以上であるもの又は賃金の支払の基礎となった時間数が八十時間以上であるものを一箇月として計算するものとすること。（第十四条第三項関係）

五　高年齢雇用継続給付の改正

高年齢雇用継続基本給付金及び高年齢再就職給付金の額は、各支給対象月に支払われた賃金の額に百分の十（当該賃金の額が、みなし賃金日額に三十を乗じて得た額の百分の六十四に相当する額以上であるときは、みなし賃金日額に三十を乗じて得た額に対する当該賃金の額の割合が逓増する程度に応じ、百分の十から一定の割合で逓減するように厚生労働省令で定める率）を乗じて得た額とするものとすること。（第六十一条第五項関係）

六　雇用安定事業の改正

第五の一の高年齢者就業確保措置の実施等により高年齢者の雇用を延長する事業主に対して、必要な助成及び援助を行うことについて、雇用安定事業として行うことができるものとすること。（第六十二条第一項関係）

七　会計法の特例

年度の平均給与額が修正されたことにより、厚生労働大臣が自動変更対象額、控除額又は支給限度額を変更した場合において、当該変更に伴いその額が再び算定された失業等給付及び育児休業給付があるときは、これらに係る未支給の失業等給付及び育児休業給付の支給を受ける権利については、会計法第三十一条第一項の規定を適用しないものとすること。（第七十四条第二項関係）

八　報告徴収及び立入検査の対象の追加

報告徴収及び立入検査の対象に、被保険者等を雇用し、又は雇用していたと認められる事業主を追加するものとすること。（第七十六条第一項及び第七十九条第一項関係）

九　国庫負担の改正

1　令和二年度及び令和三年度の各年度における失業等給付、育児休業給付等の支給に要する費用に係る国庫の負担額については、国庫が負担すべきこととされている額の百分の十に相当する額とするものとすること。（附則第十四条第一項関係）

2　雇用保険の国庫負担については、引き続き検討を行い、令和四年四月一日以降できるだけ速やかに、安定した財源を確保した上で雇用保険法附則第十三条に規定する国庫負担に関する暫定措置を廃止するものとすること。（附則第十五条関係）

十　その他

その他所要の規定の整備を行うこと。

第二　労働者災害補償保険法の一部改正

一　目的の改正

事業主が同一人でない二以上の事業に使用される労働者（以下「複数事業労働者」という。）の二以上の事業の業務を要因とする事由による負傷、疾病、障害又は死亡に対して迅速かつ公正な保護をするため、必要な保険給付を行い、あわせて、複数事業労働者の二以上の事業の業務を要因とする事由により負傷し、又は疾病にかかった労働者の社会復帰の促進、当該労働者及びその遺族の援護、労働者の安全及び衛生の確保等を図り、もって労働者の福祉の増進に寄与することを労働者災害補償保険の目的として追加するものとすること。（第一条関係）

二　複数事業労働者に対する新たな保険給付の創設

業務災害に関する保険給付及び通勤災害に関する保険給付と並び、複数事業労働者の二以上の事業の業務を要因とする負傷、疾病、障害又は死亡に関する保険給付を創設するものとすること。（第七条第一項第二号関係）

三　給付基礎日額の算定方法の特例

複数事業労働者の業務上の事由、複数事業労働者の二以上の事業の業務を要因とする事由又は複数事業労働者の通勤による負傷、疾病、障害又は死亡により保険給付を行う場合は、当該複数事業労働者を使用する事業ごとに算定した給付基礎日額に相当する額を合算した額を基礎として、厚生労働省令で定めるところによって政府が算定する額を給付基礎日額とするものとすること。（第八条第三項関係）

四　会計法の特例

年度の平均給与額等が修正されたことにより、厚生労働大臣が労働者災害補償保険法第八条の二第一項第二号に規定する厚生労働大臣が定める率、同法第八条の三第一項第二号に規定する厚生労働大臣が定める率等を変更した場合において、当該変更に伴いその額が再び算定された保険給付があるときは、当該保険給付に係る未支給の保険給付の支給を受ける権利については、会計法第三十一条第一項の規定を適用しないものとすること。（第四十二条第二項関係）

五　その他

その他所要の規定の整備を行うこと。

第三　労働施策の総合的な推進並びに労働者の雇用の安定及び職業生活の充実等に関する法律の一部改正

一　国の施策

国が総合的に取り組まなければならない事項として、次に掲げるものを追加するものとすること。

1　労働者の職業選択に資するよう、雇用管理若しくは採用の状況その他の職場に関する事項又は職業に関する事項の情報の提供のために必要な施策を充実すること。（第四条第一項第六号関係）

2　高年齢者の職業の安定を図るため、高年齢者雇用確保措

置等の円滑な実施の促進のために必要な施策を充実すること。（第四条第一項第九号関係）

二　中途採用に関する情報の公表を促進するための措置等

1　常時雇用する労働者の数が三百人を超える事業主は、厚生労働省令で定めるところにより、雇い入れた通常の労働者等に占める中途採用により雇い入れられた者の割合を定期的に公表しなければならないものとすること。（第二十七条の二第一項関係）

2　国は、事業主による1の割合その他の中途採用に関する情報の自主的な公表が促進されるよう、必要な支援を行うものとすること。（第二十七条の二第二項関係）

三　その他

その他所要の規定の整備を行うこと。

第四　労働保険の保険料の徴収等に関する法律の一部改正

一　労災保険率の算定方法の改正

第二の二及び三に伴い、複数事業労働者の場合における労災保険率の算定方法について所要の規定の整備を行うものとすること。（第十二条第二項及び第三項関係）

二　雇用保険率の弾力的変更の算定方法の改正

労働保険特別会計の雇用勘定の積立金の状況による雇用保険率の変更に係る算定において、教育訓練給付の額と雇用継続給付の額を除いて算定するとともに、算定で用いる国庫の負担額から育児休業給付に要する費用に係る国庫の負担額を除き、算定で用いる徴収保険料額から一般保険料徴収額に育児休業給付率を乗じて得た額を新たに除くものとすること。（第十二条第五項及び第六項関係）

三　二事業率の弾力的変更の範囲の改正

労働保険特別会計の雇用勘定における雇用安定資金の状況による雇用保険率の変更が行われた場合において、厚生労働大臣は、雇用安定資金の状況に鑑み、必要があると認めるときは、労働政策審議会の意見を聴いて、一年以内の期間を定め、雇用保険率を当該変更された率から千分の〇・五の率を控除した率に変更することができるものとすること。（第十二条第九項関係）

四　雇用保険率の改正

令和二年度及び令和三年度の各年度における雇用保険率については、千分の十三・五（うち失業等給付に係る率千分の六）（農林水産業及び清酒製造業については千分の十五・五（同千分の八）、建設業については千分の十六・五（同千分の八））とするものとすること。（附則第十一条第一項関係）

五　その他

その他所要の規定の整備を行うこと。

第五　高年齢者等の雇用の安定等に関する法律の一部改正

一　高年齢者就業確保措置

1　定年（六十五歳以上七十歳未満のものに限る。以下同じ。）の定めをしている事業主等は、その雇用する高年齢者等について、次に掲げる措置を講ずることにより、六十五歳から七十歳までの安定した雇用を確保するよう努めなければならないものとすること。ただし、当該事業主等が、労働者の過半数を代表する者等の同意を厚生労働省令で定めるところにより得た創業支援等措置を講ずることにより、その雇用する高年齢者等について、定年後等から七十歳までの間の就業を確保する場合は、この限りでないものとすること。（第十条の二第一項関係）

㈠ 当該定年の引上げ

㈡ 六十五歳以上継続雇用制度（その雇用する高年齢者等が希望するときは、当該高年齢者等をその定年後等に引き続いて雇用する制度をいう。3及び4において同じ。）の導入

㈢ 当該定年の定めの廃止

2 1の創業支援等措置は、次に掲げる措置をいうものとすること。（第十条の二第二項関係）

㈠ その雇用する高年齢者等が希望するときは、当該高年齢者等が新たに事業を開始する場合等に、事業主が、当該事業を開始する当該高年齢者等との間で、当該事業に係る委託契約等（労働契約を除き、当該委託契約等に基づき当該事業主が当該事業を開始する当該高年齢者等に金銭を支払うものに限る。）を締結し、当該委託契約等に基づき当該高年齢者等の就業を確保する措置

㈡ その雇用する高年齢者等が希望するときは、次に掲げる事業（ロ又はハの事業については、事業主と当該事業を実施する者との間で、当該事業を実施する者が当該高年齢者等に対して当該事業に従事する機会を提供することを約する契約を締結したものに限る。）について、当該事業を実施する者が、当該高年齢者等との間で、当該事業に係る委託契約等（労働契約を除き、当該委託契約等に基づき当該事業を実施する者が当該高年齢者等に金銭を支払うものに限る。）を締結し、当該委託契約等に基づき当該高年齢者等の就業を確保する措置

イ 当該事業主が実施する社会貢献事業（社会貢献活動その他不特定かつ多数の者の利益の増進に寄与することを目的とする事業をいう。ロ及びハにおいて同じ。）

ロ 法人その他の団体が当該事業主から委託を受けて実施する社会貢献事業

ハ 法人その他の団体が実施する社会貢献事業であって、当該事業主が社会貢献事業の円滑な実施に必要な資金の提供その他の援助を行っているもの

3 六十五歳以上継続雇用制度には、事業主が、他の事業主との間で、当該事業主の雇用する高年齢者等であってその定年後等に雇用されることを希望するものを、その定年後等に当該他の事業主が引き続いて雇用することを約する契約を締結し、当該契約に基づき当該高年齢者等の雇用を確保する制度が含まれるものとすること。（第十条の二第三項関係）

4 厚生労働大臣は、1に掲げる措置及び創業支援等措置（5において「高年齢者就業確保措置」という。）の実施及

び運用（心身の故障のため業務の遂行に堪えない者等の六十五歳以上継続雇用制度及び創業支援等措置における取扱いを含む。）に関する指針を定めるものとすること。（第十条の二第四項関係）

5　厚生労働大臣は、高年齢者等職業安定対策基本方針に照らして、高年齢者の六十五歳から七十歳までの安定した雇用の確保その他就業機会の確保のため必要があると認めるとき等に、事業主に対し、高年齢者就業確保措置の実施について必要な指導及び助言をすること並びに高年齢者就業確保措置の実施に関する計画の作成等を勧告することができるものとすること。（第十条の三第一項、第二項及び第四項関係）

6　事業主による厚生労働大臣への報告事項に、創業支援等措置等に関する状況を追加するものとすること。（第五十二条第一項関係）

二　その他

その他所要の規定の整備を行うこと。

第六　特別会計に関する法律の一部改正

一　育児休業給付資金の創設

1　雇用勘定に育児休業給付資金を置き、同勘定からの繰入金及び3による組入金をもってこれに充てるものとすること。（第百三条の二第一項関係）

2　1の雇用勘定からの繰入金は、予算で定めるところにより、繰り入れるものとすること。（第百三条の二第二項関係）

3　雇用勘定において、毎会計年度の育児休業給付費充当歳入額から当該年度の育児休業給付費充当歳出額を控除して残余がある場合には、当該残余のうち、育児休業給付費に充てるために必要な金額を、育児休業給付資金に組み入れるものとすること。（第百三条の二第三項関係）

4　雇用勘定において、毎会計年度の育児休業給付費充当歳入額から当該年度の育児休業給付費充当歳出額を控除して不足がある場合その他政令で定める場合には、政令で定めるところにより、育児休業給付資金から補足するものとすること。（第百三条の二第四項関係）

5　育児休業給付資金は、育児休業給付費及び特別会計に関する法律第百二条第三項の規定による雇用勘定からの徴収勘定への繰入金（労働保険料の返還金の財源に充てるための額に相当する額の繰入金に限る。）を支弁するために必要がある場合には、予算で定めるところにより、使用することができるものとすること。（第百三条の二第五項関係）

6　育児休業給付資金の受払いは、財務大臣の定めるところにより、雇用勘定の歳入歳出外として経理するものとすること。（第百三条の二第六項関係）

二　繰替使用の改正

雇用勘定においては、同勘定の積立金、育児休業給付資金又は雇用安定資金に属する現金をそれぞれ繰り替えて使用することができるものとすること。（第百七条第四項関係）

三　その他

その他所要の規定の整備を行うこと。

第七　施行期日等

一　施行期日

この法律は、令和二年四月一日から施行すること。ただし、次に掲げる事項は、それぞれ次に定める日から施行すること。(附則第一条関係)

1　第一の四　令和二年八月一日

2　第二の一から三まで及び第四の一　公布の日から起算して六月を超えない範囲内において政令で定める日

3　第一の六、第三、第四の三及び第五　令和三年四月一日

4　第一の三　令和四年一月一日

5　第一の五　令和七年四月一日

二　検討

1　政府は、第三の二の施行後五年を目途として、第三の二について、その施行の状況を勘案しつつ検討を加え、必要があると認めるときは、その結果に基づいて所要の措置を講ずるものとすること。(附則第十一条第一項関係)

2　政府は、第一の三の施行後五年を目途として、第一の三の1について、これに基づく適用の状況、これにより高年齢被保険者となった者に対するこの法律による改正後の雇用保険法に基づく給付の支給状況等を勘案しつつ、二以上の事業主の適用事業に雇用される労働者に対する同法の適用等について検討を加え、必要があると認めるときは、その結果に基づいて所要の措置を講ずるものとすること。(附則第十一条第二項関係)

三　経過措置及び関係法律の整備

この法律の施行に関し必要な経過措置等を定めるとともに、関係法律の規定の整備を行うこと。(附則第二条から第十条まで及び附則第十二条から第三十二条まで関係)

所得税法等の一部を改正する法律案新旧対照表

2020年4月8日公布

改正案

（所得税法の一部改正）

第一条　所得税法（昭和四十年法律第三十三号）の一部を次のように改正する。

（定義）

第二条　この法律において、次の各号に掲げる用語の意義は、当該各号に定めるところによる。

一～二十九　省略

三十　寡婦　次に掲げる者でひとり親に該当しないものをいう。

イ　夫と離湖した後婚姻をしていない者のうち、次に掲げる要件を満たすもの

(1)　扶養親族を有すること。

(2)　第七十条（純損失の繰越控除）及び第七十一条（雑損失の繰越控除）の規定を適用しないで計算した場合における第二十二条（課税標準）に規定する総所得金額、退職所得金額及び山林所得金額の合計額（以下この条にお

現行

（定義）

第二条　同　上

一～二十九　同　上

三十　寡婦　次に掲げる者をいう。

イ　夫と死別し、若くしは夫と離婚した後婚姻をしていない者又は夫の生死の明らかでない者で政令某程めるもののうち、扶養親族その他その者と生計を一にする親族で政令で定めるものを有するもの

ロ　イに掲げる者のほか、夫と死別した後婚姻をしていない者又は夫の生死の明らかでない者で政令で定めるもののうち、第七十条（純損失の繰越控除）及び第七十一条（雑損失の繰越控除）の規定を適用しないで計算した場合におけ

いて「合計所得金額」という。）が五百万円以下である
こと。
(3) その者と事実上婚姻関係と同様の事情にあると認めら
れる者として財務省令で定めるものがいないこと。
ロ 夫と死別した後婚姻をしていない者又は夫の生死の明ら
かでない者で政令で定められるもののうち、イ(2)及び(3)
に掲げる要件を満たすもの
三十一 ひとり親 現に婚姻をしていない者又は配偶者の生死
の明らかでない者で政令で定めるもののうち、次に掲げる要
件を満たすものをいう。
イ その者と生計を一にする子で政令で定めるものを有する
こと。
ロ 合計所得金額が五百万円以下であること。
ハ その者と事実上婚姻関係と同様の事情にあると認められ
る者として財務省令で定めるものがいないこと。
三十二～三十四 省略
三十四の二 控除対象扶養親族 扶養親族のうち、次に掲げる
者の区分に応じそれぞれ次に定める者をいう。
イ 居住者 年齢十六歳以上の者
ロ 非居住者 年齢十六歳以上三十歳未満の者及び年齢七十
歳以上の者並びに年齢三十歳以上七十歳未満の者であつて
次に掲げる者のいずれかに該当するもの
(1) 留学により国内に住所及び居所を有しなくなつた者
(2) 障害者

る第二十二条（課税標準）に規定する総所得金額、退職所
得金額及び山林所得金額の合計額（以下この条において
「合計所得金額」という。）が五百万円以下であるもの
三十一 寡夫 妻と死別し、若しくは妻と離婚した後婚姻をし
ていない者又は妻の生死の明らかでない者で政令で定めるも
ののうち、その者と生計を一にする親族で政令で定めるもの
を有し、かつ、合計所得金額が五百万円以下であるものをい
う。
三十二～三十四 同 上
三十四の二 控除対象扶養親族 扶養親族のうち、年齢十六歳
以上の者をいう。

(3)　その居住者からその年において生活費又は教育費に充てるための支払を三十八万円以上受けている者

三十四の三～四十八　省略

2　省略

（貸倒引当金）

第五十二条　不動産所得、事業所得又は山林所得を生ずべき事業を営む居住者が、その有する売掛金、貸付金、前渡金その他これらに準ずる金銭債権（債権に表示されるべきものを除く。次項において同じ。）で該当事業の遂行上生じたもの（以下この項において「貸金等」という。）のうち、更生計画認可の決定に基づいて弁済を猶予され、又は賦払により弁済されることその他の政令で定める事実が生じていることによりその一部につき貸倒れその他これに類する事由による損失が見込まれるもの（当該貸金等に係る債務者に対する他の貸金等がある場合には、当該他の貸金等を含む。以下この項及び次項において「個別評価貸金等」という。）のその損失の見込額として、各年（事業の全部を譲渡し、又は廃止した日の属する年を除く。次項において同じ。）において貸倒引当金勘定に繰り入れた金額については、当該金額のうち、その年十二月三十一日（その者が年の中途において死亡した場合には、その死亡の時。次項において同じ。）において当該交別評価貸金等の取立て又は弁済の見込みがないと認められる部分の金額を基礎として政令で定めるところにより計算した金額に達するまでの金額は、その者のその

三十四の三～四十八　同上

2　同上

（貸倒引当金）

第五十二条　不動産所得、事業所得又は山林所得を生ずべき事業を営む居住者が、その有する売掛金、貸付金、前渡金その他これらに準ずる金銭債権で当該事業の遂行上生じたもの（以下この項において「貸金等」という。）のうち、更生計画認可の決定に基づいて弁済を猶予され、又は賦払により弁済されることその他の政令で定める事実が生じていることによりその一部につき貸倒れその他これに類する事由による損失が見込まれるもの（当該貸金等に係る債務者に対する他の貸金等がある場合には、当該他の貸金等を含む。以下この項及び次項において「個別評価貸金等」という。）のその損失の見込額として、各年（事業の全部を譲渡し、又は廃止した日の属する年を除く。次項において同じ。）において貸倒引当金勘定に繰り入れた金額については、当該金額のうち、その年十二月三十一日（その者が年の中途において死亡した場合には、その死亡の時。次項において同じ。）において当該個別評価貸金等の取立て又は弁済の見込みがないと認められる部分の金額を基礎として政令で定めるところにより計算した金額に達するまでの金額は、その者のその年分の不動産所得、事業所得又は山林所得の金額の計算

年分の不動産所得、事業所得又は山林所得の金額の計算上、必要経費に算入する。ただし、その者が死亡した場合において、その相続人が当該事業を承継しなかつたときは、この限りでない。

2～6　省略

（贈与等により取得した資産の取得費等）

第六十条　省略

2　前項の場合において、同項第一号に掲げる相続又は遺贈により取得した次の各号に掲げる資産を譲渡したときにおける当該資産の取得費については、同項の規定にかかわらず、当該各号に定めるところによる。

一　配偶者居住権の目的となつている建物　当該建物に配偶者居住権が設定されていないとしたならば当該建物を譲渡した時において前項の規定により当該建物の取得費の額として計算される金額から当該建物を譲渡した時において当該配偶者居住権が消滅したとしたならば次項の規定により配偶者居住権の取得費とされる金額を控除する。

二　配偶者居住権の目的となつている建物の敷地の用に供される土地（土地の上に存する権利を含む。以下この号及び次項第二号において同じ。）　当該建物に配偶者居住権が設定されていないとしたならば当該土地を譲渡した時において前項の規定により当該土地の取得費の額として計算される金額から当該土地を譲渡した時において当該土地を当該配偶者居住権

上、必要経費に算入する。ただし、その者が死亡した場合において、その相続人が当該事業を承継しなかつたときは、この限りでない。

2～6　同上

（贈与等により取得した資産の取得費等）

第六十条　同上

に基づき使用する権利が消滅したとしたならば次項の規定により当該権利の取得費とされる金額を控除する。

3　第一項の場合において、同項第一号に掲げる相続又は遺贈により取得した次の各号に掲げる権利が消滅したときにおける譲渡所得の金額の計算については、同項の規定にかかわらず、当該各号に定めるところによる。この場合において、第三十八条第二項（譲渡所得の金額の計算上控除する取得費）の規定は、適用しない。

一　配偶者居住権　当該相続又は遺贈により当該配偶者居住権を取得した時において、その時に当該配偶者居住権の目的となつている建物を譲渡したとしたならば当該建物の取得費の額として計算される金額のうちその時における配偶者居住権の価額に相当する金額に対応する部分の金額として政令で定めるところにより計算した金額により当該配偶者居住権を取得したものとし、当該金額から当該配偶者居住権の存続する期間を基礎として政令で定めるところにより計算した金額を控除した金額をもつて当該配偶者居住権の第三十八条第一項に規定する取得費とする。

二　配偶者居住権の目的となつている建物の敷地に供される土地を当該配偶者居住権に基づき使用する権利　当該相続又は遺贈により当該法利を取得した時において、その時に当該土地を譲渡したとしたならば当該土地の取得費の額として計算される金額のうちその時における当該権利の価額に相当する金額に対応する部分の金額として政令で定めるところにより計算した金額により当該権利を取得したものとし、当該金額から当該配偶者居住権の存続する期間を基礎として政令で定めるところにより計算した金額を控除した金額をもつて当該権利の第三十八条第一項に規定する取得費とする。

4　省略

（小規模事業者等の収入及び費用の帰属時期）

第六十七条　青色申告書を提出することにつき税務署長の承認を受けている居住者で不動産所得又は事業所得を生ずべき業務を行うもののうち小規模事業者として政令で定める要件に該当するものの年分の不動産所得の金額又は事業所得の金額（山林の伐採又は譲渡に係るものを除く。）の計算上総収入金額及び必要経費に算入すべき金額は、政令で定めるところにより、その業務につきその年において収入した金額及び支出した費用の額とすることができる。

2　雑所得を生ずべき業務を行う居住者のうち小規模な業務を行う者として政令で定める要件に該当するもののその年分の当該雑所得を生ずべき業務に係る雑所得の金額（山林の伐採又は譲渡に係るものを除く。）の計算上総収入金額及び必要経費に算入すべき金額は、政令で定めるところにより、その年において収入した金額及び支出した費用の額とすることができる。

3　前二項の規定の適用を受けるための手続その他前二項の規定の適用に関し必要な事項は、政令で定める。

2　同　上

（小規模事業者の収入及び費用の帰属時期）

第六十七条　青色申告書を提出することにつき税務署長の承認を受けている居住者で不動産所得又は事業所得を生ずべき業務を行なうもののうち小規模事業者として政令で定める要件に該当するものの年分の不動産所得の金額又は事業所得の金額（山林の代採又は譲渡に係るものを除く。）の計算上総収入金額及び必要経費に算入すべき金額は、政令で定めるところにより、その業務につきその年において収入した金額及び支出した費用の額とすることができる。

(寡婦控除)

第八十条　居住者が寡婦である場合には、その者のその年分の総所得金額、退職所得金額又は山林所得金額から二十七万円を控除する。

2　前項の規定による控除は、寡婦控除という。

(ひとり親控除)

第八十一条　居住者がひとり親である場合には、その者のその年分の総所得金額、退職所得金額又は山林所得金額から三十五万円を控除する。

2　前項の規定による控除は、ひとり親控除という。

(扶養親族等の判定の時期等)

第八十五条　第七十九条第一項(障害者控除)又は第八十条から第八十二条まで(寡婦控除等)の場合において、居住者が特別障害者若しくはその他の障害者、寡婦、ひとり親又は勤労学生に該当するかどうかの判定は、その年十二月三十一日(その者がその年の中途において死亡し、又は出国をする場合には、その死亡又は出国の時。以下この条において同じ。)の現況による。ただし、その居住者の子がその当時既に死亡している場合におけるその子がその居住者の第二条第一項第三十一号イ(定義)に規定する政令で定める子に該当するかどうかの判定は、

第八十条　削除

(寡婦(寡夫)控除)

第八十一条　居住者が寡婦又は寡夫である場合には、その者のその年分の総所得金額、退職所得金額又は山林所得金額から二十七万円を控除する。

2　前項の規定による控除は、寡婦(寡夫)控除という。

(扶養親族等の判定の時期等)

第八十五条　第七十九条第一項(障害者控除)、第八十一条(寡婦(寡夫)控除)又は第八十二条(勤労学生控除)の場合において、居住者が特別障害者若しくはその他の障害者、寡婦、寡夫又は勤労学生に該当するかどうかの判程は、その年十二月三十一日(その者がその年の中途において死亡し又は出国をする場合には、その死亡又は出国の時。以下のの条において同じ。)の現況による。ただし、その居住者の親族(扶養親族を除く。以下この項において同じ。)がその当時既に死亡している場合におけるその親族がその居住者の第二条第一項第三十号イ又は

当該死亡の時の現況による。

2　第七十九条第二項又は第三項の場合において、居住者の同一生計配偶者又は扶養親族が同項の規定に該当する特別障害者（第百八十七条（障害者控除等の適用を受ける者に係る徴収税額）、第百九十条第二号ハ（年末調整）、第百九十四条第一項第三号（給与所得者の扶養控除等申告書）、第二百三条の三第一号ト（徴収税額）及び第二百三条の六第一項第五号（公的年金等の受給者の扶養親族等申告書）において「同居特別障害者」という。）若しくはその他の特別障害者又は特別障害者以外の障害者に該当するかどうかの判定は、その年十二月三十一日の現況による。ただし、その同一生計配偶者又は扶養親族がその当時既に死亡している場合は、当該死亡の時の現況による。

3　第七十九条から前条までの場合において、その者が居住者の老人控除対象配偶者若しくはその他の偶除対象配偶者若しくはその他の同一生計配偶者若しくは第八十三条の二第一項（配偶者特別控除）に規定する生計を一にする配偶者又は特定扶養親族、老人扶養親族若しくはその他の控除対象扶養親族若しくはその他の扶養親族に該当するかどうかの判定は、その年十二月三十一日の現況による。ただし、その判定に係る者がその当時既に死亡している場合は、当該死亡の時の現況による。

4〜6　省略

第三十一号（定義）に規定する政令で定める親族に該当するかどうかの判定は、当該死亡の時の現況による。

2　第七十九条第二項又は第三項の場合において、居住者の同一生計配偶者又は扶養親族が同項の規定に該当する特別障害者（第百八十七条（障害者控除等の適用を受ける者に係る徴収税額）、第百九十条第二号ハ（年末調整）、第百九十四条第一項第三号（給与所得者の扶養控除等申告書）、第二百三条の三第一号ヘ（徴収税額）及び第二百三条の六第一項第五号（公的年金等の受給者の扶養親族等申告書）において「同居特別障害者」という。）若しくはその他の特別障害者又は特別障害者以外の障害者に該当するかどうかの判定は、その年十二月三十一日の現況による。ただし、その同一生計配偶者又は扶養親族がその当時既に死亡している場合は、当該死亡の時の現況による。

3　第七十九条又は第八十一条から前条までの場合において、その者が居住者の老人控除対象配偶者若しくはその他の控除対象配偶者若しくはその他の同一生計配偶者若しくは第八十三条の二第一項（配偶者特別控除）に規定する生計を一にする配偶者又は特定扶養親族、老人扶養親族若しくはその他の控除対象扶養親族若しくはその他の扶養親族に該当するかどうかの判定は、その年十二月三十一日の現況による。ただし、その判定に係る者がその当時既に死亡している場合は、当該死亡の時の現況による。

4〜6　同　上

（所得控除の順序）

第八十七条　雑損控除と医療費控除、社会保険料控除、小規模企業共済等掛金控除、生命保険料控除、地震保険料控除、寄附金控除、障害者控除、寡婦控除、ひとり親控除、勤労学生控除、配偶者控除、配偶者特別控除、扶養控除又は基礎控除とを行う場合には、まず雑損控除を行うものとする。

2　省　略

（確定所得申告）

第百二十条　省略

2　省略

3　次の各号に掲げる居住者が第一項の規定による申告書を提出する場合には、政令で定めるところにより、当該各号に定める書類を当該申告書に添付し、又は当該申告書の提出の際提示しなければならない。

一　省略

二　第一項の規定による申告書に、第八十五条第二項又は第三項（扶養親族等の判定の時期等）の規定による判定をする時の現況において非居住者である親族に係る障害者控除、配偶者控除又は配偶者特別偶除に関する事項の記載をする居住者　これらの控除に係る非居住者である親族が当該居住者の親族に該当する旨を証する書類及び当該非居住者である親族が当該居住者と生計を一にすることを明らかにする書類

（所得控除の順序）

第八十七条　雑損控除と封療費控除、社会保険料控除、小規模企業共済等掛金控除、生命保険料控除、地震保険料控除、寄附金控除、障害者控除、寡婦（寡夫）控除、勤労学生控除、配偶者控除、配偶者特別控除、扶養控除又は基礎控除とを行う場合には、まず雑損控除を行うものとする。

2　同　上

（確定所得申告）

第百二十条　同　上

2　同　上

3　同　上

一　同　上

二　第一項の規定による申告書に、第八十五条第二項又は第三項（扶養親族等の判定の時期等）の規定による判定をする時の現況において非居住者である親族に係る障害者控除、配偶者控除、配偶者特別控除又は扶養控除に関する事項の記載をする居住者　これらの控除に係る非居住者である親族が当該居住者の親族に該当する旨を証する書類及び当該非居住者である親族が当該居住者と生計を一にすることを明らかにする書類

三　第一項の規定による申告書に、第八十五条第三項の規定による判定をする時の現況において非居住者である親族に係る扶養控除に関する事項の記載をする居住者　扶養控除に係る非居住者である親族が当該居住者の親族に該当する旨を証する書類及び当該非居住者である親族が当該居住者と生計を一にすることを明らかにする書類並びに当該非居住者である親族が年齢三十歳以上七十歳未満の者である場合（当該非居住者である親族が障害者である場合を除く。）には第二条第一項第三十四号の二ロ(1)（定義）に掲げる者に該当する旨を証する書類又は同号ロ(3)に掲げる者に該当することを明らかにする書類

四　第一項の規定による申告書に、第二条第一項第三十二号ロ又はハに掲げる者に係る勤労学生控除に関する事項の記載をする居住者　これらの者に該当する旨を証する書類

4　第一項の規定による申告書に医療費控除に関する事項の記載をする居住者が当該申告書を提出する場合には、次に掲げる書類を当該申告書に添付しなければならない。

一　省略

二　高齢者の医療の確保に関する法律第七条第二項（定義）に規定する保険者若しくは同法第四十八条（広域連合の設立）に規定する後期高齢者医療広域連合又は社会保険診療報酬支払基金若しくは国民健康保険法第四十五条第五項（保険医療機関等の診療報酬）に規定する国民健康保険団体連合会の当該居住者が支払つた医療費の額を通知する書類として財務省

三　第一項の規定による申告書に、第二条第一項第三十二号ロ又はハ（定義）に掲げる者に係る勤労学生控除に関する事項の記載をする居住者　これらの者に該当する旨を証する書類

4　同　上

一　同　上

二　高齢者の医療の確保に関する法律第七条第二項（定義）に規定する保険者又は同法第四十八条（広域連合の設立）に規定する後期高齢者医療広域連合の当該居住者が支払つた医療費の額を通知する書類として財務省令で定める書類で、控除適用医療費の額等の記載があるもの

令で定める書類で、控除適用医療費の額等の記載があるもの

5　省略

6　その年において不動産所得、事業所得若しくは山林所得を生ずべき業務を行う居住者が第一項の規定による申告書を提出する場合（当該申告書が青色申告書である場合を除く。）又はその年において雑所得を生ずべき業務を行う居住者でその年の前々年分の当該業務に係る収入金額が千万円を超えるものが同項の規定による申告書を提出する場合には、財務省令で定めるところにより、これらの所得に係るその年中の総収入金額及び必要経費の内容を記載した書類を当該報告書に添付しなければならない。

7・8　省略

（確定所得申告を要しない場合）

第百二十一条　その年において給与所得を有する居住者で、その年中に支払を受けるべき第二十八条第一項（給与所得）に規定する給与等（以下この項において「給与等」という。）の金額が二千万円以下であるものは、次の各号のいずれかに該当する場合には、前条第一項の規定にかかわらず、その年分の課税総所得金額及び課税山林所得金額に係る所得税については、同項の規定による申告書を提出することを要しない。ただし、不動産その他の資産をその給与所得に係る給与等の支払者の事業の用に供することによりその対価の支払を受ける場合その他の政令で定める場合は、この限りでない。

5　同上

6　その年において不動産所得、事業所得又は山林所得を生ずべき業務を行う居住者が第一項の規定による申告書を提出する場合（当該申告書が青色申告書である場合を除く。）には、財務省令で定めるところにより、これらの所得に係るその年中の総収入金額及び必要経費の内容を記載した書類を当該申告書に添付しなければならない。

7・8　同上

（確定所得申告を要しない場合）

第百二十一条　同上

付属統計表

統計資料には、国民の暮らしや社会状況が図表を通じて一目でわかるという利点があります。統計は政府統計だけではなく民間でも実施され、様々な分野で活用されています。本書の統計資料は基本の多くを政府統計を基に作成しています。ジェンダー統計がまだまだ不十分な実態ではありますが、世界の動向の中で少しずつ変わってきています。

今年はテーマに沿って「北京」から25年間の推移を統計で見られるよう特集を加えました。

頁数の関係で限られた内容ですが、本文とあわせてご活用ください。

付属統計表

1、人口動態

2、世帯・生活

3、栄養・家計

４、農林・水産

５、労働

６、社会保障

７、教育

８、参画

9、社会保障給付費の動向

（太田　美音）

10、「北京」から25年間

（井上　伸）

図表付-1　わが国の人口ピラミッド（2019年10月1日現在）

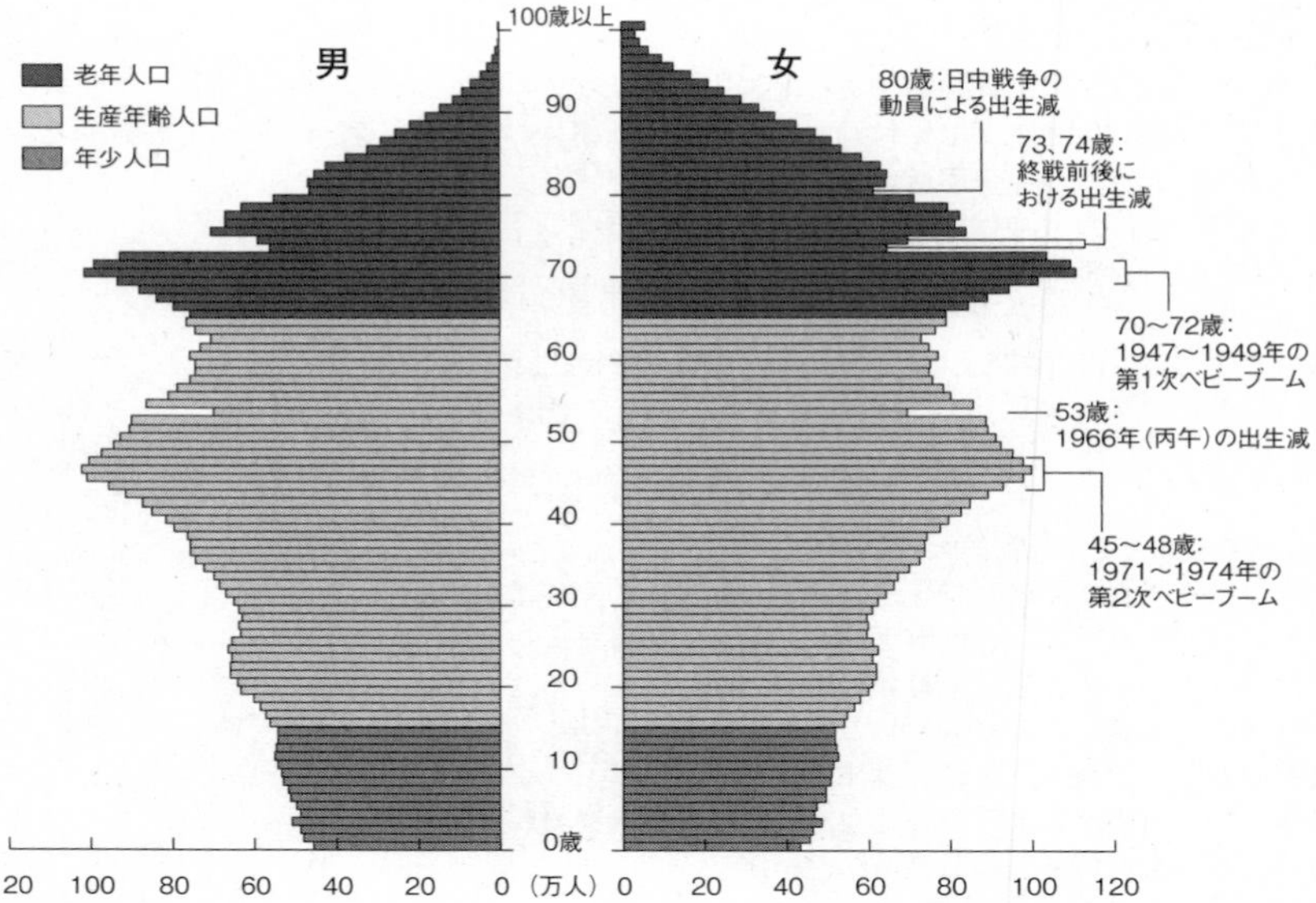

資料出所：総務省統計局「人口推計」

図表付-2　年齢3区分別人口の推移

年次	総人口（千人）				年齢3区分割合（%）		
	総数	0〜14歳	15〜64歳	65歳以上	0〜14歳	15〜64歳	65歳以上
1960年	94,302	28,434	60,469	5,398	30.2	64.1	5.7
1970	104,665	25,153	72,119	7,393	24.0	68.9	7.1
1975	111,940	27,221	75,807	8,865	24.3	67.7	7.9
1980	117,060	27,507	78,835	10,647	23.5	67.4	9.1
1985	121,049	26,033	82,506	12,468	21.5	68.2	10.3
1990	123,611	22,486	85,904	14,895	18.2	69.7	12.1
1995	125,570	20,014	87,165	18,261	16.0	69.5	14.6
2000	126,926	18,472	86,220	22,005	14.6	68.1	17.4
2005	127,768	17,521	84,092	25,672	13.8	66.1	20.2
2010	128,057	16,803	81,032	29,246	13.2	63.8	23.0
2015	127,095	15,887	76,289	33,465	12.6	60.7	26.6
2016	126,933	15,780	76,562	34,591	12.4	60.3	27.3
2017	126,706	15,592	75,962	35,152	12.3	60.0	27.7
2018	126,443	15,415	75,451	35,578	12.2	59.7	28.1
2019	126,167	15,210	75,072	35,885	12.1	59.5	28.4

(注) 各年10月1日現在。総数には年齢不詳を含む。年齢3区分割合は年齢不詳を除いて算出。
資料出所：総務省統計局「国勢調査」、「推計人口」(2016〜2019年)

図表付-3　平均寿命（出生時の平均余命）の推移

（単位：年）

年次	女	男	男女差
1947年	53.96	50.06	3.90
1960	70.19	65.32	4.87
1970	74.66	69.31	5.35
1975	76.89	71.73	5.16
1980	78.76	73.35	5.41
1985	80.48	74.78	5.70
1990	81.90	75.92	5.98
1995	82.85	76.38	6.47
2000	84.60	77.72	6.88
2005	85.52	78.56	6.96
2010	86.30	79.55	6.75
2015	86.99	80.75	6.24
2016	87.14	80.98	6.16
2017	87.26	81.09	6.17
2018	87.32	81.25	6.06

（注）1970年以前は沖縄県を含まない。
資料出所：厚生労働省「完全生命表」、「簡易生命表」（2016～2018年）

図表付-4　出生数および合計特殊出生率の推移

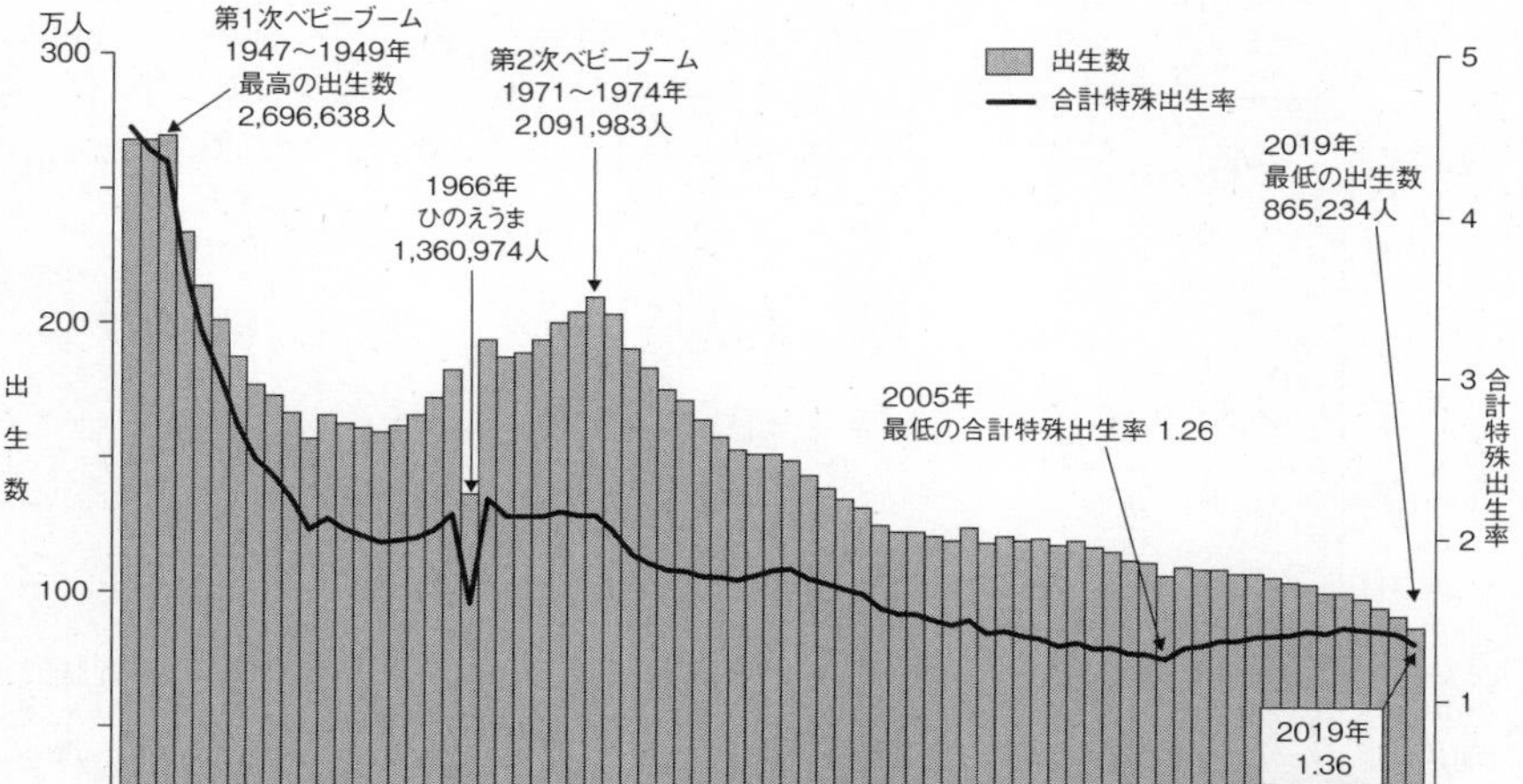

（注）1．1972年以前は沖縄県を含まない。2019年は概数。
2．合計特殊出生率（期間合計特殊出生率）とは、その年次の15歳から49歳までの女性の年齢別出生率を合計したもので、1人の女性が仮にその年次の年齢別出生率で一生の間に生むとしたときの子ども数に相当する。
資料出所：厚生労働省「人口動態統計」

図表付-5　人口動態率の推移

年次	出生	死亡	自然増減	乳児死亡	新生児死亡	死産	周産期死亡	合計特殊出生率
	（人口千対）			（出生千対）		（出産千対）		
1947年	34.3	14.6	19.7	76.7	31.4	44.2	…	4.54
1960	17.2	7.6	9.6	30.7	17.0	100.4	…	2.00
1970	18.8	6.9	11.8	13.1	8.7	65.3	…	2.13
1980	13.6	6.2	7.3	7.5	4.9	46.8	20.2	1.75
1985	11.9	6.3	5.6	5.5	3.4	46.0	15.4	1.76
1990	10.0	6.7	3.3	4.6	2.6	42.3	11.1	1.54
1995	9.6	7.4	2.1	4.3	2.2	32.1	7.0	1.42
2000	9.5	7.7	1.8	3.2	1.8	31.2	5.8	1.36
2005	8.4	8.6	－0.2	2.8	1.4	29.1	4.8	1.26
2010	8.5	9.5	－1.0	2.3	1.1	24.2	4.2	1.39
2015	8.0	10.3	－2.3	1.9	0.9	22.0	3.7	1.45
2017	7.6	10.8	－3.2	1.9	0.9	21.1	3.5	1.43
2018	7.4	11.0	－3.6	1.9	0.9	20.9	3.3	1.42
2019	7.0	11.2	－4.2	1.9	0.9	22.0	3.4	1.36

（注）1．1970年以前は沖縄県を含まない。2019年は概数。
2．「乳児死亡」とは、生後１年未満の死亡、「新生児死亡」とは、乳児死亡のうち、生後４週未満の死亡をいう。
3．「死産」とは、妊娠満12週以後の死児の出産、「周産期死亡」とは、妊娠満22週以降の死産に早期（生後１週未満）新生児死亡を加えたものをいう。
4．周産期死亡率は周産期死亡数を出産数（妊娠満22週以後の死産数に出生数を加えたもの）で除している。
5．「合計特殊出生率」（期間合計特殊出生率）とは、その年次の15歳から49歳までの女性の年齢別出生率を合計したもので、１人の女性が仮にその年次の年齢別出生率で一生の間に生むとしたときの子ども数に相当する。
資料出所：厚生労働省「人口動態統計」

図表付-6　母の年齢階級別出生数の推移

母の年齢	1975年	1985	1995	2005	2015	2017	2018	2019
総　数	1,901,440	1,431,577	1,187,064	1,062,530	1,005,721	946,146	918,400	865,234
15歳未満	9	23	37	42	39	37	37	7,782
15～19	15,990	17,854	16,075	16,531	11,891	9,863	8,741	
20～24	479,041	247,341	193,514	128,135	84,465	79,272	77,023	72,092
25～29	1,014,624	682,885	492,714	339,328	262,266	240,959	233,754	220,932
30～34	320,060	381,466	371,773	404,700	364,887	345,441	334,906	312,579
35～39	62,663	93,501	100,053	153,440	228,302	216,954	211,021	201,009
40～44	8,727	8,224	12,472	19,750	52,561	52,108	51,258	49,191
45～49	312	244	414	564	1,256	1,450	1,591	1,649
50歳以上	7	1	－	34	52	62	68	

（注）総数には年齢不詳を含む。2019年は概数。
資料出所：厚生労働省「人口動態統計」

図表付-7　合計特殊出生率の推移（年齢階級別）

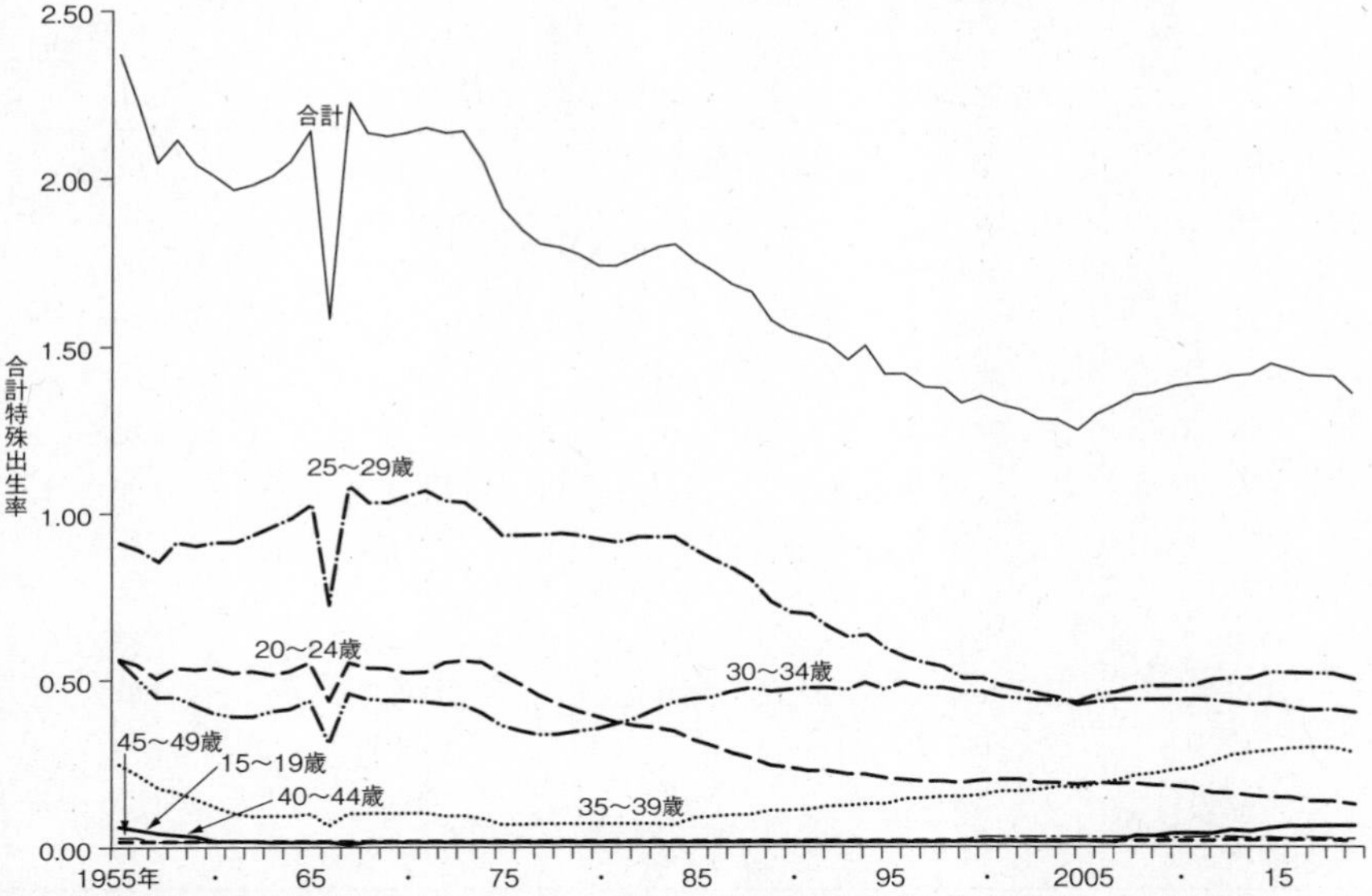

（注）年齢階級別の数値は各歳別出生率を合計したものであり、15歳及び49歳にはそれぞれ14歳以下、50歳以上を含んでいる。
資料出所：厚生労働省「人口動態統計」

図表付-8　出生順位別母の平均年齢の推移

（単位：歳）

年次	総　数	第1子	第2子	第3子
1960年	27.6	25.4	27.8	29.9
1970	27.5	25.6	28.3	30.6
1980	28.1	26.4	28.7	30.6
1985	28.6	26.7	29.1	31.4
1990	28.9	27.0	29.5	31.8
1995	29.1	27.5	29.8	32.0
2000	29.6	28.0	30.4	32.3
2005	30.4	29.1	31.0	32.6
2010	31.2	29.9	31.8	33.2
2015	31.8	30.7	32.5	33.5
2017	32.0	30.7	32.6	33.7
2018	32.0	30.7	32.7	33.7
2019	…	30.7	…	…

（注）1．1970年以前は沖縄県を含まない。2019年は概数。
　　　2．総数は第4子以上を含む平均年齢である。
資料出所：厚生労働省「人口動態統計」

図表付-9　婚姻・離婚件数の推移

年次	婚姻		離婚	
	件数（組）	率（人口千対）	件数（組）	率（人口千対）
1947年	934,170	12.0	79,551	1.02
1960	866,115	9.3	69,410	0.74
1970	1,029,405	10.0	95,937	0.93
1980	774,702	6.7	141,689	1.22
1985	735,850	6.1	166,640	1.39
1990	722,138	5.9	157,608	1.28
1995	791,888	6.4	199,016	1.60
2000	798,138	6.4	264,246	2.10
2005	714,265	5.7	261,917	2.08
2010	700,222	5.5	251,379	1.99
2015	635,225	5.1	226,238	1.81
2017	606,952	4.9	212,296	1.70
2018	586,481	4.7	208,333	1.68
2019	598,965	4.8	208,489	1.69

（注）1970年以前は沖縄県を含まない。2019年は概数。
資料出所：厚生労働省「人口動態統計」

図表付-10　平均婚姻年齢の推移

（単位：歳）

年次	全婚姻		初婚	
	妻	夫	妻	夫
1975年	25.2	27.8	24.7	27.0
1980	25.9	28.7	25.2	27.8
1985	26.4	29.3	25.5	28.2
1990	26.9	29.7	25.9	28.4
1995	27.3	29.8	26.3	28.5
2000	28.2	30.4	27.0	28.8
2005	29.4	31.7	28.0	29.8
2010	30.3	32.5	28.8	30.5
2015	31.1	33.3	29.4	31.1
2017	31.1	33.4	29.4	31.1
2018	31.2	33.5	29.4	31.1
2019	…	…	29.6	31.2

（注）2019年は概数。
資料出所：厚生労働省「人口動態統計」

図表付-11　同居期間別離婚件数の推移(1)

同居期間	1985年	1995	2005	2015	2017	2018	2019	対前年増加率(%)
総数	166,640	199,016	261,917	226,238	212,296	208,333	208,489	0.1
5年未満	56,442	76,710	90,885	71,729	66,502	64,862	63,826	−1.6
1年未満	12,656	14,893	16,558	13,865	12,896	12,327	11,837	−4.0
1～2	12,817	18,081	20,159	16,272	15,283	14,623	14,512	−0.8
2～3	11,710	16,591	19,435	15,352	14,315	14,146	13,633	−3.6
3～4	10,434	14,576	18,144	13,810	12,786	12,588	12,613	0.2
4～5	8,825	12,569	16,589	12,430	11,222	11,178	11,231	0.5
5～10	35,338	41,185	57,562	47,086	42,339	40,863	40,049	−2.0
10～15	32,310	25,308	35,093	31,112	28,232	27,597	27,219	−1.4
15～20	21,528	19,153	24,885	23,942	22,956	22,460	22,628	0.7
20年以上	20,434	31,877	40,395	38,648	38,288	38,537	40,395	4.8
20～25	12,706	17,847	18,401	17,051	17,255	17,125	17,827	4.1
25～30	4,827	8,684	10,747	10,014	10,129	10,247	10,924	6.6
30～35	1,793	3,506	6,453	5,315	4,959	5,031	5,283	5.0
35年以上	1,108	1,840	4,794	6,268	5,945	6,134	6,361	3.7
不詳	588	4,783	13,097	13,721	13,979	14,014	14,372	2.6

(注)「同居期間」は結婚生活に入ってから同居をやめたときまでの期間。2019年は概数。
資料出所：厚生労働省「人口動態統計」

図表付-12　同居期間別離婚件数の推移(2)

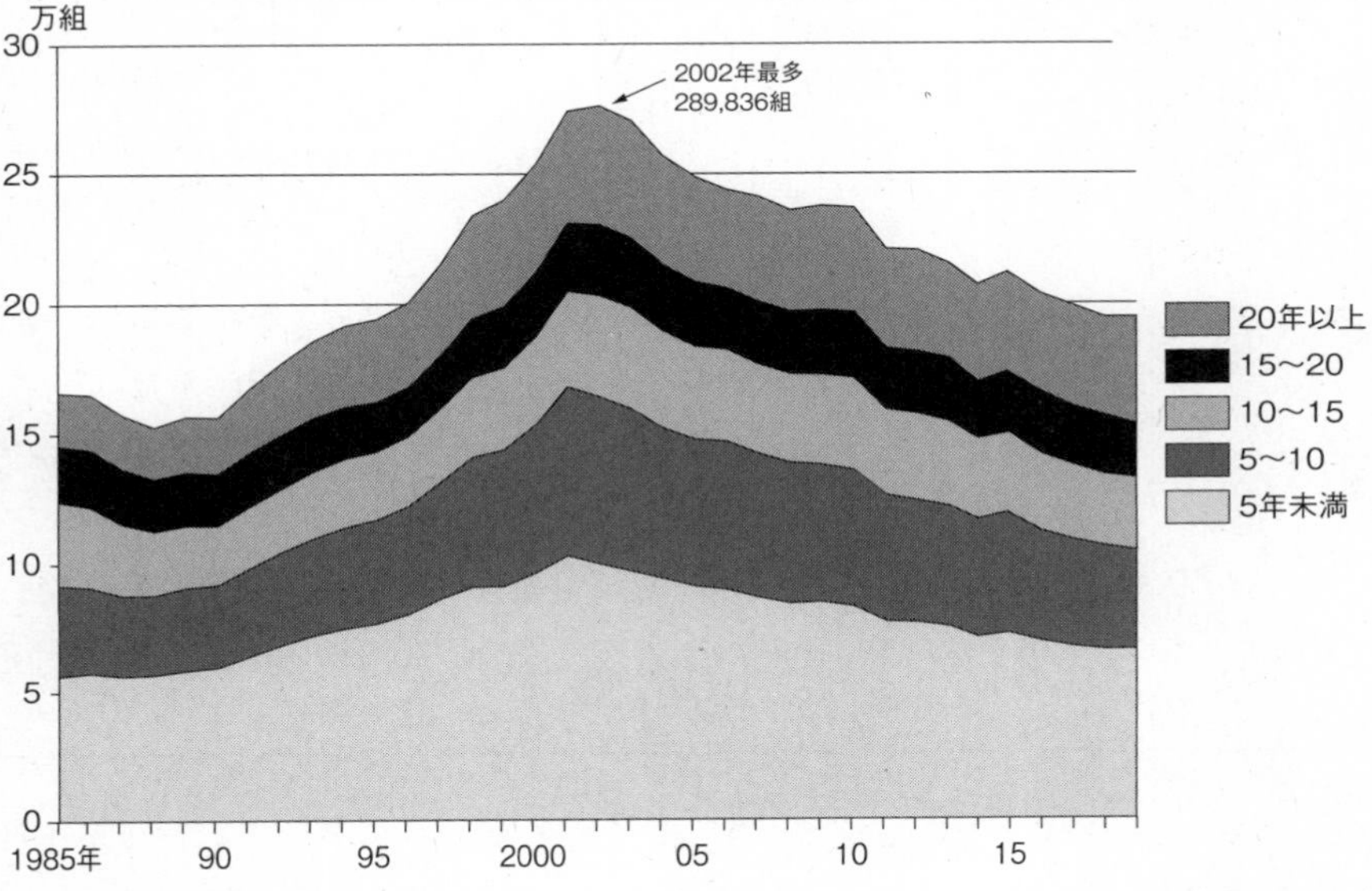

(注) 2019年は概数。
資料出所：厚生労働省「人口動態統計」

図表付-13　性、死因順位別死亡数・死亡率（2019年）

女			男		
死亡順位、死因	死亡数	死亡率（人口10万対）	死亡順位、死因	死亡数	死亡率（人口10万対）
全死因	673,690	1,060.5	全死因	707,408	1,174.9
1　悪性新生物〈腫瘍〉	156,077	245.7	1　悪性新生物〈腫瘍〉	220,315	365.9
2　心疾患（高血圧性を除く）	109,478	172.3	2　心疾患（高血圧性を除く）	98,150	163.0
3　老衰	90,144	141.9	3　肺炎	53,064	88.1
4　脳血管疾患	54,764	86.2	4　脳血管疾患	51,742	85.9
5　肺炎	42,434	66.8	5　老衰	31,724	52.7
6　誤嚥性肺炎	17,472	27.5	6　誤嚥性肺炎	22,882	38.0
7　不慮の事故	16,893	26.6	7　不慮の事故	22,517	37.4
8　血管性及び詳細不明の認知症	13,795	21.7	8　慢性閉塞性肺疾患（COPD）	14,816	24.6
9　アルツハイマー病	13,540	21.3	9　自殺	13,661	22.7
10　腎不全	13,069	20.6	10　腎不全	13,575	22.5

（注）月報年計による概数。
資料出所：厚生労働省「人口動態統計」

図表付-14　人口動態率の国際比較

国名	出生率		死亡率		乳児死亡率		婚姻率		離婚率		合計特殊出生率	
	（人口千対）				（出生千対）		（人口千対）					
日本	2019）	＊7.0	'19）	＊11.2	'19）	＊1.9	'19）	＊4.8	'19）	＊1.69	'19）	＊1.36
韓国	'18）	6.4	'18）	5.8	'18）	2.8	'18）	5.0	'18）	2.1	'18）	0.98
シンガポール	'18）	＊8.8	'18）	＊5.0	'19）	＊1.7	'18）	6.4	'18）	1.8	'19）	＊1.14
アメリカ	'18）	11.6	'18）	8.7	'18）	5.7	'18）	＊6.5	'18）	＊2.9	'18）	1.73
フランス	'18）	11.1	'18）	＊9.2	'17）	3.6	'18）	＊3.5	'16）	1.93	'18）	＊1.88
ドイツ	'18）	＊9.5	'18）	11.5	'18）	3.2	'18）	＊5.0	'18）	1.79	'18）	1.57
イタリア	'17）	7.6	'17）	10.7	'17）	2.7	'17）	3.2	'17）	1.51	'18）	1.29
スウェーデン	'18）	＊11.4	'18）	＊9.1	'17）	2.4	'18）	5.0	'18）	2.47	'18）	1.76
イギリス	'17）	11.4	'17）	＊9.2	'17）	＊3.9	'15）	4.4	'15）	1.80	'18）	1.68

（注）＊印は暫定値。
資料出所：1．厚生労働省「人口動態統計月報年計（概数）」
2．韓国統計庁資料
3．UN,DemographicYearbook
4．アメリカ全国保健統計センター（National Center for Health Statistics）資料
5．欧州連合統計局（Eurostat）資料
6．シンガポール統計局資料

図表付-15　世帯人員別世帯数と平均世帯人員の推移

（単位：千世帯）

年次	総数	1人世帯	2人世帯	3人世帯	4人世帯	5人世帯	6人以上の世帯	平均世帯人員（人）
1975年	32,877	5,991	5,078	5,982	8,175	4,205	3,446	3.35
1980	35,338	6,402	5,983	6,274	9,132	4,280	3,268	3.28
1985	37,226	6,850	6,895	6,569	9,373	4,522	3,017	3.22
1990	40,273	8,446	8,542	7,334	8,834	4,228	2,889	3.05
1995	40,770	9,213	9,600	7,576	7,994	3,777	2,611	2.91
2000	45,545	10,988	11,968	8,767	8,211	3,266	2,345	2.76
2005	47,043	11,580	13,260	9,265	7,499	3,250	2,189	2.68
2010	48,638	12,386	14,237	10,016	7,476	2,907	1,616	2.59
2015	50,361	13,517	15,765	9,927	7,242	2,617	1,294	2.49
2017	50,425	13,613	15,901	9,753	7,420	2,557	1,181	2.47
2018	50,991	14,125	16,212	9,922	7,167	2,482	1,084	2.44
2019	51,785	14,907	16,579	10,217	6,776	2,248	1,058	2.39

（注）1995年は兵庫県を除く。
資料出所：厚生労働省「国民生活基礎調査」

図表付-16　世帯人員別世帯数（構成割合）の推移

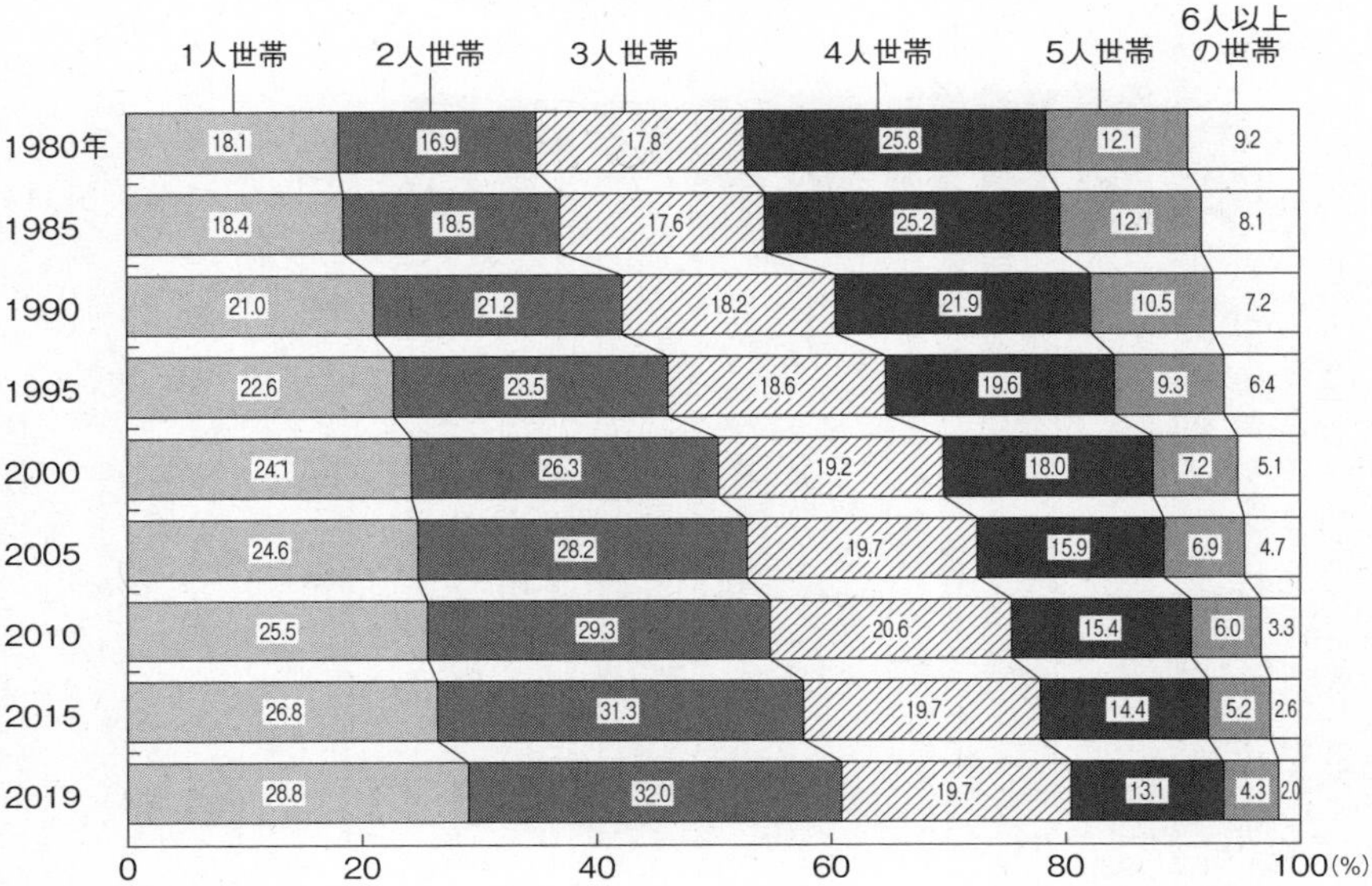

（注）1995年は兵庫県を除く。
資料出所：厚生労働省「国民生活基礎調査」

図表付-17　世帯構造別世帯数の推移

（単位：千世帯）

年次	総数	単独世帯	核家族世帯				三世代世帯	その他の世帯
				夫婦のみの世帯	夫婦と未婚の子のみの世帯	ひとり親と未婚の子のみの世帯		
1975年	32,877	5,991	19,304	3,877	14,043	1,385	5,548	2,034
1980	35,338	6,402	21,318	4,619	15,220	1,480	5,714	1,904
1985	37,226	6,850	22,744	5,423	15,604	1,718	5,672	1,959
1990	40,273	8,446	24,154	6,695	15,398	2,060	5,428	2,245
1995	40,770	9,213	23,997	7,488	14,398	2,112	5,082	2,478
2000	45,545	10,988	26,938	9,422	14,924	2,592	4,823	2,796
2005	47,043	11,580	27,872	10,295	14,609	2,968	4,575	3,016
2010	48,638	12,386	29,097	10,994	14,922	3,180	3,835	3,320
2015	50,361	13,517	30,316	11,872	14,820	3,624	3,264	3,265
2017	50,425	13,613	30,632	12,096	14,891	3,645	2,910	3,270
2018	50,991	14,125	30,804	12,270	14,851	3,683	2,720	3,342
2019	51,785	14,907	30,973	12,639	14,718	3,616	2,627	3,278

（注）1995年は兵庫県を除く。
資料出所：厚生労働省「国民生活基礎調査」

図表付-18　世帯構造別世帯数（構成割合）の推移

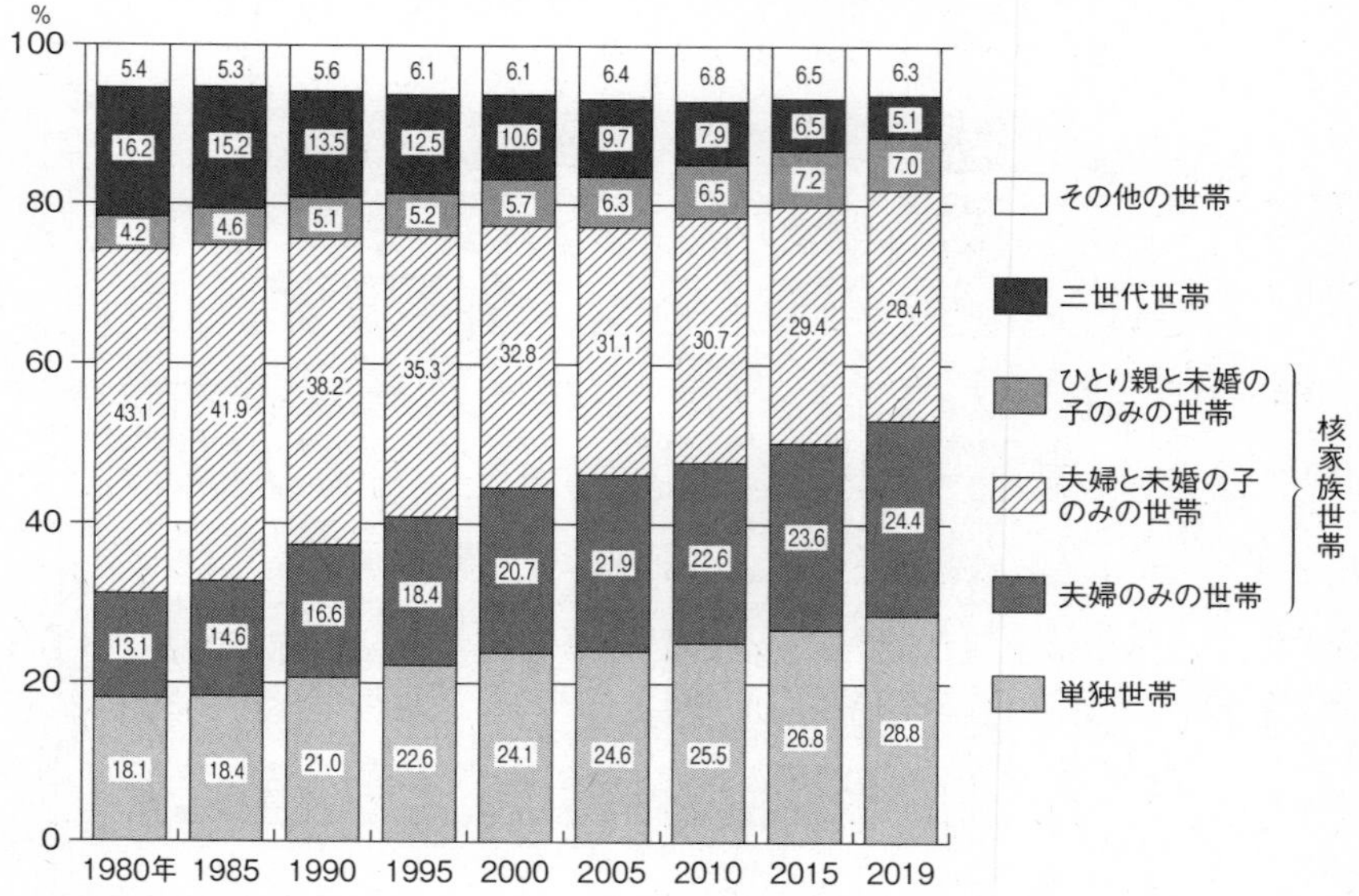

（注）1995年は兵庫県を除く。
資料出所：厚生労働省「国民生活基礎調査」

図表付-19　世帯類型別世帯数の推移

年次	推計数（千世帯）					構成割合（%）			
	総数	高齢者世帯	母子世帯	父子世帯	その他の世帯	高齢者世帯	母子世帯	父子世帯	その他の世帯
1975年	32,877	1,089	374	65	31,349	3.3	1.1	0.2	95.4
1980	35,338	1,684	439	95	33,121	4.8	1.2	0.3	93.7
1985	37,226	2,192	508	99	34,427	5.9	1.4	0.3	92.5
1990	40,273	3,113	543	102	36,515	7.7	1.3	0.3	90.7
1995	40,770	4,390	483	84	35,812	10.8	1.2	0.2	87.8
2000	45,545	6,261	597	83	38,604	13.7	1.3	0.2	84.8
2005	47,043	8,349	691	79	37,924	17.7	1.5	0.2	80.6
2010	48,638	10,207	708	77	37,646	21.0	1.5	0.2	77.4
2015	50,361	12,714	793	78	36,777	25.2	1.6	0.2	73.0
2017	50,425	13,223	767	97	36,338	26.2	1.5	0.2	72.1
2018	50,991	14,063	662	82	36,184	27.6	1.3	0.2	71.0
2019	51,785	14,878	644	76	36,187	28.7	1.2	0.1	69.9

（注）１．「高齢者世帯」とは、65歳以上の者のみで構成するか、又はこれに18歳未満の者が加わった世帯をいう。
２．「母子世帯」とは、死別・離別・その他の理由で、現に配偶者がいない65歳未満の女と20歳未満のその子のみで構成している世帯をいう。
３．「父子世帯」とは、死別・離別・その他の理由で、現に配偶者のいない65歳未満の男と20歳未満のその子のみで構成している世帯をいう。
４．1995年は兵庫県を除く。
資料出所：厚生労働省「国民生活基礎調査」

図表付-20　世帯構造別高齢者世帯数の推移（1）

年次	総数	単独世帯			夫婦のみの世帯	その他の世帯
			女	男		
		推計数（単位：千世帯）				
1975年	1,089	611	473	138	443	36
1980	1,684	910	718	192	722	52
1985	2,192	1,131	913	218	996	65
1990	3,113	1,613	1,318	295	1,400	100
1995	4,390	2,199	1,751	449	2,050	141
2000	6,261	3,079	2,398	682	2,982	199
2005	8,349	4,069	3,059	1,010	4,071	209
2010	10,207	5,018	3,598	1,420	4,876	313
2015	12,714	6,243	4,292	1,951	5,998	473
2017	13,223	6,274	4,228	2,046	6,435	514
2018	14,063	6,830	4,604	2,226	6,648	585
2019	14,878	7,369	4,793	2,577	6,938	571
		構成割合（単位：%）				
1975年	100.0	56.0	43.4	12.6	40.7	3.3
1980	100.0	54.0	42.7	11.4	42.9	3.1
1985	100.0	51.6	41.7	9.9	45.4	3.0
1990	100.0	51.8	42.3	9.5	45.0	3.2
1995	100.0	50.1	39.9	10.2	46.7	3.2
2000	100.0	49.2	38.3	10.9	47.6	3.2
2005	100.0	48.7	36.6	12.1	48.8	2.5
2010	100.0	49.2	35.3	13.9	47.8	3.1
2015	100.0	49.1	33.8	15.3	47.2	3.7
2017	100.0	47.4	32.0	15.5	48.7	3.9
2018	100.0	48.6	32.7	15.8	47.3	4.2
2019	100.0	49.5	32.2	17.3	46.6	3.8

（注）1995年は兵庫県を除く。
資料出所：厚生労働省「国民生活基礎調査」

図表付-21　世帯構造別高齢者世帯数の推移(2)

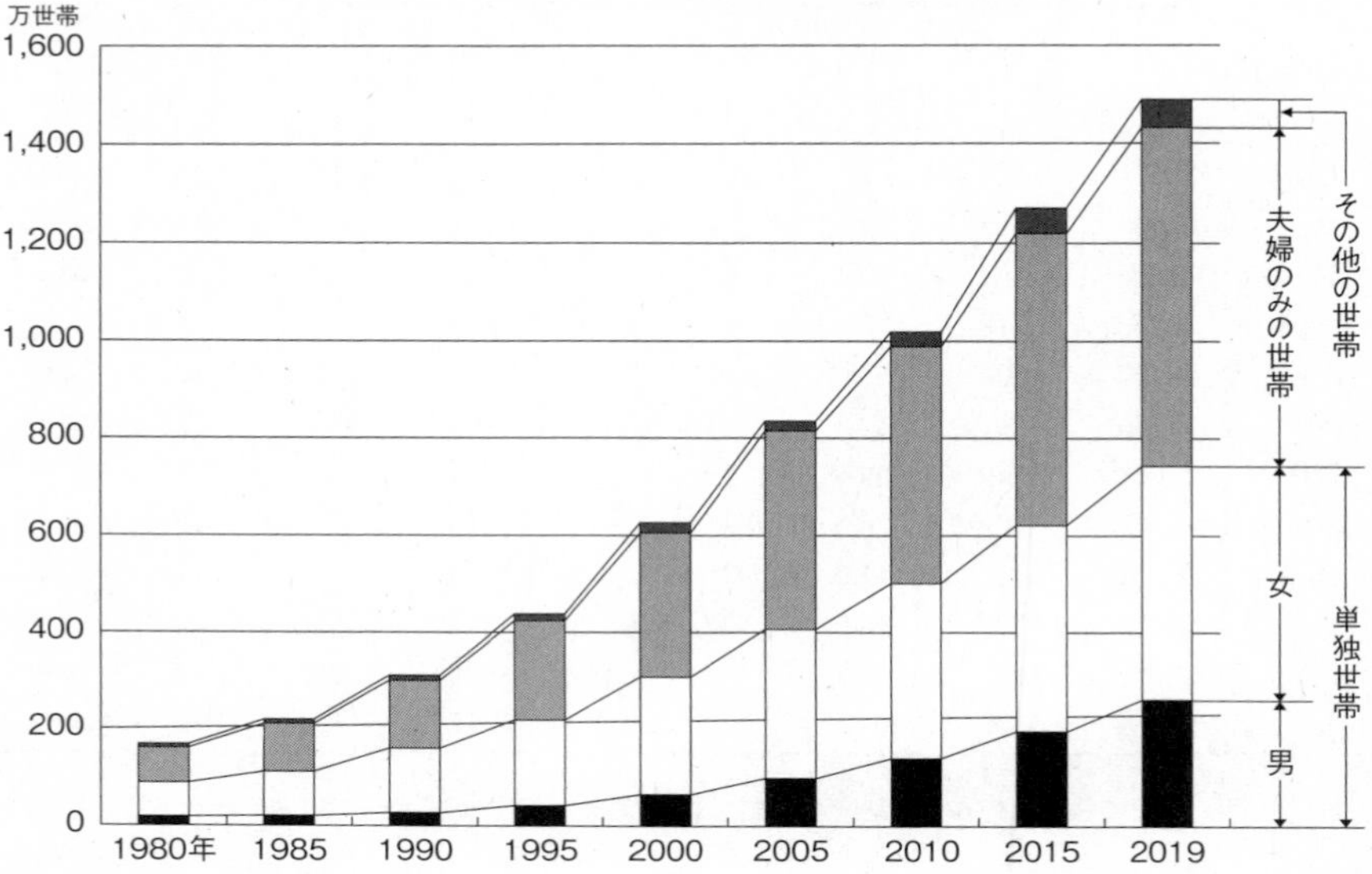

(注) 1995年は兵庫県を除く。
資料出所：厚生労働省「国民生活基礎調査」

図表付-22　性、年齢階級別高齢単独世帯の構成割合の推移

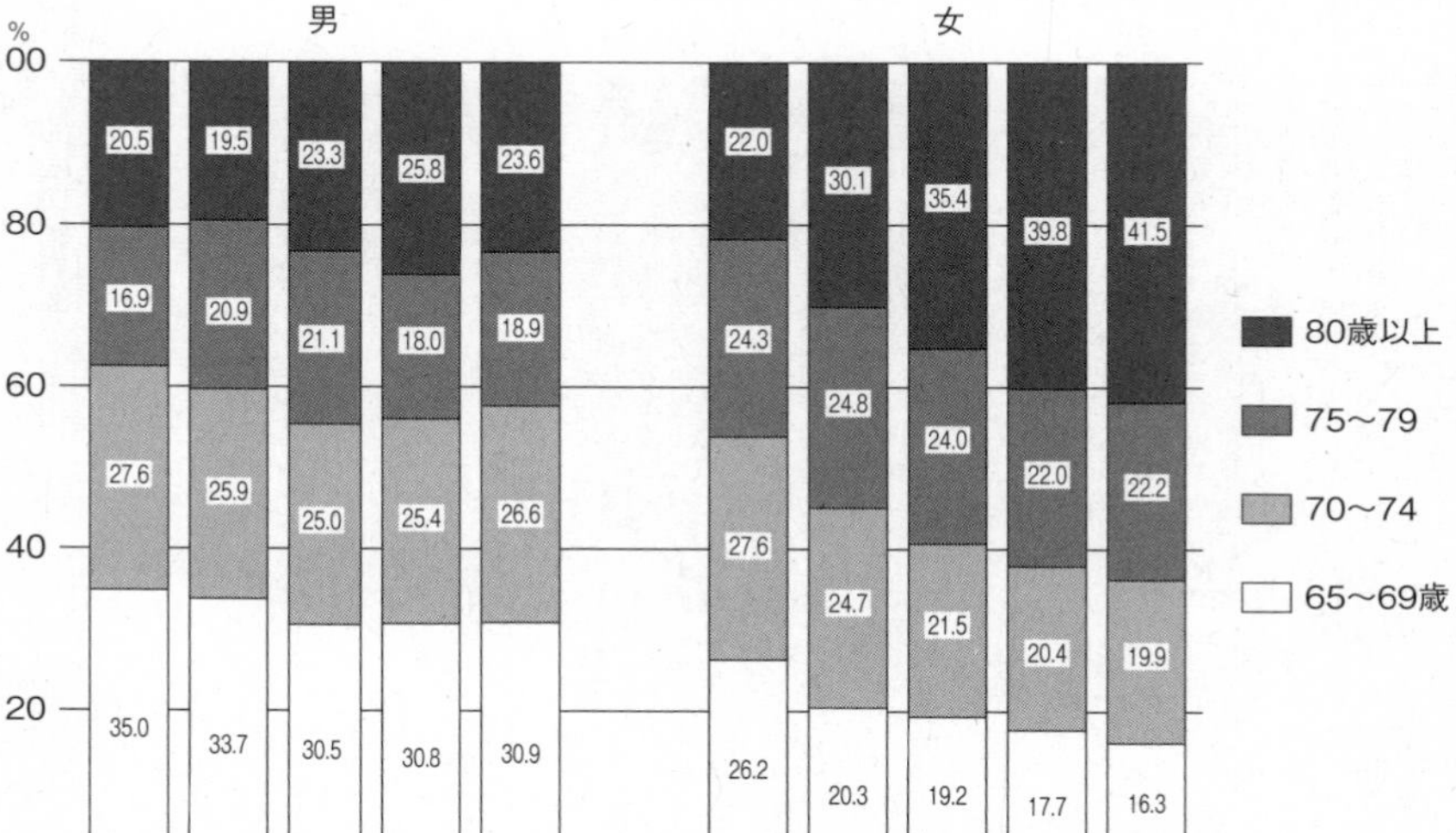

資料出所：厚生労働省「国民生活基礎調査」

図表付-23　世帯構造別65歳以上の者のいる世帯数の推移

（単位：千世帯）

年次	総数	全世帯に占める割合（%）	単独世帯	夫婦のみの世帯	いずれかが65歳未満	ともに65歳以上	親と未婚の子のみの世帯	三世代世帯	その他の世帯	65歳以上の者のみの世帯（再掲）
1975年	7,118	(21.7)	611	931	487	443	683	3,871	1,023	1,069
1980	8,495	(24.0)	910	1,379	657	722	891	4,254	1,062	1,659
1985	9,400	(25.3)	1,131	1,795	799	996	1,012	4,313	1,150	2,171
1990	10,816	(26.9)	1,613	2,314	914	1,400	1,275	4,270	1,345	3,088
1995	12,695	(31.1)	2,199	3,075	1,024	2,050	1,636	4,232	1,553	4,370
2000	15,647	(34.4)	3,079	4,234	1,252	2,982	2,268	4,141	1,924	6,240
2005	18,532	(39.4)	4,069	5,420	1,349	4,071	3,010	3,947	2,088	8,337
2010	20,705	(42.6)	5,018	6,190	1,314	4,876	3,837	3,348	2,313	10,188
2015	23,724	(47.1)	6,243	7,469	1,471	5,998	4,704	2,906	2,402	12,688
2017	23,787	(47.2)	6,274	7,731	1,297	6,435	4,734	2,621	2,427	13,197
2018	24,927	(48.9)	6,830	8,045	1,397	6,648	5,122	2,493	2,437	14,041
2019	25,584	(49.4)	7,369	8,270	1,332	6,938	5,119	2,404	2,423	14,856

（注）1995年は兵庫県を除く。
資料出所：厚生労働省「国民生活基礎調査」

図表付-24　世帯構造別65歳以上の者のいる世帯数の構成割合の推移

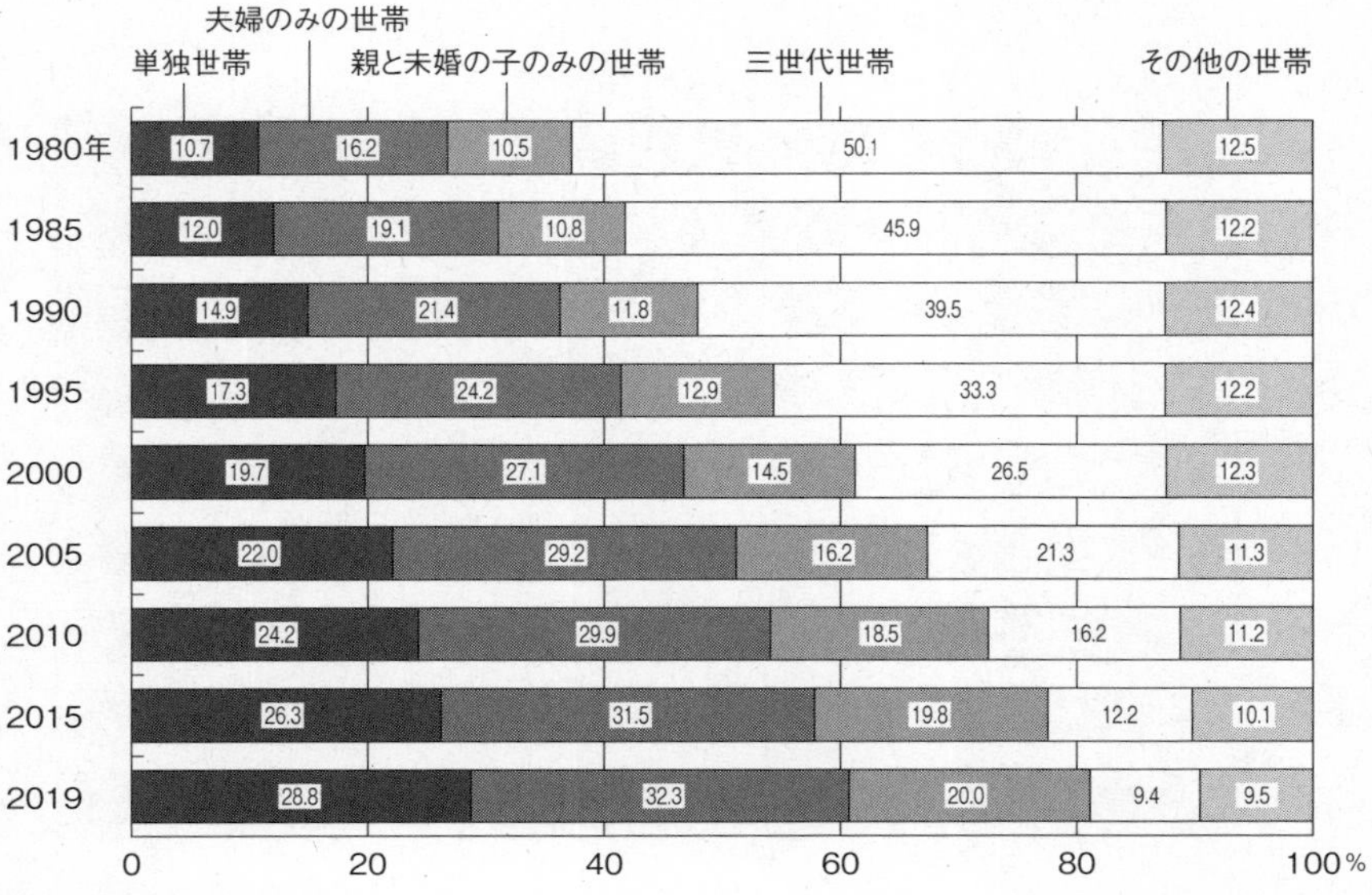

（注）1995年は兵庫県を除く。
資料出所：厚生労働省「国民生活基礎調査」

図表付-25　児童の有（児童数）無別世帯数と平均児童数の推移

（単位：千世帯）

年次	総数	児童のいる世帯	1人	2人	3人	4人以上	児童のいない世帯	児童のいる世帯の平均児童数(人)
1975年	32,877	17,427	6,578	8,089	2,401	360	15,450	1.81
1980	35,338	17,630	6,251	8,568	2,497	315	17,708	1.83
1985	37,226	17,385	6,174	8,417	2,520	274	19,841	1.83
1990	40,273	15,573	5,803	7,176	2,348	247	24,700	1.81
1995	40,770	13,586	5,495	5,854	1,999	238	27,183	1.78
2000	45,545	13,060	5,485	5,588	1,768	219	32,485	1.75
2005	47,043	12,366	5,355	5,323	1,480	208	34,677	1.72
2010	48,638	12,324	5,514	5,181	1,433	195	36,314	1.70
2015	50,361	11,817	5,487	4,779	1,338	213	38,545	1.69
2017	50,425	11,734	5,202	4,937	1,381	213	38,691	1.71
2018	50,991	11,267	5,117	4,551	1,408	191	39,724	1.71
2019	51,785	11,221	5,250	4,523	1,250	198	40,564	1.68

（注）１．「児童のいる世帯」とは、18歳未満の未婚の者が同居している世帯をいう。
２．1995年は兵庫県を除く。
資料出所：厚生労働省「国民生活基礎調査」

図表付-26　児童の有（児童数）無別世帯数の構成割合の推移

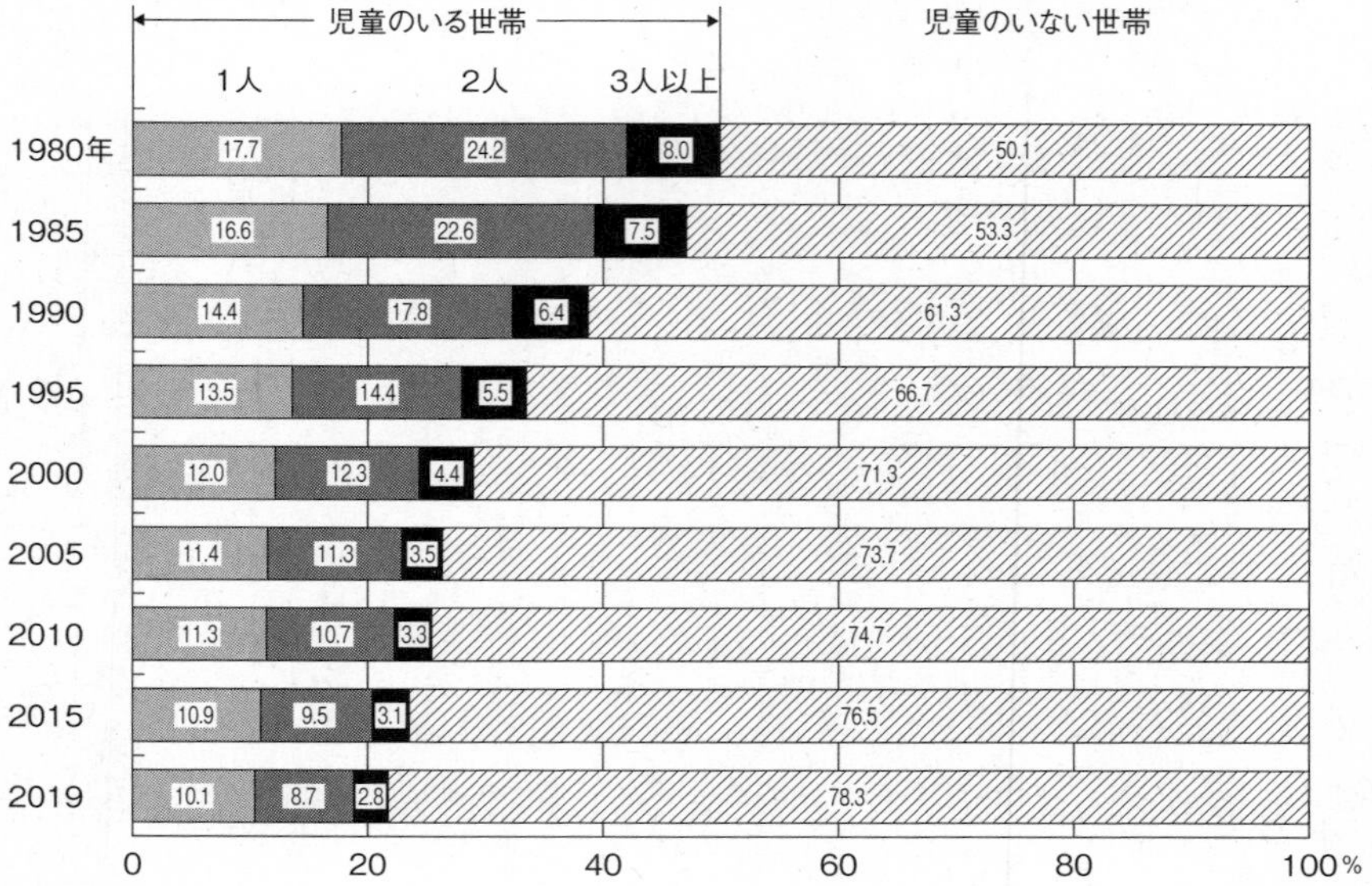

（注）1995年は兵庫県を除く。
資料出所：厚生労働省「国民生活基礎調査」

図表付-27　児童のいる世帯の末子の母の仕事の有無別構成割合の推移

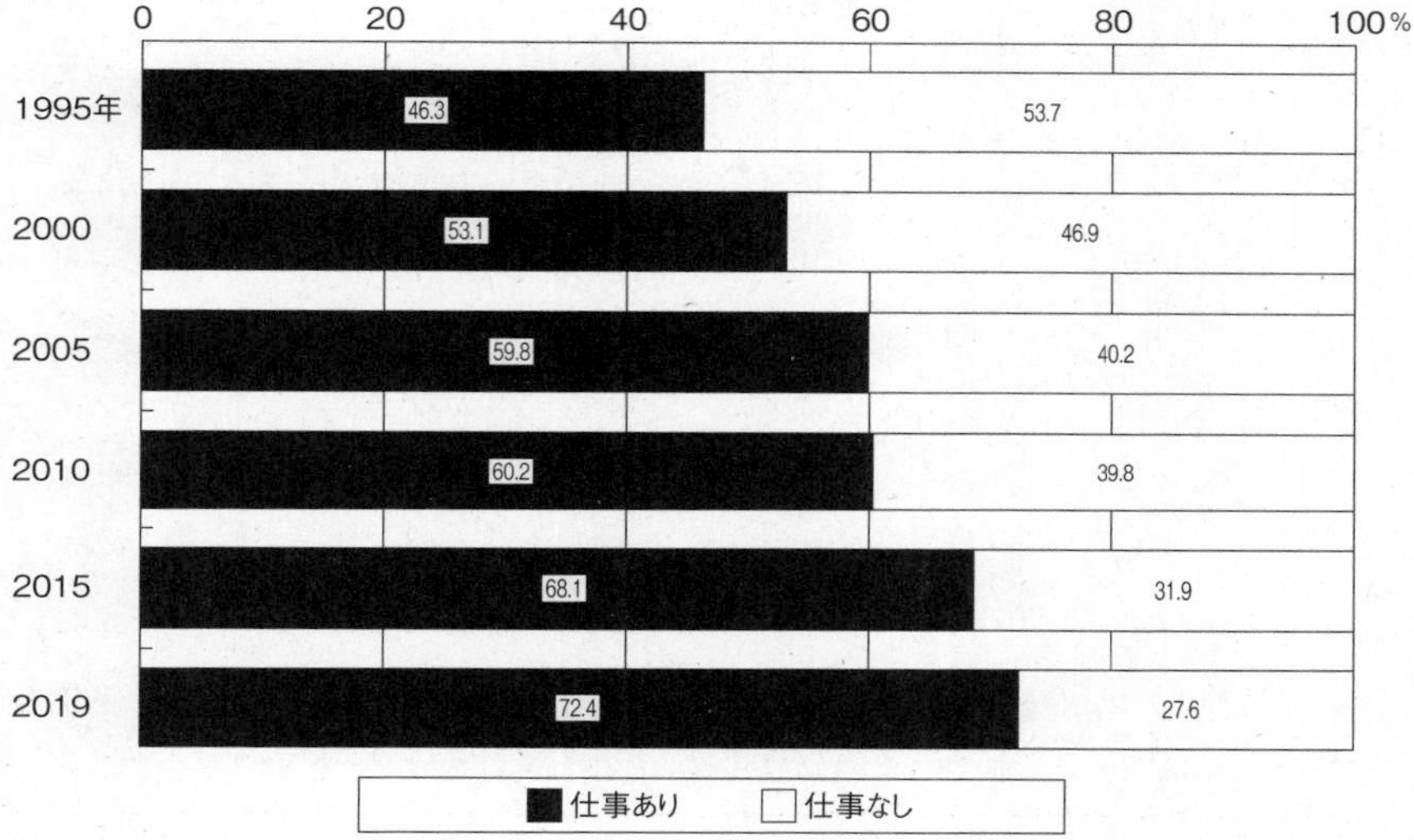

（注）１．「母子世帯」を含む。
２．「母のいない世帯」及び「母の仕事の有無不詳の世帯」は除く。
３．1995年は兵庫県を除く。
資料出所：厚生労働省「国民生活基礎調査」

図表付-28　末子の年齢階級、仕事の有無、正規・非正規等別児童のいる世帯の末子の母の構成割合（2019年）

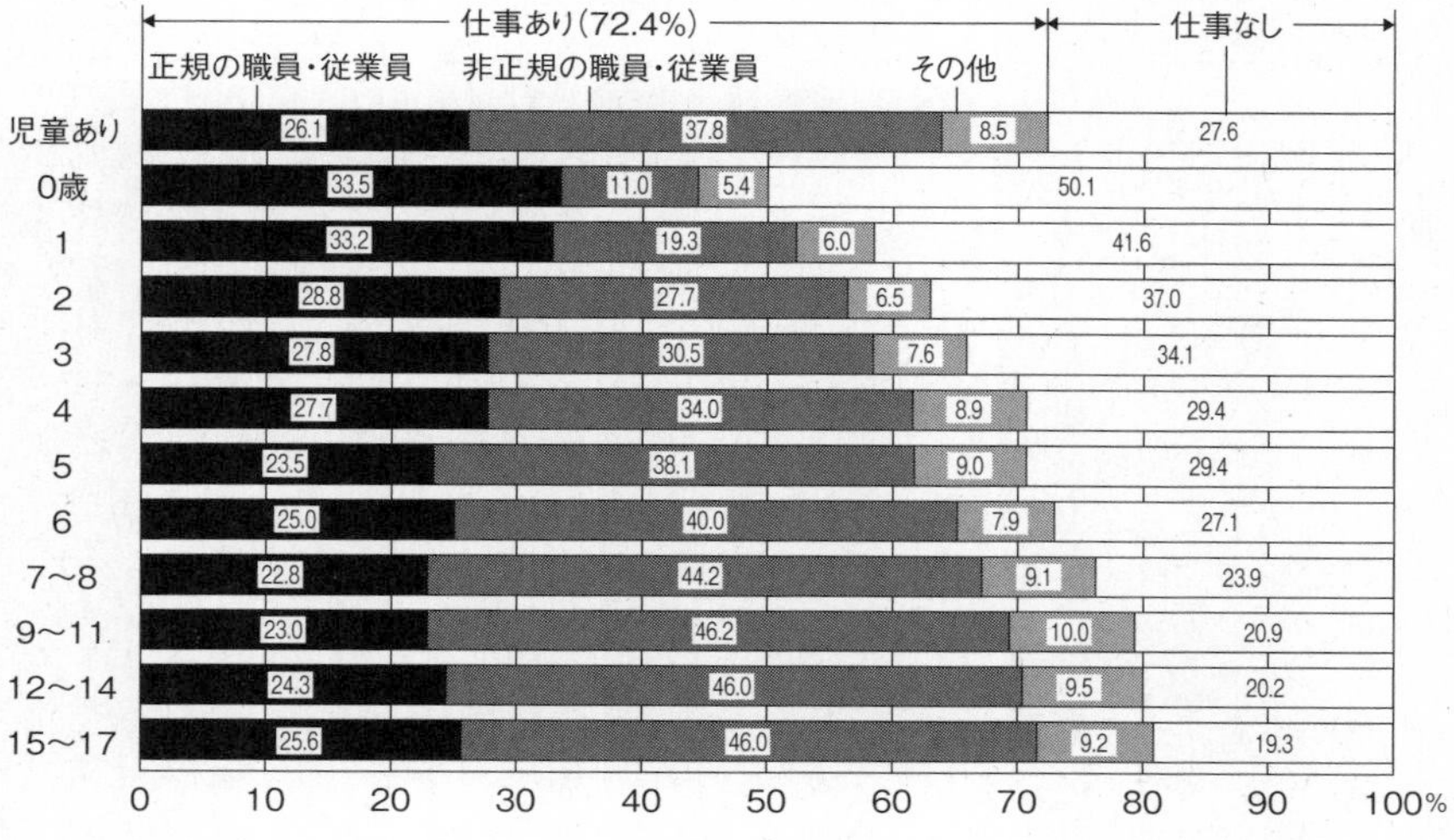

（注）１．「その他」には、自営業主、家族従業者、会社・団体等の役員、内職、その他、勤めか自営か不詳及び勤め先での呼称不詳を含む。
２．「母の仕事の有無不詳」は含まない。
資料出所：厚生労働省「国民生活基礎調査」

図表付-29　1世帯当たり・世帯人数1人当たり平均所得金額の推移

年次	1世帯当たり平均所得金額(万円)	対前年増加率(%)	1世帯当たり平均可処分所得金額(万円)	対前年増加率(%)	世帯人員1人当たり平均所得金額(万円)	対前年増加率(%)	平均世帯人員(人)
1990年	596.6	5.3	…	…	183.6	5.2	3.25
1995	659.6	−0.7	545.4	−0.3	219.2	1.3	3.01
2000	616.9	−1.5	512.0	−2.3	212.1	−3.5	2.91
2005	563.8	−2.9	448.5	−4.9	205.9	1.3	2.74
2010	538.0	−2.1	420.4	−2.3	200.4	−3.3	2.68
2015	545.4	0.6	416.4	−0.9	212.2	0.6	2.57
2016	560.2	2.7	428.8	3.0	219.5	3.4	2.55
2017	551.6	−1.5	421.3	−1.7	222.1	1.2	2.48
2018	552.3	−1.4	417.7	−2.6	222.3	1.3	2.48

(注) 1．まかない付きの寮・寄宿舎は除く。
2．金額不詳の世帯は除く。
3．2010年は岩手県、宮城県及び福島県を除く。
4．2015年は熊本県を除く。
資料出所：厚生労働省「国民生活基礎調査」

図表付-30　所得五分位階級別1世帯当たり平均所得金額の推移

所得五分位階級	1995年	2000	2005	2010	2015	2016	2017	2018
	1世帯当たり平均所得金額（万円）							
総数	659.6	616.9	563.8	538.0	545.4	560.2	551.6	552.3
第Ⅰ	163.1	136.5	129.0	124.3	126.0	133.4	126.8	125.2
第Ⅱ	364.0	316.0	289.8	276.4	271.7	287.3	271.6	277.9
第Ⅲ	555.4	497.4	459.5	431.1	431.0	445.4	427.2	441.1
第Ⅳ	792.3	743.3	679.7	650.9	654.4	674.8	657.3	667.7
第Ⅴ	1,423.2	1,391.2	1,261.4	1,207.4	1,243.8	1,260.0	1,275.2	1,249.8
	対前年増加率（%）							
総数	−0.7	−1.5	−2.9	−2.1	0.6	2.7	−1.5	0.1
第Ⅰ	8.4	−3.8	4.1	−3.9	0.2	5.9	−4.9	−1.3
第Ⅱ	3.0	−1.3	−0.7	−2.4	0.6	5.7	−5.5	2.3
第Ⅲ	1.6	−1.9	−1.4	−2.3	0.5	3.3	−4.1	3.3
第Ⅳ	0.4	−1.5	−6.3	−1.3	−0.7	3.1	−2.6	1.6
第Ⅴ	−3.9	−1.0	−2.6	−2.2	1.5	1.3	1.2	−2.0

(注) 1．2010年は岩手県、宮城県及び福島県を除く。
2．2015年は熊本県を除く。
資料出所：厚生労働省「国民生活基礎調査」

図表付-31　世帯主の年齢階級別１世帯当たり・世帯人員１人当たり平均所得金額（2018年）

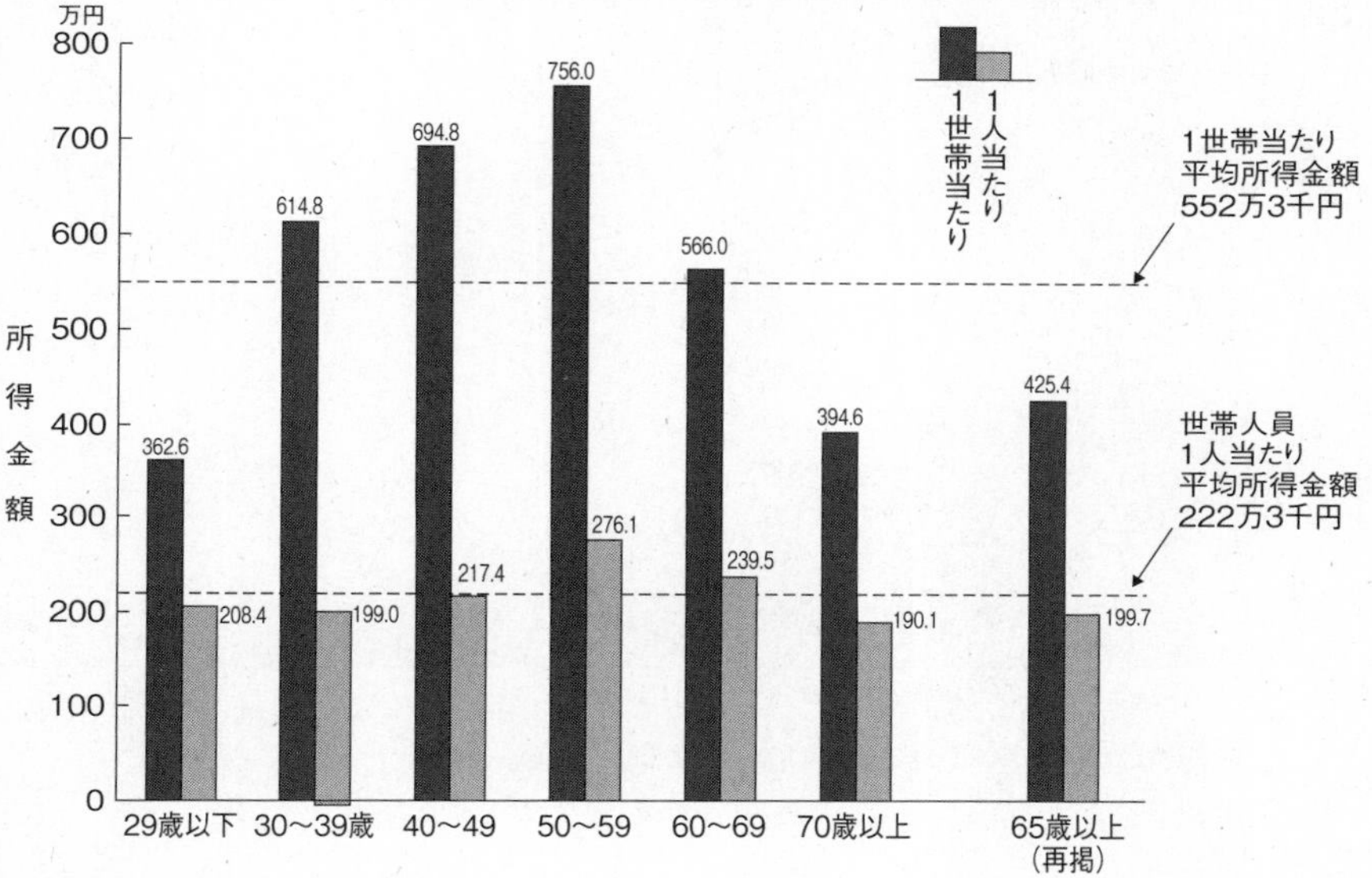

資料出所：厚生労働省「国民生活基礎調査」

図表付-32　世帯構造別１世帯当たり平均所得金額の推移

（単位：万円）

年次	総数	単独世帯	核家族世帯	夫婦のみの世帯	夫婦と未婚の子のみの世帯	ひとり親と未婚の子のみの世帯	三世代世帯	その他の世帯
1990年	596.6	247.1	621.8	497.5	701.6	417.0	809.9	611.0
1995	659.6	291.4	692.9	560.7	797.5	468.3	967.9	715.3
2000	616.9	277.9	651.7	550.5	757.9	427.8	915.9	667.1
2005	563.8	267.5	606.4	501.8	738.7	378.6	910.3	584.9
2010	538.0	246.5	582.5	491.2	706.1	369.4	871.0	598.3
2015	545.4	255.2	601.7	499.0	731.1	414.9	877.0	638.1
2016	560.2	289.5	618.5	506.0	758.0	422.9	925.5	602.1
2017	551.6	280.9	626.4	529.1	774.6	408.7	873.4	573.3
2018	552.3	274.7	622.0	520.1	760.0	442.8	900.3	584.9

（注）１．2010年は岩手県、宮城県及び福島県を除く。
　　　２．2015年は熊本県を除く。
資料出所：厚生労働省「国民生活基礎調査」

図表付-33　所得金額階級別世帯数の相対度数分布（2018年）

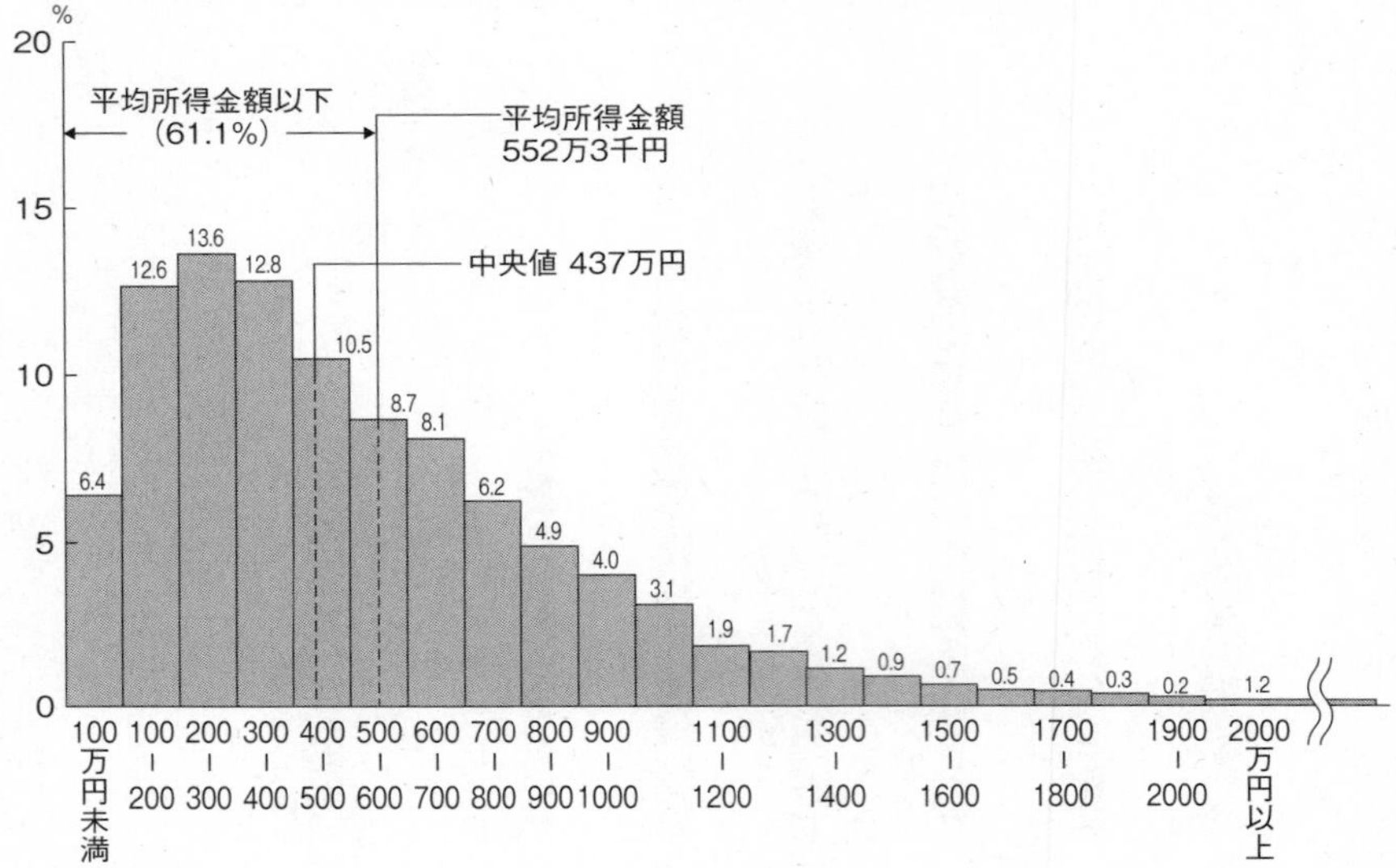

資料出所：厚生労働省「2019年 国民生活基礎調査の概況」

図表付-34　世帯類型別１世帯当たり平均所得金額の推移

（単位：万円）

年次	総数	高齢者世帯	母子世帯	その他の世帯	児童のいる世帯（再掲）
1990年	596.6	263.9	249.0	636.0	670.4
1995	659.6	316.9	252.0	713.9	737.2
2000	616.9	319.5	252.8	684.2	725.8
2005	563.8	301.9	211.9	640.4	718.0
2010	538.0	307.2	252.3	615.6	658.1
2015	545.4	308.1	270.1	644.7	707.6
2016	560.2	318.6	290.5	663.5	739.8
2017	551.6	334.9	282.9	661.0	743.6
2018	552.3	312.6	306.0	664.5	745.9

（注）１．「その他の世帯」には「父子世帯」を含む。
２．「母子世帯」は客体が少ないため、数値の使用には注意を要する。
３．2010年は岩手県、宮城県及び福島県を除く。
４．2015年は熊本県を除く。
資料出所：厚生労働省「国民生活基礎調査」

図表付-35　生活意識別世帯数の構成割合の推移

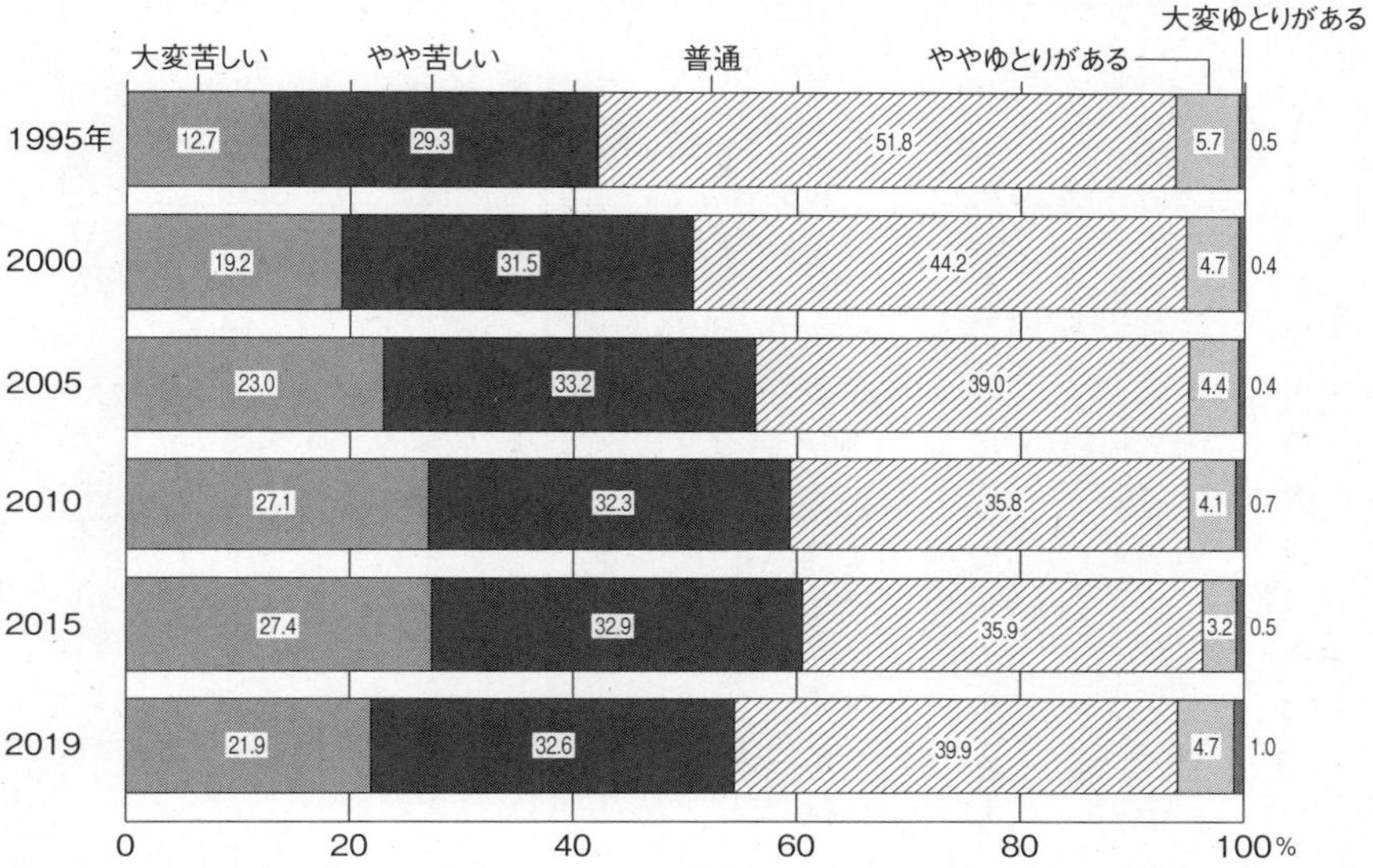

（注）1995年は兵庫県を除く。
資料出所：厚生労働省「国民生活基礎調査」

図表付-36　全世帯および特定世帯の生活意識別世帯数の構成割合（2019年）

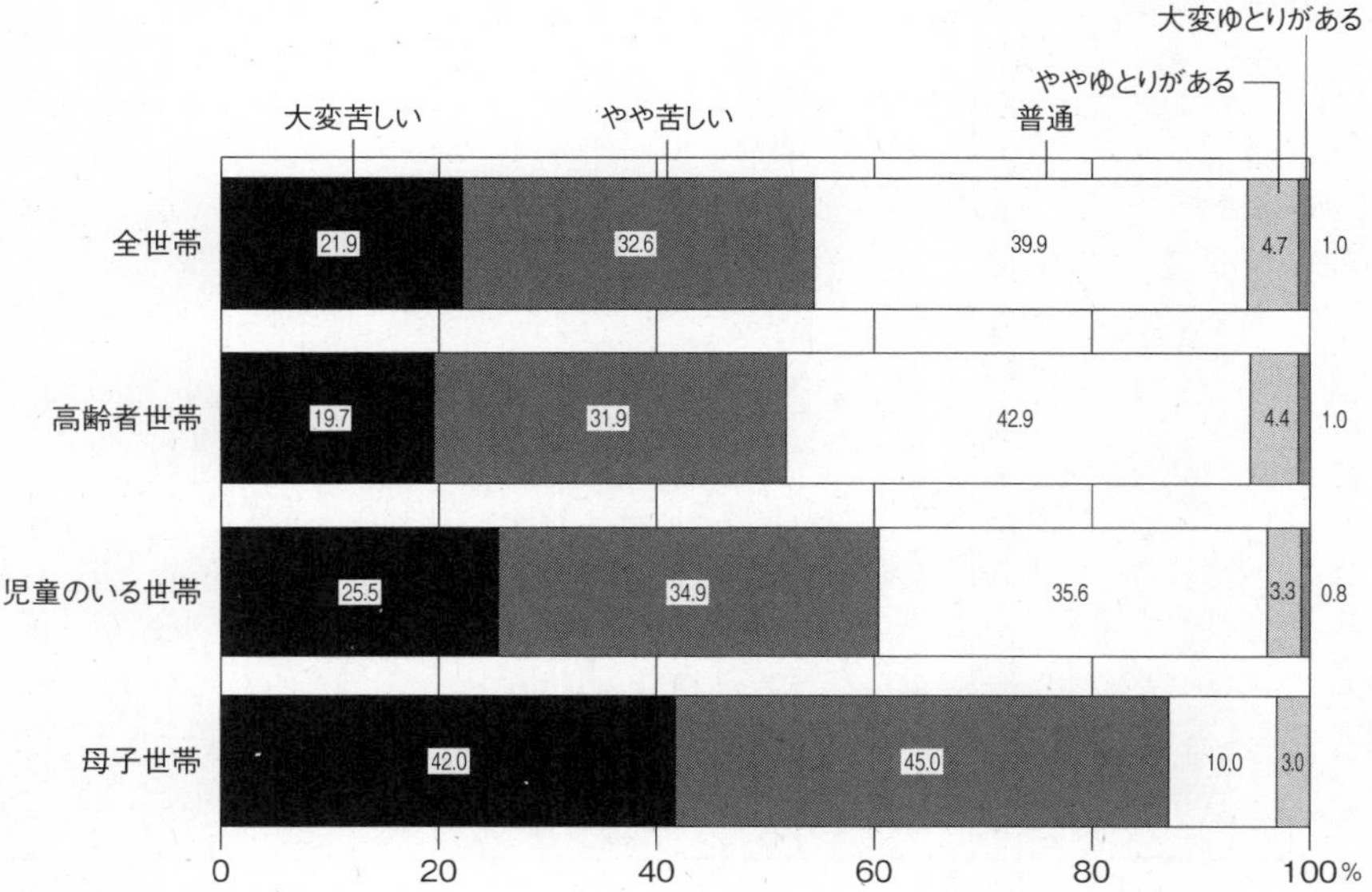

資料出所：厚生労働省「国民生活基礎調査」

図表付-37　消費者物価指数の推移

(2015年＝100)

年次	総合指数		生鮮食品を除く総合		持家の帰属家賃を除く総合		食料（酒類を除く）及びエネルギーを除く総合	
	指数	前年比(%)	指数	前年比(%)	指数	前年比(%)	指数	前年比(%)
1975年	54.0	11.7	54.4	11.9	55.0	11.8	52.6	10.7
1980	74.5	7.7	74.6	7.5	75.5	8.0	73.7	6.5
1985	85.4	2.0	85.5	2.0	86.4	2.1	86.0	2.7
1990	91.2	3.1	91.2	2.7	91.7	3.1	94.5	2.6
1995	97.6	−0.1	98.0	0.0	97.6	−0.3	102.3	0.7
2000	99.1	−0.7	99.8	−0.4	98.6	−0.9	104.7	−0.4
2005	96.9	−0.3	97.6	−0.1	95.9	−0.4	101.5	−0.4
2010	96.5	−0.7	96.9	−1.0	95.6	−0.8	98.9	−1.2
2015	100.0	0.8	100.0	0.5	100.0	1.0	100.0	1.0
2016	99.9	−0.1	99.7	−0.3	99.9	−0.1	100.3	0.3
2017	100.4	0.5	100.2	0.5	100.5	0.6	100.3	−0.1
2018	101.3	1.0	101.0	0.9	101.7	1.2	100.4	0.1
2019	101.8	0.5	101.7	0.6	102.3	0.6	100.8	0.4

資料出所：総務省統計局「消費者物価指数」

図表付-38　栄養素等1人1日当たり摂取量の推移

栄養素等		1975年	1985	1995	2005	2015	2016	2017	2018
エネルギー	kcal	2,188	2,088	2,042	1,904	1,889	1,865	1,897	1,900
たん白質	g	80.0	79.0	81.5	71.1	69.1	68.5	69.4	70.4
うち動物性	g	38.9	40.1	44.4	38.3	37.3	37.4	37.8	38.9
脂質	g	52.0	56.9	59.9	53.9	57.0	57.2	59.0	60.4
うち動物性	g	25.6	27.6	29.8	27.3	28.7	29.1	30.0	31.8
炭水化物	g	337	298	280	267	258	253	255	251
カルシウム	mg	550	553	585	539	517	502	514	505
鉄	mg	13.4	10.8	11.8	8.0	7.6	7.4	7.5	7.5
ビタミンA	μgRE	1,602	2,188	2,840	604	534	524	519	518
ビタミンB_1	mg	1.11	1.34	1.22	0.87	0.86	0.86	0.87	0.90
ビタミンB_2	mg	0.96	1.25	1.47	1.18	1.17	1.15	1.18	1.16
ビタミンC	mg	117	128	135	106	98	89	94	95
穀類エネルギー比率	%	49.8	47.2	40.7	42.7	41.2	40.9	40.4	40.0
動物性たんぱく質比率	%	48.6	50.8	54.5	52.1	52.3	52.8	52.7	53.5

（注）1.　ビタミンAの単位はレチノール当量。1995年以前の単位はIU。
2.　2016年は抽出率等を考慮した全国補正値。
資料：厚生労働省「国民健康・栄養調査」

図表付-39　国民1人1日当たり食品群別摂取量の推移

（単位：g）

食品群	1975年	1985	1995	2005	2015	2016	2017	2018
総量	1,411.6	1,345.6	1,449.2	2,080.7	2,205.8	1,999.5	2,038.0	1,994.0
穀類	340.0	308.9	264.0	452.0	430.7	422.1	421.8	415.1
米類	248.3	216.1	167.9	343.9	318.3	310.8	308.0	308.5
小麦類	90.2	91.3	93.7	99.3	102.6	100.7	103.6	97.3
その他	1.5	1.5	2.5	8.8	9.8	10.6	10.2	9.2
いも類	60.9	63.2	68.9	59.1	50.9	53.8	52.7	51.0
さつまいも・加工品	11.0	10.7	10.8	7.2	6.6	7.4	8.0	6.9
じゃがいも・加工品	22.1	25.6	30.3	28.5	25.1	26.2	25.1	24.8
その他	27.8	26.9	27.8	23.5	19.3	20.2	19.6	19.3
砂糖・甘味料類	14.6	11.2	9.9	7.0	6.6	6.5	6.8	6.4
豆類	70.0	66.6	70.0	59.3	60.3	58.6	62.8	62.9
大豆・加工品	67.2	64.3	68.0	57.7	58.6	57.2	61.6	61.4
その他の豆・加工品	2.8	2.3	2.0	1.5	1.7	1.4	1.2	1.4
種実類	1.5	1.4	2.1	1.9	2.3	2.5	2.6	2.4
果実類	193.5	140.6	133.0	125.7	107.6	98.9	105.0	96.7
緑黄色野菜	48.2	73.9	94.0	94.4	94.4	84.5	83.9	82.9
その他野菜	189.9	178.1	184.4	185.3	187.6	181.5	192.2	186.3
きのこ類	8.6	9.7	11.8	16.2	15.7	16.0	16.1	16.0
藻類	4.9	5.6	5.3	14.3	10.0	10.9	9.9	8.5
動物性食品	303.3	320.0	366.8	324.7	329.0	329.7	336.1	340.6
魚介類	94.0	90.0	96.9	84.0	69.0	65.6	64.4	65.1
肉類	64.2	71.7	82.3	80.2	91.0	95.5	98.5	104.5
卵類	41.5	40.3	42.1	34.2	35.5	35.6	37.6	41.1
乳・乳製品	103.6	116.7	144.5	125.1	132.2	131.8	135.7	128.8
油脂類	15.8	17.7	17.3	10.4	10.8	10.9	11.3	11.0
菓子類	29.0	22.8	26.8	25.3	26.7	26.3	26.8	26.1
嗜好飲料類｝	119.7	113.4	190.2	601.6	788.7	605.1	623.4	628.6
調味料・香辛料類｝				92.8	85.7	93.5	86.5	60.7
補助栄養素・特定保健用食品	…	…	…	11.8	−	−	−	−
その他	11.7	13.7	17.6	−	−	−	−	−

（注）1．2001年より次のとおり分類・計量方法が変更され、それ以前と接続しない。
・「ジャム」は「砂糖類」から「果実類」に、「味噌」は「豆類」から「調味料・香辛料類」に、「マヨネーズ」は「油脂類」から「調味料・香辛料類」に分類。
・「その他のいも・加工品」には「でんぷん・加工品」が含まれ、「その他の野菜」には「野菜ジュース」「漬けもの」が含まれる。
・「動物性食品」の「総量」には「バター」「動物性油脂」が含まれるため、内訳合計とは一致しない。
・数量は調理を加味、「米・加工品」の米は「めし」・「かゆ」など、「その他の穀類・加工品」の「干しそば」は「ゆでそば」など、「藻類」の「乾燥わかめ」は「水戻しわかめ」など、「嗜好飲料類」の「茶葉」は「茶浸出液」などで算出。
2．2003年～2011年までは補助栄養素及び特定保健用食品からの摂取量の調査が追加された。
3．2016年は抽出率等を考慮した全国補正値。
資料：厚生労働省「国民健康・栄養調査」

図表付-40　年間収入五分位階級別家計収支（二人以上の世帯のうち勤労者世帯）（2019年）

（単位：円/月）

	年間収入五分位階級						第Ⅰ階級に対する第Ⅴ階級の倍率
	平均	第Ⅰ階級 ～462万円	第Ⅱ階級 462～600万円	第Ⅲ階級 600～749万円	第Ⅳ階級 749～944万円	第Ⅴ階級 944万円～	
世帯人員（人）	3.31	2.99	3.29	3.36	3.42	3.49	－
有業人員（人）	1.77	1.56	1.69	1.77	1.84	1.98	－
世帯主の年齢（歳）	49.6	51.0	48.6	48.7	49.4	50.6	－
持家率（%）	79.8	67.6	77.6	81.3	86.3	86.1	－
実収入	586,149	327,406	453,120	542,579	650,419	957,222	2.92
世帯主収入	438,263	232,414	340,200	417,696	497,070	703,935	3.03
定期収入	355,056	209,364	289,376	342,596	393,477	540,466	2.58
臨時収入・賞与	83,207	23,049	50,824	75,100	103,594	163,469	7.09
世帯主の配偶者の収入	83,468	25,506	47,922	66,279	94,380	183,253	7.18
可処分所得	476,645	283,863	381,610	447,033	525,941	744,780	2.62
消費支出	323,853	230,660	273,333	307,315	357,232	450,727	1.95
食料	77,431	60,633	69,293	76,751	83,321	97,155	1.60
住居	19,292	23,585	18,605	17,356	16,194	20,718	0.88
光熱・水道	21,838	19,799	21,304	21,452	22,708	23,927	1.21
家具・家事用品	12,079	8,669	10,725	11,519	14,051	15,434	1.78
被服及び履物	12,935	7,722	9,330	12,157	15,382	20,086	2.60
保健医療	12,662	9,753	10,971	11,836	13,314	17,435	1.79
交通・通信	54,943	34,809	46,213	54,988	63,759	74,949	2.15
教育	18,529	7,187	11,925	14,821	23,549	35,164	4.89
教養娯楽	31,948	18,352	25,079	30,857	36,414	49,040	2.67
その他の消費支出	62,195	40,150	49,888	55,578	68,541	96,818	2.41
交際費	17,402	12,686	14,396	15,134	19,021	25,770	2.03
仕送り金	7,901	2,359	4,317	4,740	8,792	19,295	8.18
非消費支出	109,504	43,543	71,511	95,546	124,478	212,442	4.88
直接税	45,487	13,548	24,156	35,797	49,847	104,087	7.68
社会保険料	63,925	29,943	47,319	59,515	74,576	108,275	3.62
黒字率（%）	32.1	18.7	28.4	31.3	32.1	39.5	－
金融資産純増率（%）	31.6	21.7	26.8	29.9	30.8	39.5	－
平均消費性向（%）	67.9	81.3	71.6	68.7	67.9	60.5	－
非消費支出/実収入（%）	18.7	13.3	15.8	17.6	19.1	22.2	－

(注)「勤労者世帯」とは、世帯主（主たる家計支持者）が雇用されている人（ただし、会社団体の役員は除く）の世帯をいう。
資料出所：総務省統計局「家計調査」

図表付-41　高齢夫婦無職世帯の家計収支

	2017年		2018年		2019年		
	月平均額（円）	構成比（%）	月平均額（円）	構成比（%）	月平均額（円）	構成比（%）	（参考）総世帯の構成比（%）
世帯人員（人）	2.00	−	2.00	−	2.00	−	−
有業人員（人）	0.08	−	0.09	−	0.09	−	−
世帯主の年齢（歳）	75.3	−	75.4	−	75.6	−	−
実収入	209,198	100.0	222,834	100.0	237,659	100.0	−
勤め先収入	4,232	2.0	5,755	2.6	6,389	2.7	−
世帯主の配偶者の収入	4,232	2.0	5,755	2.6	6,389	2.7	−
事業・内職収入	4,045	1.9	4,483	2.0	5,092	2.1	−
他の経常収入	195,971	93.7	207,275	93.0	220,395	92.7	−
社会保障給付	191,880	91.7	203,824	91.5	216,910	91.3	−
仕送り金	502	0.2	768	0.3	469	0.2	−
可処分所得	180,958	−	193,743	−	206,678	−	−
消費支出	235,477	100.0	235,615	100.0	239,947	100.0	100.0
食料	64,444	27.4	65,319	27.7	66,458	27.7	25.4
住居	13,656	5.8	13,625	5.8	13,625	5.7	7.4
光熱・水道	19,267	8.2	19,905	8.4	19,983	8.3	7.4
家具・家事用品	9,405	4.0	9,385	4.0	10,100	4.2	3.8
被服及び履物	6,497	2.8	6,171	2.6	6,065	2.5	3.6
保健医療	15,512	6.6	15,181	6.4	15,759	6.6	4.7
交通・通信	27,576	11.7	28,071	11.9	28,328	11.8	14.4
教育	15	0.0	2	0.0	20	0.0	3.1
教養娯楽	25,077	10.6	24,239	10.3	24,804	10.3	10.3
その他の消費支出	54,028	22.9	53,717	22.8	54,806	22.8	19.9
諸雑費	19,432	8.3	20,539	8.7	20,845	8.7	8.3
交際費	27,388	11.6	25,596	10.9	25,749	10.7	7.2
仕送り金	1,111	0.5	1,050	0.4	1,134	0.5	1.9
非消費支出	28,240	−	29,092	−	30,982	−	−
直接税	11,705	−	11,796	−	11,976	−	−
社会保険料	16,483	−	17,278	−	18,966	−	−
黒字	−54,519	−	−41,872	−	−33,269	−	−
金融資産純増	−37,701	−	−21,825	−	−5,171	−	−
平均消費性向（%）	130.1	−	121.6	−	116.1	−	−

(注)「高齢夫婦無職世帯」とは、夫65歳以上、妻60歳以上の夫婦のみの世帯で、世帯主が無職の世帯をいう。
資料出所：総務省統計局「家計調査」

図表付-42　性、年齢階級別単身世帯の家計消費支出

年齢階級、支出項目		女			男		
		2018年月平均（円）	2019年月平均（円）	構成比（%）	2018年月平均（円）	2019年月平均（円）	構成比（%）
35歳未満	平均年齢(歳)	26.3	27.3	−	28.0	27.0	−
	持家率(%)	2.4	8.0	−	3.4	3.8	−
	消費支出	156,315	178,958	100.0	170,412	167,710	100.0
	食料	32,683	39,055	21.8	47,068	47,553	28.4
	住居	33,656	34,873	19.5	36,062	32,474	19.4
	光熱・水道	7,697	7,497	4.2	7,727	7,109	4.2
	家具・家事用品	2,861	3,551	2.0	3,396	3,773	2.2
	被服及び履物	9,509	11,357	6.3	6,314	6,029	3.6
	保健医療	4,672	6,268	3.5	3,077	3,396	2.0
	交通・通信	23,025	26,877	15.0	30,735	27,422	16.4
	教育	0	0	0.0	0	0	0.0
	教養娯楽	19,728	18,841	10.5	21,411	20,960	12.5
	その他の消費支出	22,483	30,641	17.1	14,622	18,993	11.3
	交際費	10,272	14,099	7.9	8,130	9,230	5.5
	仕送り金	630	142	0.1	39	992	0.6
35～59歳	平均年齢(歳)	51.2	50.3	−	49.8	49.6	−
	持家率(%)	52.6	56.6	−	48.4	46.1	−
	消費支出	176,427	191,028	100.0	185,617	187,294	100.0
	食料	34,332	38,549	20.2	51,863	47,376	25.3
	住居	24,038	20,699	10.8	23,262	28,006	15.0
	光熱・水道	12,351	11,849	6.2	11,948	11,679	6.2
	家具・家事用品	5,451	7,162	3.7	5,072	4,494	2.4
	被服及び履物	9,094	11,405	6.0	4,818	4,567	2.4
	保健医療	8,467	9,297	4.9	6,298	6,111	3.3
	交通・通信	27,532	24,918	13.0	29,586	31,643	16.9
	教育	0	0	0.0	0	0	0.0
	教養娯楽	18,410	21,440	11.2	21,590	20,584	11.0
	その他の消費支出	36,753	45,708	23.9	31,180	32,835	17.5
	交際費	15,095	16,379	8.6	9,618	10,281	5.5
	仕送り金	5,137	7,380	3.9	5,699	9,880	5.3
60歳以上	平均年齢(歳)	74.9	75.2	−	72.9	73.6	−
	持家率(%)	84.7	82.9	−	69.6	81.5	−
	消費支出	152,387	146,425	100.0	153,503	152,747	100.0
	食料	35,681	35,719	24.4	39,440	40,047	26.2
	住居	15,611	13,443	9.2	22,906	15,961	10.4
	光熱・水道	13,480	13,206	9.0	12,305	12,974	8.5
	家具・家事用品	5,559	6,226	4.3	3,739	4,944	3.2
	被服及び履物	5,130	5,114	3.5	1,991	2,371	1.6
	保健医療	8,845	9,132	6.2	7,400	8,526	5.6
	交通・通信	14,272	13,011	8.9	19,239	18,248	11.9
	教育	0	54	0.0	0	0	0.0
	教養娯楽	16,636	14,795	10.1	19,168	21,793	14.3
	その他の消費支出	37,173	35,724	24.4	27,315	27,882	18.3
	交際費	21,255	18,833	12.9	12,843	13,296	8.7
	仕送り金	678	538	0.4	1,283	1,443	0.9

資料出所：総務省統計局「家計調査」

図表付-43　農家数の推移

（単位：千戸）

年次	総農家数	販売農家						自給的農家
		計	専業農家	兼業農家				
				計	第１種兼業	第２種兼業		
1990年	3,835	2,971	473	2,497	521	1,977		864
1995	3,444	2,651	428	2,224	498	1,725		792
2000	3,120	2,337	426	1,911	350	1,561		783
2005	2,848	1,963	443	1,520	308	1,212		885
2010	2,528	1,631	451	1,180	225	955		897
2015	2,155	1,330	443	887	165	722		825
2017	…	1,200	381	819	182	638		…
2018	…	1,164	375	789	182	608		…
2019	…	1,130	368	762	177	584		…

（注）１．各年2月1日（2005年までの沖縄県は前年12月1日）現在。
２．「農家」は経営耕地面積が10a以上、又は農産物販売金額が15万円以上の世帯。
３．「販売農家」は経営耕地面積が30a以上、又は過去１年間における農産物販売金額が50万円以上の農家。「自給的農家」は販売農家以外の「農家」。
４．「専業農家」とは、世帯員の中に兼業従事者（調査期日前１年間に30日以上雇用兼業に従事した者又は販売金額が15万円以上ある自営兼業に従事した者）が１人もいない農家、「兼業農家」とは、世帯員の中に兼業従事者が1人以上いる農家。
５．「第1種兼業」は農業所得を主とする兼業農家、「第2種兼業」農業所得を従とする兼業農家。
資料出所：農林水産省「農林業センサス」、「農業構造動態調査」（2017〜2019年）

図表付-44　性、年齢階級別農業就業人口の推移

（単位：千人）

年次	総数	女							男						
		計	39歳以下	40〜49	50〜59	60〜64	65〜69	70歳以上	計	39歳以下	40〜49	50〜59	60〜64	65〜69	70歳以上
1990年	4,819	2,841	463	364	708	486	379	442	1,978	288	188	370	354	309	467
1995	4,140	2,372	296	289	468	404	415	501	1,767	207	174	227	276	361	523
2000	3,891	2,171	229	225	339	307	384	686	1,721	211	139	184	200	311	676
2005	3,353	1,788	145	143	284	216	284	717	1,564	173	98	195	150	234	716
2010	2,606	1,300	71	76	196	162	187	608	1,306	106	71	162	157	173	637
2015	2,097	1,009	53	53	127	145	163	469	1,088	88	57	107	135	184	515
2017	1,816	849	37	42	93	120	195	363	967	72	55	86	104	231	419
2018	1,753	808	33	38	83	107	206	341	945	68	53	80	91	245	408
2019	1,681	764	30	36	72	95	206	326	917	64	54	72	80	241	407

（注）１．各年2月1日（2005年までの沖縄県は前年12月1日）現在。
２．「農業就業人口」は、15歳以上（1990年以前は16歳以上）の世帯員のうち、調査日前1年間に主として自営農業に従事した者。
３．販売農家についての数値。
資料出所：農林水産省「農林業センサス」、「農業構造動態調査」（2017〜2019年）

図表付-45　性、年齢階級別基幹的農業従事者の推移

（単位：千人）

年次	総数	女							男						
		計	39歳以下	40〜49	50〜59	60〜64	65〜69	70歳以上	計	39歳以下	40〜49	50〜59	60〜64	65〜69	70歳以上
1990年	2,927	1,405	164	241	446	261	173	120	1,522	195	182	351	303	238	253
1995	2,560	1,188	83	181	299	232	215	177	1,372	115	169	218	246	296	329
2000	2,400	1,140	50	140	228	193	227	301	1,260	83	131	172	174	255	444
2005	2,241	1,027	35	89	197	145	188	372	1,214	75	92	185	135	204	523
2010	2,051	903	26	53	153	123	142	407	1,148	70	68	156	149	161	544
2015	1,754	749	21	36	97	110	128	357	1,005	64	56	105	132	177	470
2017	1,507	619	20	30	74	89	151	255	888	56	53	84	101	222	373
2018	1,451	586	18	29	65	80	159	235	865	55	51	79	88	234	359
2019	1,404	562	17	28	58	71	160	229	842	52	52	71	78	229	361

（注）１．各年2月1日（2005年までの沖縄県は前年12月1日）現在。
　　２．「基幹的農業従事者」は、農業就業人口のうち、ふだんの就業状態が「仕事が主」の者。
　　３．販売農家についての数値。
資料出所：農林水産省「農林業センサス」、「農業構造動態調査」（2017〜2019年）

図表付-46　性別海面漁業就業者の推移

（単位：千人）

年次	漁業就業者			自営漁業			漁業雇われ		
	計	女	男	計	女	男	計	女	男
1978年	478.2	80.1	398.1	314.8	75.6	239.2	163.4	4.5	158.9
1983	446.5	78.2	368.3	300.9	74.1	226.8	145.6	4.1	141.5
1988	392.4	68.1	324.3	269.7	64.1	205.6	122.7	3.9	118.8
1993	324.9	57.0	267.9	236.6	53.5	183.1	88.3	3.5	84.8
1998	277.0	46.4	230.6	201.7	42.8	159.0	75.3	3.7	71.7
2003	238.4	39.2	199.2	175.8	36.0	139.8	62.6	3.2	59.3
2008	221.9	34.1	187.8	141.1	28.7	112.4	80.9	5.4	75.4
2013	181.0	23.9	157.1	109.2	19.8	89.4	71.7	4.1	67.7
2015	166.6	21.9	144.7	100.5	17.9	82.7	66.1	4.0	62.1
2016	160.0	20.5	139.5	95.7	17.0	78.8	64.3	3.6	60.7
2017	153.5	21.0	132.5	92.0	16.6	75.3	61.5	4.3	57.2
2018	151.7	17.5	134.2	86.9	14.0	72.9	64.8	3.5	61.3

（注）１．各年11月1日現在。
　　２．「漁業就業者」とは、満15歳以上で、過去1年間に漁業の海上作業に30日以上従事した者。2007年までは、沿岸市区町村内に居住する者。2008年以降は非沿岸市区町村に居住する漁業雇われ者を含む。
　　３．2007年までは、自営のかたわら、雇われ漁業に従事した場合は、年間収入の多い方に分類、2008年以降は「漁業雇われ」に分類している。2008年以降の「自営漁業」は「自営漁業のみ」に従事した者。
資料出所：農林水産省「漁業センサス」、「漁業就業動向調査」（2015〜2017年）

図表付-47　性、労働力状態別15歳以上人口の推移

（単位：万人）

性	年次	15歳以上人口	労働力人口	完全失業者	非労働力人口	家事	通学	その他	労働力人口比率(%)	労働力人口における性別割合(%)
女	1980年	4,591	2,185	43	2,391	1,560	370	461	47.6	38.7
	1985	4,863	2,367	63	2,472	1,528	407	537	48.7	39.7
	1990	5,178	2,593	57	2,562	1,514	451	597	50.1	40.6
	1995	5,402	2,701	87	2,698	1,637	424	636	50.0	40.5
	2000	5,583	2,753	123	2,824	1,739	381	705	49.3	40.7
	2005	5,684	2,750	116	2,929	1,681	346	902	48.4	41.3
	2010	5,712	2,768	127	2,940	1,601	322	1,017	48.5	42.0
	2015	5,733	2,842	88	2,888	1,455	318	1,115	49.6	43.1
	2017	5,743	2,937	78	2,803	1,384	309	1,110	51.1	43.7
	2018	5,739	3,014	67	2,721	1,311	293	1,117	52.5	44.1
	2019	5,733	3,058	66	2,670	1,261	282	1,128	53.3	44.4
男	1980年	4,341	3,465	71	859	8	464	386	79.8	61.3
	1985	4,602	3,596	93	978	11	496	472	78.1	60.3
	1990	4,911	3,791	77	1,095	14	538	543	77.2	59.4
	1995	5,108	3,966	123	1,139	22	489	627	77.6	59.5
	2000	5,253	4,014	196	1,233	36	435	761	76.4	59.3
	2005	5,323	3,901	178	1,416	39	404	973	73.3	58.7
	2010	5,337	3,822	207	1,512	53	376	1,083	71.6	58.0
	2015	5,344	3,756	134	1,585	68	356	1,160	70.3	56.9
	2017	5,365	3,784	112	1,578	73	347	1,159	70.5	56.3
	2018	5,362	3,817	99	1,542	67	328	1,147	71.2	55.9
	2019	5,359	3,828	96	1,526	67	318	1,142	71.4	55.6

（注）1．労働力人口比率＝労働力人口／15歳以上人口
2．15歳以上人口には労働力状態不詳を含む。
資料出所：総務省統計局「労働力調査」

図表付-48　年齢階級別女性の労働力人口比率の推移

（単位：%）

年次	総数	15～19歳	20～24	25～29	30～34	35～39	40～44	45～49	50～54	55～59	60～64	65歳以上
1975年	45.7	21.7	66.2	42.6	43.9	54.0	59.9	61.5	57.8	48.8	38.0	15.3
1980	47.6	18.5	70.0	49.2	48.2	58.0	64.1	64.4	59.3	50.5	38.8	15.5
1985	48.7	16.6	71.9	54.1	50.6	60.0	67.9	68.1	61.0	51.0	38.5	15.5
1990	50.1	17.8	75.1	61.4	51.7	62.6	69.6	71.7	65.5	53.9	39.5	16.2
1995	50.0	16.0	74.1	66.4	53.7	60.5	69.5	71.3	67.1	57.0	39.7	15.6
2000	49.3	16.6	72.7	69.9	57.1	61.4	69.3	71.8	68.2	58.7	39.5	14.4
2005	48.4	16.5	69.8	74.9	62.7	63.0	71.0	73.9	68.8	60.0	40.1	12.7
2010	48.5	15.9	69.4	77.1	67.8	66.2	71.6	75.8	72.8	63.3	45.7	13.3
2015	49.6	16.8	68.5	80.3	71.2	71.8	74.8	77.5	76.3	69.0	50.6	15.3
2017	51.1	17.1	72.1	82.1	75.2	73.4	77.0	79.4	78.1	72.1	54.9	16.5
2018	52.5	20.4	74.8	83.9	76.9	74.8	79.6	79.6	79.2	73.3	58.1	17.6
2019	53.3	22.1	76.3	85.1	77.5	76.7	80.2	81.4	80.0	74.7	59.9	18.0

資料出所：総務省統計局「労働力調査」

図表付-49　配偶関係別女性の労働力人口比率の推移

（単位：％）

年次	総数	未婚	有配偶	死別・離別
1975年	45.7	54.4	45.2	36.1
1980	47.6	52.6	49.2	34.2
1985	48.7	53.0	51.1	32.9
1990	50.1	55.2	52.7	32.3
1995	50.0	59.2	51.2	32.0
2000	49.3	62.2	49.7	31.0
2005	48.4	63.0	48.7	29.4
2010	48.5	63.4	49.2	29.5
2015	49.6	63.3	51.4	29.6
2017	51.1	63.9	53.6	30.8
2018	52.5	65.9	55.0	31.7
2019	53.3	66.7	56.0	31.9

資料出所：総務省統計局「労働力調査」

図表付-50　従業上の地位別女性就業者数および構成比の推移

年次	就業者数（万人）				構成比（％）		
	総数	自営業主	家　族 従業者	雇用者	自営業主	家　族 従業者	雇用者
1975年	1,953	280	501	1,167	14.3	25.7	59.8
1980	2,142	293	491	1,354	13.7	22.9	63.2
1985	2,304	288	461	1,548	12.5	20.0	67.2
1990	2,536	271	424	1,834	10.7	16.7	72.3
1995	2,614	234	327	2,048	9.0	12.5	78.3
2000	2,629	204	278	2,140	7.8	10.6	81.4
2005	2,633	166	226	2,229	6.3	8.6	84.7
2010	2,642	146	155	2,329	5.5	5.9	88.2
2015	2,754	136	132	2,474	4.9	4.8	89.8
2017	2,859	133	121	2,590	4.7	4.2	90.6
2018	2,946	137	120	2,671	4.7	4.1	90.7
2019	2,992	137	115	2,720	4.6	3.8	90.9

（注）総数には従業上の地位不詳を含む。
資料出所：総務省統計局「労働力調査」

図表付-51　性別完全失業者数および完全失業率の推移

年次	完全失業者数（万人）			完全失業率（%）		
	総数	女	男	総数	女	男
1975年	100	34	66	1.9	1.7	2.0
1980	114	43	71	2.0	2.0	2.0
1985	156	63	93	2.6	2.7	2.6
1990	134	57	77	2.1	2.2	2.0
1995	210	87	123	3.2	3.2	3.1
2000	320	123	196	4.7	4.5	4.9
2005	294	116	178	4.4	4.2	4.6
2010	334	127	207	5.1	4.6	5.4
2015	222	88	134	3.4	3.1	3.6
2017	190	78	112	2.8	2.7	3.0
2018	166	67	99	2.4	2.2	2.6
2019	162	66	96	2.4	2.2	2.5

（注）完全失業率＝完全失業者数/労働力人口
資料出所：総務省統計局「労働力調査」

図表付-52　性、年齢階級別完全失業者数の推移

（単位：万人）

	年次	総数	15～19歳	20～24	25～29	30～34	35～39	40～44	45～54	55～64	65歳以上
女	2000年	123	6	23	23	15	10	9	20	15	2
	2005	116	5	18	19	19	13	10	17	13	2
	2010	127	4	18	17	15	17	14	21	17	3
	2015	88	2	11	12	10	10	10	17	11	3
	2017	78	2	10	10	8	8	9	16	11	4
	2018	67	2	8	9	8	7	7	14	10	3
	2019	66	1	9	9	7	7	7	14	10	3
男	2000年	196	10	31	28	18	12	11	32	45	10
	2005	178	6	26	26	20	16	13	25	38	8
	2010	207	5	24	28	22	21	17	31	46	12
	2015	134	3	13	17	15	14	13	23	25	11
	2017	112	2	11	13	12	11	11	20	20	11
	2018	99	2	10	12	10	9	10	18	17	11
	2019	96	2	10	11	11	9	8	18	16	11

資料出所：総務省統計局「労働力調査」

図表付-53　性、求職理由別完全失業者数および構成比の推移

	年次	女 総数	女 非自発的な離職	女 自発的な離職	女 学卒未就職者	女 その他	男 総数	男 非自発的な離職	男 自発的な離職	男 学卒未就職者	男 その他
完全失業者（万人）	1985年	63	13	27	3	18	93	35	26	4	23
	1990	57	10	27	2	14	77	22	25	3	22
	1995	87	16	41	5	20	123	38	42	6	30
	2000	123	29	52	7	31	196	73	57	11	49
	2005	116	29	47	6	33	178	71	63	10	32
	2010	127	41	43	6	35	207	96	61	10	37
	2015	88	20	38	3	25	134	45	51	7	28
	2017	78	17	35	3	21	112	33	47	4	25
	2018	67	14	30	2	15	99	27	41	4	18
	2019	66	13	31	1	14	96	23	39	3	20
構成比（%）	1985年	100.0	20.6	42.9	4.8	28.6	100.0	37.6	28.0	4.3	24.7
	1990	100.0	17.5	47.4	3.5	24.6	100.0	28.6	32.5	3.9	28.6
	1995	100.0	18.4	47.1	5.7	23.0	100.0	30.9	34.1	4.9	24.4
	2000	100.0	23.6	42.3	5.7	25.2	100.0	37.2	29.1	5.6	25.0
	2005	100.0	25.0	40.5	5.2	28.4	100.0	39.9	35.4	5.6	18.0
	2010	100.0	32.3	33.9	4.7	27.6	100.0	46.4	29.5	4.8	17.9
	2015	100.0	22.7	43.2	3.4	28.4	100.0	33.6	38.1	5.2	20.9
	2017	100.0	21.8	44.9	3.8	26.9	100.0	29.5	42.0	3.6	22.3
	2018	100.0	20.9	44.8	3.0	22.4	100.0	27.3	41.4	4.0	18.2
	2019	100.0	19.7	47.0	1.5	21.2	100.0	24.0	40.6	3.1	20.8

(注) 総数には求職理由不詳を含む。
資料出所：総務省統計局「労働力調査」

図表付-54　性別雇用者数および対前年増減数の推移

（単位：万人）

年次	雇用者数 総数	雇用者数 女	雇用者数 男	対前年増減数 総数	対前年増減数 女	対前年増減数 男	雇用者における女性比率（%）
1975年	3,646	1,167	2,479	9	−5	13	32.0
1980	3,971	1,354	2,617	95	44	51	34.1
1985	4,313	1,548	2,764	48	30	17	35.9
1990	4,835	1,834	3,001	156	85	72	37.9
1995	5,263	2,048	3,215	27	14	13	38.9
2000	5,356	2,140	3,216	25	24	1	40.0
2005	5,393	2,229	3,164	38	26	12	41.3
2010	5,463	2,329	3,133	3	18	−16	42.6
2015	5,640	2,474	3,166	45	38	7	43.9
2017	5,819	2,590	3,229	90	59	32	44.5
2018	5,936	2,671	3,264	117	81	35	45.0
2019	6,004	2,720	3,284	68	49	20	45.3

資料出所：総務省統計局「労働力調査」

図表付-55　性、産業別就業者数の推移

（単位：万人）

性	産業	2010年	2015	2017	2018	2019	構成比（%）
女	全産業	2,642	2,754	2,859	2,946	2,992	100.0
	農業、林業	97	82	79	82	83	2.8
	漁業	5	5	5	5	4	0.1
	鉱業、採石業、砂利採取業	1	1	0	0	0	0.0
	建設業	69	75	76	82	84	2.8
	製造業	314	313	317	322	319	10.7
	電気・ガス・熱供給・水道業	4	4	4	4	4	0.1
	情報通信業	49	55	56	58	65	2.2
	運輸業、郵便業	66	63	67	71	74	2.5
	卸売業、小売業	529	535	552	554	552	18.4
	金融業、保険業	85	83	92	88	88	2.9
	不動産業、物品賃貸業	40	45	49	52	52	1.7
	学術研究、専門・技術サービス業	66	71	79	84	85	2.8
	宿泊業、飲食サービス業	234	238	240	260	262	8.8
	生活関連サービス業、娯楽業	142	136	138	142	145	4.8
	教育、学習支援業	159	170	181	186	194	6.5
	医療、福祉	495	590	613	627	635	21.2
	複合サービス事業	20	23	22	24	22	0.7
	サービス業（他に分類されないもの）	189	157	173	178	185	6.2
	公務（他に分類されるものを除く）	52	62	62	63	67	2.2
男	全産業	3,615	3,622	3,672	3,717	3,733	100.0
	農業、林業	137	126	122	128	125	3.3
	漁業	13	14	15	13	12	0.3
	鉱業、採石業、砂利採取業	3	3	3	2	2	0.1
	建設業	429	425	422	421	415	11.1
	製造業	734	723	734	739	744	19.9
	電気・ガス・熱供給・水道業	30	25	25	24	24	0.6
	情報通信業	147	154	157	163	164	4.4
	運輸業、郵便業	284	271	272	270	273	7.3
	卸売業、小売業	529	518	523	518	507	13.6
	金融業、保険業	78	70	75	76	78	2.1
	不動産業、物品賃貸業	70	75	76	78	77	2.1
	学術研究、専門・技術サービス業	132	143	151	156	155	4.2
	宿泊業、飲食サービス業	153	145	151	157	158	4.2
	生活関連サービス業、娯楽業	97	94	96	93	96	2.6
	教育、学習支援業	129	133	134	136	140	3.8
	医療、福祉	158	194	202	204	208	5.6
	複合サービス事業	26	37	35	33	32	0.9
	サービス業（他に分類されないもの）	266	249	256	266	271	7.3
	公務（他に分類されるものを除く）	168	168	167	169	174	4.7

（注）総数には分類不能の産業を含む。
資料出所：総務省統計局「労働力調査」

図表付-56　性、職業別就業者数の推移

（単位：万人）

性、職業		2010年	2015	2017	2018	2019	構成比（%）
女	総数	2,642	2,754	2,859	2,946	2,992	100.0
	管理的職業従事者	17	18	19	20	19	0.6
	専門的・技術的職業従事者	440	494	525	538	561	18.8
	事務従事者	732	750	781	794	800	26.7
	販売従事者	361	369	378	379	381	12.7
	サービス職業従事者	502	533	546	576	580	19.4
	保安職業従事者	7	8	8	9	9	0.3
	農林漁業従事者	96	80	77	80	80	2.7
	生産工程従事者	262	253	261	267	262	8.8
	輸送・機械運転従事者	9	6	5	6	7	0.2
	建設・採掘従事者	6	5	6	6	7	0.2
	運搬・清掃・包装等従事者	185	198	210	215	225	7.5
男	総数	3,615	3,622	3,672	3,717	3,733	100.0
	管理的職業従事者	144	127	125	115	110	2.9
	専門的・技術的職業従事者	515	560	586	594	613	16.4
	事務従事者	497	506	514	517	520	13.9
	販売従事者	525	483	483	484	476	12.8
	サービス職業従事者	250	255	263	268	270	7.2
	保安職業従事者	115	118	116	121	123	3.3
	農林漁業従事者	153	142	140	142	138	3.7
	生産工程従事者	654	630	629	644	646	17.3
	輸送・機械運転従事者	213	211	214	212	214	5.7
	建設・採掘従事者	290	292	296	292	286	7.7
	運搬・清掃・包装等従事者	225	247	254	261	265	7.1

（注）総数には職業不詳を含む。
資料出所：総務省統計局「労働力調査」

図表付-57　年齢階級別女性雇用者数および構成比の推移

	年次	総数	15～19歳	20～24	25～29	30～34	35～39	40～44	45～49	50～54	55～64	65歳以上
雇用者数（万人）	1980年	1,354	68	247	164	153	158	161	152	117	107	25
	1985	1,548	65	262	167	153	205	209	180	145	134	30
	1990	1,834	78	301	211	150	205	263	231	178	176	40
	1995	2,048	60	331	255	174	186	245	286	220	236	55
	2000	2,140	53	276	303	209	203	222	262	272	275	65
	2005	2,229	47	236	283	264	235	243	244	253	350	75
	2010	2,329	42	207	255	250	279	270	263	240	406	117
	2015	2,474	46	194	237	236	270	328	302	270	410	181
	2017	2,590	48	204	236	244	262	331	339	283	427	215
	2018	2,671	57	217	238	244	263	331	348	296	440	238
	2019	2,720	60	222	242	240	264	319	360	308	453	252
構成比（%）	1980年	100.0	5.0	18.2	12.1	11.3	11.7	11.9	11.2	8.6	7.9	1.8
	1985	100.0	4.2	16.9	10.8	9.9	13.2	13.5	11.6	9.4	8.7	1.9
	1990	100.0	4.3	16.4	11.5	8.2	11.2	14.3	12.6	9.7	9.6	2.2
	1995	100.0	2.9	16.2	12.5	8.5	9.1	12.0	14.0	10.7	11.5	2.7
	2000	100.0	2.5	12.9	14.2	9.8	9.5	10.4	12.2	12.7	12.9	3.0
	2005	100.0	2.1	10.6	12.7	11.8	10.5	10.9	10.9	11.4	15.7	3.4
	2010	100.0	1.8	8.9	10.9	10.7	12.0	11.6	11.3	10.3	17.4	5.0
	2015	100.0	1.9	7.8	9.6	9.5	10.9	13.3	12.2	10.9	16.6	7.3
	2017	100.0	1.9	7.9	9.1	9.4	10.1	12.8	13.1	10.9	16.5	8.3
	2018	100.0	2.1	8.1	8.9	9.1	9.8	12.4	13.0	11.1	16.5	8.9
	2019	100.0	2.2	8.2	8.9	8.8	9.7	11.7	13.2	11.3	16.7	9.3

資料出所：総務省統計局「労働力調査」

図表付-58　企業規模別女性雇用者数および構成比の推移（非農林業）

年次	雇用者（万人）						構成比（%）				
	総数	1～29人	30～99人	100～499人	500人以上	官公	1～29人	30～99人	100～499人	500人以上	官公
1975年	1,159	440	182	158	242	134	38.0	15.7	13.6	20.9	11.6
1980	1,345	521	222	187	253	160	38.7	16.5	13.9	18.8	11.9
1985	1,539	590	257	233	288	168	38.3	16.7	15.1	18.7	10.9
1990	1,823	674	305	290	373	174	37.0	16.7	15.9	20.5	9.5
1995	2,034	735	341	339	417	196	36.1	16.8	16.7	20.5	9.6
2000	2,125	744	365	361	431	209	35.0	17.2	17.0	20.3	9.8
2005	2,213	725	379	407	470	214	32.8	17.1	18.4	21.2	9.7
2010	2,306	717	381	440	548	201	31.1	16.5	19.1	23.8	8.7
2015	2,452	704	397	464	634	218	28.7	16.2	18.9	25.9	8.9
2017	2,564	709	410	482	706	220	27.7	16.0	18.8	27.5	8.6
2018	2,644	730	414	491	749	220	27.6	15.7	18.6	28.3	8.3
2019	2,692	728	420	505	772	224	27.0	15.6	18.8	28.7	8.3

（注）総数には企業規模不詳を含む。
資料出所：総務省統計局「労働力調査」

図表付-59　外国人雇用事業所数および外国人労働者数の推移

（単位：所、人、%）

年次	事業所数		外国人労働者数					
			総数		女		男	
2008年	76,811		486,398		222,689		263,709	
2009	95,294	(24.1)	562,818	(15.7)	262,562	(17.9)	300,256	(13.9)
2010	108,760	(14.1)	649,982	(15.5)	306,991	(16.9)	342,991	(14.2)
2011	116,561	(7.2)	686,246	(5.6)	326,768	(6.4)	359,478	(4.8)
2012	119,731	(2.7)	682,450	(－0.6)	329,750	(0.9)	352,700	(－1.9)
2013	126,729	(5.8)	717,504	(5.1)	348,043	(5.5)	369,461	(4.8)
2014	137,053	(8.1)	787,627	(9.8)	378,377	(8.7)	409,250	(10.8)
2015	152,261	(11.1)	907,896	(15.3)	428,226	(13.2)	479,670	(17.2)
2016	172,798	(13.5)	1,083,769	(19.4)	509,113	(18.9)	574,656	(19.8)
2017	194,595	(12.6)	1,278,670	(18.0)	600,968	(18.0)	677,702	(17.9)
2018	216,348	(11.2)	1,460,463	(13.1)	687,537	(14.4)	772,926	(14.1)
2019	242,608	(12.1)	1,658,804	(13.6)	776,891	(13.0)	881,913	(14.1)

(注) 各年10月末現在。(　) 内は、対前年増加率。
資料出所：厚生労働省「外国人雇用状況の届出状況」

図表付-60　国籍、在留資格別外国人労働者数（2019年10月末現在）

（単位：人）

国籍	総数	専門的・技術的分野の在留資格	特定活動	技能実習	資格外	うち、留学	身分に基づく在留資格	不明
計	1,658,804	329,034	41,075	383,978	372,894	318,278	531,781	42
中国	418,327	114,856	4,938	86,982	99,510	84,014	112,040	1
韓国	69,191	31,208	3,880	62	9,021	7,891	25,019	1
フィリピン	179,685	11,579	5,121	34,965	2,819	2,099	125,197	4
ベトナム	401,326	49,159	6,196	193,912	137,410	130,893	14,646	3
ネパール	91,770	12,720	3,438	501	70,942	45,246	4,169	0
インドネシア	51,337	4,759	2,976	32,480	5,291	5,002	5,830	1
ブラジル	135,455	1,071	49	129	263	211	133,943	0
ペルー	29,554	115	22	73	70	63	29,274	0
アメリカ	34,454	21,346	96	38	733	524	12,218	23
イギリス	12,352	7,276	293	0	220	170	4,563	0
その他	235,353	74,945	14,066	34,836	46,615	42,165	64,882	9

(注) 1.「中国」には香港等を含む。
2.「特定活動」は、ワーキング・ホリデー、外交官等に雇用される家事使用人等の合計。
3.「身分に基づく在留資格」は永住者、永住者の配偶者、日本人の配偶者等。
資料出所：厚生労働省「外国人雇用状況の届出状況」

図表付-61　産業別外国人雇用事業所数および外国人労働者数（2019年10月末現在）

産業	事業所数				外国人労働者数			
	総数（所）	うち、派遣・請負		構成比（%）	総数（人）	うち、派遣・請負		構成比（%）
計	242,608	18,438	(7.6)	100.0	1,658,804	338,104	(20.4)	100.0
A 農業、林業	10,051	188	(1.9)	4.1	35,636	1,022	(2.9)	2.1
うち農業	9,983	187	(1.9)	4.1	35,513	1,021	(2.9)	2.1
B 漁業	946	6	(0.6)	0.4	3,682	33	(0.9)	0.2
C 鉱業、採石業、砂利採取業	68	3	(4.4)	0.0	274	34	(12.4)	0.0
D 建設業	25,991	1,394	(5.4)	10.7	93,214	6,604	(7.1)	5.6
E 製造業	49,385	4,206	(8.5)	20.4	483,278	75,360	(15.6)	29.1
うち 食料品製造業	7,369	382	(5.2)	3.0	130,814	11,746	(9.0)	7.9
うち 飲料・たばこ・飼料製造業	338	11	(3.3)	0.1	1,136	73	(6.4)	0.1
うち 繊維工業	4,604	198	(4.3)	1.9	32,363	1,892	(5.8)	2.0
うち 金属製品製造業	7,083	411	(5.8)	2.9	44,340	4,177	(9.4)	2.7
うち 生産用機械器具製造業	2,757	315	(11.4)	1.1	24,457	4,835	(19.8)	1.5
うち 電気機械器具製造業	3,420	341	(10.0)	1.4	33,551	9,120	(27.2)	2.0
うち 輸送用機械器具製造業	5,882	1,100	(18.7)	2.4	97,336	26,129	(26.8)	5.9
F 電気・ガス・熱供給・水道業	160	11	(6.9)	0.1	533	49	(9.2)	0.0
G 情報通信業	11,058	1,110	(10.0)	4.6	67,540	11,445	(16.9)	4.1
H 運輸業、郵便業	7,337	548	(7.5)	3.0	58,601	12,723	(21.7)	3.5
I 卸売業、小売業	42,255	1,261	(3.0)	17.4	212,528	9,760	(4.6)	12.8
J 金融業、保険業	1,462	76	(5.2)	0.6	10,297	932	(9.1)	0.6
K 不動産業、物品賃貸業	3,134	124	(4.0)	1.3	13,500	1,610	(11.9)	0.8
L 学術研究、専門・技術サービス業	9,760	774	(7.9)	4.0	56,775	14,797	(26.1)	3.4
M 宿泊業、飲食サービス業	34,345	684	(2.0)	14.2	206,544	8,066	(3.9)	12.5
うち宿泊業	3,796	145	(3.8)	1.6	22,929	2,675	(11.7)	1.4
うち飲食店	30,158	526	(1.7)	12.4	182,471	5,340	(2.9)	11.0
N 生活関連サービス業、娯楽業	4,841	243	(5.0)	2.0	24,112	4,261	(17.7)	1.5
O 教育、学習支援業	6,471	272	(4.2)	2.7	70,941	5,594	(7.9)	4.3
P 医療、福祉	11,700	418	(3.6)	4.8	34,261	1,700	(5.0)	2.1
うち 医療業	3,800	152	(4.0)	1.6	11,357	622	(5.5)	0.7
うち 社会保険・社会福祉・介護事業	7,825	263	(3.4)	3.2	22,706	1,068	(4.7)	1.4
Q 複合サービス事業	1,211	60	(5.0)	0.5	4,855	707	(14.6)	0.3
R サービス業（他に分類されないもの）	19,510	6,893	(35.3)	8.0	266,503	181,699	(68.2)	16.1
うち自動車整備業	881	26	(3.0)	0.4	2,486	111	(4.5)	0.1
うち 職業紹介・労働者派遣業	4,862	3,768	(77.5)	2.0	121,429	105,386	(86.8)	7.3
うち その他の事業サービス業	9,695	2,757	(28.4)	4.0	117,391	69,090	(58.9)	7.1
S 公務（他に分類されるものを除く）	1,924	75	(3.9)	0.8	10,636	801	(7.5)	0.6
T 分類不能の産業	999	92	(9.2)	0.4	5,094	907	(17.8)	0.3

（注）「うち、派遣・請負」欄の（　）内は、当該産業総数に対する比率（%）。
資料出所：厚生労働省「外国人雇用状況の届出状況」

図表付-62　性、週間就業時間別雇用者数、構成比および平均週間就業時間の推移

		年次	総数	1～14時間	15～34時間	35～42時間	43～48時間	49～59時間	60時間以上	平均週間就業時間（時間）
実数（万人）	女	2000年	2,103	137	624	729	346	183	82	36.3
		2010	2,271	196	780	755	296	163	73	34.3
		2015	2,398	233	889	774	276	150	65	33.1
		2017	2,506	255	880	844	284	163	65	33.1
		2018	2,576	282	962	832	277	148	61	32.4
		2019	2,622	297	960	848	290	152	61	32.3
	男	2000年	3,182	51	249	905	755	664	551	47.5
		2010	3,097	81	373	970	665	565	433	45.1
		2015	3,129	90	441	995	646	547	389	44.0
		2017	3,191	94	399	1,051	674	581	370	44.0
		2018	3,221	110	484	1,055	662	550	339	43.0
		2019	3,236	118	498	1,074	669	540	316	42.6
構成比（%）	女	2000年	100.0	6.5	29.7	34.7	16.5	8.7	3.9	－
		2010	100.0	8.6	34.3	33.2	13.0	7.2	3.2	－
		2015	100.0	9.7	37.1	32.3	11.5	6.3	2.7	－
		2017	100.0	10.2	35.1	33.7	11.3	6.5	2.6	－
		2018	100.0	10.9	37.3	32.3	10.8	5.7	2.4	－
		2019	100.0	11.3	36.6	32.3	11.1	5.8	2.3	－
	男	2000年	100.0	1.6	7.8	28.4	23.7	20.9	17.3	－
		2010	100.0	2.6	12.0	31.3	21.5	18.2	14.0	－
		2015	100.0	2.9	14.1	31.8	20.6	17.5	12.4	－
		2017	100.0	2.9	12.5	32.9	21.1	18.2	11.6	－
		2018	100.0	3.4	15.0	32.8	20.6	17.1	10.5	－
		2019	100.0	3.6	15.4	33.2	20.7	16.7	9.8	－

（注）総数は休業者を除く雇用者で、週間就業時間不詳を含む。月末1週間の就業時間。
資料出所：総務省統計局「労働力調査」

図表付-63　1人当たり年間労働時間数の推移（事業所規模30人以上）

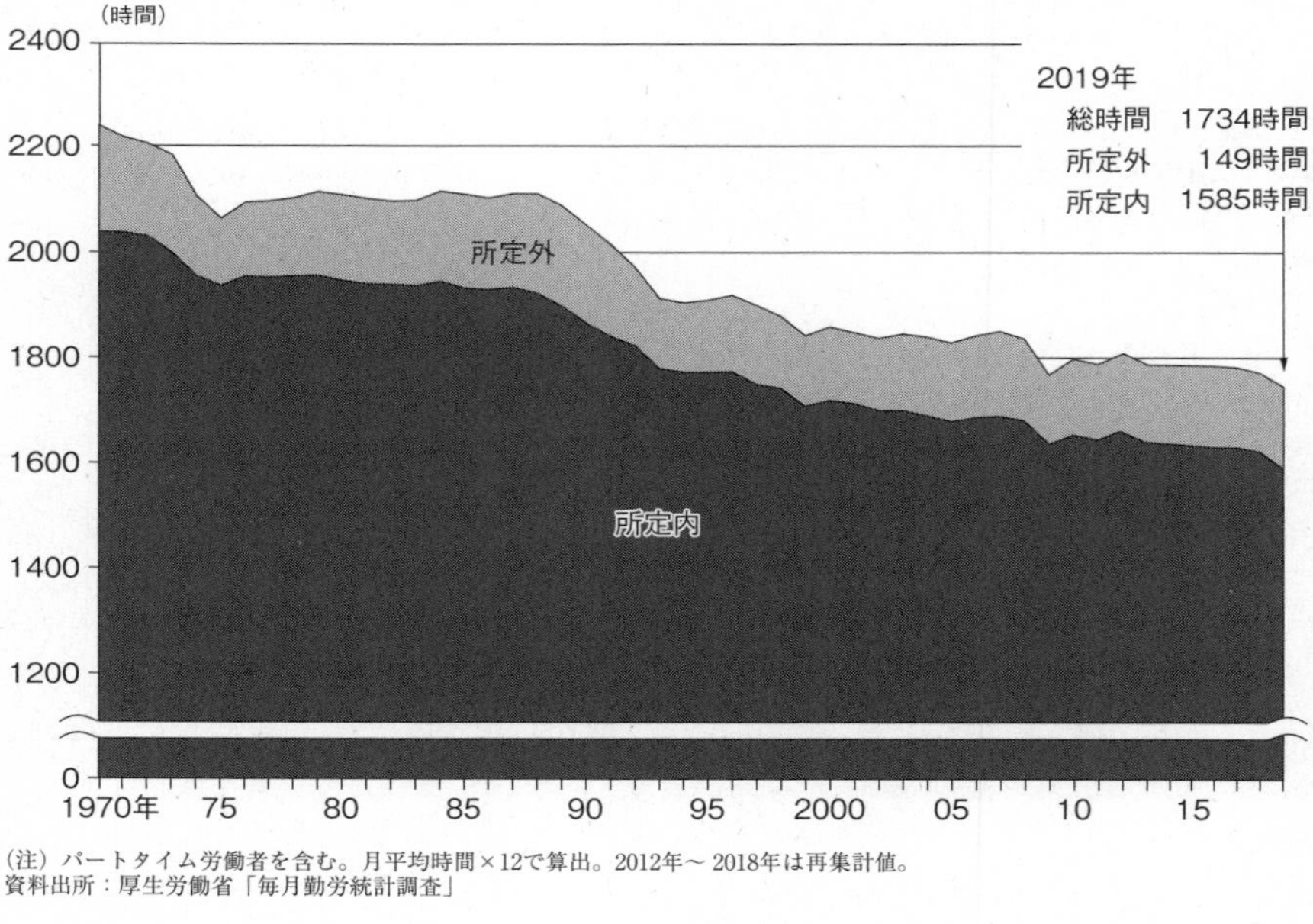

（注）パートタイム労働者を含む。月平均時間×12で算出。2012年～2018年は再集計値。
資料出所：厚生労働省「毎月勤労統計調査」

図表付-64　性別１人平均月間実労働時間の推移

事業所規模5人以上

（単位：時間）

年次	総実労働時間数		所定内		所定外	
	女	男	女	男	女	男
1990年	155.6	182.0	149.7	164.6	5.9	17.4
1995	143.0	169.6	138.6	156.7	4.4	12.9
2000	136.4	166.5	131.5	153.4	4.9	13.1
2005	130.9	164.5	125.6	150.3	5.3	14.2
2010	126.9	161.4	121.6	147.7	5.3	13.7
2015	124.9	160.6	119.2	145.2	5.7	15.4
2017	123.5	159.9	117.8	144.6	5.7	15.3
2018	123.4	158.2	117.6	143.2	5.8	15.0
2019	120.7	155.1	115.0	140.3	5.7	14.8

事業所規模30人以上

（単位：時間）

年次	総実労働時間数		所定内		所定外	
	女	男	女	男	女	男
1990年	155.3	179.4	148.1	159.5	7.2	19.9
1995	143.8	167.7	138.4	152.9	5.4	14.8
2000	137.7	165.5	131.7	150.4	6.0	15.1
2005	134.0	164.6	127.5	148.2	6.5	16.4
2010	131.9	162.5	125.2	146.7	6.7	15.8
2015	130.8	161.9	123.8	144.6	7.0	17.3
2017	130.5	161.8	123.6	144.8	6.9	17.0
2018	130.7	160.3	123.6	143.6	7.1	16.7
2019	128.1	157.4	121.0	140.8	7.1	16.6

(注) パートタイム労働者を含む。2015年～2018年は再集計値。
資料出所：厚生労働省「毎月勤労統計調査」

図表付-65　性別きまって支給する現金給与額、所定内給与額の推移（民営、企業規模10人以上）

（単位:千円）

年次	きまって支給する現金給与額			所定内給与額		
	女	男	男女間格差（男＝100.0）	女	男	男女間格差（男＝100.0）
1975年	88.5	150.2	58.9	85.7	139.6	61.4
1980	122.5	221.7	55.3	116.9	198.6	58.9
1985	153.6	274.0	56.1	145.8	244.6	59.6
1990	186.1	326.2	57.1	175.0	290.5	60.2
1995	217.5	361.3	60.2	206.2	330.0	62.5
2000	235.1	370.3	63.5	220.6	336.8	65.5
2005	239.0	372.1	64.2	222.5	337.8	65.9
2010	243.6	360.0	67.7	227.6	328.3	69.3
2015	259.6	370.3	70.1	242.0	335.1	72.2
2017	263.6	371.3	71.0	246.1	335.5	73.4
2018	265.6	374.7	70.9	247.5	337.6	73.3
2019	269.0	374.9	71.8	251.0	338.0	74.3

(注) 1．各年6月。短時間労働者を除く。
2．「決まって支給する現金給与額」とは、労働契約、労働協約、就業規則などによってあらかじめ定められている支給条件、算定方法によって6月分として支給された現金給与額をいい、「所定内給与額」に超過労働給与額を加えたものである。
資料出所：厚生労働省「賃金構造基本統計調査」

図表付-66　主な産業、性、年齢階級別所定内給与額（2019年6月）

（民営、企業規模10人以上）

性、年齢階級			建設業	製造業	情報通信業	運輸業、郵便業	卸売業、小売業	金融業、保険業	学術研究、専門・技術サービス業	宿泊業、飲食サービス業	生活関連サービス業、娯楽業	教育、学習支援業	医療、福祉	サービス業（他に分類されないもの）
女	所定内給与額（千円）	年齢計	251.9	217.5	306.3	224.1	242.2	280.7	303.7	206.0	221.7	317.1	262.4	225.0
		20～24歳	213.8	187.3	225.6	199.8	205.3	211.2	219.6	191.3	202.3	208.6	221.9	201.7
		25～29	225.1	205.6	258.8	229.8	228.5	236.0	256.3	207.9	219.2	237.9	245.9	223.7
		30～34	239.2	215.3	291.8	242.0	241.1	263.9	293.6	217.9	233.3	269.6	257.3	227.0
		35～39	249.0	224.1	313.7	237.0	250.8	286.7	319.9	219.7	238.4	303.4	260.9	231.0
		40～44	255.8	232.1	347.9	241.6	258.9	296.0	330.9	225.4	235.2	336.5	278.5	233.7
		45～49	271.4	239.9	347.0	231.4	269.2	311.6	328.4	218.4	234.6	360.9	277.1	237.9
		50～54	274.9	236.0	397.0	229.7	264.8	317.2	364.4	216.0	240.5	393.9	282.5	243.2
		55～59	290.2	225.3	387.8	210.9	245.4	311.1	338.0	206.0	224.9	417.8	279.3	225.2
		60～64	245.2	185.8	254.6	196.9	189.6	296.2	255.9	185.7	186.3	420.4	254.4	195.0
		65～69	201.1	177.4	＊188.4	176.7	192.6	337.5	＊269.4	167.8	169.5	399.9	226.9	177.4
	対前年増減率(%)		2.4	0.1	0.4	－2.9	3.5	1.1	3.1	1.9	0.7	0.8	1.5	3.8
	平均年齢(歳)		42.5	42.6	37.5	41.9	41.1	41.3	39.9	40.9	38.8	40.7	42.5	42.8
	勤続年数(年)		11.0	11.9	9.9	8.5	10.6	11.7	9.9	7.8	8.3	9.7	8.7	7.1
男	所定内給与額（千円）	年齢計	345.1	319.5	397.0	289.0	352.6	461.7	416.1	278.7	297.7	451.9	339.3	281.0
		20～24歳	221.1	203.1	228.7	214.3	215.6	230.0	227.8	200.2	209.4	222.2	221.9	211.1
		25～29	259.7	238.4	269.2	249.9	251.4	282.8	274.5	225.4	239.4	275.4	259.4	239.5
		30～34	300.5	271.3	323.6	280.6	291.7	387.8	336.2	255.6	270.4	331.1	291.5	263.9
		35～39	326.6	306.9	384.1	297.0	333.3	468.3	404.7	281.2	316.0	389.0	321.5	294.1
		40～44	361.6	337.4	438.0	310.0	370.4	532.2	459.5	308.3	337.2	445.7	348.2	307.7
		45～49	401.9	369.7	469.8	316.4	406.7	588.3	482.8	325.8	358.3	490.0	385.1	324.8
		50～54	434.8	405.8	512.1	312.1	453.9	620.1	519.7	332.8	365.9	544.5	438.6	321.9
		55～59	423.6	410.2	512.9	314.4	441.2	523.3	533.1	328.2	335.6	561.4	449.1	322.5
		60～64	346.6	277.0	316.3	248.5	304.7	315.3	391.6	263.5	252.8	515.7	426.3	247.4
		65～69	284.7	244.3	310.8	226.0	253.6	261.1	345.7	218.9	208.2	458.2	359.5	217.7
	対前年増減率(%)		－1.1	－0.2	－0.7	0.0	1.8	－1.8	0.1	1.3	0.2	2.8	－0.3	2.7
	平均年齢(歳)		45.4	42.8	41.3	47.1	43.4	43.6	43.5	42.6	42.1	47.0	41.4	46.1
	勤続年数(年)		14.3	15.5	14.2	12.5	15.1	16.0	14.3	10.2	10.9	13.6	8.8	9.9

（注）短時間労働者を除く。＊は調査対象労働者数が少ないため、利用に際し注意を要する。
資料出所：厚生労働省「賃金構造基本統計調査」

図表付-67　企業規模、性、年齢階級別所定内給与額（2019年6月）

（民営）　　　　（単位：千円）

年齢	女			男		
	1000人以上	100～999人	10～99人	1000人以上	100～999人	10～99人
年齢計	270.9	248.1	228.7	380.3	323.2	297.1
20～24歳	218.4	205.8	195.3	221.2	209.9	205.0
25～29	246.3	229.5	213.9	266.0	243.0	237.0
30～34	267.6	242.0	223.5	318.0	277.2	266.1
35～39	277.9	252.3	231.6	366.7	312.1	294.5
40～44	294.0	266.1	240.3	406.2	343.8	318.1
45～49	298.6	268.2	242.2	444.5	373.9	334.2
50～54	304.9	272.2	244.5	493.4	399.4	341.8
55～59	289.1	265.2	244.7	480.1	402.6	339.2
60～64	238.7	232.2	217.9	318.9	308.1	289.0
65～69	236.2	205.6	206.4	287.0	266.8	247.5
平均年齢（歳）	40.5	42.0	43.1	42.9	43.5	45.6
勤続年数（年）	10.3	9.7	9.2	15.6	13.3	11.8

（注）短時間労働者を除く。
資料出所：厚生労働省「賃金構造基本統計調査」

図表付-68　性別1人平均月間現金給与額の推移

事業所規模5人以上

年次	現金給与総額（円）		男女間格差（男＝100）
	女	男	
1995年	227,440	448,130	50.8
2000	221,920	445,643	49.8
2005	211,184	425,541	49.6
2010	206,134	404,576	51.0
2015	209,406	403,669	51.9
2017	213,746	407,298	52.5
2018	218,026	414,012	52.7
2019	218,661	414,018	52.8

事業所規模30人以上

年次	現金給与総額（円）		男女間格差（男＝100）
	女	男	
1995年	252,837	496,049	51.0
2000	242,359	494,466	49.0
2005	235,917	476,334	49.5
2010	232,442	450,913	51.5
2015	238,943	452,770	52.8
2017	246,238	458,963	53.7
2018	250,804	466,005	53.8
2019	252,743	464,981	54.4

（注）パートタイム労働者を含む。2015年～2018年は再集計値。
資料出所：厚生労働省「毎月勤労統計調査」

図表付-69　性、学歴、年齢階級別標準労働者の所定内給与額、年齢階級間賃金格差および男女間賃金格差（2019年6月）

（民営、企業規模10人以上）

学歴	年齢階級	所定内給与額（千円） 女	所定内給与額（千円） 男	年齢階級間格差（20～24歳＝100.0） 女	年齢階級間格差（20～24歳＝100.0） 男	男女間格差（男＝100.0）
中学卒	年齢計	238.6	291.6	126.7	124.3	81.8
	19歳以下	161.1	180.5	85.6	77.0	89.3
	20～24歳	188.3	234.5	100.0	100.0	80.3
	25～29	210.0	267.7	111.5	114.2	78.4
	30～34	-	267.9	−	114.2	−
	35～39	215.3	273.7	114.3	116.7	78.7
	40～44	206.3	321.1	109.6	136.9	64.2
	45～49	236.4	330.6	125.5	141.0	71.5
	50～54	270.7	404.7	143.8	172.6	66.9
	55～59	310.8	334.3	165.1	142.6	93.0
	60～64	225.8	246.6	119.9	105.2	91.6
	65～69	178.4	216.3	94.7	92.2	82.5
高校卒	年齢計	242.8	325.2	127.2	157.4	74.7
	19歳以下	174.2	183.8	91.3	89.0	94.8
	20～24歳	190.9	206.6	100.0	100.0	92.4
	25～29	215.6	247.4	112.9	119.7	87.1
	30～34	230.0	282.8	120.5	136.9	81.3
	35～39	250.0	325.7	131.0	157.6	76.8
	40～44	276.0	362.7	144.6	175.6	76.1
	45～49	312.8	397.0	163.9	192.2	78.8
	50～54	336.3	439.5	176.2	212.7	76.5
	55～59	334.6	448.9	175.3	217.3	74.5
	60～64	217.6	282.3	114.0	136.6	77.1
	65～69	172.6	315.8	90.4	152.9	54.7
高専・短大卒	年齢計	266.5	335.8	131.9	162.1	79.4
	20～24歳	202.0	207.1	100.0	100.0	97.5
	25～29	231.1	247.4	114.4	119.5	93.4
	30～34	249.1	283.2	123.3	136.7	88.0
	35～39	267.8	328.9	132.6	158.8	81.4
	40～44	302.3	364.9	149.7	176.2	82.8
	45～49	344.0	417.4	170.3	201.5	82.4
	50～54	370.5	463.3	183.4	223.7	80.0
	55～59	377.3	494.0	186.8	238.5	76.4
	60～64	271.6	346.0	134.5	167.1	78.5
	65～69	229.0	279.3	113.4	134.9	82.0
大学・大学院卒	年齢計	276.0	395.0	122.8	172.6	69.9
	20～24歳	224.7	228.8	100.0	100.0	98.2
	25～29	250.2	267.1	111.3	116.7	93.7
	30～34	284.3	329.1	126.5	143.8	86.4
	35～39	314.4	389.2	139.9	170.1	80.8
	40～44	356.6	446.0	158.7	194.9	80.0
	45～49	411.7	515.3	183.2	225.2	79.9
	50～54	468.5	568.3	208.5	248.4	82.4
	55～59	480.2	559.5	213.7	244.5	85.8
	60～64	374.6	371.9	166.7	162.5	100.7
	65～69	387.1	382.4	172.3	167.1	101.2

（注）「標準労働者」は、学校卒業後直ちに企業に就職し、同一企業に継続勤務しているとみなされる労働者。
資料出所：厚生労働省「賃金構造基本統計調査」

図表付-70　性別平均年齢および平均勤続年数の推移

（民営、企業規模10人以上）

年次	平均年齢（歳）		平均勤続年数（年）	
	女	男	女	男
1975年	33.4	36.8	5.8	10.1
1980	34.8	37.8	6.1	10.8
1985	35.4	38.6	6.8	11.9
1990	35.7	39.5	7.3	12.5
1995	36.5	40.1	7.9	12.9
2000	37.6	40.8	8.8	13.3
2005	38.7	41.6	8.7	13.4
2010	39.6	42.1	8.9	13.3
2015	40.7	43.1	9.4	13.5
2017	41.1	43.3	9.4	13.5
2018	41.4	43.6	9.7	13.7
2019	41.8	43.8	9.8	13.8

（注）各年6月。短時間労働者を除く。
資料出所：厚生労働省「賃金構造基本統計調査」

図表付-71　性、雇用形態別雇用者数および非正規の職員・従業員の割合の推移

			2010年	2015	2017	2018	2019
実数（万人）	総数	雇用者	5,479	5,632	5,810	5,927	5,995
		雇用者（役員を除く）	5,111	5,284	5,460	5,596	5,660
		正規の職員・従業員	3,355	3,304	3,423	3,476	3,494
		非正規の職員・従業員	1,756	1,980	2,036	2,120	2,165
		パート・アルバイト	1,192	1,365	1,414	1,490	1,519
		労働者派遣事業所の派遣社員	96	126	134	136	141
		契約社員・嘱託	330	404	411	414	419
		その他	137	83	78	80	86
	女	雇用者	2,351	2,473	2,589	2,670	2,719
		雇用者（役員を除く）	2,263	2,388	2,503	2,588	2,635
		正規の職員・従業員	1,046	1,042	1,114	1,137	1,160
		非正規の職員・従業員	1,217	1,345	1,389	1,451	1,475
		パート・アルバイト	933	1,053	1,090	1,143	1,164
		労働者派遣事業所の派遣社員	61	76	81	85	85
		契約社員・嘱託	151	176	180	183	182
		その他	73	41	38	40	43
	男	雇用者	3,128	3,158	3,221	3,256	3,275
		雇用者（役員を除く）	2,848	2,896	2,957	3,008	3,024
		正規の職員・従業員	2,309	2,261	2,310	2,339	2,334
		非正規の職員・従業員	538	634	647	669	691
		パート・アルバイト	259	312	324	347	355
		労働者派遣事業所の派遣社員	35	50	53	51	56
		契約社員・嘱託	180	229	231	231	237
		その他	65	42	40	40	43
対前年増減（万人）	総数	雇用者（役員を除く）	9	44	88	136	64
		正規の職員・従業員	−25	26	68	53	18
		非正規の職員・従業員	35	18	20	84	45
		パート・アルバイト	39	18	16	76	29
		労働者派遣事業所の派遣社員	−12	7	1	2	5
		契約社員・嘱託	9	−7	6	3	5
		その他	−2	−3	−3	2	6
	女	雇用者（役員を除く）	21	37	58	85	47
		正規の職員・従業員	0	23	36	23	23
		非正規の職員・従業員	22	13	22	62	24
		パート・アルバイト	30	11	16	53	21
		労働者派遣事業所の派遣社員	−11	5	3	4	0
		契約社員・嘱託	3	−1	3	3	−1
		その他	0	−1	−1	2	3
	男	雇用者（役員を除く）	−12	7	31	51	16
		正規の職員・従業員	−25	2	32	29	−5
		非正規の職員・従業員	12	4	−1	22	22
		パート・アルバイト	9	8	0	23	8
		労働者派遣事業所の派遣社員	−2	2	−2	−2	5
		契約社員・嘱託	7	−6	3	0	6
		その他	−2	−1	−2	0	3
役員を除く雇用者に占める非正規の職員・従業員の割合（%）		総数	34.4	37.5	37.3	37.9	38.3
		女	53.8	56.3	55.5	56.1	56.0
		男	18.9	21.9	21.9	22.2	22.9

資料出所：総務省統計局「労働力調査詳細集計」

図表付-72　性、年齢階級別人口に占める雇用形態別雇用者の割合（2019年）

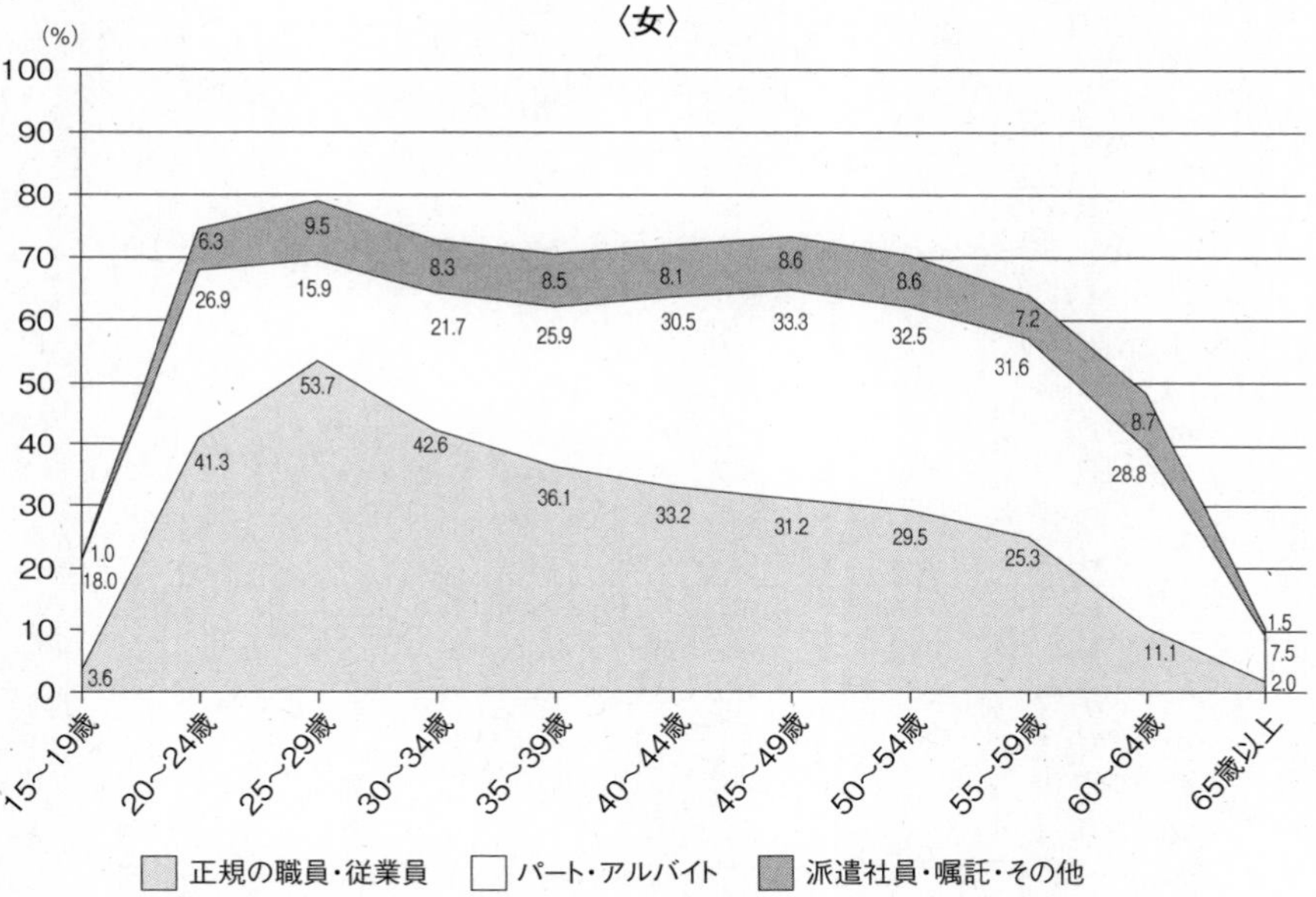

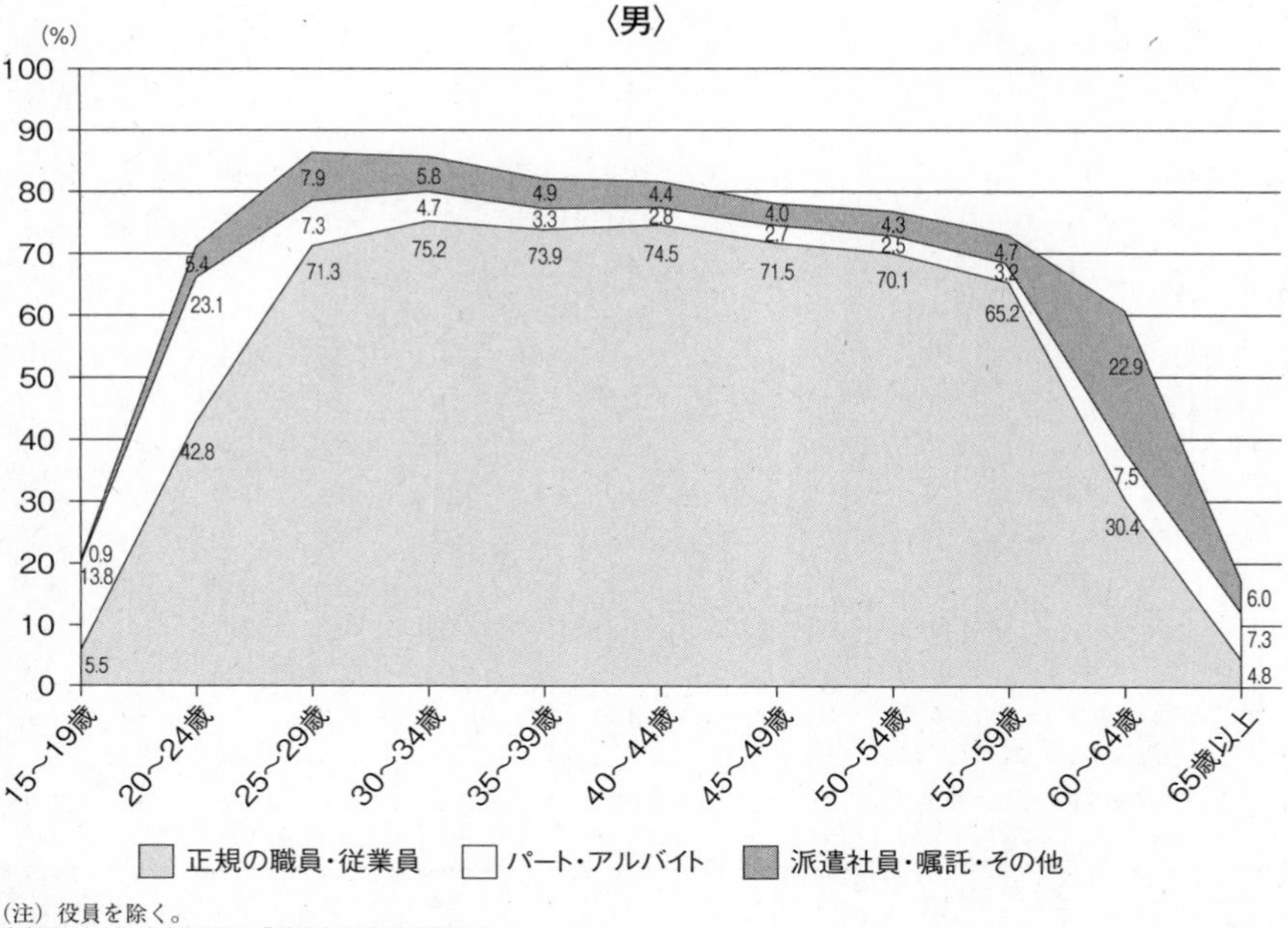

(注) 役員を除く。
資料出所：総務省統計局「労働力調査詳細集計」

図表付-73　性、仕事からの年間収入階級、雇用形態別雇用者数および構成比の推移

		性、年収	2010年		2015		2017		2018		2019	
			正規の職員・従業員	非正規の職員・従業員	正規の職員・従業員	非正規の職員・従業員	正規の職員・従業員	非正規の職員・従業員	正規の職員・従業員	非正規の職員・従業員	正規の職員・従業員	非正規の職員・従業員
実数（万人）	女	総数	1,046	1,217	1,042	1,345	1,114	1,389	1,137	1,451	1,160	1,475
		100万円未満	58	585	52	592	54	601	47	624	46	635
		100～199万円	209	438	172	521	166	527	163	554	143	557
		200～299万円	284	123	283	149	301	170	308	176	308	181
		300～399万円	203	30	221	39	245	41	260	43	275	49
		400～499万円	118	7	127	9	139	11	144	11	155	12
		500～699万円	97	4	106	4	119	5	123	6	130	5
		700～999万円	39	2	36	1	41	1	43	2	47	2
		1000～1499万円	5	0	5	1	7	1	7	0	8	1
		1500万円以上	1	0	1	0	1	0	1	0	2	0
	男	総数	2,309	538	2,261	634	2,310	647	2,339	669	2,334	691
		100万円未満	29	149	25	164	26	169	26	189	23	193
		100～199万円	131	158	115	190	104	181	97	186	90	186
		200～299万円	353	108	324	138	319	141	307	139	279	146
		300～399万円	457	51	451	68	444	76	451	72	450	77
		400～499万円	396	24	388	28	407	29	411	32	426	33
		500～699万円	471	19	484	18	509	20	520	20	529	21
		700～999万円	319	9	310	8	316	9	340	9	344	8
		1000～1499万円	87	3	90	2	98	2	109	3	111	3
		1500万円以上	15	1	16	1	22	1	22	1	21	1
構成比（%）	女	100万円未満	5.7	49.2	5.2	45.0	5.0	44.3	4.3	44.1	4.1	44.0
		100～199万円	20.6	36.8	17.1	39.6	15.5	38.8	14.9	39.1	12.8	38.6
		200～299万円	28.0	10.3	28.2	11.3	28.1	12.5	28.1	12.4	27.6	12.6
		300～399万円	20.0	2.5	22.0	3.0	22.8	3.0	23.7	3.0	24.7	3.4
		400～499万円	11.6	0.6	12.7	0.7	13.0	0.8	13.1	0.8	13.9	0.8
		500～699万円	9.6	0.3	10.6	0.3	11.1	0.4	11.2	0.4	11.7	0.3
		700～999万円	3.8	0.2	3.6	0.1	3.8	0.1	3.9	0.1	4.2	0.1
		1000～1499万円	0.5	0.0	0.5	0.1	0.7	0.1	0.6	0.0	0.7	0.1
		1500万円以上	0.1	0.0	0.1	0.0	0.1	0.0	0.1	0.0	0.2	0.0
	男	100万円未満	1.3	28.5	1.1	26.6	1.2	26.9	1.1	29.0	1.0	28.9
		100～199万円	5.8	30.3	5.2	30.8	4.6	28.8	4.2	28.6	4.0	27.8
		200～299万円	15.6	20.7	14.7	22.4	14.2	22.5	13.4	21.4	12.3	21.9
		300～399万円	20.2	9.8	20.5	11.0	19.8	12.1	19.8	11.1	19.8	11.5
		400～499万円	17.5	4.6	17.6	4.5	18.1	4.6	18.0	4.9	18.7	4.9
		500～699万円	20.9	3.6	22.0	2.9	22.7	3.2	22.8	3.1	23.3	3.1
		700～999万円	14.1	1.7	14.1	1.3	14.1	1.4	14.9	1.4	15.1	1.2
		1000～1499万円	3.9	0.6	4.1	0.3	4.4	0.3	4.8	0.5	4.9	0.4
		1500万円以上	0.7	0.2	0.7	0.2	1.0	0.2	1.0	0.2	0.9	0.1

（注）役員を除く。総数には年収不詳を含む。構成比は年収不詳を除いて算出。
資料出所：総務省統計局「労働力調査詳細集計」

図表付-74　短時間労働者の性別１時間当たり所定内給与額の推移

（民営、企業規模10人以上）

年次	女		男		男女格差（男＝100.0）
	１時間当たり所定内給与額（円）	対前年増減率（％）	１時間当たり所定内給与額（円）	対前年増減率（％）	
1990年	712	7.6	944	10.4	75.4
1995	854	0.7	1,061	2.3	80.5
2000	889	0.2	1,026	0.1	86.6
2005	942	4.2	1,069	5.6	88.1
2010	979	0.6	1,081	−0.5	90.6
2015	1,032	2.0	1,133	1.2	91.1
2017	1,074	1.9	1,154	1.8	93.1
2018	1,105	2.9	1,189	3.0	92.9
2019	1,127	2.0	1,207	1.5	93.4

（注）各年６月。「短時間労働者」とは、１日の所定労働時間が一般の労働者よりも短い、又は１日の所定労働時間が一般の労働者と同じでも１週の所定労働日数が一般の労働者よりも少ない労働者をいう。
資料出所：厚生労働省「賃金構造基本統計調査」

図表付-75　短時間労働者の性、主な産業別１時間当たり所定内給与額および対前年増減率（2019年6月）

（民営、企業規模10人以上）

女				男			
産業	１時間当たり所定内給与額（円）	対前年増減率（％）	産業間賃金格差（産業計＝100）	産業	１時間当たり所定内給与額（円）	対前年増減率（％）	産業間賃金格差（産業計＝100）
産業計	1,127	2.0	100.0	産業計	1,207	1.5	100.0
製造業	1,025	3.0	90.9	製造業	1,252	1.8	103.7
卸売業、小売業	1,041	2.2	92.4	運輸業、郵便業	1,276	1.3	105.7
宿泊業、飲食サービス業	1,021	1.9	90.6	卸売業、小売業	1,085	1.6	89.9
医療，福祉	1,318	2.4	116.9	宿泊業、飲食サービス業	1,052	1.8	87.2
サービス業（他に分類されないもの）	1,092	0.8	96.9	サービス業（他に分類されないもの）	1,188	−1.2	98.4

資料出所：厚生労働省「賃金構造基本統計調査」

図表付-76　短時間労働者の企業規模、性別1時間当たり所定内給与額および企業規模間賃金格差の推移（民営）

（民営）

性、企業規模		1時間当たり所定内給与額（円）					賃金格差（企業規模1000人以上＝100）				
		2010年	2015	2017	2018	2019	2010年	2015	2017	2018	2019
女	1000人以上	970	1,025	1,077	1,109	1,131	100	100	100	100	100
	100～999人	1,000	1,045	1,092	1,124	1,133	103	102	101	101	100
	10～99人	970	1,032	1,055	1,082	1,115	100	101	98	98	99
男	1000人以上	1,043	1,088	1,113	1,146	1,166	100	100	100	100	100
	100～999人	1,115	1,153	1,188	1,226	1,237	107	106	107	107	106
	10～99人	1,096	1,172	1,180	1,212	1,237	105	108	106	106	106

（注）各年6月
資料出所：厚生労働省「賃金構造基本統計調査」

図表付-77　短時間労働者の性、年齢階級別1時間当たり所定内給与額

（民営、企業規模10人以上）　（単位：円）

年齢階級	女					男				
	2010年	2015	2017	2018	2019	2010年	2015	2017	2018	2019
年齢計	979	1,032	1,074	1,105	1,127	1,081	1,133	1,154	1,189	1,207
～19歳	836	892	938	965	988	856	914	952	977	997
20～24	928	986	1,015	1,050	1,064	953	1,009	1,037	1,069	1,083
25～29	1,007	1,052	1,092	1,126	1,148	1,061	1,109	1,111	1,164	1,155
30～34	1,027	1,090	1,137	1,162	1,200	1,150	1,204	1,200	1,258	1,295
35～39	1,007	1,082	1,137	1,166	1,197	1,145	1,205	1,240	1,266	1,330
40～44	995	1,048	1,093	1,136	1,164	1,149	1,233	1,257	1,282	1,317
45～49	998	1,046	1,080	1,112	1,137	1,189	1,227	1,245	1,267	1,292
50～54	983	1,040	1,080	1,116	1,137	1,185	1,191	1,236	1,301	1,278
55～59	970	1,032	1,077	1,102	1,120	1,122	1,214	1,205	1,279	1,291
60～64	980	1,022	1,066	1,095	1,125	1,205	1,253	1,273	1,349	1,376
65～69	969	1,010	1,061	1,089	1,107	1,181	1,198	1,232	1,246	1,282
平均年齢（歳）	45.1	45.9	46.4	46.9	46.8	41.4	43.9	44.4	44.6	44.2

（注）各年6月
資料出所：厚生労働省「賃金構造基本統計調査」

図表付-78　雇用形態、性、年齢階級別所定内給与額、対前年増減率および雇用形態間賃金格差（2019年6月）

（民営、企業規模10人以上）

年齢階級	女					男				
	正社員・正職員		正社員・正職員以外		雇用形態間賃金格差（正社員・正職員＝100）	正社員・正職員		正社員・正職員以外		雇用形態間賃金格差（正社員・正職員＝100）
	所定内給与額（千円）	対前年増減率（%）	所定内給与額（千円）	対前年増減率（%）		所定内給与額（千円）	対前年増減率（%）	所定内給与額（千円）	対前年増減率（%）	
年齢計	269.4	1.5	189.1	0.6	70.2	351.5	0.1	234.8	1.0	66.8
20～24歳	212.4	0.7	176.7	−0.1	83.2	216.5	0.6	185.3	−1.7	85.6
25～29	240.1	1.6	189.9	−0.7	79.1	255.7	1.5	209.2	1.4	81.8
30～34	259.7	1.9	191.0	−0.7	73.5	296.5	0.4	221.5	0.6	74.7
35～39	271.5	1.1	194.7	1.1	71.7	335.5	1.0	226.3	−1.3	67.5
40～44	287.8	1.6	195.2	1.9	67.8	368.2	0.4	231.0	0.1	62.7
45～49	295.5	0.7	192.9	0.3	65.3	399.3	−1.5	240.5	2.6	60.2
50～54	305.9	1.9	190.3	1.6	62.2	436.3	−0.8	240.8	1.5	55.2
55～59	299.5	−0.2	185.0	0.5	61.8	433.6	−0.8	238.9	−0.4	55.1
60～64	273.5	4.7	188.6	0.9	69.0	344.6	2.4	260.9	0.8	75.7
65～69	258.3	5.0	180.0	2.3	69.7	295.6	−0.2	231.0	4.6	78.1
平均年齢（歳）	40.3	−	46.7	−	−	42.8	−	51.3	−	−
勤続年数（年）	10.4	−	7.7	−	−	14.2	−	10.5	−	−

（注）短時間労働者を除く。
資料出所：厚生労働省「賃金構造基本統計調査」

図表付-79　雇用形態、性、企業規模別所定内給与額、対前年増減率および雇用形態間賃金格差（2019年6月）

（民営）

企業規模	女					男				
	正社員・正職員		正社員・正職員以外		雇用形態間賃金格差（正社員・正職員＝100）	正社員・正職員		正社員・正職員以外		雇用形態間賃金格差（正社員・正職員＝100）
	所定内給与額（千円）	対前年増減率（%）	所定内給与額（千円）	対前年増減率（%）		所定内給与額（千円）	対前年増減率（%）	所定内給与額（千円）	対前年増減率（%）	
1000人以上	300.3	0.6	194.1	−0.9	64.6	400.4	−1.6	241.4	−1.8	60.3
100～999人	266.0	1.6	187.9	0.5	70.6	336.8	0.4	231.7	2.2	68.8
10～99人	238.3	1.8	180.4	3.5	75.7	303.2	1.5	226.3	4.0	74.6

（注）短時間労働者を除く。
資料出所：厚生労働省「賃金構造基本統計調査」

図表付-80　労働者派遣された派遣労働者数等

（単位：所、人）

		（参考）2015年度	2016年度	2017年度	2018年度
労働者派遣事業	集計事業所数	18,403	22,153	25,282	38,128
	①無期雇用派遣労働者	125,792	215,073	286,087	510,815
	②有期雇用派遣労働者	948,260	1,289,437	1,272,950	1,171,716
	③登録者数	2,717,674	4,347,990	3,819,197	4,794,355
（旧）特定労働者派遣事業	集計事業所数	59,553	48,601	37,126	−
	④無期雇用	177,049	214,356	163,989	−
	⑤有期雇用	46,011	52,158	37,711	−
合計	①+②+④+⑤（派遣労働者数）	1,297,112	1,771,024	1,760,737	1,682,531
	①+④無期雇用	302,841	429,429	450,076	510,815
	②+⑤有期雇用	994,271	1,341,595	1,310,661	1,171,716

（注）1．労働者派遣事業報告書の集計結果。
2．報告対象期間（各派遣元事業主の事業年度）の末日が年度内に属する報告について集計した報告対象期間末日現在の実人員。
3．2015年度は、2015年の法改正後（2015.9.30～2016.3.31）の集計値。
4．2018年度は2015年の改正法附則の経過措置期間が2018年9月29日で満了のため、許可を有する労働者派遣事業者から提出された事業報告書のみの集計。
資料出所：厚生労働省「労働者派遣事業報告書」の集計結果

図表付-81　家内労働従事者数、家内労働者数、補助者数および委託者数の推移

（単位：人）

			1985年	1995	2005	2015	2017	2018	2019
家内労働従事者数①＋②			1,223,200	576,701	216,625	114,655	111,616	114,511	108,293
（対前年増減率％）			（−3.2）	（−12.3）	（−4.4）	（−2.1）	（0.6）	（2.6）	（−5.4）
家内労働者数①			1,149,000	549,585	207,142	111,038	108,275	110,812	105,054
（対前年増減率％）			（−3.2）	（−12.3）	（−4.2）	（−1.8）	（0.5）	（2.3）	（−5.2）
性別	女	実数	1,070,900	513,142	188,384	99,198	96,940	97,488	94,021
		（構成比％）	（93.2）	（93.4）	（90.9）	（89.3）	（89.5）	（88.0）	（89.5）
	男	実数	78,100	36,443	18,758	11,840	11,335	13,324	11,033
		（構成比％）	（6.8）	（6.6）	（9.1）	（10.7）	（10.5）	（12.0）	（10.5）
類型別	専業	実数	76,200	31,848	10,813	5,343	4,510	4,890	4,741
		（構成比％）	（6.6）	（5.8）	（5.2）	（4.8）	（4.2）	（4.4）	（4.5）
	内職	実数	1,058,500	512,900	193,778	104,929	102,755	104,818	99,056
		（構成比％）	（92.1）	（93.3）	（93.6）	（94.5）	（94.9）	（94.6）	（94.3）
	副業	実数	14,300	4,837	2,551	766	1,010	1,104	1,257
		（構成比％）	（1.2）	（0.9）	（1.2）	（0.7）	（0.9）	（1.0）	（1.2）
補助者数②			74,200	27,116	9,483	3,617	3,341	3,699	3,239
委託者数			80,600	38,538	15,010	7,760	7,499	7,654	7,328

（注）1．各年10月
2．「家内労働従事者数」は、「家内労働者数」と「補助者数」の合計をいう。
3．1985年の数値は下2桁で四捨五入している。
資料出所：厚生労働省「家内労働概況調査」

図表付-82　保育所・幼保連携型認定こども園の施設数・定員・在籍人員の推移

年次	施設数			定員（人）	在籍人員（人）		
	総数	公立	私立		総数	入所人員	私的契約人員
1975年	18,009	11,387	6,622	1,676,720	1,578,033	1,561,397	16,636
1980	21,960	13,275	8,685	2,128,190	1,953,461	1,940,793	12,668
1985	22,899	13,600	9,299	2,080,451	1,779,367	1,770,430	8,937
1990	22,703	13,380	9,323	1,978,989	1,647,073	1,637,073	10,000
1995	22,496	13,194	9,302	1,923,697	1,600,597	1,593,873	6,724
2000	22,195	12,723	9,472	1,923,157	1,792,149	1,788,425	3,724
2005	22,570	12,090	10,480	2,052,635	1,998,307	1,993,796	4,511
2010	23,069	10,760	12,309	2,158,045	2,085,882	2,080,072	5,810
2015	25,465	9,568	15,897	2,449,168	2,341,211	2,336,244	4,950
2017	27,030	9,188	17,842	2,593,484	2,459,748	2,455,111	4,608
2018	27,906	8,990	18,916	2,670,799	2,508,746	2,504,934	3,799
2019	28,695	…	…	2,735,410	2,554,990	…	…

（注）１．各年4月1日現在。「入所人員」は、児童福祉法に基づく入所契約児童数。2019年は概数。
２．2015年以降、幼保連携型認定こども園を含む。
３．2015年以降、「定員」は子ども・子育て支援法による利用定員。「在籍人員」総数には児童福祉法による措置人員を含む。
資料出所：厚生労働省「福祉行政報告例」

図表付-83　世帯類型別児童扶養手当受給者数の推移

（単位：人）

年度	総数	母子世帯						父子世帯	その他の世帯
		生別母子世帯		死別母子世帯	未婚の母子世帯	障害者世帯	遺棄世帯		
		離　婚	その他						
1975年度	251,316	128,330	2,710	32,084	24,632	21,284	34,941	－	7,335
1980	470,052	300,269	2,609	38,479	36,215	30,903	52,576	－	9,001
1985	647,606	490,891	2,500	31,948	35,224	30,000	47,280	－	9,763
1990	588,782	494,561	1,703	18,326	30,943	8,114	26,315	－	8,820
1995	603,534	526,013	1,050	11,895	34,690	4,508	17,217	－	8,161
2000	708,395	622,357	1,191	9,570	51,678	2,919	7,460	－	13,220
2005	936,579	824,654	1,626	9,325	70,543	2,714	5,382	－	22,335
2010	1,055,181	868,709	1,514	8,362	85,292	2,550	3,546	55,389	29,819
2015	1,037,645	829,066	1,786	7,016	98,970	5,169	2,302	60,537	32,799
2016	1,006,332	801,072	1,701	6,585	100,192	4,994	2,045	57,030	32,713
2017	973,188	772,202	1,651	6,148	100,308	4,789	1,875	53,470	32,745
2018	939,262	743,872	1,603	5,699	100,018	4,665	1,672	49,546	32,187

（注）１．各年度末現在。
２．2009年までは母子世帯の障害者世帯及び遺棄世帯に母以外の者が養育している世帯を含む。
３．2010年８月分より父子家庭の父を支給対象とした。
４．生別母子世帯の「その他」に、「DV保護命令世帯」を含む。
５．東日本大震災の影響により、2010年度は郡山市及びいわき市以外の福島県を除いて集計した数値。
資料出所：厚生労働省「福祉行政報告例」

図表付-84　医療保険適用者数の推移

（単位：千人）

年度	総数	被用者保険							国民健康保険	後期高齢者医療制度
		総数	全国健康保険協会管掌健康保険			組合管掌健康保険	船員保険	共済組合		
			総数	一般被保険者	法第3条第2項被保険者					
2000年度	126,351	78,723	36,805	36,758	47	31,677	228	10,013	47,628	−
2005	127,176	75,549	35,675	35,650	25	30,119	168	9,587	51,627	−
2010	126,907	73,797	34,863	34,845	18	29,609	136	9,189	38,769	14,341
2011	126,678	73,632	34,895	34,877	18	29,504	132	9,101	38,313	14,733
2012	126,452	73,605	35,122	35,103	19	29,353	129	9,000	37,678	15,168
2013	126,339	73,976	35,662	35,643	18	29,273	127	8,914	36,927	15,436
2014	126,207	74,503	36,411	36,392	19	29,131	125	8,836	35,937	15,767
2015	126,141	75,217	37,184	37,165	19	29,136	124	8,774	34,687	16,237
2016	126,091	76,373	38,091	38,071	19	29,463	122	8,697	32,940	16,778

（注）1．各年度末現在。「法第3条第2項被保険者」は有効被保険者手帳所有者数。
　　　2．「全国健康保険協会管掌健康保険」は2007年度以前は「政府管掌健康保険」。
資料出所：厚生労働省「厚生統計要覧」

図表付-85　公的年金被保険者数の推移

（単位：万人）

年度	総数	国民年金被保険者			厚生年金被保険者	
		計	第1号	第3号	第1号	第2～4号
2000年度	7,049	3,307	2,154	1,153	3,219	523
2005	7,045	3,283	2,190	1,092	3,302	460
2010	6,826	2,943	1,938	1,005	3,441	442
2011	6,775	2,882	1,904	978	3,451	441
2012	6,736	2,824	1,864	960	3,472	440
2013	6,718	2,751	1,805	945	3,527	439
2014	6,713	2,674	1,742	932	3,599	441
2015	6,712	2,583	1,668	915	3,686	443
2016	6,731	2,464	1,575	889	3,822	445
2017	6,733	2,375	1,505	870	3,911	447
2018	6,746	2,318	1,471	847	3,981	448

（注）1．各年度末現在
　　　2．国民年金被保険者第1号には任意加入被保険者を含む。
　　　3．2014年度以前は、厚生年金第1号は厚生年金保険の被保険者、第2～4号は共済組合の組合員を計上
　　　4．厚生年金被保険者には国民年金第2号被保険者のほか、65歳以上で老齢又は退職を支給事由とする年金給付の受給権を有する被保険者が含まれている。
資料出所：厚生労働省「厚生年金保険・国民年金事業年報」、「厚生年金保険・国民年金事業の概況」

図表付-86　性別公的年金被保険者数の推移

（単位：万人）

年度	国民年金第1号		国民年金第3号		厚生年金第1号		厚生年金第2〜4号	
	女	男	女	男	女	男	女	男
2005年度	1,089	1,101	1,083	10	1,128	2,174	157	303
2010	947	992	993	11	1,217	2,224	158	284
2011	931	973	967	11	1,227	2,224	159	282
2012	907	956	949	11	1,244	2,228	161	279
2013	878	928	934	11	1,271	2,257	162	277
2014	846	896	921	11	1,306	2,293	164	277
2015	809	859	904	11	1,349	2,338	167	275
2016	759	816	878	11	1,424	2,398	170	275
2017	726	779	859	11	1,470	2,442	173	274
2018	707	764	836	11	1,512	2,469	175	272

（注）1. 各年度末現在
2. 国民年金被保険者第1号には任意加入被保険者を含む。
3. 2014年度以前は、厚生年金第1号は厚生年金保険の被保険者、第2〜4号は共済組合の組合員を計上
4. 厚生年金被保険者には国民年金第2号被保険者のほか、65歳以上で老齢又は退職を支給事由とする年金給付の受給権を有する被保険者が含まれている。

資料出所：厚生労働省「厚生年金保険・国民年金事業年報」、「厚生年金保険・国民年金事業の概況」

図表付-87　性別年金月額階級別国民年金老齢年金受給権者数（2018年度末現在）

（単位：人）

年金月額階級	総数			基礎のみ・旧国年（再掲）		
	総数	女	男	総数	女	男
合計	32,664,448	18,436,202	14,228,246	6,961,036	5,293,287	1,667,749
1万円未満	83,022	70,113	12,909	38,158	36,487	1,671
1〜2	314,832	252,622	62,210	120,460	109,075	11,385
2〜3	991,875	766,415	225,460	362,271	319,437	42,834
3〜4	3,083,098	2,358,923	724,175	1,257,558	1,069,063	188,495
4〜5	4,704,912	3,366,439	1,338,473	1,156,017	912,224	243,793
5〜6	7,494,438	4,441,195	3,053,243	1,417,795	1,081,046	336,749
6〜7	14,204,935	5,758,897	8,446,038	2,107,624	1,364,071	743,553
7万円以上	1,787,336	1,421,598	365,738	501,153	401,884	99,269
平均年金月額（円）	55,708	53,342	58,775	51,938	50,605	56,170

（注）「基礎のみ・旧国年（再掲）」とは、厚生年金保険（旧共済組合を除く。）の受給権を有しない老齢基礎年金受給権者及び旧法国民年金（５年年金を除く。）の受給権者をいう。

資料出所：厚生労働省「厚生年金保険・国民年金事業年報」

図表付-88　性別年金月額階級別厚生年金保険（第1号）老齢年金受給権者数（2018年度末現在）

（単位：人）

年金月額階級	総数	女	男	年金月額階級	総数	女	男
合計	16,087,287	5,270,876	10,816,411	16～17	947,091	102,797	844,294
2万円未満	148,086	44,840	103,246	17～18	980,948	71,724	909,224
2～3	83,649	77,020	6,629	18～19	960,838	49,904	910,934
3～4	137,175	119,561	17,614	19～20	898,434	36,877	861,557
4～5	146,019	96,906	49,113	20～21	778,946	24,765	754,181
5～6	194,142	103,152	90,990	21～22	615,693	17,163	598,530
6～7	399,646	229,360	170,286	22～23	441,310	11,308	430,002
7～8	699,048	456,644	242,404	23～24	307,042	7,127	299,915
8～9	968,143	707,801	260,342	24～25	209,348	4,099	205,249
9～10	1,144,077	840,309	303,768	25～26	135,597	2,330	133,267
10～11	1,117,766	734,091	383,675	26～27	86,215	1,114	85,101
11～12	1,007,420	543,581	463,839	27～28	52,238	507	51,731
12～13	915,331	380,907	534,424	28～29	27,141	198	26,943
13～14	876,492	268,988	607,504	29～30	13,107	145	12,962
14～15	877,130	195,396	681,734	30万円以上	19,756	389	19,367
15～16	899,459	141,873	757,586	平均年金月額(円)	143,761	102,558	163,840

（注）１．年金月額には基礎年金額を含む。
　　　２．特別支給の老齢厚生年金の定額部分の支給開始年齢の引上げにより、定額部分のない、報酬比例部分のみの65歳未満の受給権者が含まれている。
　　　３．共済組合等の組合員等たる厚生年金保険の被保険者期間（平成27年９月以前の共済組合等の組合員等の期間を含む）を含めて該当した者もいるが、これらの者の年金月額には共済組合等から支給される分が含まれていない。
資料出所：厚生労働省「厚生年金保険・国民年金事業年報」

図表付-89　介護保険被保険者数および要介護（要支援）認定者数の推移

（単位：万人）

年度	被保険者数				要介護、要支援認定者数			
	第1号被保険者	65歳以上75歳未満	75歳以上	第2号被保険者	第1号被保険者	65歳以上75歳未満	75歳以上	第2号被保険者
2000年度	2,242	1,319	923	4,308	247 (11.0)	45 (3.4)	202 (21.9)	9
2005	2,588	1,412	1,175	4,276	418 (16.1)	68 (4.8)	349 (29.7)	15
2010	2,910	1,482	1,428	4,263	491 (16.9)	64 (4.3)	427 (29.9)	15
2011	2,978	1,505	1,472	4,299	515 (17.3)	65 (4.3)	450 (30.5)	16
2012	3,094	1,574	1,520	4,275	546 (17.6)	69 (4.4)	477 (31.4)	15
2013	3,202	1,652	1,549	4,247	584 (18.2)	72 (4.4)	497 (32.1)	15
2014	3,302	1,716	1,586	4,220	592 (17.9)	75 (4.4)	517 (32.6)	14
2015	3,382	1,745	1,637	4,204	607 (17.9)	76 (4.3)	531 (32.5)	14
2016	3,440	1,745	1,695	4,200	619 (18.0)	75 (4.3)	544 (32.1)	13
2017	3,488	1,746	1,742	4,195	628 (18.0)	74 (4.2)	555 (31.8)	13

（注）１．各年度末現在。ただし、第2号被保険者数は当該年度の月平均。
　　　２．「要介護、要支援認定者数」の（　）内は、被保険者に占める認定者の割合（認定率％）。
　　　３．2010年度は東日本大震災の影響により、報告が困難であった福島県の５町１村（広野町、楢葉町、富岡町、川内村、双葉町、新地町）を除く。
資料出所：厚生労働省「介護保険事業状況報告（年報）」

図表付-90　介護サービス受給者数の推移

（単位：千人）

年度	居宅介護サービス	地域密着型サービス	施設介護サービス			
			総数	介護老人福祉施設	介護老人保健施設	介護療養型医療施設
2000年度	1,237	−	604	285	219	100
2005	2,583	−	787	373	287	127
2010	3,019	264	842	435	325	85
2011	3,191	295	855	448	330	80
2012	3,379	328	874	466	337	74
2013	3,575	354	893	482	344	70
2014	3,743	385	898	490	347	65
2015	3,894	410	912	506	348	60
2016	3,909	770	923	518	352	56
2017	3,765	834	930	528	355	50

（注）１．2000年度は４月から翌年２月、他は各年３月から翌年２月までの累計（人・月）を月数で除した数（月平均）。
２．2010年度以降の施設介護サービスは、同一月に２施設以上でサービスを受けた場合、施設ごとにそれぞれ受給者数を１人と計上しているが、総数には１人と計上しているため、３施設の合算と総数は一致しない。
３．2010年度は東日本大震災の影響により、報告が困難であった福島県の５町１村（広野町、楢葉町、富岡町、川内村、双葉町、新地町）を除く。

資料出所：厚生労働省「介護保険事業状況報告（年報）」

図表付-91　性別進学率の推移

（単位：％）

年次	高等学校等への進学率			短期大学への進学率			大学への進学率			大学院への進学率		
	計	女	男	計	女	男	計	女	男	計	女	男
1980年	94.2	95.4	93.1	11.3	21.0	2.0	26.1	12.3	39.3	3.9	1.6	4.7
1985	93.8	94.9	92.8	11.1	20.8	2.0	26.5	13.7	38.6	5.5	2.5	6.5
1990	94.4	95.6	93.2	11.7	22.2	1.7	24.6	15.2	33.4	6.4	3.1	7.7
1995	95.8	97.0	94.7	13.1	24.6	2.1	32.1	22.9	40.7	9.0	5.5	10.7
2000	95.9	96.8	95.0	9.4	17.2	1.9	39.7	31.5	47.5	10.3	6.3	12.8
2005	96.5	96.8	96.1	7.3	13.0	1.8	44.2	36.8	51.3	11.6	7.2	14.8
2010	96.3	96.5	96.1	5.9	10.8	1.3	50.9	45.2	56.4	12.9	7.1	17.4
2015	96.6	97.0	96.2	5.1	9.3	1.1	51.5	47.4	55.4	10.7	5.8	14.8
2017	96.4	96.8	96.1	4.7	8.6	1.0	52.6	49.1	55.9	10.7	5.7	14.9
2018	96.3	96.5	96.0	4.6	8.3	1.0	53.3	50.1	56.3	10.6	5.8	14.8
2019	95.8	96.0	95.6	4.4	7.9	1.0	53.7	50.7	56.6	10.3	5.5	14.3

（注）１．各年5月1日現在。通信教育を除く。
２．高等学校等への進学率：中学校卒業者及び中等教育学校前期課程修了者のうち、高等学校、中等教育学校後期課程及び特別支援学校高等部の本科・別科並びに高等専門学校に進学した者（就職進学した者を含み、過年度中卒者等は含まない。）の占める比率。
３．短期大学・大学への進学率：大学学部・短期大学本科入学者数（過年度高卒者等を含む。）を３年前の中学校卒業者及び中等教育学校前期課程修了者数で除した比率。
４．大学院への進学率：大学学部卒業者のうち、ただちに大学院に進学した者の比率。

資料出所：文部科学省「学校基本調査」

図表付-92　学校別在学者数及び女性比率の推移

	年次	高等学校	高等専門学校	短期大学	大学	大学院	専修学校
男女計（人）	1980年	4,621,930	46,348	371,124	1,835,312	53,992	432,914
	1985	5,177,681	48,288	371,095	1,848,698	69,688	538,175
	1990	5,623,336	52,930	479,389	2,133,362	90,238	791,431
	1995	4,724,945	56,234	498,516	2,546,649	153,423	813,347
	2000	4,165,434	56,714	327,680	2,740,023	205,311	750,824
	2005	3,605,242	59,160	219,355	2,865,051	254,480	783,783
	2010	3,368,693	59,542	155,273	2,887,414	271,454	637,897
	2015	3,319,114	57,611	132,681	2,860,210	249,474	656,106
	2017	3,280,247	57,601	123,949	2,890,880	250,891	655,254
	2018	3,235,661	57,467	119,035	2,909,159	254,013	653,132
	2019	3,168,369	57,124	113,013	2,918,668	254,621	659,693
女（人）	1980年	2,292,286	917	330,468	405,529	6,259	287,938
	1985	2,568,483	1,723	333,175	434,401	9,182	312,185
	1990	2,793,739	4,677	438,443	584,155	14,566	410,543
	1995	2,351,055	9,966	455,439	821,893	32,990	420,282
	2000	2,074,642	10,624	293,690	992,312	54,216	406,073
	2005	1,777,708	9,835	191,131	1,124,900	75,734	417,918
	2010	1,665,296	9,359	137,791	1,185,580	82,133	347,286
	2015	1,647,789	10,059	117,461	1,231,868	77,831	364,592
	2017	1,625,221	10,675	109,898	1,263,893	79,793	365,081
	2018	1,601,672	10,937	105,530	1,280,406	81,464	364,520
	2019	1,566,392	11,321	99,866	1,293,095	82,427	366,802
女性比率（%）	1980年	49.6	2.0	89.0	22.1	11.6	66.5
	1985	49.6	3.6	89.8	23.5	13.2	58.0
	1990	49.7	8.8	91.5	27.4	16.1	51.9
	1995	49.8	17.7	91.4	32.3	21.5	51.7
	2000	49.8	18.7	89.6	36.2	26.4	54.1
	2005	49.3	16.6	87.1	39.3	29.8	53.3
	2010	49.4	15.7	88.7	41.1	30.3	54.4
	2015	49.6	17.5	88.5	43.1	31.2	55.6
	2017	49.5	19.0	88.7	44.0	32.1	55.8
	2018	49.5	19.0	88.7	44.0	32.1	55.8
	2019	49.4	19.8	88.4	44.3	32.4	55.6

(注) 各年5月1日現在。通信教育、盲学校、聾学校、養護学校、特別支援学校を除く。
資料出所：文部科学省「学校基本調査」

図表付-93　性、学歴別新規学卒者就職率の推移

（単位：％）

年次	中学校		高等学校		高等専門学校		短期大学		大学	
	女	男	女	男	女	男	女	男	女	男
1980年	3.2	4.5	45.6	40.2	92.6	89.0	76.4	71.8	65.7	78.5
1985	2.9	4.5	43.4	38.7	89.1	89.0	81.3	72.6	72.4	78.8
1990	1.8	3.7	36.2	34.2	92.3	85.6	88.1	72.9	81.0	81.0
1995	0.9	2.2	23.4	27.9	78.5	73.6	66.0	57.3	63.7	68.7
2000	0.5	1.5	16.5	20.7	65.1	58.4	57.4	41.3	57.1	55.0
2005	0.4	1.0	14.9	19.8	60.4	52.3	66.8	50.6	64.1	56.6
2010	0.2	0.6	13.1	18.3	63.9	49.2	67.3	48.0	66.6	56.4
2015	0.1	0.6	14.0	21.5	67.7	56.4	80.0	61.3	78.5	67.8
2017	0.1	0.4	14.0	21.4	68.5	55.0	82.8	62.6	82.1	71.1
2018	0.1	0.3	13.8	21.2	70.5	57.2	83.6	61.9	82.9	72.3
2019	0.1	0.3	13.7	21.4	71.2	56.8	84.0	62.8	83.6	73.2

（注）１．各年5月1日現在。各年3月卒業者のうち、就職者（就職進学者を含む。）の占める割合である。
２．2000年以降の中学校に義務教育学校及び中等教育学校前期課程修了者を、高等学校に中等教育学校後期課程卒業者を加えて算出。

資料出所：文部科学省「学校基本調査」

図表付-94　性、卒業後の状況別大学、短大卒業者数の推移

			計	進学者	うち就職している者	就職者	臨床研修医（予定者を含む）	専修学校・外国の学校等入学者	一時的な仕事に就いた者	左記以外	死亡・不詳
実数（人）	大学（女）	2005年	232,569	17,902	61	148,930	2,729	5,521	9,782	40,544	7,161
		2015	256,482	15,997	17	201,371	3,087	3,228	5,833	24,423	2,543
		2017	261,108	15,838	24	214,410	3,334	2,639	4,421	18,466	2,000
		2018	260,111	15,927	24	215,487	3,473	2,541	4,136	16,816	1,731
		2019	265,181	15,639	36	221,654	3,490	2,437	3,916	16,270	1,775
	大学（男）	2005年	318,447	48,206	19	180,115	5,174	6,540	9,725	57,450	11,237
		2015	307,553	46,241	32	208,339	5,969	3,492	5,897	33,679	3,936
		2017	306,655	46,493	46	217,853	5,979	2,764	4,762	25,716	3,088
		2018	305,325	45,728	35	220,610	6,130	2,634	4,548	23,038	2,637
		2019	307,458	44,724	52	225,140	6,361	2,555	4,249	21,962	2,467
	短大（女）	2005年	93,167	9,230	7	62,232	−	2,667	6,054	12,032	952
		2015	53,439	4,300	5	42,729	−	804	1,273	4,232	101
		2017	50,975	3,776	6	42,213	−	713	1,036	3,132	105
		2018	49,121	3,658	3	41,059	−	647	879	2,811	67
		2019	47,437	3,303	14	39,818	−	607	850	2,792	67
構成比（％）	大学（女）	2005年	100.0	7.7	0.0	64.0	1.2	2.4	4.2	17.4	3.1
		2015	100.0	6.2	0.0	78.5	1.2	1.3	2.3	9.5	1.0
		2017	100.0	6.1	0.0	82.1	1.3	1.0	1.7	7.1	0.8
		2018	100.0	6.1	0.0	82.8	1.3	1.0	1.6	6.5	0.7
		2019	100.0	5.9	0.0	83.6	1.3	0.9	1.5	6.1	0.7
	大学（男）	2005年	100.0	15.1	0.0	56.6	1.6	2.1	3.1	18.0	3.5
		2015	100.0	15.0	0.0	67.7	1.9	1.1	1.9	11.0	1.3
		2017	100.0	15.2	0.0	71.0	1.9	0.9	1.6	8.4	1.0
		2018	100.0	15.0	0.0	72.3	2.0	0.9	1.5	7.5	0.9
		2019	100.0	14.5	0.0	73.2	2.1	0.8	1.4	7.1	0.8
	短大（女）	2005年	100.0	9.9	0.0	66.8	−	2.9	6.5	12.9	1.0
		2015	100.0	8.0	0.0	80.0	−	1.5	2.4	7.9	0.2
		2017	100.0	7.4	0.0	82.8	−	1.4	2.0	6.1	0.2
		2018	100.0	7.4	0.0	83.6	−	1.3	1.8	5.7	0.1
		2019	100.0	7.0	0.0	83.9	−	1.3	1.8	5.9	0.1

（注）各年3月卒業者の5月1日現在の状況。

資料出所：文部科学省「学校基本調査」

図表付-95　性、産業別大学卒就職者数（構成比）の推移

（単位：%）

性、産業		2010年	2015	2017	2018	2019
女	総数	100.0	100.0	100.0	100.0	100.0
	農業、林業	0.2	0.2	0.2	0.1	0.2
	漁業	0.0	0.0	0.0	0.0	0.0
	鉱業、採石業、砂利採取業	0.0	0.0	0.0	0.0	0.0
	建設業	1.7	2.4	2.5	2.6	2.6
	製造業	8.9	8.7	8.8	9.2	9.5
	電気・ガス・熱供給・水道業	0.2	0.2	0.2	0.2	0.2
	情報通信業	6.2	6.5	7.3	7.9	8.7
	運輸業、郵便業	2.5	2.8	3.2	3.0	3.4
	卸売業、小売業	15.3	15.5	15.0	15.0	14.7
	金融業、保険業	11.8	10.5	10.4	9.2	7.5
	不動産業、物品賃貸業	1.7	2.4	2.5	2.7	2.6
	学術研究、専門・技術サービス業	2.8	3.4	3.6	3.8	4.0
	宿泊業、飲食サービス業	2.9	3.0	2.9	3.0	3.0
	生活関連サービス業、娯楽業	3.7	3.6	3.3	3.2	3.2
	教育、学習支援業	11.4	10.0	9.6	9.2	9.0
	医療、福祉	19.0	19.6	18.9	19.3	19.3
	複合サービス事業	1.6	1.5	1.2	1.1	1.1
	サービス業（他に分類されないもの）	4.2	4.1	4.5	4.9	5.3
	公務（他に分類されるものを除く）	4.7	4.5	4.9	4.8	4.8
	上記以外のもの	1.3	1.1	0.9	0.8	0.8
男	総数	100.0	100.0	100.0	100.0	100.0
	農業、林業	0.4	0.3	0.3	0.3	0.3
	漁業	0.0	0.0	0.0	0.0	0.0
	鉱業、採石業、砂利採取業	0.1	0.0	0.0	0.0	0.0
	建設業	6.5	6.9	6.7	6.7	6.6
	製造業	15.9	14.8	14.4	14.6	14.7
	電気・ガス・熱供給・水道業	0.7	0.6	0.6	0.6	0.6
	情報通信業	8.8	9.7	10.6	11.3	12.2
	運輸業、郵便業	3.7	3.3	3.3	3.3	3.3
	卸売業、小売業	17.4	17.6	16.9	16.4	15.9
	金融業、保険業	8.0	7.5	7.4	6.9	6.1
	不動産業、物品賃貸業	2.3	3.2	3.4	3.8	3.8
	学術研究、専門・技術サービス業	2.8	3.8	3.8	3.9	4.3
	宿泊業、飲食サービス業	2.6	2.0	1.9	1.8	1.8
	生活関連サービス業、娯楽業	3.1	2.5	2.4	2.2	2.2
	教育、学習支援業	5.4	5.6	5.7	5.6	5.6
	医療、福祉	6.1	6.3	6.3	6.2	6.1
	複合サービス事業	1.6	1.4	1.3	1.2	1.1
	サービス業（他に分類されないもの）	4.5	5.5	5.9	6.5	6.8
	公務（他に分類されるものを除く）	8.1	7.5	7.7	7.4	7.3
	上記以外のもの	1.9	1.4	1.3	1.2	1.2

（注）各年3月卒業者の5月1日現在の状況。就職進学者を含む。
資料出所：文部科学省「学校基本調査」

図表付-96　性、職業別大学卒就職者数（構成比）の推移

（単位：%）

性	性、職業	2010年	職業	2015年	2017	2018	2019
女	総数	100.0	総数	100.0	100.0	100.0	100.0
	専門的・技術的職業従事者	35.9	専門的・技術的職業従事者	36.5	37.6	39.0	40.0
	科学研究者・技術者	5.7	研究者・技術者	5.9	7.0	7.8	8.5
	教員	8.2	教員	7.7	7.5	7.2	7.1
	保健医療従事者	13.1	保健医療従事者	15.2	15.2	15.9	16.2
	その他	8.9	その他	7.7	7.9	8.1	8.2
	管理的職業従事者	0.4	管理的職業従事者	0.5	0.4	0.4	0.4
	事務従事者	36.2	事務従事者	32.5	31.5	30.8	29.8
	販売従事者	17.6	販売従事者	20.9	21.0	20.6	20.1
	サービス職業従事者	6.0	サービス職業従事者	6.9	6.6	6.3	6.6
	保安職業従事者	0.6	保安職業従事者	0.6	0.6	0.6	0.6
	農林漁業作業者	0.1	農林漁業従事者	0.1	0.1	0.1	0.1
	運輸・通信従事者	0.2	生産工程従事者	0.3	0.3	0.4	0.4
	生産工程・労務作業者	0.2	輸送・機械運転従事者	0.2	0.1	0.1	0.1
			建設・採掘従事者	0.0	0.0	0.0	0.0
			運搬・清掃等従事者	0.0	0.1	0.0	0.0
	上記以外のもの	3.0	上記以外のもの	1.6	1.6	1.6	1.7
男	総数	100.0	総数	100.0	100.0	100.0	100.0
	専門的・技術的職業従事者	32.2	専門的・技術的職業従事者	33.7	35.1	36.2	37.1
	科学研究者・技術者	20.4	研究者・技術者	21.1	22.0	22.9	23.7
	教員	4.0	教員	4.4	4.5	4.4	4.3
	保健医療従事者	3.7	保健医療従事者	4.6	4.9	5.0	5.1
	その他	4.2	その他	3.6	3.8	3.9	4.0
	管理的職業従事者	0.5	管理的職業従事者	0.7	0.8	0.7	0.7
	事務従事者	28.9	事務従事者	24.9	24.7	24.1	23.8
	販売従事者	24.2	販売従事者	29.1	28.2	28.0	27.5
	サービス職業従事者	5.2	サービス職業従事者	4.8	4.4	4.2	4.2
	保安職業従事者	3.9	保安職業従事者	3.1	3.0	2.8	2.6
	農林漁業作業者	0.3	農林漁業従事者	0.2	0.2	0.2	0.2
	運輸・通信従事者	0.9	生産工程従事者	0.9	0.9	1.0	1.0
	生産工程・労務作業者	0.7	輸送・機械運転従事者	0.5	0.5	0.5	0.5
			建設・採掘従事者	0.2	0.2	0.2	0.2
			運搬・清掃等従事者	0.2	0.2	0.2	0.2
	上記以外のもの	3.3	上記以外のもの	1.7	1.7	1.9	1.8

（注）1．各年3月卒業者の5月1日現在の状況。就職進学者を含む。
　　2．「保健医療従事者」には「医師、歯科医師、獣医師、薬剤師」を含む。
資料出所：文部科学省「学校基本調査」

図表付-97　性別高校卒業予定者の就職内定率の推移

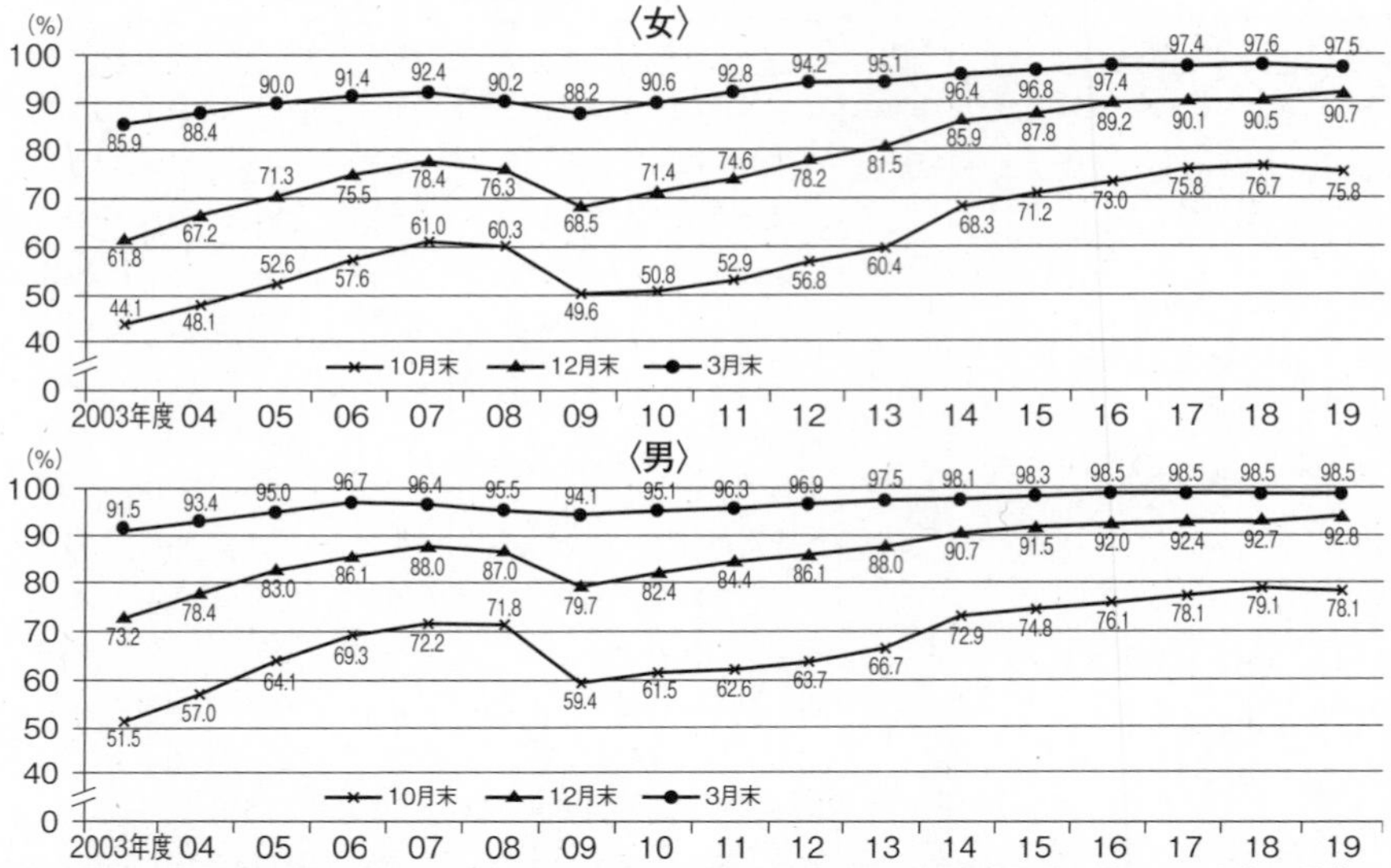

（注）2010年度3月31日の数値は、東日本大震災の影響により調査が困難とする岩手県の5校及び福島県の5校について調査から除外。
資料出所：文部科学省、厚生労働省「高等学校卒業（予定）者の就職（内定）状況調査」

図表付-98　性別大学卒業予定者の就職内定率の推移

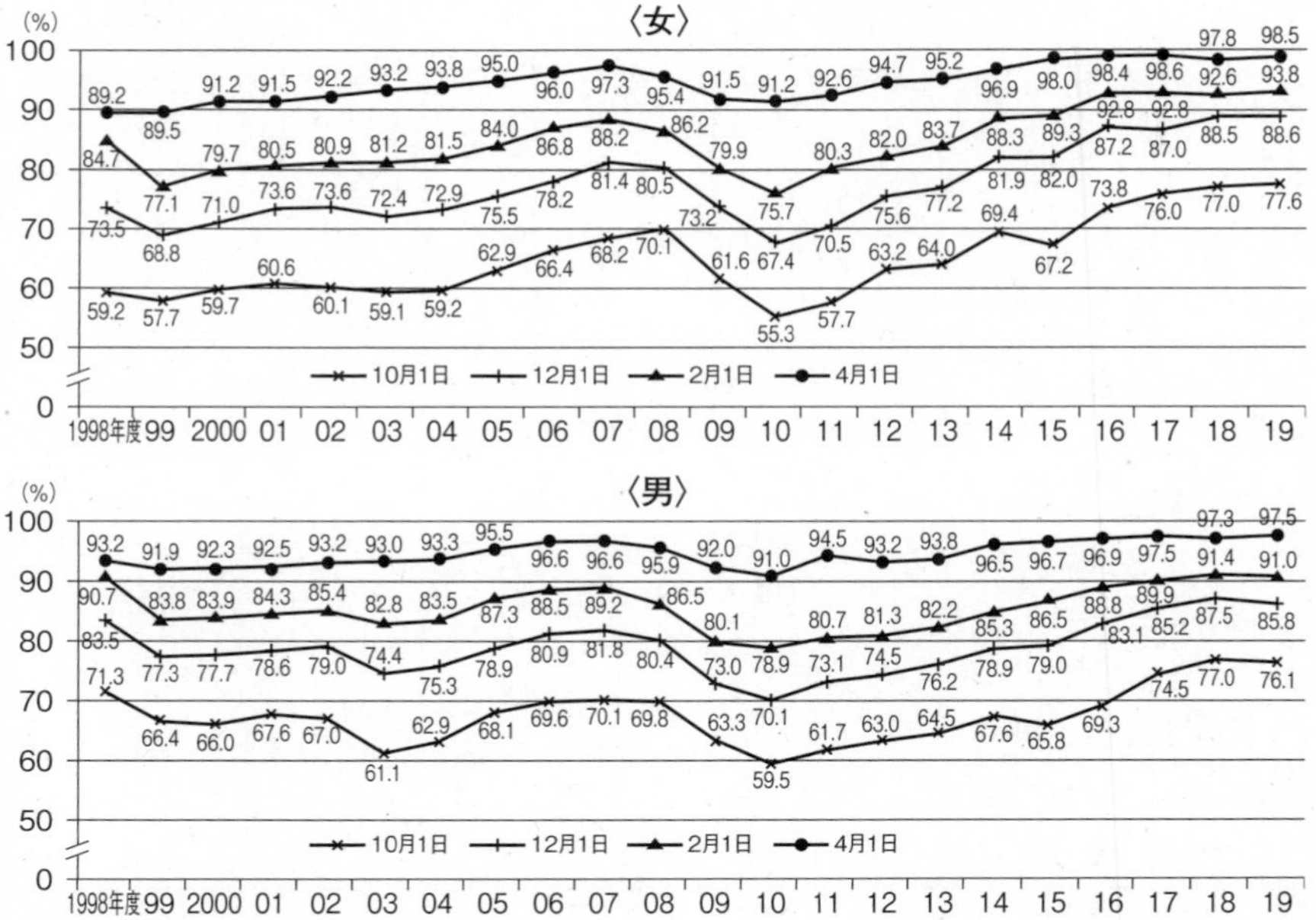

資料出所：文部科学省、厚生労働省
「大学・短期大学・高等専門学校及び専修学校卒業者の就職内定状況等調査」

図表付-99　性別国政選挙における投票率の推移

(衆議院議員総選挙)

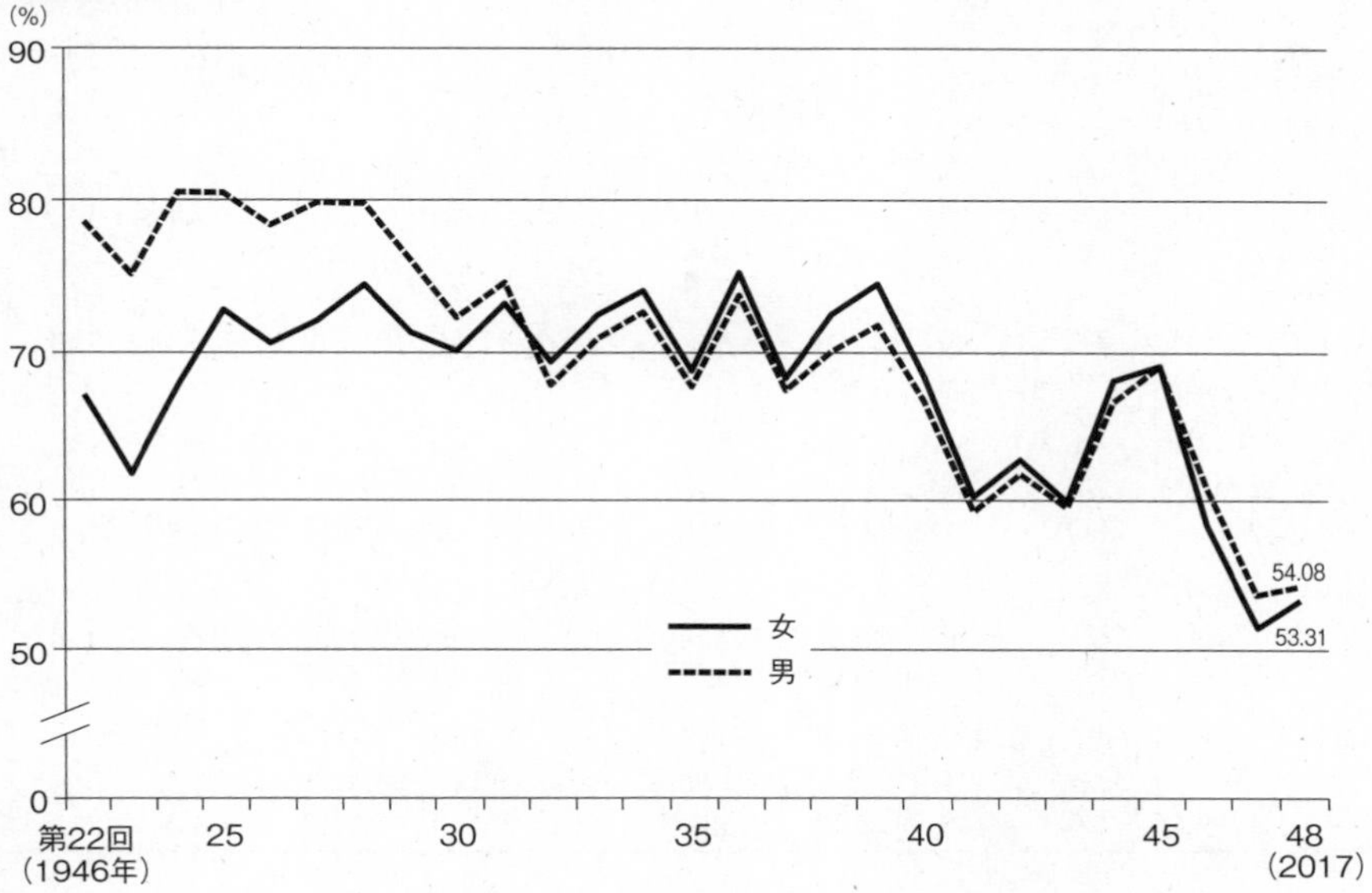

(参議院議員通常選挙)

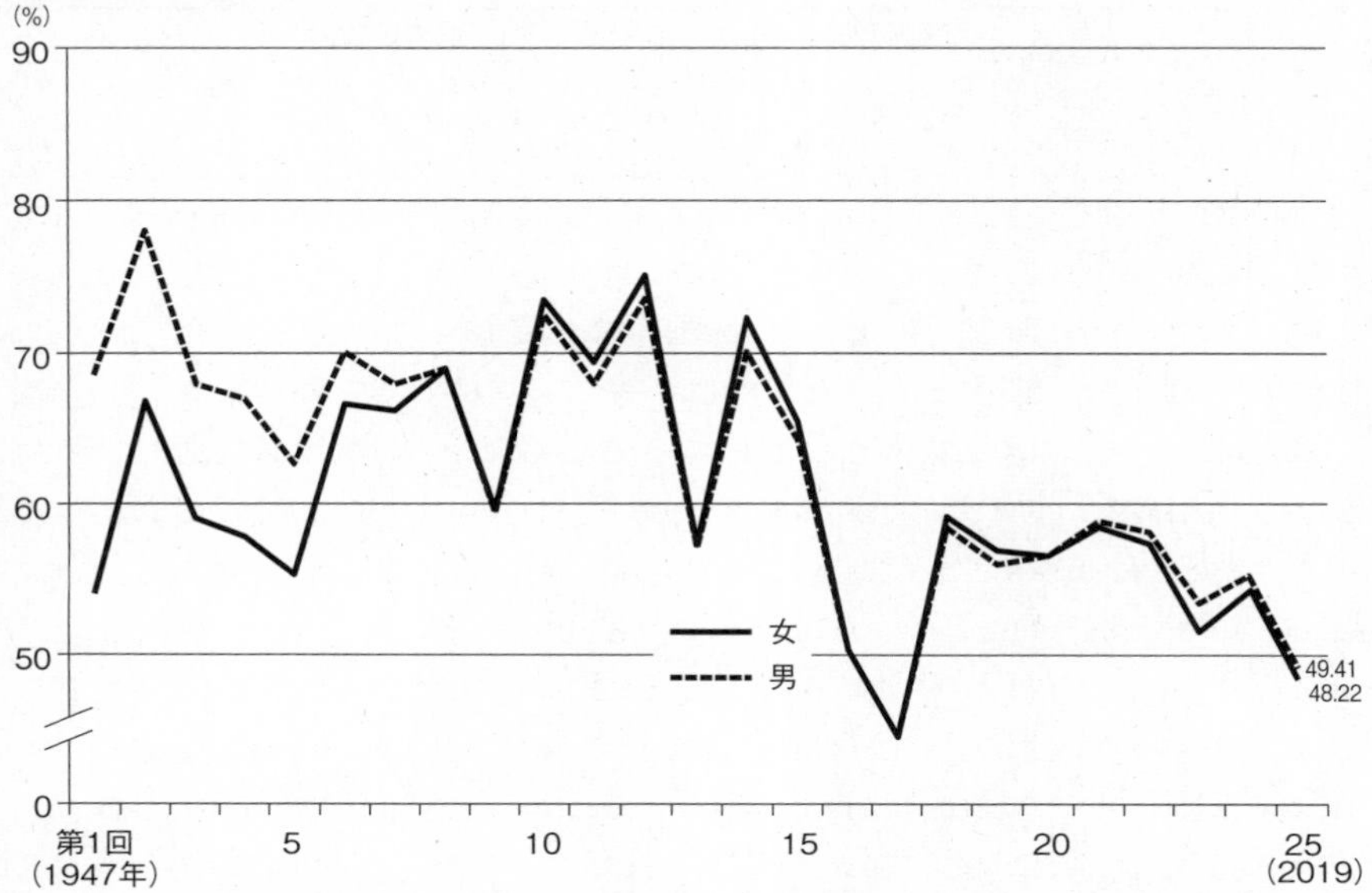

(注) 衆議院総選挙の第41回以降は比例代表、参議院通常選挙の第１回～第12回は全国区、第13回以降は比例代表の数値。
資料出所：総務省「衆議院議員総選挙・最高裁判所裁判官国民審査結果調」、「参議院議員通常選挙結果調」

図表付-100　女性国会議員数の推移

年月	国会議員総数 計（人）	国会議員総数 女（人）	国会議員総数 女性比率（%）	衆議院議員 計（人）	衆議院議員 女（人）	衆議院議員 女性比率（%）	参議院議員 計（人）	参議院議員 女（人）	参議院議員 女性比率（%）
1975年 10月	726	25	3.4	475	7	1.5	251	18	7.2
1980 7月	762	26	3.4	511	9	1.8	251	17	6.8
1985 10月	752	27	3.6	504	8	1.6	248	19	7.7
1990 12月	762	46	6.0	510	12	2.4	252	34	13.5
1995 7月	752	46	6.1	500	12	2.4	252	34	13.5
2000 7月	731	78	10.7	480	35	7.3	251	43	17.1
2005 6月	720	66	9.2	478	33	6.9	242	33	13.6
2010 6月	721	96	13.3	480	54	11.3	241	42	17.4
2015 6月	716	83	11.6	474	45	9.5	242	38	15.7
（比例区）	(276)	(46)	(16.7)	(180)	(27)	(15.0)	(96)	(19)	(19.8)
（選挙区）	(440)	(37)	(8.4)	(294)	(18)	(6.1)	(146)	(19)	(13.0)
2019 6月	704	97	13.8	465	47	10.1	239	50	20.9
（比例区）	(271)	(46)	(17.0)	(176)	(24)	(13.6)	(95)	(22)	(23.2)
（選挙区）	(383)	(51)	(13.3)	(239)	(23)	(9.6)	(144)	(28)	(19.4)
2020 6月	710	102	14.4	465	46	9.9	245	56	22.9
（比例区）	(274)	(44)	(16.1)	(176)	(23)	(13.1)	(98)	(21)	(21.4)
（選挙区）	(436)	(58)	(13.3)	(289)	(23)	(8.0)	(147)	(35)	(23.8)

資料出所：衆議院、参議院事務局調べ

図表付-101　地方議会における女性議員数の推移

年次	合計 議員総数（人）	合計 女（人）	合計 女性比率（%）	都道府県議会 議員総数（人）	都道府県議会 女（人）	都道府県議会 女性比率（%）	市議会 議員総数（人）	市議会 女（人）	市議会 女性比率（%）	特別区議会 議員総数（人）	特別区議会 女（人）	特別区議会 女性比率（%）	町村議会 議員総数（人）	町村議会 女（人）	町村議会 女性比率（%）
1976年	71,952	735	1.0	2,807	35	1.2	20,062	397	2.0	1,073	71	6.6	48,010	232	0.5
1980	71,207	822	1.2	2,833	34	1.2	20,080	441	2.2	1,073	73	6.8	47,221	274	0.6
1985	68,911	1,102	1.6	2,857	38	1.3	19,729	601	3.0	1,032	73	7.1	45,293	390	0.9
1990	65,616	1,633	2.5	2,798	72	2.6	19,070	862	4.5	1,020	91	8.9	42,728	608	1.4
1995	64,642	2,757	4.3	2,927	92	3.1	19,050	1,392	7.3	1,012	145	14.3	41,653	1,128	2.7
2000	61,941	3,982	6.4	2,888	159	5.5	18,379	1,855	10.1	967	191	19.8	39,707	1,777	4.5
2005	48,652	4,263	8.8	2,790	200	7.2	23,574	2,505	10.6	912	199	21.8	21,376	1,359	6.4
2010	35,837	3,974	11.1	2,681	217	8.1	20,142	2,557	12.7	889	219	24.6	12,125	981	8.1
2015	33,165	4,127	12.4	2,675	261	9.8	18,443	2,559	13.9	900	243	27.0	11,147	1,064	9.5
2017	32,715	4,211	12.9	2,614	264	10.1	18,232	2,619	14.4	871	236	27.1	10,998	1,092	9.9
2018	32,448	4,259	13.1	2,609	262	10.0	18,057	2,656	14.7	873	236	27.0	10,909	1,105	10.1
2019	32,430	4,640	14.3	2,668	303	11.4	17,973	2,864	15.9	900	269	29.9	10,889	1,204	11.1

（注）各年12月末日現在
資料出所：総務省「地方公共団体の議会の議員及び長の所属党派別人員調」

図表付-102　女性の首長数の推移

年次	都道府県知事			市長、特別区長			町村長		
	総数（人）	女（人）	女性比率（%）	総数（人）	女（人）	女性比率（%）	総数（人）	女（人）	女性比率（%）
2005年	47	4	8.5	777	9	1.2	1,384	6	0.4
2010	47	3	6.4	808	18	2.2	940	6	0.6
2015	47	2	4.3	813	17	2.1	927	5	0.5
2017	47	3	6.4	807	21	2.6	926	6	0.6
2018	47	3	6.4	815	24	2.9	925	7	0.8
2019	47	2	4.3	815	27	3.3	925	8	0.9
2019年女性が首長の自治体	山形県 東京都			仙台市、土浦市、栃木市 那須烏山市、安中市、君津市 足立区、武蔵野市、横浜市 加茂市、大野市、北杜市 諏訪市、島田市、伊豆の国市 鈴鹿市、大津市、木津川市 尼崎市、芦屋市、宝塚市 倉敷市、新見市、宇部市 周南市、宗像市、那覇市			青森県外ヶ浜町 栃木県野木町 埼玉県長瀞町 神奈川県二宮町 新潟県津南町 兵庫県播磨町 和歌山県美浜町 高知県いの町		

（注）各年12月末日現在
資料出所：総務省「地方公共団体の議会の議員及び長の所属党派別人員調」

図表付-103　審議会等における女性委員数の推移

年月日	審議会等数			審議会等委員数			専門委員等数		
	総数	女性委員を含む審議会等数	女性委員を含む審議会等の比率（%）	総数（人）	女（人）	女性比率（%）	総数（人）	女（人）	女性比率（%）
1975. 1. 1	237	73	30.8	5,436	133	2.4	…	…	…
1980. 6. 1	199	92	46.2	4,504	186	4.1	…	…	…
1985. 6. 1	206	114	55.3	4,664	255	5.5	…	…	…
1990. 3.31	204	141	69.1	4,559	359	7.9	…	…	…
1995. 3.31	207	175	84.5	4,484	631	14.1	…	…	…
2000. 9.30	197	186	94.4	3,985	831	20.9	…	…	…
2005. 9.30	104	103	99.0	1,792	554	30.9	9,039	1,165	12.9
2010. 9.30	105	102	97.1	1,708	577	33.8	8,752	1,514	17.3
2015. 9.30	121	119	98.3	1,798	659	36.7	7,739	1,921	24.8
2017. 9.30	123	119	96.7	1,795	672	37.4	7,883	2,111	26.8
2018. 9.30	122	119	97.5	1,805	678	37.6	8,055	2,145	26.6
2019. 9.30	123	121	98.4	1,825	723	39.6	7,804	2,208	28.3

（注）1．国家行政組織法第8条、内閣府設置法第37条及び第54条に基づく審議会等。
2．「専門委員等」は、審議会委員とは別に、専門又は特別の事項を調査審議するため必要がある場合に置くことができ、当該事項の調査審議が終了したときに解任される委員。
資料出所：内閣府調べ

図表付-104　国家公務員管理職（本省課室長相当職以上）における女性比率の推移

年度	計			指定職			行政職俸給表（一）		
	総数（人）	女（人）	女性比率（%）	総数（人）	女（人）	女性比率（%）	総数（人）	女（人）	女性比率（%）
1975年度	6,938	20	0.3	1,271	1	0.1	5,667	19	0.3
1980	8,018	42	0.5	1,559	3	0.2	6,459	39	0.6
1985	8,118	40	0.5	1,606	4	0.2	6,512	36	0.6
1990	8,789	67	0.8	1,627	9	0.6	7,162	58	0.8
1995	9,352	90	1.0	1,673	10	0.6	7,679	80	1.0
2000	9,739	122	1.3	1,660	6	0.4	8,079	116	1.4
2005	8,452	154	1.8	887	11	1.2	7,565	143	1.9
2010	8,836	229	2.6	891	20	2.2	7,945	209	2.6
2015	8,902	325	3.7	911	28	3.1	7,991	297	3.7
2017	9,119	410	4.5	939	32	3.4	8,180	378	4.6
2018	9,137	453	5.0	929	38	4.1	8,208	415	5.1
2019	9,268	485	5.2	959	41	4.3	8,309	444	5.3

（注）１．2000年度までは、年度末現在、2005～2014年度は各年度１月15日現在。2015年度以降は7月１日現在。
　　　２．行政職俸給表（一）の本省課室長相当職以上は、1975年度及び1980年度が１等級と２等級、1985年度～2005年度が９～11級、2010年度以降が７～10級の適用職員。
資料出所：内閣官房人事局「一般職国家公務員在職状況統計表」、人事院「一般職の国家公務員の任用状況調査報告」（2014年度以前）

図表付-105　地方公務員の管理職（課長相当職以上）における女性比率の推移

年次	都道府県			政令指定都市			市区町村（政令指定都市を含む）		
	総数（人）	女（人）	女性比率（%）	総数（人）	女（人）	女性比率（%）	総数（人）	女（人）	女性比率（%）
2005年	40,432	1,944	4.8	16,232	1,067	6.6	130,685	10,229	7.8
2010	36,481	2,203	6.0	17,754	1,619	9.1	119,809	11,717	9.8
2015	37,349	2,890	7.7	15,745	1,880	11.9	108,510	13,666	12.6
2017	37,372	3,374	9.0	15,665	2,117	13.5	107,518	15,208	14.1
2018	37,651	3,646	9.7	15,650	2,213	14.1	106,799	15,699	14.7
2019	37,853	3,883	10.3	15,520	2,300	14.8	106,292	16,262	15.3

（注）各年4月1日現在。ただし、自治体により、時点が異なる場合もある。
資料出所：内閣府「地方公共団体における男女共同参画社会の形成又は女性に関する施策の推進状況」

図表付-106　教員における女性比率の推移

学校	職名	1985年	1995	2005	2015	2017	2018	2019		
		女性比率(%)						総数(人)	女(人)	女性比率(%)
小学校	教員総数	56.0	61.2	62.7	62.3	62.2	62.2	421,935	262,277	62.2
	校長	2.3	9.6	18.2	19.1	19.3	19.6	19,115	3,930	20.6
	副校長	–	–	–	28.0	30.4	31.5	1,910	590	30.9
	教頭	4.3	19.3	21.6	22.3	23.9	25.6	18,026	4,874	27.0
中学校	教員総数	33.9	39.2	41.1	42.8	43.1	43.3	246,825	107,479	43.5
	校長	0.3	1.9	4.7	6.1	6.6	6.7	9,103	676	7.4
	副校長	–	–	–	10.0	13.2	15.6	1,126	176	15.6
	教頭	1.4	5.5	7.8	8.7	10.8	12.0	9,406	1,254	13.3
高等学校	教員総数	18.7	23.2	27.6	31.3	31.9	32.1	231,319	74,686	32.3
	校長	2.4	2.5	4.7	7.7	7.9	8.1	4,716	384	8.1
	副校長	–	–	–	8.2	7.7	8.3	1,303	117	9.0
	教頭	1.2	2.9	5.7	8.0	9.2	9.4	6,247	626	10.0
高等専門学校	教員総数	0.8	3.0	5.4	9.5	10.6	10.7	4,169	466	11.2
	校長	–	–	–	–	3.5	3.5	57	2	3.5
	教授	0.3	0.6	1.9	4.1	4.9	4.9	1,707	80	4.7
	准教授	0.3	1.9	6.1	10.8	12.0	12.6	1,622	218	13.4
短期大学	教員総数	38.8	39.8	46.6	52.1	52.1	52.3	7,440	3,916	52.6
	学長	14.3	11.5	14.2	18.5	21.9	22.2	207	44	21.3
	副学長	13.5	12.0	13.6	27.3	34.5	30.7	127	42	33.1
	教授	24.1	27.4	33.9	39.0	40.0	40.6	2,678	1,110	41.4
	准教授	39.0	39.8	47.4	54.8	53.7	53.2	1,867	1,010	54.1
大学	教員総数	8.5	10.7	16.7	23.2	24.2	24.8	187,862	47,618	25.3
	学長	4.0	4.5	7.6	10.2	10.9	11.3	764	91	11.9
	副学長	1.5	2.5	5.2	9.3	11.9	11.7	1,496	184	12.3
	教授	4.3	6.1	10.1	15.0	16.2	16.9	69,829	12,126	17.4
	准教授	7.1	10.2	17.0	23.3	24.2	24.6	44,313	11,139	25.1

(注) 各年5月1日現在、本務教員。2005年以前の「准教授」は「助教授」。小中高校の「副校長」は2008年から。
資料出所：文部科学省「学校基本調査」

図表付-107　裁判官における女性比率の推移

年月	合計			判事			判事補		
	総数(人)	女(人)	女性比率(%)	総数(人)	女(人)	女性比率(%)	総数(人)	女(人)	女性比率(%)
1980.6	2,747	76	2.8	2,134	43	2.0	613	33	5.4
1985.6	2,792	93	3.3	2,183	49	2.2	609	44	7.2
1990.6	2,823	141	5.0	2,214	68	3.1	609	73	12.0
1995.4	2,864	236	8.2	2,214	97	4.4	650	139	21.4
2000.4	3,019	328	10.9	2,214	156	7.0	805	172	21.4
2005.4	3,266	449	13.7	2,386	234	9.8	880	215	24.4
2010.4	3,611	596	16.5	2,611	292	11.2	1,000	304	30.4
2015.12	3,548	733	20.7	2,731	442	16.2	817	291	35.6
2016.12	3,548	755	21.3	2,754	466	16.9	794	289	36.4
2017.12	3,525	765	21.7	2,712	472	17.4	813	293	36.0
2018.12	3,486	773	22.2	2,707	502	18.5	779	271	34.8

資料出所：最高裁判所調べ

図表付-108　指定職相当以上の判事、最高裁判所判事・高等裁判所長官における女性比率の推移

年月	指定職相当以上の判事			最高裁判所判事・高等裁判所長官		
	総数（人）	女（人）	女性比率（%）	総数（人）	女（人）	女性比率（%）
2005.4	1,557	189	12.1	23	1	4.3
2010.4	1,782	264	14.8	23	2	8.7
2015.12	1,915	412	21.5	23	3	13.0
2016.12	1,958	435	22.2	23	4	17.4
2017.12	1,946	441	22.7	23	3	13.0
2018.12	1,972	465	23.6	23	4	17.4

(注)「指定職以上の判事」とは、一般職国家公務員における指定職俸給表適用者に準じた取り扱いを受ける者。
資料出所：最高裁判所調べ

図表付-109　検察官における女性比率の推移

年次	合計			検事			副検事		
	総数（人）	女（人）	女性比率（%）	総数（人）	女（人）	女性比率（%）	総数（人）	女（人）	女性比率（%）
1980年	2,129	25	1.2	1,238	24	1.9	891	1	0.1
1985	2,103	27	1.3	1,230	26	2.1	873	1	0.1
1990	2,059	44	2.1	1,187	42	3.5	872	2	0.2
1995	2,057	77	3.7	1,229	70	5.7	828	7	0.8
2000	2,231	135	6.1	1,375	127	9.2	856	8	0.9
2005	2,473	234	9.5	1,627	225	13.8	846	9	1.1
2010	2,621	357	13.6	1,806	343	19.0	815	14	1.7
2015	2,652	439	16.6	1,896	424	22.4	756	15	2.0
2017	2,701	479	17.7	1,964	461	23.5	737	18	2.4
2018	2,691	505	18.8	1,957	482	24.6	734	23	3.1
2019	2,713	522	19.2	1,976	494	25.0	737	28	3.8

(注) 各年3月31日現在。
資料出所：法務省調べ

図表付-110　指定職相当以上の検事、検事総長・次長検事・検事長における女性比率の推移

年次	指定職相当以上の検事			検事総長・次長検事・検事長		
	総数（人）	女（人）	女性比率（%）	総数（人）	女（人）	女性比率（%）
2005年	824	66	8.0	10	0	0.0
2010	945	108	11.4	10	0	0.0
2015	1,055	156	14.8	10	0	0.0
2017	1,151	197	17.1	10	0	0.0
2018	1,196	219	18.3	10	0	0.0
2019	1,245	241	19.4	10	0	0.0

（注）各年7月1日現在。「指定職以上の検事」とは、一般職国家公務員における指定職俸給表適用者に準じた取り扱いを受ける者。
資料出所：法務省調べ

図表付-111　日本弁護士連合会登録会員における女性比率の推移

年次	総数（人）	女（人）	女性比率（%）
1975年11月 1日	10,476	323	3.1
1980年11月 1日	11,711	445	3.8
1985年11月 1日	12,899	618	4.8
1990年 2月 1日	13,817	766	5.5
1995年 3月31日	15,108	996	6.6
2000年 3月31日	17,126	1,530	8.9
2005年 3月31日	21,185	2,648	12.5
2010年 9月30日	28,881	4,696	16.3
2015年 9月 30日	36,365	6,614	18.2
2017年 9月 30日	38,870	7,167	18.4
2018年 9月 30日	39,948	7,463	18.7
2019年 9月 30日	41,048	7,742	18.9

資料出所：日本弁護士連合会事務局調べ

図表付-112　日本公認会計士協会登録公認会計士における女性比率の推移

年次	総数（人）	女（人）	女性比率（%）
2005年	21,097	2,425	11.5
2010	29,751	4,083	13.7
2015	34,780	5,021	14.4
2017	36,359	5,368	14.8
2018	37,291	5,581	15.0
2019	38,242	5,814	15.2

(注) 各年7月31日現在。
資料出所：日本公認会計士協会調べ

図表付-113　日本司法書士会連合会登録会員における女性比率の推移

年次	総数（人）	女（人）	女性比率（%）
2005年	17,816	2,071	11.6
2010	19,766	2,850	14.4
2015	21,658	3,506	16.2
2016	22,013	3,639	16.5
2017	22,283	3,747	16.8
2018	22,488	3,869	17.2
2019	22,632	3,972	17.6
2020	22,724	4,067	17.9

(注) 各年4月1日現在。
資料出所：日本司法書士会連合会調べ

図表付-114　日本弁理士会登録会員における女性比率の推移

年次	総数（人）	女（人）	女性比率（%）
2005年	6,127	613	10.0
2010	8,148	1,012	12.4
2015	10,655	1,530	14.4
2016	10,871	1,596	14.7
2017	11,057	1,650	14.9
2018	11,185	1,687	15.1
2019	11,336	1,732	15.3
2020	11,460	1,801	15.7

(注) 各年3月31日現在。
資料出所：日本弁理士会調べ

図表付-115　日本税理士会連合会登録会員における女性比率の推移

年次	総数（人）	女（人）	女性比率（%）
2005年	68,642	7,794	11.4
2010	71,606	9,097	12.7
2015	75,146	10,593	14.1
2017	76,493	11,124	14.5
2018	77,327	11,423	14.8
2019	78,028	11,649	14.9

（注）各年3月31日現在。
資料出所：日本税理士会連合会調べ

図表付-116　研究主体別研究者数および女性比率の推移

（単位：人）

年次	総数			企業等		非営利団体・公的機関		大学等	
	総数	女	女性比率（%）	総数	女	総数	女	総数	女
1975年	310,111	17,499	5.6	146,604	1,918	29,049	1,282	134,458	14,299
1980	363,534	22,888	6.3	173,244	3,655	31,844	1,450	158,446	17,783
1985	447,719	28,615	6.4	231,097	4,905	36,016	1,815	180,606	21,895
1990	560,276	40,720	7.3	313,948	10,740	40,819	2,324	205,509	27,656
1995	658,866	58,525	8.9	376,639	18,100	46,525	3,154	235,702	37,271
2000	739,504	77,720	10.5	433,758	24,009	46,734	4,069	259,012	49,642
2005	830,474	98,690	11.9	490,551	31,541	48,776	5,724	291,147	61,425
2010	889,341	121,141	13.6	534,568	40,664	45,786	6,497	308,987	73,980
2015	926,671	136,206	14.7	560,466	45,578	44,634	7,200	321,571	83,428
2017	917,725	144,126	15.7	547,344	49,568	44,148	7,711	326,233	86,847
2018	930,720	150,545	16.2	557,050	53,557	44,315	7,882	329,355	89,106
2019	935,658	154,964	16.6	559,983	55,970	44,248	8,001	331,427	90,993

（注）1．2005年以降は各年3月31日現在。2000年以前は4月1日現在で、兼務者を除く。
2．「研究者」とは大学（短大を除く）の課程を終了した者、又はこれと同等以上の専門的知識を有する者で、2年以上の研究の経歴を有し、かつ、特定の研究テーマをもって研究を行っている者をいう。
3．2000年以前の「企業等」は「会社等」、「非営利団体・公的機関」は「研究機関等」。
4．2002年調査から、従来の「会社等」に「卸売業」、「金融保険業」の一部、「サービス業」の一部を加え「企業等」とし、「研究機関」について「非営利団体・公的機関」とするとともに、従来「会社等」に含まれていた特殊法人の一部が加えられた。
5．2012年より、「企業等」の対象としていた一部の特殊法人・独立行政法人を「非営利団体」の対象に変更。「企業等」を「企業」に変更。
資料出所：総務省統計局「科学技術研究調査」

図表付-117　専門的・技術的、管理的職業従事者における女性比率の推移

年次	就業者			専門的・技術的職業従事者			管理的職業従事者		
	総数（万人）	女（万人）	女性比率（%）	総数（万人）	女（万人）	女性比率（%）	総数（万人）	女（万人）	女性比率（%）
1975年	5,223	1,953	37.4	364	156	42.9	206	11	5.3
1980	5,536	2,142	38.7	438	205	46.8	220	11	5.0
1985	5,807	2,304	39.7	538	245	45.5	211	14	6.6
1990	6,249	2,536	40.6	690	290	42.0	239	19	7.9
1995	6,457	2,614	40.5	790	342	43.3	236	21	8.9
2000	6,446	2,629	40.8	856	381	44.5	206	19	9.2
2005	6,356	2,633	41.4	937	431	46.0	189	19	10.1
2010	6,257	2,642	42.2	955	440	46.1	161	17	10.6
2015	6,376	2,754	43.2	1,054	494	46.9	144	18	12.5
2017	6,530	2,859	43.8	1,111	525	47.3	144	19	13.2
2018	6,664	2,946	44.2	1,131	538	47.6	134	20	14.9
2019	6,724	2,992	44.5	1,174	561	47.8	128	19	14.8

（注）2010年以降は改定日本標準職業分類（2009年12月統計基準）による。
資料出所：総務省統計局「労働力調査」

図表付-118　役職者における女性比率の推移（民営、企業規模100人以上）

年次	部長相当			課長相当			係長相当		
	総数（人）	女（人）	女性比率（%）	総数（人）	女（人）	女性比率（%）	総数（人）	女（人）	女性比率（%）
1980年	224,620	2,140	1.0	533,310	7,020	1.3	617,040	19,090	3.1
1985	267,050	2,750	1.0	679,470	10,740	1.6	756,560	29,330	3.9
1990	356,490	4,090	1.1	822,810	16,580	2.0	809,640	40,170	5.0
1995	399,260	5,370	1.3	889,160	24,480	2.8	785,100	57,110	7.3
2000	377,250	8,380	2.2	880,870	35,140	4.0	803,900	65,370	8.1
2005	414,450	11,660	2.8	956,410	48,330	5.1	850,740	88,160	10.4
2010	366,650	15,430	4.2	872,320	60,870	7.0	751,000	103,090	13.7
2015	417,530	25,740	6.2	991,100	97,190	9.8	891,690	151,860	17.0
2017	387,350	24,230	6.3	989,880	108,160	10.9	883,730	163,040	18.4
2018	375,680	24,700	6.6	932,670	104,900	11.2	794,880	145,270	18.3
2019	403,350	27,890	6.9	962,400	109,520	11.4	891,810	168,740	18.9

（注）一般労働者（短時間労働者を除く。）
出所資料：厚生労働省「賃金構造基本統計調査」

図表付-119　各種メディアにおける女性比率の推移

新聞・通信社等

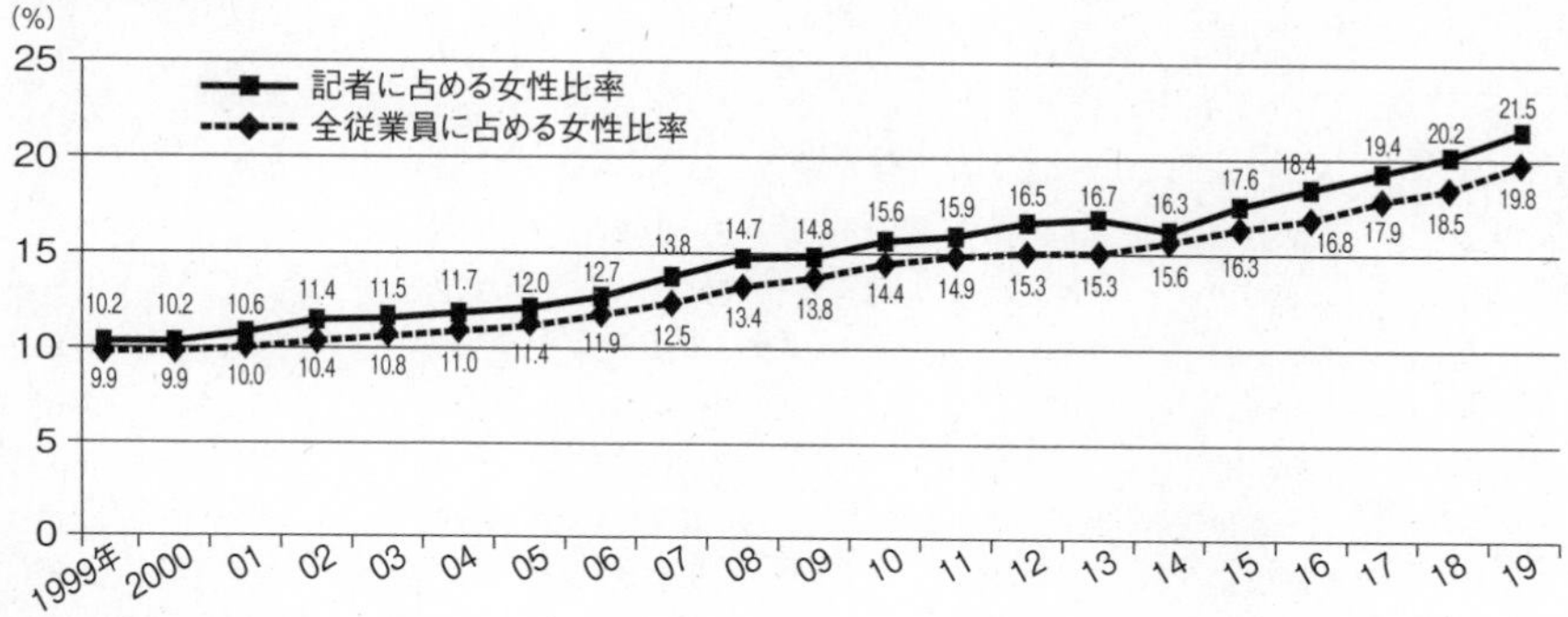

（注）各年4月1日現在。
出所資料：日本新聞協会経営業務部調べ

民間放送

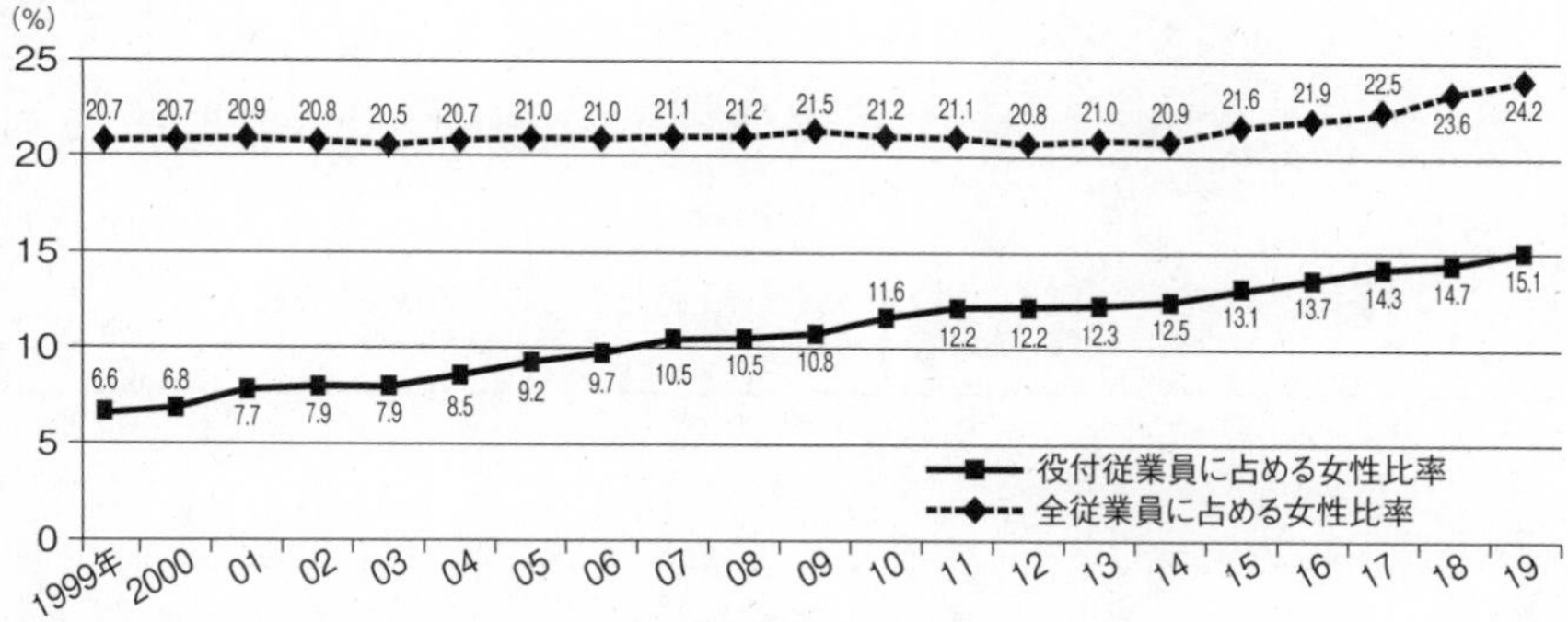

（注）各年7月末日現在。「役付従業員」とは課長級以上の職で、現業役員を含む。
出所資料：日本民間放送連盟調べ

日本放送協会

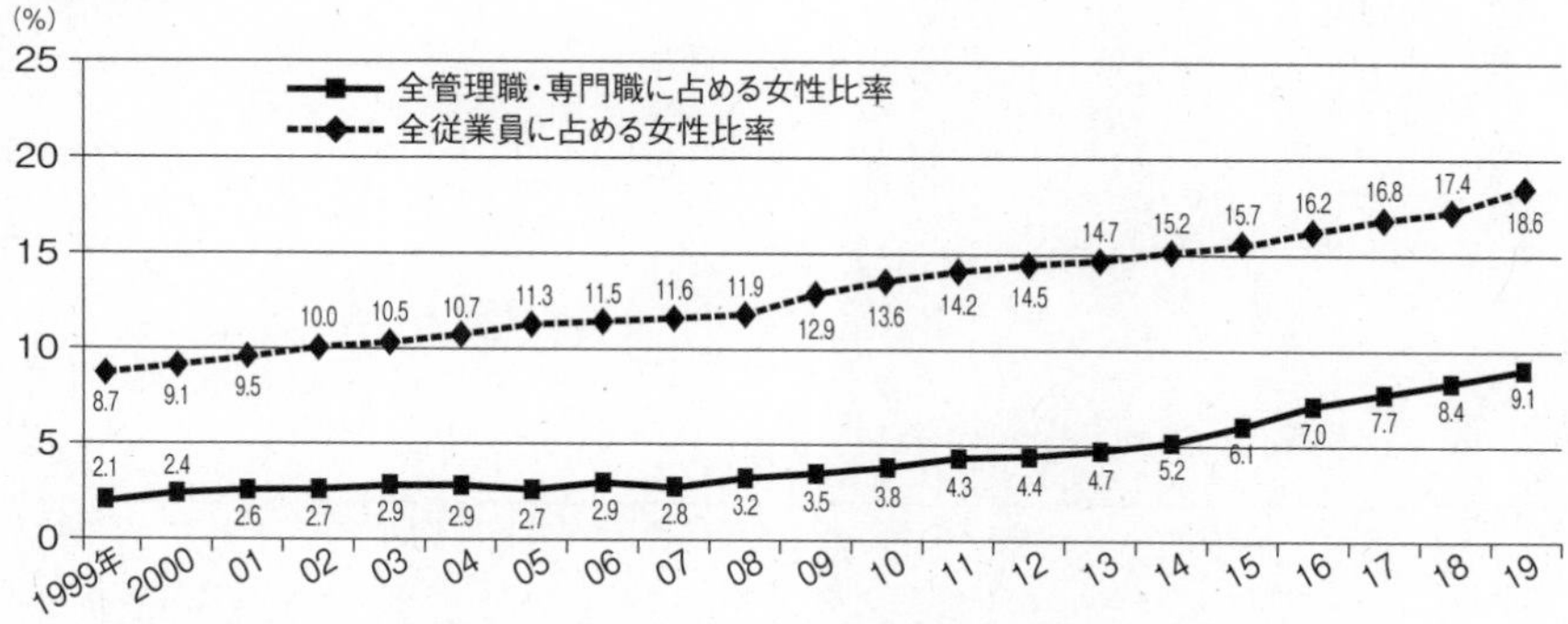

（注）各年度分。「管理職」とは、組織単位の長及び必要に応じて置く職位（チーフプロデューサーなど）をいう。
出所資料：日本放送協会調べ

図表付-120　性別労働組合員数、推定組織率および組合員女性比率の推移

年次	女			男			組合員女性比率（%）
	労働組合員数（人）	雇用者数（万人）	推定組織率（%）	労働組合員数（人）	雇用者数（万人）	推定組織率（%）	
1970年	3,201,202	1,089	29.4	8,280,004	2,187	37.9	27.9
1975	3,445,776	1,192	28.9	9,027,198	2,470	36.5	27.6
1980	3,378,131	1,374	24.6	8,862,521	2,638	33.6	27.6
1985	3,393,970	1,545	22.0	8,925,386	2,756	32.4	27.5
1990	3,393,343	1,854	18.3	8,800,053	3,021	29.1	27.8
1995	3,569,610	2,076	17.2	8,925,694	3,232	27.6	28.6
2000	3,209,122	2,159	14.9	8,216,682	3,221	25.5	28.1
2005	2,795,110	2,253	12.4	7,239,323	3,163	22.9	27.9
2010	2,962,143	2,311	12.8	7,026,311	3,136	22.4	29.7
2015	3,111,881	2,490	12.5	6,713,419	3,175	21.1	31.7
2017	3,252,206	2,609	12.5	6,663,368	3,239	20.6	32.8
2018	3,344,597	2,665	12.6	6,651,407	3,275	20.3	33.5
2019	3,371,547	2,722	12.4	6,644,254	3,301	20.1	33.7

（注）1．各年、6月末現在。
2．労働組合員数は単位労働組合で把握したもの。「単位労働組合」とは、下部組織をもたない組合及び下部組織をもつ組合の最下部組織。
3．推定組織率＝（労働組合員数/雇用者数）×100
出所資料：厚生労働省「労働組合基礎調査」、総務省統計局「労働力調査」

図表付-121　産業、性別１労働組合当たり平均専従者数（2018年6月末現在）

産業	平均専従者数（人）			性別構成比（%）	
	総数	女	男	女	男
計	2.9	0.7	2.2	25.3	74.7
鉱業、採石業，砂利採取業　＊	1.9	0.5	1.4	27.3	72.7
建設業	2.5	0.5	2.0	19.1	80.9
製造業	3.1	0.8	2.3	25.3	74.7
電気・ガス・熱供給・水道業	8.6	0.8	7.9	8.9	91.1
情報通信業	3.0	0.7	2.3	23.7	76.3
運輸業、郵便業	2.9	0.3	2.6	10.7	89.3
卸売業、小売業	2.8	0.9	1.8	34.3	65.7
金融業、保険業	3.5	0.6	2.9	16.2	83.8
不動産業、物品賃貸業　＊	1.9	−	1.9	−	100.0
学術研究、専門・技術サービス業	2.4	0.4	1.9	17.9	82.1
宿泊業、飲食サービス業	2.5	0.6	1.8	25.9	74.1
生活関連サービス業、娯楽業	3.3	0.9	2.5	25.9	74.1
教育、学習支援業	1.7	1.3	0.4	74.9	25.1
医療、福祉	1.6	0.9	0.7	55.7	44.3
複合サービス事業	1.7	0.7	0.9	44.3	55.7
サービス業（他に分類されないもの）	2.4	0.4	2.0	18.0	82.0

（注）1．民営事業所の組合員30人以上の労働組合（単位組織組合並びに単一組織組合の単位扱組合及び本部組合）を対象としている。
2．「平均専従者数」は、労働組合の運営・活動に専念する者で、労働組合内における役職・肩書の有無にかかわらず、常態として当該労働組合の業務に専ら従事する者として数の記入があった労働組合について集計。
3．「＊」の産業はサンプル数が3未満のため、利用の際には注意を要する。
出所資料：厚生労働省「平成30年　労働組合活動等に関する実態調査」

図表付-122　農業委員会、農協、漁協への女性の参画状況の推移

年度	農業委員数			農協役員数			農協個人正組合員数			漁協役員数			漁協個人正組合員数		
	総数（人）	女（人）	女性比率（%）	総数（人）	女（人）	女性比率（%）	総数（千人）	女（千人）	女性比率（%）	総数（人）	女（人）	女性比率（%）	総数（千人）	女（千人）	女性比率（%）
1985年度	64,080	40	0.1	77,490	39	0.1	5,536	574	10.4	22,563	13	0.1	382	21	5.5
1990	62,524	93	0.1	68,611	70	0.1	5,538	667	12.1	22,022	22	0.1	354	20	5.8
1995	60,917	203	0.3	50,735	102	0.2	5,432	707	13.0	20,449	29	0.1	318	18	5.8
2000	59,254	1,081	1.8	32,003	187	0.6	5,241	747	14.2	17,974	43	0.2	276	16	5.7
2005	45,379	1,869	4.1	22,799	438	1.9	4,988	805	16.1	13,861	45	0.3	232	16	6.8
2010	36,330	1,792	4.9	19,161	741	3.9	4,707	891	18.9	10,305	38	0.4	178	10	5.7
2015	35,604	2,636	7.4	18,139	1,313	7.2	4,416	937	21.2	9,537	50	0.5	144	8	5.6
2016	33,174	2,671	8.1	17,542	1,310	7.5	4,349	939	21.6	9,373	50	0.5	139	8	5.7
2017	26,119	2,773	10.6	17,272	1,327	7.7	4,284	940	22.0	9,330	51	0.5	135	8	5.7
2018	23,196	2,747	11.8	…	…	…	…	…	…	…	…	…	…	…	…

（注）１．「農業委員」については各年10月1日現在（ただし、1985年度は8月1日）。農協、漁協については、各事業年度末（期日は組合により異なる）現在。
２．漁協は、沿海地区出資漁業協同組合の数値。
資料出所：内閣府「令和元年度 女性の政策・方針決定参画状況調べ」

図表付-123　管理的職業従事者、専門的・技術的職業従事者における女性比率の国際比較（2019年）

国名	就業者			管理的職業従事者			専門的·技術的職業従事者		
	総数（千人）	女（千人）	女性比率（%）	総数（千人）	女（千人）	女性比率（%）	総数（千人）	女（千人）	女性比率（%）
日本	6,724	2,992	44.5	128	19	14.8	1,174	561	47.8
イギリス	32,695	15,452	47.3	3,865	1,423	36.8	12,665	6,306	49.8
イタリア	23,360	9,872	42.3	839	233	27.8	7,684	3,560	46.3
オーストリア	4,355	2,042	46.9	206	68	33.3	1,624	796	49.0
オランダ	8,982	4,198	46.7	491	133	27.1	3,900	1,941	49.8
スウェーデン	5,132	2,438	47.5	321	129	40.3	2,468	1,297	52.5
スペイン	19,779	9,034	45.7	781	260	33.2	5,903	2,957	50.1
デンマーク	2,878	1,349	46.9	91	24	26.7	1,313	660	50.3
ドイツ	42,396	19,776	46.6	2,099	617	29.4	17,457	9,101	52.1
ノルウェー	2,716	1,279	47.1	223	77	34.4	1,181	621	52.6
ハンガリー	4,512	2,032	45.0	175	68	38.9	1,410	777	55.1
フランス	27,176	13,184	48.5	2,026	702	34.6	10,573	5,439	51.4
アメリカ合衆国	157,538	74,078	47.0	26,981	11,909	44.1	37,237	21,358	57.4
韓国	27,123	11,660	43.0	408	63	15.4	5,557	2,718	48.9

（注）アメリカは16歳以上、他は15歳以上。ヨーロッパ諸国の「専門的·技術的職業従事者」は「専門職」と「技師、准専門職」の計。
資料出所：１．総務省統計局「労働力調査」
２．Eurostat
３．U.S. Bureau of Labor Statistics , Current Population Survey
４．韓国統計庁、Economically Active Population Survey

図表付-124　国会議員における女性比率の国際比較

順位	国名	下院又は一院制 選挙月、年	議員総数（人）	女（人）	女性比率（%）	（参考）上院 選挙月、年	議員総数（人）	女（人）	女性比率（%）
1	ルワンダ	09.2018	80	49	61.3	09.2019	26	10	38.5
2	キューバ	03.2018	605	322	53.2	–	–	–	–
3	ボリビア	10.2019	130	69	53.1	10.2019	36	17	47.2
4	アラブ首長国連邦	10.2019	40	20	50.0	–	–	–	–
5	メキシコ	07.2018	500	241	48.2	07.2018	128	63	49.2
6	ニカラグア	11.2016	91	43	47.3	–	–	–	–
7	スウェーデン	09.2018	349	164	47.0	–	–	–	–
8	グレナダ	03.2018	15	7	46.7	04.2018	13	4	30.8
9	南アフリカ共和国	05.2019	395	184	46.6	05.2019	53	20	37.7
10	アンドラ	04.2019	28	13	46.4	–	–	–	–
11	フィンランド	04.2019	200	92	46.0	–	–	–	–
12	コスタリカ	02.2018	57	26	45.6	–	–	–	–
13	スペイン	11.2019	350	154	44.0	11.2019	264	103	39.0
14	ナミビア	11.2019	104	45	43.3	12.2015	42	8	19.1
15	セネガル	07.2017	165	71	43.0	–	–	–	–
16	スイス	10.2019	200	83	41.5	11.2019	46	12	26.1
17	ノルウェー	09.2017	169	70	41.4	–	–	–	–
18	モザンビーグ	10.2019	250	103	41.2	–	–	–	–
19	アルゼンチン	10.2019	257	105	40.9	10.2019	72	29	40.3
20	ニュージーランド	09.2017	120	49	40.8	–	–	–	–
21	ベルギー	05.2019	150	61	40.7	07.2019	60	27	45.0
22	北マケドニア	12.2016	120	48	40.0	–	–	–	–
22	ポルトガル	10.2019	230	92	40.0	–	–	–	–
25	デンマーク	06.2019	179	71	39.7	–	–	–	–
26	フランス	06.2017	577	228	39.5	09.2017	348	116	33.3
28	オーストリア	09.2019	183	72	39.3	N.A.	61	22	36.1
31	アイスランド	10.2017	63	24	38.1	–	–	–	–
35	イタリア	03.2018	630	225	35.7	03.2018	320	110	34.4
39	イギリス	12.2019	650	220	33.9	N.A.	795	216	27.2
40	オランダ	03.2017	150	50	33.3	05.2019	75	29	38.7
48	ドイツ	09.2017	709	221	31.2	N.A.	69	25	36.2
50	オーストラリア	05.2019	151	46	30.5	05.2019	76	37	48.7
56	カナダ	10.2019	338	98	29.0	N.A.	99	48	48.5
58	ポーランド	10.2019	460	132	28.7	10.2019	100	24	24.0
83	アメリカ合衆国	11.2018	429	102	23.8	11.2018	100	25	25.0
101	ギリシャ	07.2019	300	62	20.7	–	–	–	–
117	韓国	04.2020	300	57	19.0	–	–	–	–
124	トルコ	06.2018	589	102	17.3	–	–	–	–
157	ハンガリー	04.2018	199	24	12.1	–	–	–	–
166	日本	10.2017	464	46	9.9	07.2019	245	56	22.9

（注）調査対象は192か国。順位は女性比率の高い順（二院制の場合は下院の数値）。
資料出所：IPU「Percentage of women in national parliaments」（2020年5月1日）

図表付-125　HDI、GII、GGIにおける日本の順位

①HDI（2018年）
（人間開発指数）

順位	国名	HDI値
1	ノルウェイ	0.954
2	スイス	0.946
3	アイルランド	0.942
4	ドイツ	0.939
4	香港	0.939
6	オーストラリア	0.938
6	アイスランド	0.938
8	スウェーデン	0.937
9	シンガポール	0.935
10	オランダ	0.933
11	デンマーク	0.930
12	フィンランド	0.925
13	カナダ	0.922
14	ニュージーランド	0.921
15	イギリス	0.920
15	アメリカ	0.920
17	ベルギー	0.919
18	リヒテンシュタイン	0.917
19	日本	0.915
20	オーストリア	0.914
21	ルクセンブルグ	0.909
22	イスラエル	0.906
22	韓国	0.906
24	スロベニア	0.902
25	スペイン	0.893
26	チェコ	0.891
26	フランス	0.891
29	イタリア	0.883
30	エストニア	0.882
32	ギリシャ	0.872
32	ポーランド	0.872
36	スロバキア	0.857
39	ラトビア	0.854
40	ポルトガル	0.850
42	チリ	0.847
43	ハンガリー	0.845
59	トルコ	0.806
76	メキシコ	0.767

②GII（2018年）
（ジェンダー不平等指数）

順位	国名	GII値
1	スイス	0.037
2	スウェーデン	0.040
2	デンマーク	0.040
4	オランダ	0.041
5	ノルウェイ	0.044
6	ベルギー	0.045
7	フィンランド	0.050
8	フランス	0.051
9	アイスランド	0.057
10	韓国	0.058
11	シンガポール	0.065
12	スロベニア	0.069
12	イタリア	0.069
14	オーストリア	0.073
15	スペイン	0.074
16	ルクセンブルグ	0.078
17	ポルトガル	0.081
18	カナダ	0.083
19	ドイツ	0.084
20	キプロス	0.086
21	エストニア	0.091
22	アイルランド	0.093
23	日本	0.099
24	イスラエル	0.100
25	オーストラリア	0.103
27	イギリス	0.119
30	ポーランド	0.120
31	ギリシャ	0.122
34	ニュージーランド	0.133
35	チェコ	0.137
40	ラトビア	0.169
42	アメリカ	0.182
43	スロバキア	0.190
56	ハンガリー	0.258
62	チリ	0.288
66	トルコ	0.305
74	メキシコ	0.334

③GGI（2019年）
（ジェンダー・ギャップ指数）

順位	国名	GGI値
1	アイスランド	0.877
2	ノルウェー	0.842
3	フィンランド	0.832
4	スウェーデン	0.820
5	ニカラグア	0.804
6	ニュージーランド	0.799
7	アイルランド	0.798
8	スペイン	0.795
9	ルワンダ	0.791
10	ドイツ	0.787
11	ラトビア	0.785
12	ナミビア	0.784
13	コスタリカ	0.782
14	デンマーク	0.782
15	フランス	0.781
16	フィリピン	0.781
17	南アフリカ	0.780
18	スイス	0.779
19	カナダ	0.772
20	アルバニア	0.769
21	イギリス	0.767
25	メキシコ	0.754
26	エストニア	0.751
27	ベルギー	0.750
34	オーストリア	0.744
35	ポルトガル	0.744
36	スロベニア	0.743
38	オランダ	0.736
40	ポーランド	0.736
44	オーストラリア	0.731
51	ルクセンブルク	0.725
53	アメリカ	0.724
57	チリ	0.723
63	スロバキア	0.718
64	イスラエル	0.718
76	イタリア	0.707
78	チェコ	0.706
84	ギリシャ	0.701
105	ハンガリー	0.677
108	韓国	0.672
121	日本	0.652
130	トルコ	0.635

（注）1．HDI及びGIIは国連開発計画（UNPD）「人間開発報告書2019」、GGIは世界経済フォーラム「The Global Gender Gap Report 2020」より作成。
2．測定対象の国・地域はHDIが189、GIIが162、GGIが153。そのうち、上位20か国及びOECD加盟国を抽出。
資料出所：内閣府「令和元年度 女性の政策・方針決定参画状況調べ」

図表付-126　部門別社会保障給付費（対国民所得比）の推移

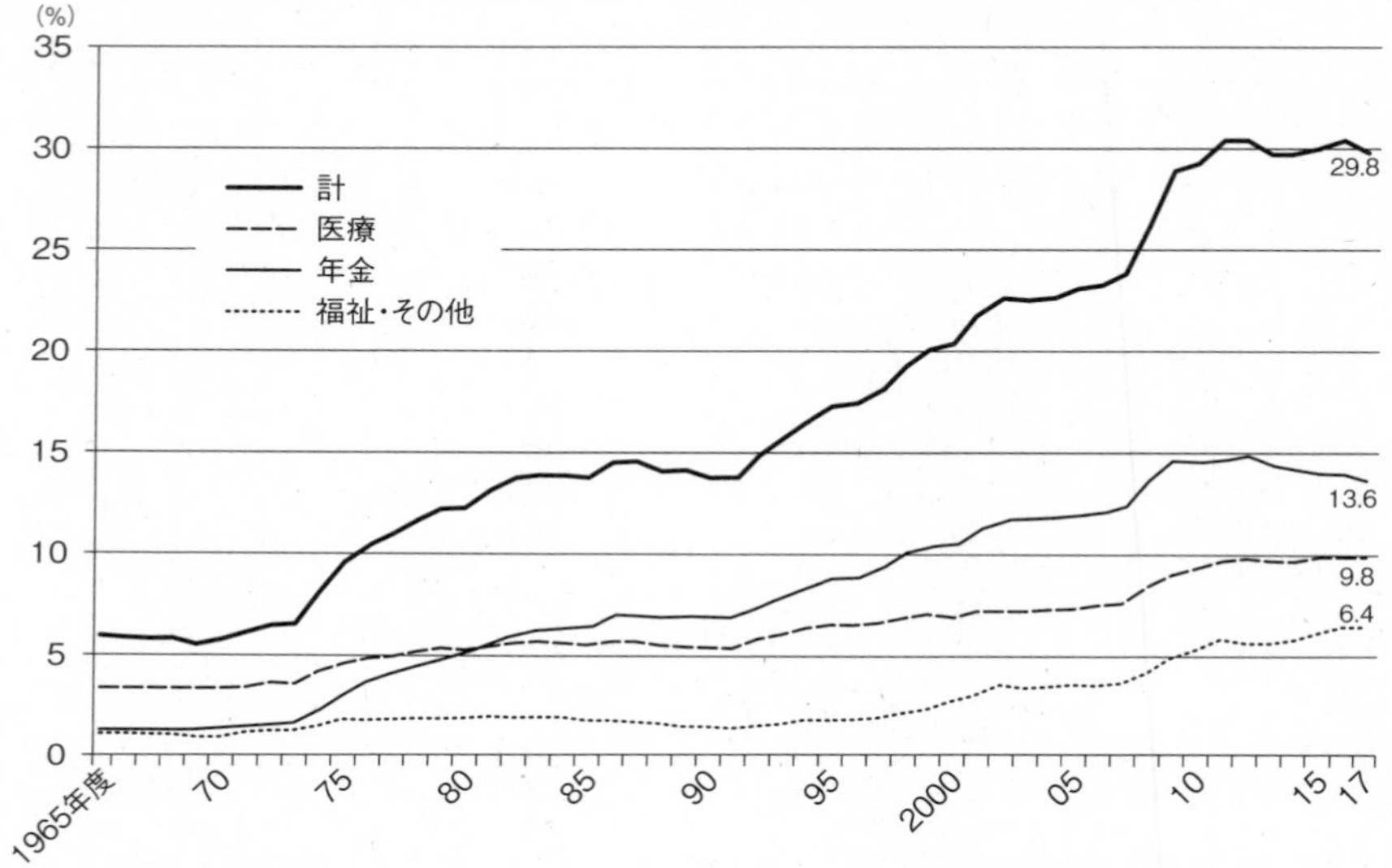

（注）国民所得は、1977年度以前は経済企画庁「長期遡及主要系列国民経済計算報告」、1978、1979年度は同「平成12年版国民経済計算年報」、1980年度以降は内閣府の各年版「国民経済計算年報」による。
資料出所：国立社会保障・人口問題研究所「社会保障費用統計」

図表付-127　部門別社会保障給付費および対国民所得比の推移

年度	社会保障給付費（億円）					1人当たり社会保障給付費（1,000円）	対国民所得比（%）	国民所得（億円）
	計	医療	年金	福祉その他	介護対策			
1980年度	249,016	107,598	103,330	38,089	−	212.7	12.21	2,038,787
1985	356,798	143,595	167,193	46,009	−	294.8	13.69	2,605,599
1990	474,153	186,254	237,772	50,128	−	383.6	13.67	3,468,929
1995	649,842	246,608	330,614	72,619	−	517.5	17.17	3,784,796
2000	783,985	266,049	405,367	112,570	32,806	617.7	20.31	3,859,685
2005	888,529	287,444	461,194	139,891	58,701	695.4	22.94	3,873,699
2010	1,053,646	336,439	522,286	194,921	75,082	822.8	29.11	3,618,953
2011	1,082,744	347,815	523,253	211,676	78,881	847.0	30.21	3,584,147
2012	1,090,781	353,392	532,329	205,060	83,965	854.9	30.32	3,597,799
2013	1,107,796	360,713	538,799	208,284	87,879	869.4	29.60	3,742,271
2014	1,121,734	367,767	535,104	218,863	91,896	881.6	29.56	3,794,509
2015	1,168,403	385,605	540,929	241,869	95,060	919.3	29.96	3,900,253
2016	1,184,089	388,128	543,800	252,162	97,063	932.8	30.27	3,911,856
2017	1,202,443	394,195	548,349	259,898	101,016	949.0	29.75	4,041,977

（注）1．「医療」には、医療保険、後期高齢者医療（老人保健）の医療給付、生活保護の医療扶助、労災保険の医療給付、結核、精神その他の公費負担医療等が含まれる。
2．「年金」には、厚生年金、国民年金等の公的年金、恩給及び労災保険の年金給付等が含まれる。
3．「福祉その他」には、社会福祉サービスや介護対策に係る費用、生活保護の医療扶助以外の各種扶助、児童手当等の各種手当、医療保険の傷病手当金，労災保険の休業補償給付、雇用保険の失業給付が含まれる。
4．国民所得は、内閣府の各年版「国民経済計算年報」による。
資料出所：国立社会保障・人口問題研究所「社会保障費用統計」

図表付-128　制度別社会保障給付費の推移

		2000年度	2005	2010	2015	2016	2017
給付費（億円）	総計	783,985	888,529	1,053,646	1,168,403	1,184,089	1,202,443
	医療保険	147,980	164,175	190,597	210,790	210,218	210,623
	高齢者医療	104,474	107,539	117,184	140,472	142,606	148,406
	介護保険	32,623	58,147	74,343	93,110	95,075	98,973
	年金保険	391,723	451,236	516,740	539,390	541,304	546,196
	雇用保険等	26,650	15,224	24,606	18,430	18,576	18,699
	業務災害補償	10,532	9,900	9,518	9,238	9,157	9,164
	家族手当	7,116	11,579	30,419	28,442	28,030	27,914
	生活保護	19,393	25,942	33,296	37,127	37,153	37,008
	社会福祉	21,861	27,258	34,873	50,942	61,520	64,751
	公衆衛生	5,553	5,480	13,884	35,870	36,551	37,147
	恩給	14,197	10,587	7,021	3,809	3,296	2,811
	戦争犠牲者援護	1,882	1,462	1,164	784	603	751
構成割合（%）	総計	100.0	100.0	100.0	100.0	100.0	100.0
	医療保険	18.9	18.5	18.1	18.0	17.8	17.5
	高齢者医療	13.3	12.1	11.1	12.0	12.0	12.3
	介護保険	4.2	6.5	7.1	8.0	8.0	8.2
	年金保険	50.0	50.8	49.0	46.2	45.7	45.4
	雇用保険等	3.4	1.7	2.3	1.6	1.6	1.6
	業務災害補償	1.3	1.1	0.9	0.8	0.8	0.8
	家族手当	0.9	1.3	2.9	2.4	2.4	2.3
	生活保護	2.5	2.9	3.2	3.2	3.1	3.1
	社会福祉	2.8	3.1	3.3	4.4	5.2	5.4
	公衆衛生	0.7	0.6	1.3	3.1	3.1	3.1
	恩給	1.8	1.2	0.7	0.3	0.3	0.2
	戦争犠牲者援護	0.2	0.2	0.1	0.1	0.1	0.1

（注）1．「高齢者医療」には、2007年度までは医療を含む老人保健事業全てが計上されている。
2．「家族手当」には、児童手当のほか、社会福祉中の児童扶養手当及び特別児童扶養手当等を含む。
3．「雇用保険等」には、雇用保険の総額と船員保険の失業・雇用対策等の給付（2009年12月分まで。2010年1月より雇用保険に移行）を含む。

資料出所：国立社会保障・人口問題研究所「社会保障費用統計」

図表付-129　機能別社会保障給付費の推移

（単位:億円）

		2000年度	2005	2010	2015	2016	2017
給付費（億円）	合計	783,985	888,529	1,053,646	1,168,403	1,184,089	1,202,443
	高齢	366,882	441,027	513,350	553,363	556,837	565,211
	遺族	59,583	64,584	67,944	66,699	65,700	65,513
	障害	21,510	23,971	33,984	42,833	44,106	45,622
	労働災害	10,584	9,842	9,428	9,155	9,074	9,076
	保健医療	255,763	274,896	322,125	368,899	371,248	377,436
	家族	23,650	32,323	50,085	71,781	76,283	82,626
	失業	26,392	14,525	22,501	14,410	14,167	13,999
	住宅	2,007	4,290	5,129	6,172	6,037	6,082
	生活保護その他	17,613	23,070	29,100	35,091	40,637	36,878
構成割合（%）	合計	100.0	100.0	100.0	100.0	100.0	100.0
	高齢	46.8	49.6	48.7	47.4	47.0	47.0
	遺族	7.6	7.3	6.4	5.7	5.5	5.4
	障害	2.7	2.7	3.2	3.7	3.7	3.8
	労働災害	1.4	1.1	0.9	0.8	0.8	0.8
	保健医療	32.6	30.9	30.6	31.6	31.4	31.4
	家族	3.0	3.6	4.8	6.1	6.4	6.9
	失業	3.4	1.6	2.1	1.2	1.2	1.2
	住宅	0.3	0.5	0.5	0.5	0.5	0.5
	生活保護その他	2.2	2.6	2.8	3.0	3.4	3.1

（注）ILO事務局「第19次社会保障費用調査」の分類に従って算出。
資料出所：国立社会保障・人口問題研究所「社会保障費用統計」

図表付-130　社会保障財源の推移

	年度	合計	被保険者拠出	事業主拠出	公費負担	国庫負担	他の公費	資産収入	その他
金額（億円）	1975年度	167,375	44,238	50,826	55,421	48,519	6,903	14,641	2,249
	1980	335,258	88,844	97,394	110,409	97,936	12,473	32,682	5,929
	1985	485,773	131,583	144,363	137,837	117,880	19,957	62,020	9,970
	1990	652,777	184,966	210,188	161,600	134,663	26,936	83,580	12,443
	1995	836,962	244,118	268,047	207,178	165,793	41,385	98,118	19,501
	2000	890,477	266,560	283,077	250,710	197,102	53,608	64,976	25,155
	2005	1,159,019	283,663	269,633	300,370	222,611	77,759	188,454	116,898
	2010	1,096,786	303,291	281,530	407,983	295,286	112,697	8,388	95,594
	2015	1,253,525	353,727	315,561	482,535	325,531	157,005	20,571	81,132
	2016	1,365,252	364,949	323,977	493,504	332,309	161,195	103,224	79,597
	2017	1,415,693	373,647	334,332	499,269	333,167	166,102	141,145	67,300
構成比（%）	1975年度	100.0	26.4	30.4	33.1	29.0	4.1	8.7	1.3
	1980	100.0	26.5	29.1	32.9	29.2	3.7	9.7	1.8
	1985	100.0	27.1	29.7	28.4	24.3	4.1	12.8	2.1
	1990	100.0	28.3	32.2	24.8	20.6	4.1	12.8	1.9
	1995	100.0	29.2	32.0	24.8	19.8	4.9	11.7	2.3
	2000	100.0	29.9	31.8	28.2	22.1	6.0	7.3	2.8
	2005	100.0	24.5	23.3	25.9	19.2	6.7	16.3	10.1
	2010	100.0	27.7	25.7	37.2	26.9	10.3	0.8	8.7
	2015	100.0	28.2	25.2	38.5	26.0	12.5	1.6	6.5
	2016	100.0	26.7	23.7	36.1	24.3	11.8	7.6	5.8
	2017	100.0	26.4	23.6	35.3	23.5	11.7	10.0	4.8

（注）1．ILO事務局「第18次社会保障費用調査」の分類（他制度からの移転を除く部分）に従って算出したものである。但し、「社会保障特別税」はわが国では存在しないため表示していない。

2．公費負担とは「国庫負担」と「他の公費」の合計である。「他の公費負担」とは、①国の制度等に基づいて地方公共団体が負担しているもの、②地方公共団体の義務的経費に付随して、地方公共団体が独自に負担をしているもの、である。ただし、③国の制度等に基づかず地方公共団体が独自に行っている事業については、認可外保育所等の一部の就学前教育・保育に係る事業及び公費負担医療給付分が含まれている。

3．「資産収入」については、公的年金制度等における運用実績により変動することに留意する必要がある。また、「その他」は積立金からの受入を含む。

資料出所：国立社会保障・人口問題研究所「社会保障費用統計」

（単位：億円）

支出						収支差	
給付計	管理費	運用損失	その他	他制度への移転	支出合計		
1,202,443	16,763	–	20,919	432,116	1,672,240	173,639	総　計
							社会保険
							1.健康保険
58,852	1,095	–	136	44,771	104,854	4,499	(A)全国健康保険協会管掌健康保険
42,895	1,382	–	2,440	43,483	90,200	7,057	(B)組合管掌健康保険
95,697	2,549	–	3,056	25,907	127,209	6,104	2.国民健康保険
148,406	749	–	3,989	–	153,144	4,456	3.後期高齢者医療制度
–	1	–	–	–	1	–	4.老人保健
98,973	2,479	–	1,330	–	102,782	4,257	5.介護保険
235,437	1,999	–	227	227,325	464,988	110,304	6.厚生年金保険
10,794	341	–	20	15	11,170	1,022	7.厚生年金基金
7	1	–	0	–	8	7	8.石炭鉱業年金基金
229,661	1,495	–	517	7,178	238,851	11,532	9.国民年金
2,112	67	–	107	–	2,286	1,491	10.国民年金基金
945	17	–	818	–	1,780	–2	11.農業者年金基金
269	27	–	1	133	431	46	12.船員保険
196	20	–	0	–	216	102	13.農林漁業団体職員共済組合
4,497	65	–	1	7,036	11,599	1,550	14.私立学校振興・共済事業団
17,819	958	–	774	–	19,551	3,190	15.雇用保険
8,649	507	–	598	135	9,890	2,263	16.労働者災害補償保険
							家族手当
25,750	20	–	302	–	26,072	1,530	17.児童手当
							公務員
17,586	115	–	18	20,662	38,381	267	18.国家公務員共済組合
684	11	–	0	968	1,663	–37	19.存続組合等
52,429	340	–	3,653	54,502	110,924	12,870	20.地方公務員等共済組合
12	1	–	15	–	28	–	21.旧令共済組合等
119	–	–	–	–	119	–	22.国家公務員災害補償
292	21	–	1	–	314	71	23.地方公務員等災害補償
47	–	–	1	–	48	–	24.旧公共企業体職員業務災害
85	0	–	–	–	85	–	25.国家公務員恩給
100	–	–	–	–	100	–	26.地方公務員恩給
							公衆保健サービス
6,452	87	–	928	–	7,467	–	27.公衆衛生
							公的扶助及び社会福祉
37,008	403	–	–	–	37,411	–	28.生活保護
63,612	345	–	1,789	–	65,746	–	29.社会福祉
							雇用対策
43	2	–	198	–	242	–	30.雇用対策
							戦争犠牲者
3,377	34	–	–	–	3,412	–	31.戦争犠牲者
39,635	1,631	–	–	–	41,267	1,060	他の社会保障制度

図表付-131　社会保障費用（2017年度）

	収入							
	拠出		国庫負担	他の公費負担	資産収入	その他	他制度からの移転	収入合計
	被保険者	事業主						
総　計	373,647	334,332	333,167	166,102	141,145	67,300	430,187	1,845,879
社会保険								
1.健康保険								
(A)全国健康保険協会管掌健康保険	48,694	47,960	12,517	–	–	182	0	109,354
(B)組合管掌健康保険	41,404	48,673	776	–	385	6,017	3	97,257
2.国民健康保険	33,068	–	36,537	18,602	–	5,660	39,446	133,313
3.後期高齢者医療制度	11,917	–	50,492	27,536	–	5,898	61,756	157,599
4.老人保健	–	–	–	–	–	–	1	1
5.介護保険	22,429	–	24,093	30,228	4	3,052	27,233	107,040
6.厚生年金保険	154,721	154,721	95,407	–	100,201	18,327	51,915	575,293
7.厚生年金基金	448	1,180	–	–	10,222	19	322	12,192
8.石炭鉱業年金基金	–	0	–	–	7	8	–	15
9.国民年金	13,964	–	19,864	–	5,908	10,344	200,303	250,383
10.国民年金基金	1,011	–	27	–	2,738	0	–	3,777
11.農業者年金基金	–	–	1,200	–	–	578	–	1,778
12.船員保険	168	204	30	–	0	20	55	477
13.農林漁業団体職員共済組合	–	280	8	–	27	3	–	318
14.私立学校振興・共済事業団	3,816	3,758	1,234	72	1,397	12	2,861	13,148
15.雇用保険	5,293	10,583	244	–	7	6,613	–	22,741
16.労働者災害補償保険	–	8,692	2	–	1,286	2,173	–	12,153
家族手当								
17.児童手当	–	6,026	12,060	8,129	–	1,387	–	27,602
公務員								
18.国家公務員共済組合	9,772	11,936	2,936	–	2,261	538	11,204	38,648
19.存続組合等	–	1,293	3	–	321	8	–	1,626
20.地方公務員等共済組合	26,754	32,598	63	7,312	16,363	5,618	35,087	123,794
21.旧令共済組合等	–	–	28	–	–	–	–	28
22.国家公務員災害補償	–	119	–	–	–	–	–	119
23.地方公務員等災害補償	0	301	–	–	11	73	–	385
24.旧公共企業体職員業務災害	–	48	–	–	–	–	–	48
25.国家公務員恩給	–	85	0	–	–	–	–	85
26.地方公務員恩給	–	100	–	–	–	–	–	100
公衆保健サービス								
27.公衆衛生	–	–	5,908	1,559	–	–	–	7,467
公的扶助及び社会福祉								
28.生活保護	–	–	28,063	9,348	–	–	–	37,411
29.社会福祉	–	–	35,375	30,372	–	–	–	65,746
雇用対策								
30.雇用対策	–	–	242	1	–	–	–	242
戦争犠牲者								
31.戦争犠牲者	–	–	3,412	–	–	–	–	3,412
他の社会保障制度	188	5,775	2,644	32,943	6	771	–	42,327

資料出所：国立社会保障・人口問題研究所「社会保障費用統計」

図表付-132　OECD基準による政策分野別社会支出の推移

	政策分野	1995年度	2005	2010	2015	2016	2017
金額（億円）	合計	695,297	919,898	1,082,060	1,207,666	1,222,115	1,241,837
	高齢	274,065	442,762	514,975	557,113	560,869	569,399
	遺族	53,521	64,638	68,019	66,790	65,791	65,616
	障害、業務災害、傷病	32,991	35,292	44,857	55,596	56,980	58,923
	保健	263,004	307,606	352,533	409,976	411,699	418,713
	家族	21,801	37,536	56,722	76,022	80,718	86,601
	積極的労働市場政策	15,685	4,366	14,211	8,049	7,841	8,141
	失業	25,618	14,165	12,912	9,285	8,649	8,430
	住宅	1,275	4,290	5,129	6,228	6,093	6,131
	他の政策分野	7,338	9,242	12,701	18,608	23,475	19,881
	(国内総生産)	5,162,017	5,256,427	4,994,289	5,329,830	5,367,950	5,474,085
対国内総生産比（%）	合計	13.47	17.50	21.67	22.66	22.77	22.69
	高齢	5.31	8.42	10.31	10.45	10.45	10.40
	遺族	1.04	1.23	1.36	1.25	1.23	1.20
	障害、業務災害、傷病	0.64	0.67	0.90	1.04	1.06	1.08
	保健	5.09	5.85	7.06	7.69	7.67	7.65
	家族	0.42	0.71	1.14	1.43	1.50	1.58
	積極的労働市場政策	0.30	0.08	0.28	0.15	0.15	0.15
	失業	0.50	0.27	0.26	0.17	0.16	0.15
	住宅	0.02	0.08	0.10	0.12	0.11	0.11
	他の政策分野	0.14	0.18	0.25	0.35	0.44	0.36
対前年増加率（%）	合計	5.2	2.3	2.9	5.4	1.2	1.6
	高齢	9.3	3.3	0.6	2.1	0.7	1.5
	遺族	5.0	2.0	0.7	0.1	−1.5	−0.3
	障害、業務災害、傷病	7.8	−3.6	−3.5	9.3	2.5	3.4
	保健	1.3	4.0	4.3	7.9	0.4	1.7
	家族	−2.3	5.1	41.9	23.4	6.2	7.3
	積極的労働市場政策	−0.1	−62.1	−1.3	−1.4	−2.6	3.8
	失業	12.5	−6.5	−23.5	−3.2	−6.8	−2.5
	住宅	5.7	39.6	12.2	5.0	−2.2	0.6
	他の政策分野	4.7	0.6	5.6	9.6	26.2	−15.3
	(国内総生産)	2.7	0.8	1.5	2.8	0.7	2.0

(注) 1．「保健」の2008年以前はOECD Health Dataの公的保健支出から介護保険医療系サービスと補装具費を除いた額。2009年以降は国立社会保障・人口問題研究所による集計。
2．2010年度集計時に新たに追加した費用について、2005年度まで遡及した。
3．国内総生産は、内閣府の各年版「国民経済計算年報」による。
4．OECD基準の社会支出は、ILO基準に比べて範囲が広く、施設整備費などの直接個人に移転されない費用も計上されている。

資料出所：国立社会保障・人口問題研究所「社会保障費用統計」

図表付-133　政策分野別社会支出の国際比較（対国内総生産比）（2015年）

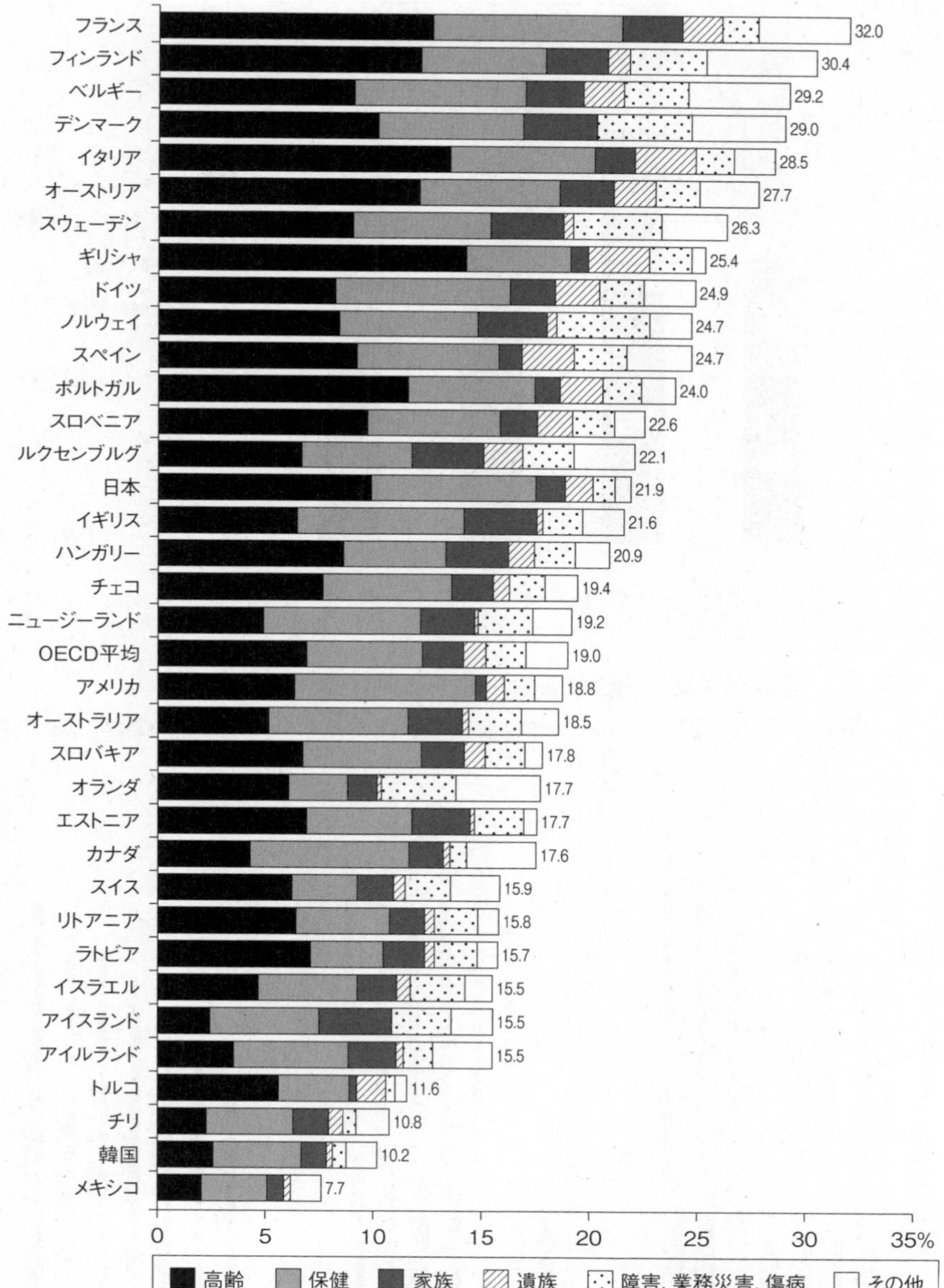

資料出所：OECD Social Expenditure Database（2020年6月14日ダウンロード）
（http://www.oecd.org/els/social/expenditure）

図表付-134　男女雇用機会均等法に関する相談内容別件数の推移

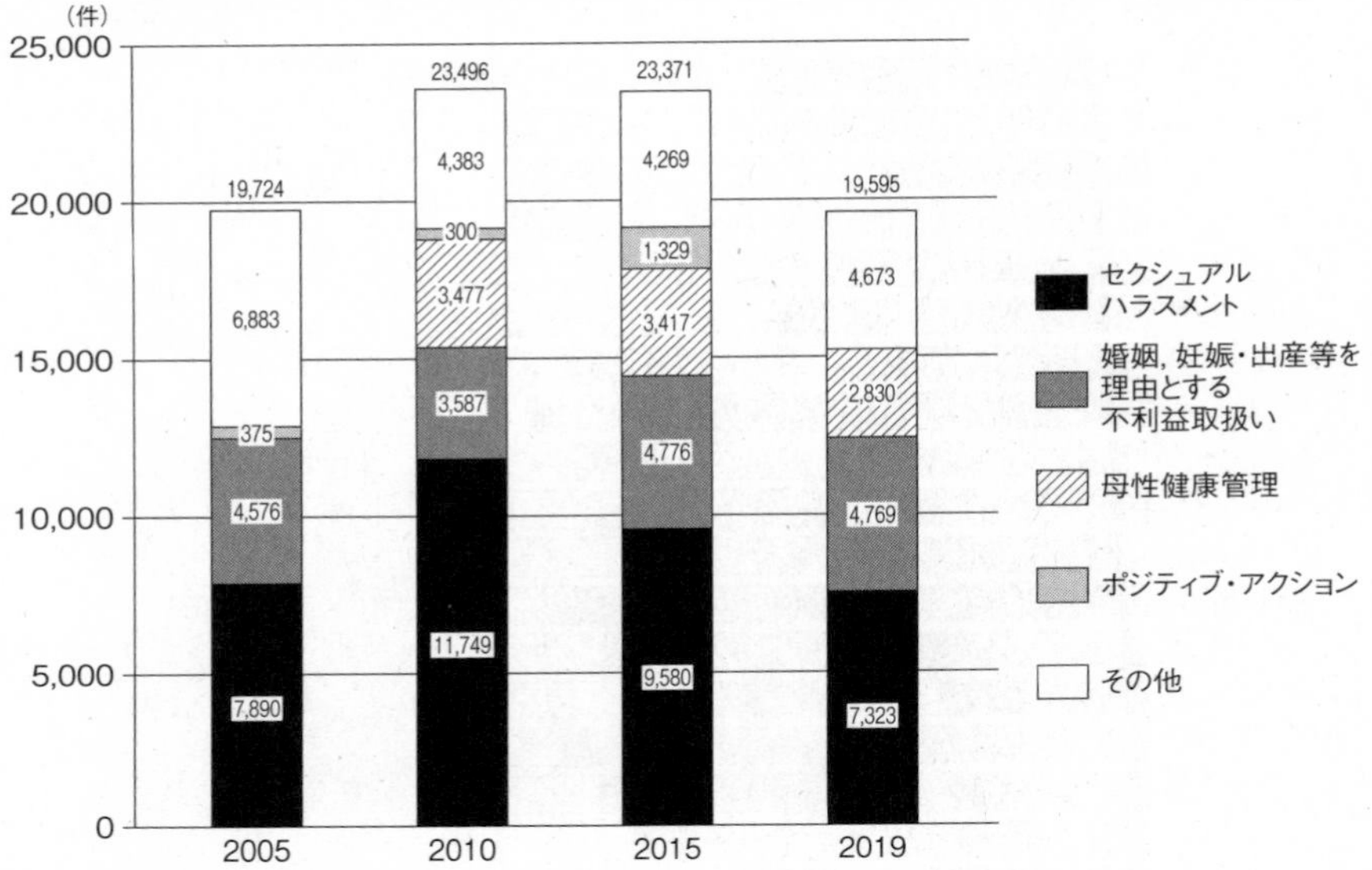

（注）１．都道府県労働局雇用環境・均等部（室）で取り扱った件数。
　　　２．相談内容区分は均等法改正の年により異る。
資料出所：内閣府「男女共同参画白書」、厚生労働省「都道府県労働局雇用環境・均等部（室）での法施行状況」

図表付-135　男女別医師・歯科医師・薬剤師数の推移

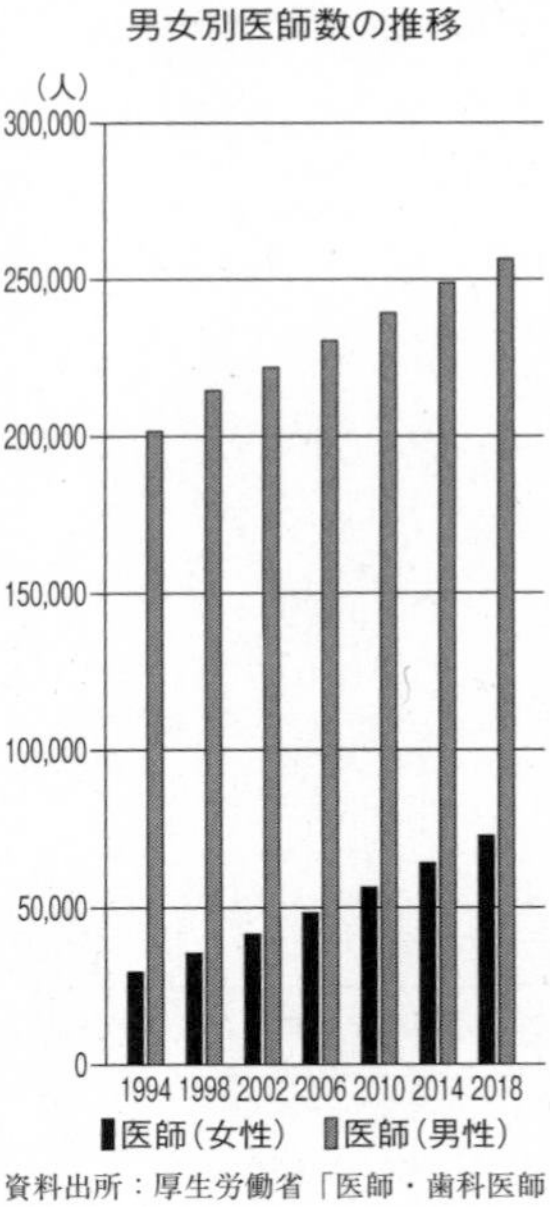

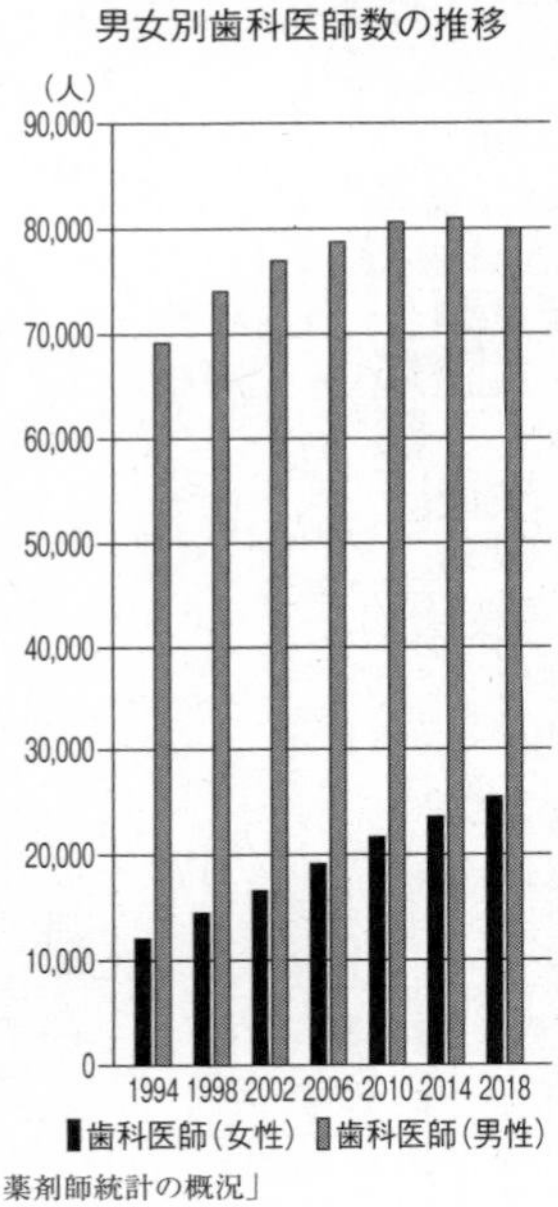

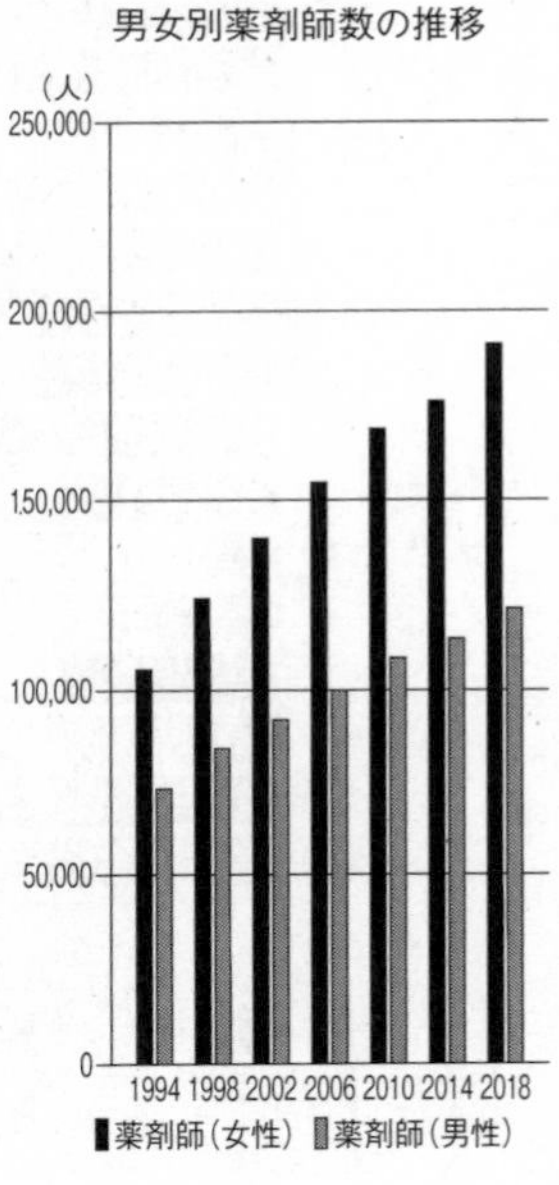

資料出所：厚生労働省「医師・歯科医師・薬剤師統計の概況」

図表付-136　年齢別女性就業者数の推移

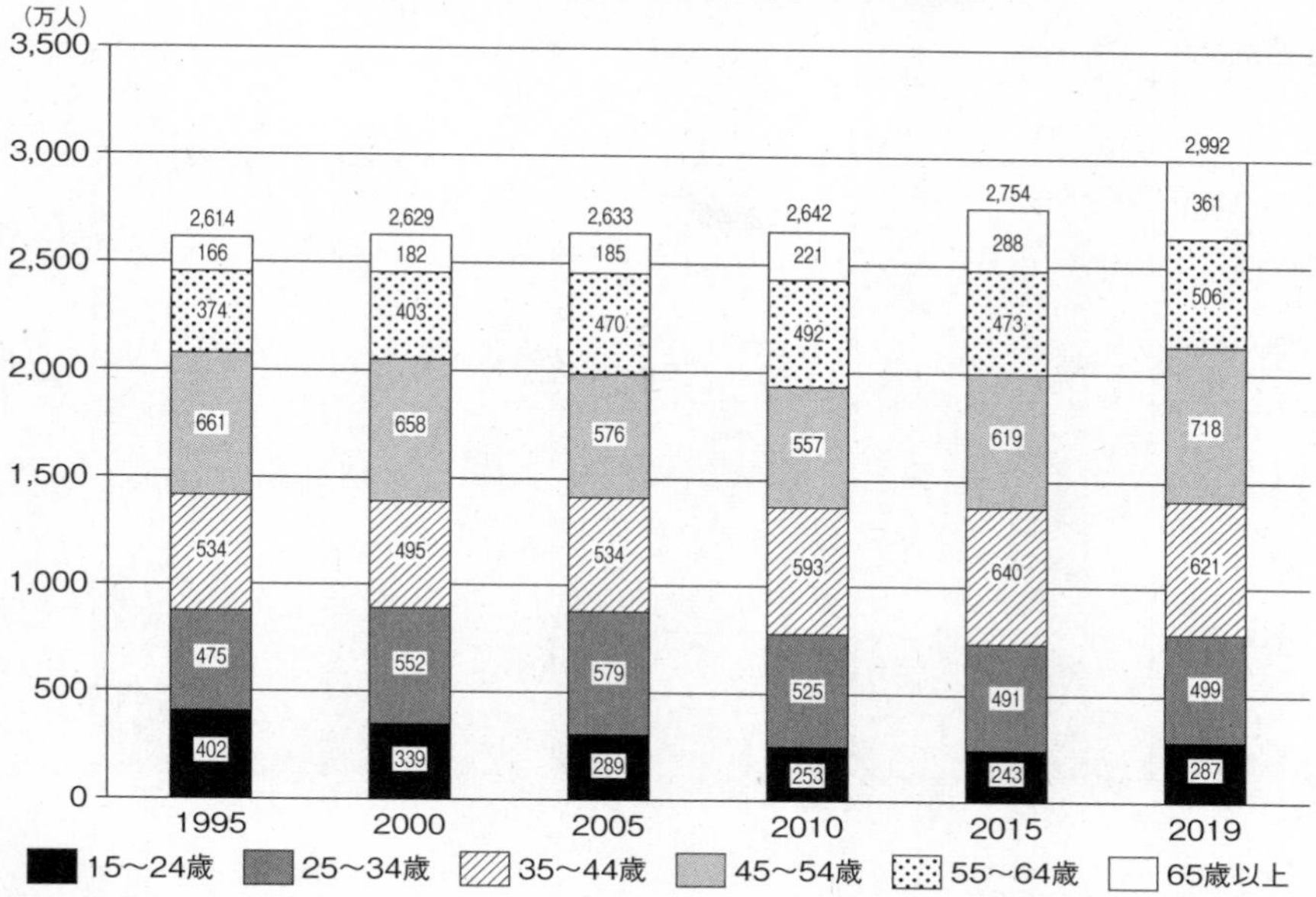

資料出所：総務省「労働力調査」

図表付-137　年齢別男性就業者数の推移

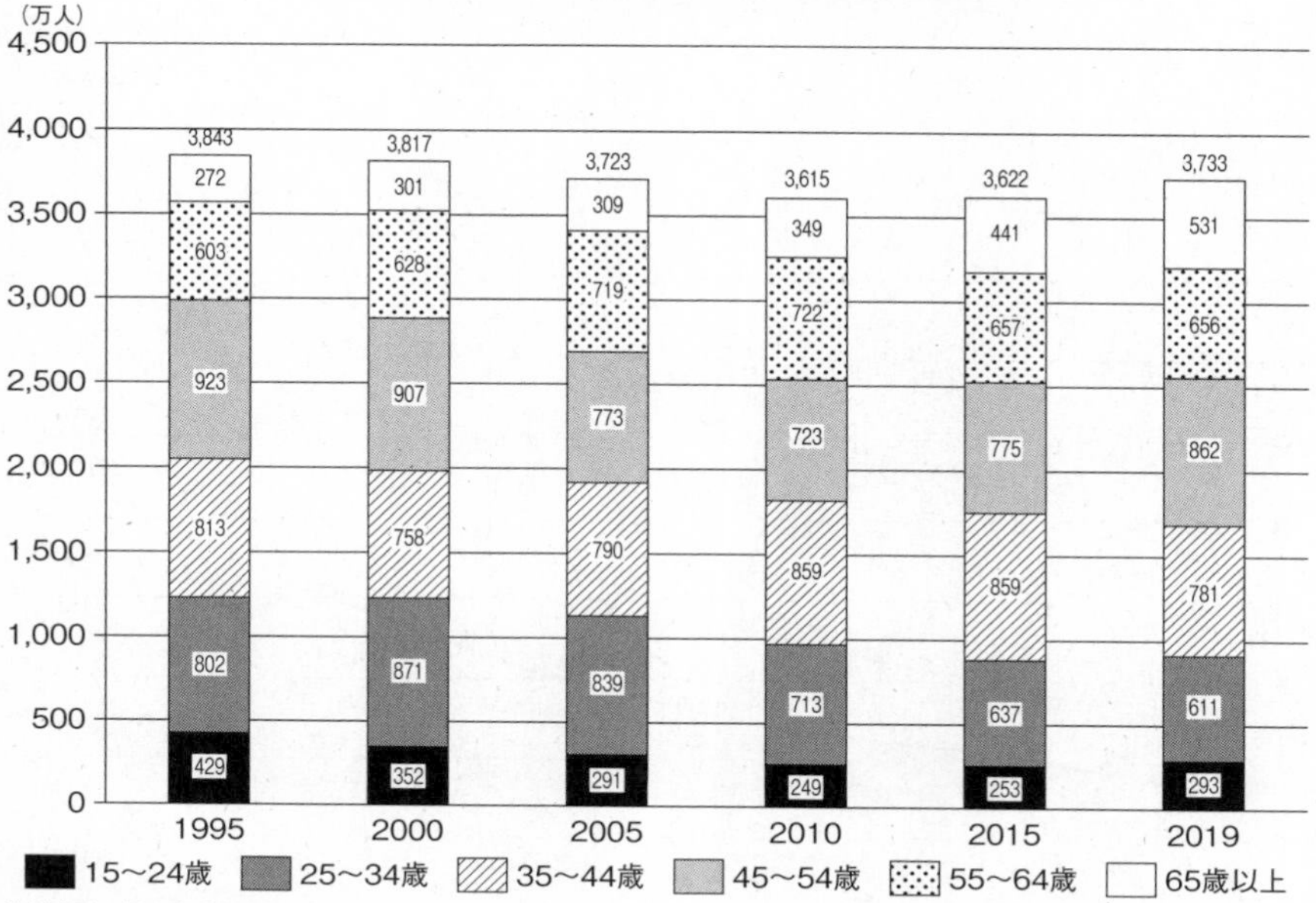

資料出所：総務省「労働力調査」

図表付-138　保育所入所者数の推移

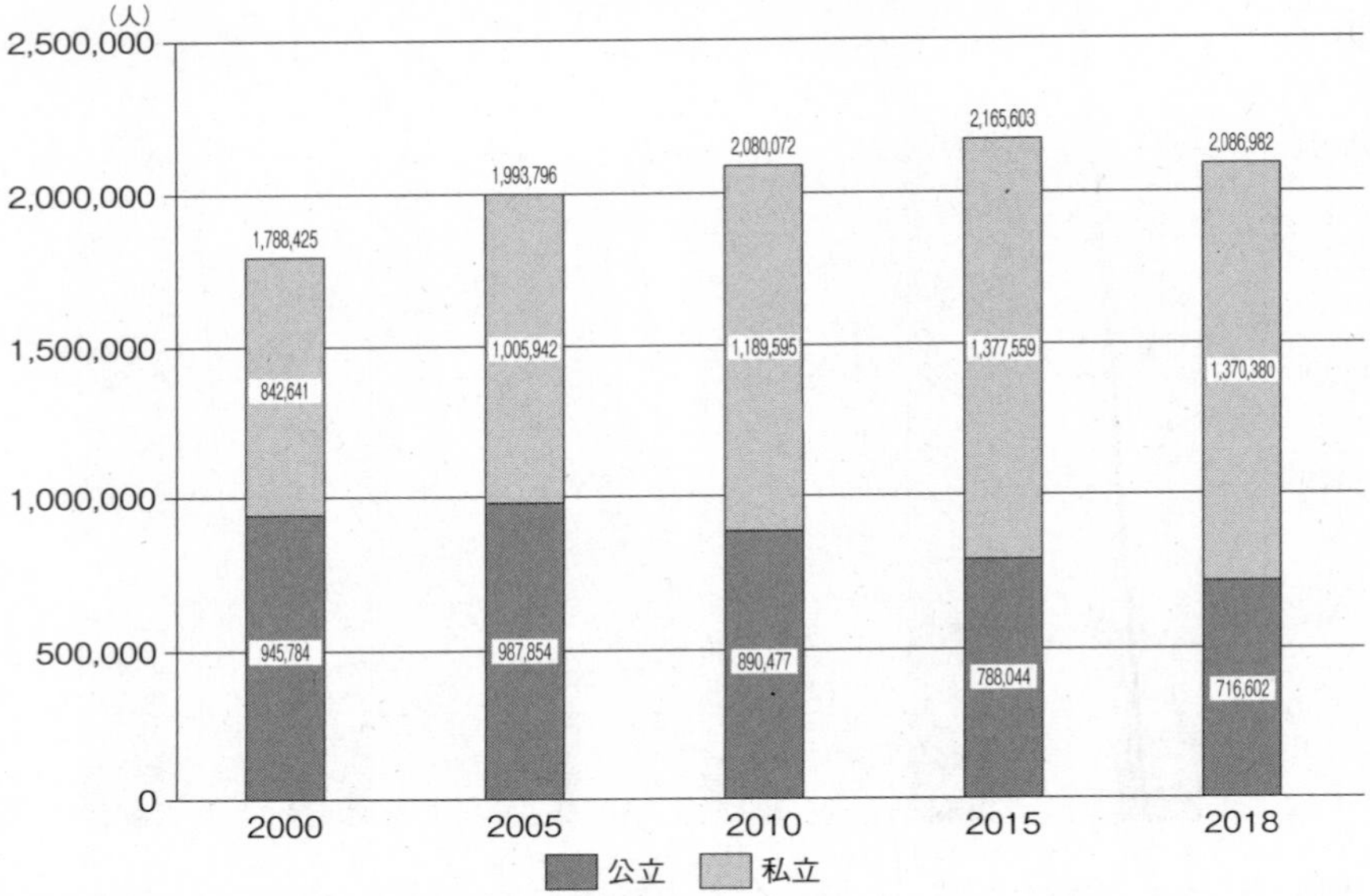

(注) 1995年のデータはありません。2015年以降、幼保連携型認定こども園を除く。
資料出所：厚生労働省「福祉行政報告例」

図表付-139　民間企業の役職者に占める女性の割合の推移

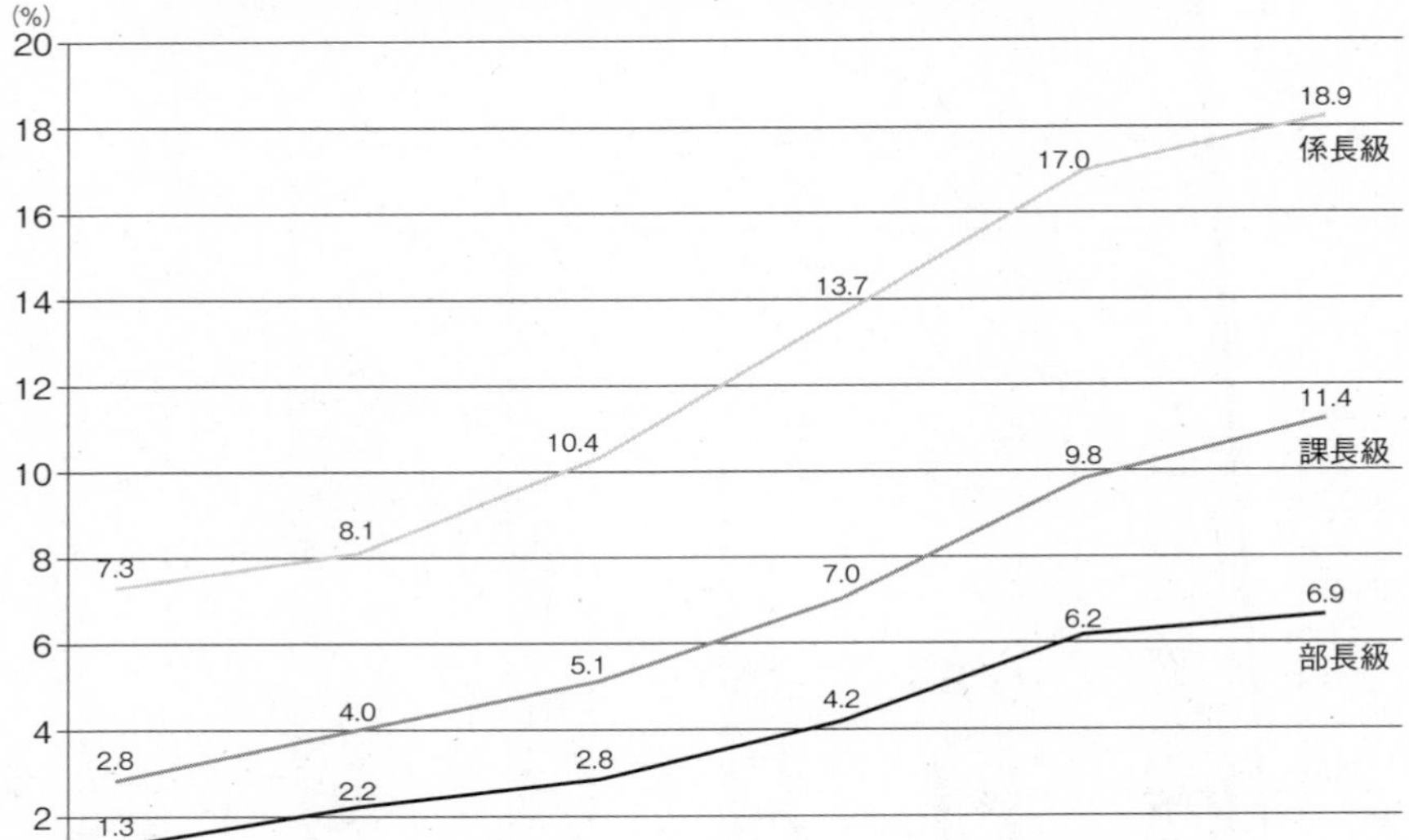

(注) 100人以上の常用労働者を雇用する企業
資料出所：内閣府「男女共同参画白書」

図表付-140　育児休業取得率の推移

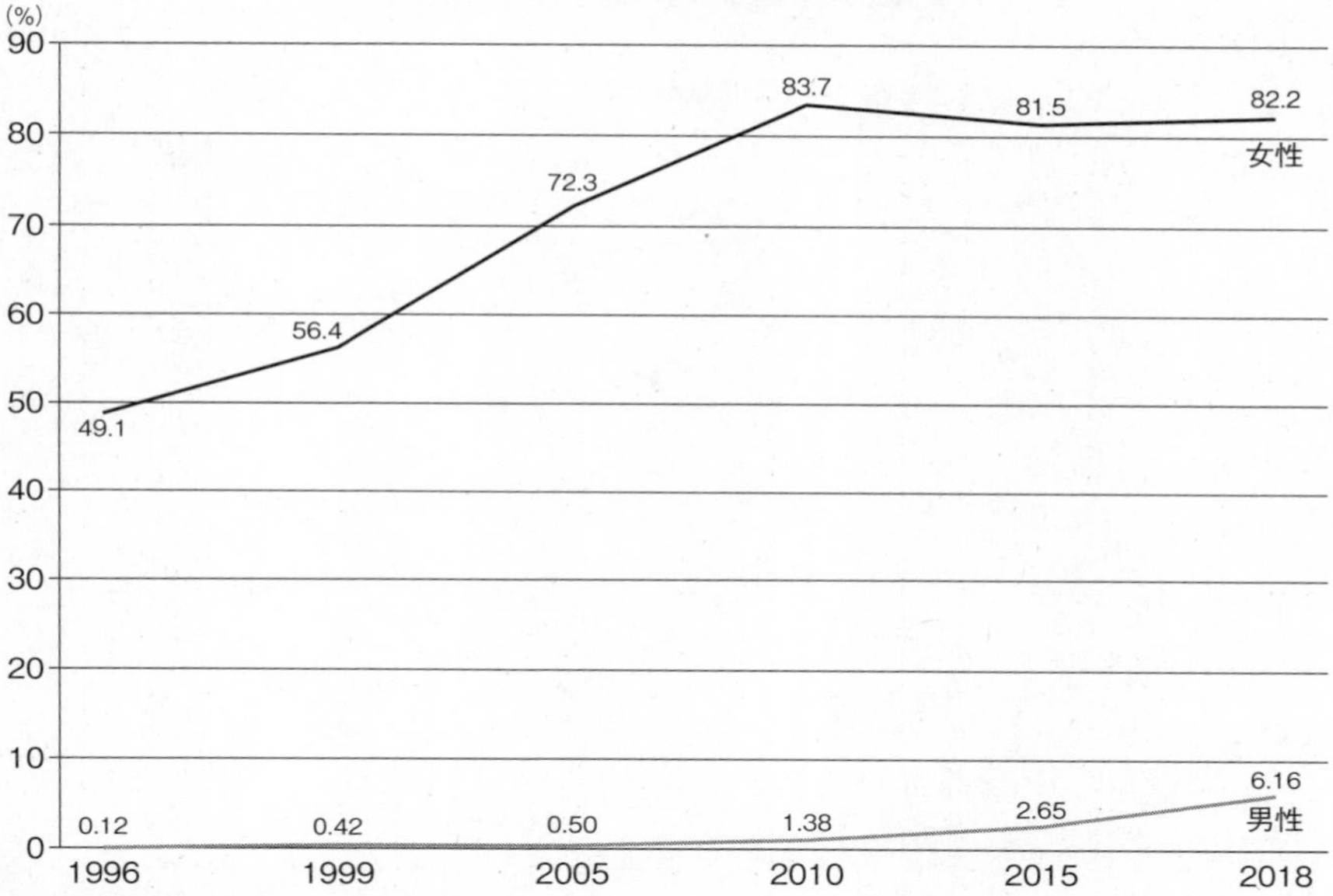

(注) 1996年と1999年のデータしかありません。
資料出所：厚生労働省「雇用均等基本調査」

図表付-141　児童虐待相談件数の推移

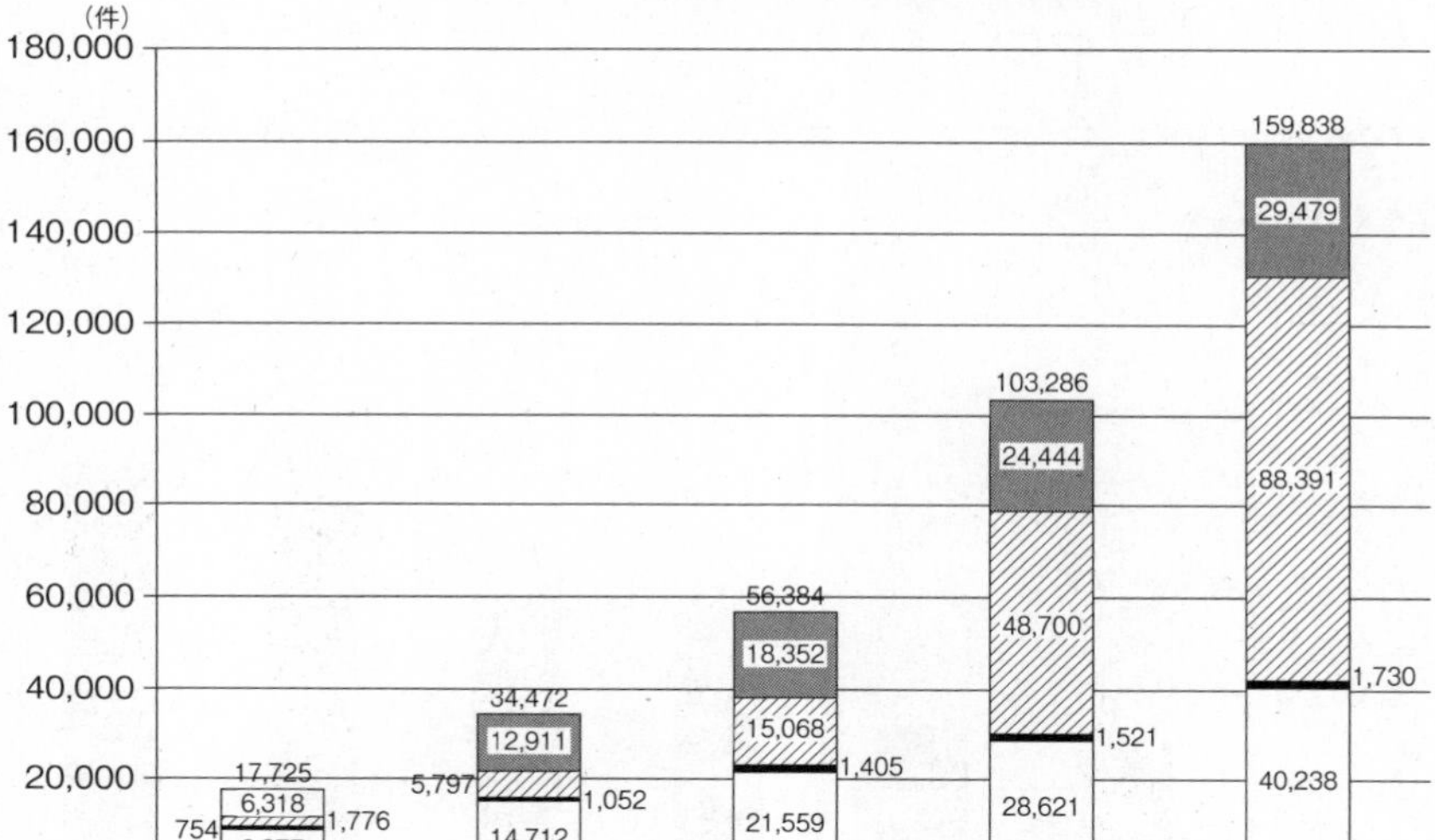

(注) 1995年のデータはありません。児童相談所における相談対応件数
資料出所：厚生労働省「福祉行政報告例」

図表付-142　世帯数と平均世帯人員の推移

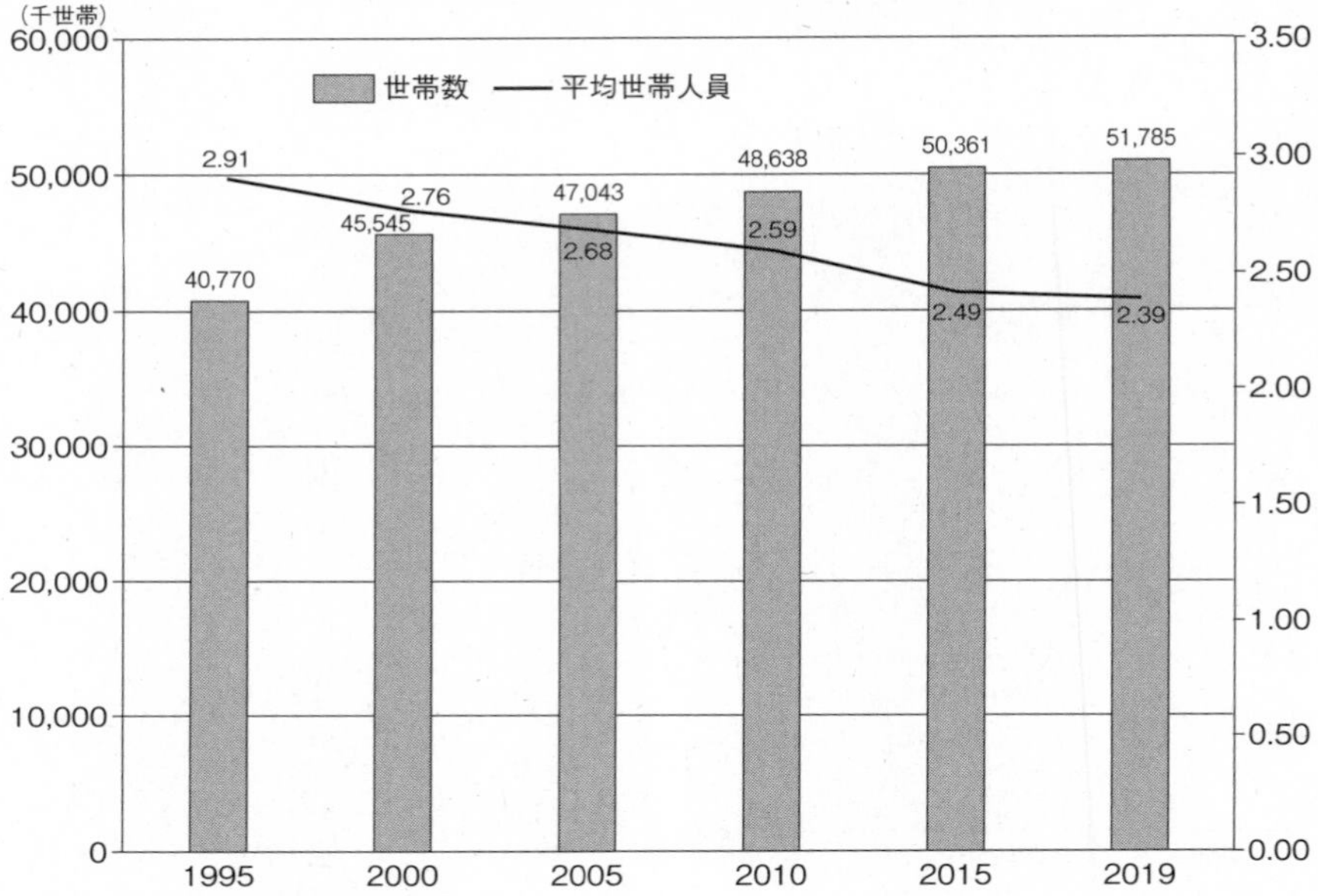

資料出所：厚生労働省「国民生活基礎調査」

図表付-143　生活保護受給世帯数の推移

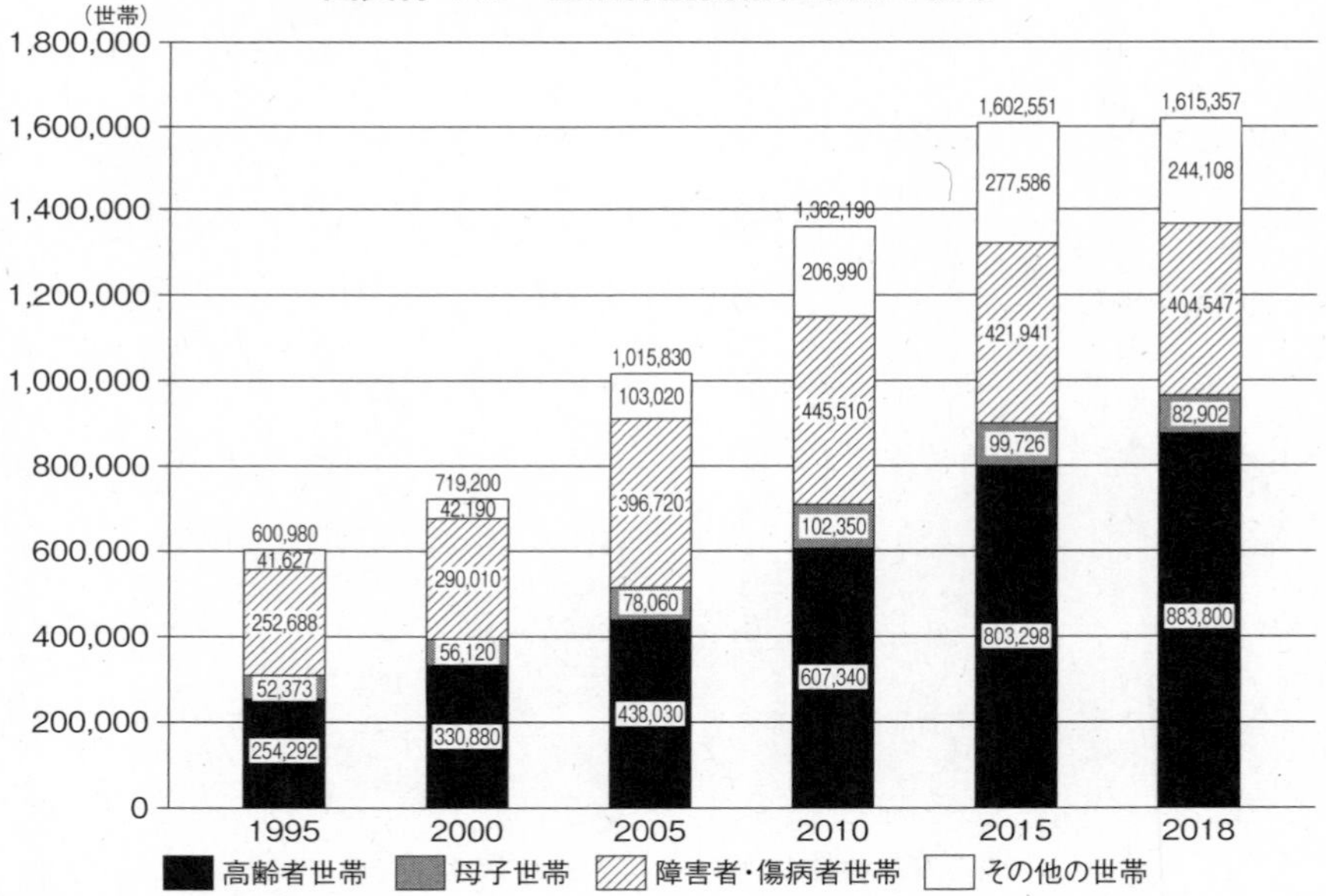

(注）各年度月平均
資料出所：厚生労働省「被保護者調査」

図表付-144　相対的貧困率の推移

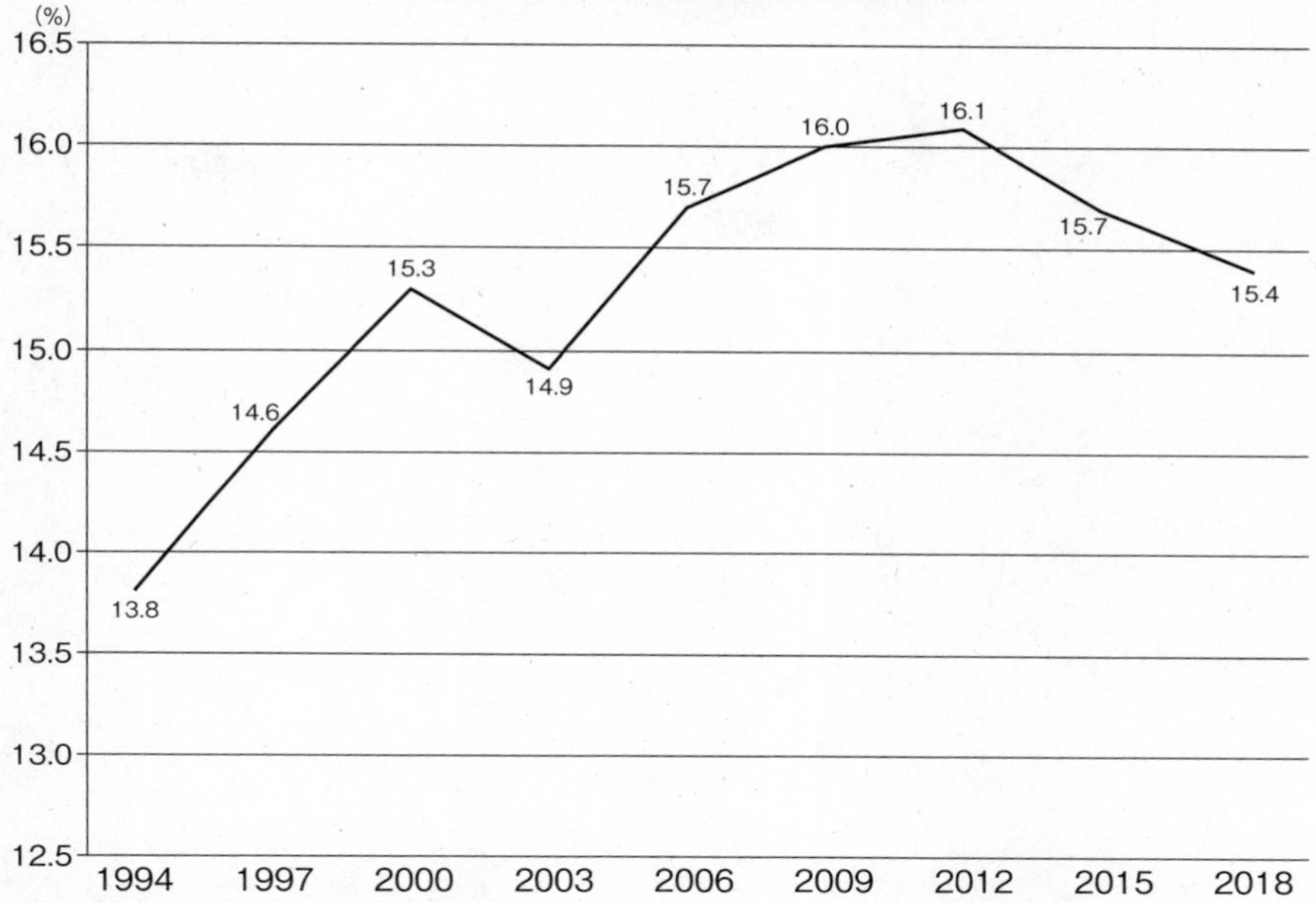

資料出所：厚生労働省「国民生活基礎調査」

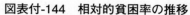

年表

年表――２０１９年

１・６　サウジアラビアで、夫から無断で離婚される妻に対し、離婚が成立した事実を妻側にメールで通知する新制度が開始。

１・９　大学教員や弁護士らでつくる「公的発言におけるジェンダー差別を許さない会」の呼びかけによる２０１８年中の性差別ワースト発言に、財務事務次官のセクハラ問題にからむ麻生太郎財務相の一連の発言が選ばれた。

１・11　電通による調査（２０１８年10月、インターネットで全国の20～59歳の６万人対象に実施）で、「ＬＧＢＴ」という言葉の浸透率は68・５％（女性70・９％、男性66・２％）、「同性婚」については78・４％（女性87・９％、男性69・２％）が賛成したことが分かった。

１・23　国際婦人年連絡会が「９条守り憲法生かそう」と東京・御茶ノ水駅前で宣伝行動し、12団体24人が参加した。

１・24　欧州連合加盟国と欧州議会は、ワークライフバランス向上の新ルールに暫定合意した。妻の産前産後に夫は最低10日の産休を取れるようにし育休の２カ月は国ごとに定める水準の有給とする。

１・26　全国１７８８地方議会のうち３４９議会（19・５％）が女性議員のいない「女性ゼロ議会」であることが、２０１７年末時点の内閣府男女共同参画局の集計で分かった。

１・29　「Ｑの会」が「議席の半分に女性を‼」と院内集会を開いた。

２・７　国連子どもの権利委員会が日本への勧告を公表。４回目の今回も、必要な緊急措置として包括的な差別禁止法の規定や子どもの買春および性的搾取の促進またはこれにつながる商業的活動を禁止すること、子ども自身が虐待被害の訴えや報告が可能な機関の創設を速やかにすすめることなど、多くのことが要請された。

２・７　社会問題などを積極的に発言していない女性に対して注文していない商品が代引きで送りつけられる被害が相次いでいることに対し、被害者７人が東京・永田町の衆院第１議員会館で記者会見し、連携して情報提供を呼びかけた。

２・８　ＪＮＣは「前ＣＥＤＡＷ委員のハルペリン・カダーリさんを迎え

て女性差別撤廃条約と選択議定書について聞く会」を開催した。

2・14 全国各地に住む同性同士のカップル13組が、婚姻届を受理されないのは法の下の平等などを定めた憲法に違反し、婚姻の自由を侵害しているとして、4地裁に一斉に提訴した。同性婚を求める提訴は全国初。

2・16 有楽町マルイで、男女や体型問わず「自分らしく」ファッションやメイクを楽しむことができるファッションストアＧＥＮＤＥＲ ＦＲＥＥ ＨＯＵＳＥが、期間限定でオープンした。

2・19 離婚による精神的苦痛の慰謝料を不倫相手に請求できるかが争われた訴訟で、最高裁第3小法廷（宮崎裕子裁判長）は「特段の事情がない限り請求できない」との初判断を示し原告側の請求を棄却した。

2・22 京都造形芸術大学の東京キャンパスで公開講座を受けた女性が、ゲスト講師から環境型セクハラにあって精神的苦痛を受けたとして、そのような環境を作り出した大学を運営する学校法人「瓜生山学園」を相手取り慰謝料など計約３３３万円の支払いをもとめる訴訟を東京地裁に起こした。

3・5 女性差別撤廃条約の「選択議定書」批准を求める共同行動「女性差別撤廃条約実現アクション」キックオフ集会が開かれ、婦団連含む約40団体、１５４人が参加。

3・5 世界各国の議会で構成する「列国議会同盟」が公表した女性の議会進出に関するレポートの２０１８年版によると、日本の女性国会議員比率（衆院）は10・2％で、１９３カ国中１６５位であることが判明。

3・6 東京医科大学の不正入試問題で、特定適格消費者団体「消費者機構日本」が消費者裁判手続き特例法に基づき、同大に受験料などの返還義務があることの確認を求めた訴訟の判決が東京地裁であり、前沢達朗裁判長は「得点調整が告知されていれば出願しなかったと推認できる」として受験料の返還義務を認めた。消費者団体が被害者に代わって事業者を提訴する被害回復訴訟で初の判決。

3・7 国際労働機関（ＩＬＯ）が発表した女性の労働に関する報告書によると、２０１８年に世界で管理職に占める女性割合は27・1％で3割近くに達した一方、女性活躍を掲げる日本は12・0％と、１９９１年の8・4％から27年間で3・6ポイント上昇にとどまった。

3・8 ２０１９年国際女性デー中央大会が日本教育会館で聞かれ７００人が参加。林陽子さんが講演し、集会後パレードが行われた。

3・8 性に基づく差別や暴力のない社会を作りたいと声を上げるデモ行進「ウィメンズマーチ東京」が「国

際女性デー」に合わせて東京都内で行われ、約４５０人が参加。

3・11〜22　第63回国連女性の地位委員会（ＣＳＷ63）が国連本部で開催、１９３カ国の政府代表、ＮＧＯが参加、第64回「北京＋25」へ向けた準備を確認した。

3・20　２０１９国際女性デー中央大会は「日本政府への決議」を内閣府に要請した。

3・20　ＩＧＬＡ（国際レズビアン・ゲイ・バイセクシュアル・トランスジェンダー・インターセックス協会）が世界の性的マイノリティを取り巻く状況をまとめた報告書を公表。同性婚を合法化した国は26カ国に増えた一方、中東やアフリカを中心に70カ国が同性愛行為を禁じている（犯罪であるとしている）ことがわかった。

3・23　２０１４年に史上最年少でノーベル平和賞を受賞したマララ・ユスフザイさん（21歳）が日本政府主催の「第５回国際女性会議ＷＡＷ！」の基調講演で、「女子教育への投資の重要性」について訴えた。参加者約１０００人。

3・24　更生教育プログラム実施者たちにより「ＤＶ加害者更生教育プログラム全国ネットワーク」の発足集会が開催された。

3・25　日本人と外国人が結婚した場合には同姓か別姓かを選べる（戸籍法）のに対し、結婚した日本人同士では夫婦は同じ姓を使わなければならない（民法）と定められているのは憲法が保障する法の下の平等に違反するとして、男女４人が国に損害賠償を求めた訴訟の判決が東京地裁であり、中吉徹郎裁判長は原告側の請求を棄却し、現行制度は合憲との判断を示した。

3・27　国立社会保障・人口問題研究所による「第６回全国家庭動向調査」（２０１８年７月実施。有配偶女性６１４２人対象）で初めて同性カップルへの考え方を聞いたところ、「同性婚を法律で認めるべきだ」への賛成は69・５％であった。また夫婦が「別姓であってもよい」に賛成したのは50・５％で、調査開始以来初めて５割を超えたことが分かった。

3・28　警察庁によるまとめで２０１８年のＤＶ被害が全国で７万７４８２件（前年比５０２７件増）と過去最多であったことが判明。加害者の８割は男性で、加害者の女性割合が徐々に増加しているという。

4・1　東京都豊島区、江戸川区など全国９自治体で同性パートナーシップ証明制度が一斉にスタートした。同じ日に導入する自治体の数が９というのは、過去最多。

4・7　候補者数の男女均等をめざす「候補者男女均等法」が施行されて初めての統一地方選、41都道府県議選が行われた。女性の当選者が過去最多の２３７人と、定数（２２

７７）に占める割合が10・４％となり初めて１割を超えた。

4・12 ２０１９年４月１日に採用された国家公務員のうち、女性の割合が35・４％（前年度比１・４ポイント増）で、統計を開始した１９６３年度以降で最高となったことが分かった。

4・23 国連安保理は「戦時性暴力停止」をもとめる決議を採択、戦時や紛争下の性暴力の完全停止と被害者中心の支援を促した。

4・23 旧優生保護法下で不妊手術を強制された被害者に一時金３２０万円を支給する法律「強制不妊救済法」が全会一致で成立。旧法の違憲性や「国の責任」には言及せず。

4・25 「大阪市民の働き方と暮らしの多様性と共生にかんするアンケート」（２０１９年１～２月、18～59歳の１万５０００人に郵送、４２８５人から有効回答）によると、回答者のうち３・３％がレズビアン・ゲイ・バイセクシュアル・トランスジェンダー・アセクシュアル（ＬＧＢＴＡ）のいずれかに該当し、回答者のうち85％以上が大阪市による性的少数者にかかわる各種取り組みに賛成していることが明らかになった。

5・3 許すな！安倍改憲発議―２０１９平和といのちと人権を！５・３憲法集会が東京・有明防災公園で開かれた。

5・8 婦団連は「北京＋25のとりくみに関する要望書」を提出。

5・12 慶応大の宮本健史特任教授の研究チームの調査（２０１７年１月、同大の体育会所属女性選手56人対象に実施）で、女性選手の５割が無月経などの月経異常を抱えていることが分かった。

5・13 自治労連による調査（２０１８年９～10月、23都道府県の97病院で働く看護職員９５８４人回答）で、パワハラを受けた経験があるのは43％で前回14年の調査から４ポイント増、セクハラを受けた経験があるのは21％で前回と同じであったことが分かった。

5・16 国際婦人年連絡会は「北京＋25」レビューについて男女共同参画局と懇談。

5・17 台湾で、18歳以上の同性カップルの結婚登録を認め、どちらかが産んだ子どもを育てる場合は民法に準じた取り扱いを受けることとなった。アジア初。

5・17 東京消防庁が隊員の勤務時間を平日の日勤時間帯のみに限定した「デイタイム救急小隊」を発足させた。男女問わず、救急隊員としての資格を持ちながら、育児や介護のために24時間ごとの交代勤務に入れない職員活用策という。

5・20 婦団連は「北京＋25国内レビューへの意見」を提出。

5・21 女子や多浪生らを一律に不利に扱

う入試不正があった東京医科大学で、２０１９年度の一般入試の合格率が男子16・９％、女子16・７％とほぼ同じになったことが分かった。大学入試センター試験の結果を使った入試枠の受験者を含めると、女子の合格率は19・８％で、男子の19・３％を上回った。

5・22 国際労働機関（ＩＬＯ）が世界70カ国約1万３０００社の調査結果をまとめた報告書『Women in business and management: The business case for change（ビジネスと管理職における女性：変化すべき事業上の根拠・英語）』によると、ジェンダーの多様性を促進する取り組みが事業結果を改善するとの考えに同意する企業が回答企業全体の57％を超え、ジェンダーの多様性が実際に達成された企業では大幅な利潤増を含む企業成績の向上が見られることが判明。

5・28 連合がハラスメントの実態を把握するために実施した調査（２０１９年5月8～9日、20～50代の仕事をしている男女計１０００人を対象にインターネット調査）のうち、就職活動を経験した人に就活セクハラについて質問したところ、10・５％が「受けたことがある」と回答（女性は20代が12・５％、30代が15・５％、男性は20代が21・１％、30代が10・７％）。職場でのハラスメントについては１０００人のうち37・５％が「受けたことがある」と回答。

5・29 女性活躍推進法等の一部を改正する法律が成立。婦団連は、付帯決議を実行しハラスメント禁止や制裁措置を盛り込んだ実効性ある法律への改正を求めるという会長談話を発表した。

5・31 婦団連がジェンダー4署名計16万９１９９人分を国会に提出。うち「女性差別撤廃条約選択議定書のすみやかな批准」（4万３８５０人分）は女性差別撤廃条約実現アクションの行動の一環として6月4日に提出。

6・3 女性にハイヒールやパンプスを強制する職場があることに関し、強制をやめるよう「靴・苦痛」を掛け合わせた「＃KuToo」と名付けられた動きがオンラインで広がり、1万８８５６筆の署名と要望書が厚生労働省に提出された。

6・4 46団体による女性差別撤廃条約実現アクションは、集会を開催、選択議定書の批准を求める署名5万２１８４人分を提出した。

6・8 日本学術会議が、公開シンポジウム「横行する選考・採用における性差別　統計からみる間接差別の実態と課題」を開催。医学系学部の女子は男子の1・2倍入りにくいことや、民間企業での総合職のなりにくさが女性は男性の1・5倍であることなどが報告され、女性に対して入り口段階での「立ち入り禁止」が続いてきたことが明らかにされた。

6・11 各地の裁判で性暴力に対する無罪判決が続いていることを受け、性暴力を許さないフラワーデモが福岡や東京、大阪など全国9都市であった。4月以降、毎月11日に開かれており、3回目。5月13日には、同意のない性行為を罰するための法整備を求め、犯罪被害者・支援者の団体Springが山下貴司法務大臣と最高裁に要望書を提出。

6・13 国連児童基金（ユニセフ）が２０１６年時点の41カ国の政府による子育て支援策に関する報告書を発表。給付金などの支給制度を持つ出産休暇・育児休業期間の長さでは、日本の制度は男性で1位の評価であったが実際に取得する父親が非常に少ないことが指摘された。

6・14 ２０１９年版『男女共同参画白書』で理工系分野を専攻する女性が少ない要因について初めて詳細に分析。「女子は男子よりは国語好きが多いが，小学生女子は国語より理科が好き」であり、ＯＥＣＤが実施した生徒の学習到達度調査で「日本の女子の科学的リテラシーおよび数学的リテラシーの点数は、男子と比べると低いが、諸外国の女子及び男子よりも高い」ことから、理系回避の原因は成績ではなく環境であるとされた。

6・20 順天堂大学医学部の２０１１～18年度の入試を受けた女性13人が、「性別を理由に差別された」として、大学に損害賠償を求める訴訟を東京地裁に起こした。一連の医学部入試の問題をめぐる集団訴訟は、東京医科大に続いて2例目。

6・21 国際労働機関（ＩＬＯ）が設立１００周年を記念する第１０８回総会において、「仕事の世界における暴力とハラスメントの撤廃に関する条約」（ＩＬＯ仮訳）を採択。仕事の世界における暴力と嫌がらせ（ハラスメント）を扱う初の国際労働基準。

7・9 政党に男女の候補者数を均等にするよう求める「政治分野の男女共同参画推進法」施行後の初の大型国政選挙・参院選が実施され、選挙区と比例代表で計１０４人の女性が立候補し、候補者に占める割合は過去最高の28・1%となった。

7・16 米カリフォルニア州バークスリー市議会で、公文書で使用されている性差別的とみられる表現を随時見直して差し替えていく条例案を全会一致で可決。「マンホール」は「メンテナンスホール」に、警察官を意味する「ポリスマン」は「ポリスオフィサー」に、労働力を意味する「マンパワー」は「ワークフォース」などに置き換えるという。

7・17 第１６１回芥川賞・直木賞選考会開催。今回の直木賞では、候補6人がすべて女性となり、芥川賞を含めて初めて。

7・17　企業で女性取締役を増やすことをめざす経済界のグループ「30パーセントクラブ」発足。このキャンペーンは企業の意思決定に女性が増えることが経営の革新や成長につながるとして2010年に英国で始まり、国・地域として日本は14番目。

7・21　第25回参議院選挙が行われ、市民と野党の統一候補を実現、改憲勢力の「3分の2議席確保」を阻止、女性議員は選挙区、比例で28人、全当選者の22・6％。

7・25　日弁連は同性婚を認める法改正を求める意見書を提出した。

7・30　厚生労働省発表の「簡易生命表」で、2018年の日本人の平均寿命は女性が87・32歳、男性が81・25歳で、いずれも過去最高となった。女性は6年連続、男性は7年連続で過去最高を更新。

7・30　総務省が2019年6月の労働力調査を公表。女性の就業者数が3003万人と、比較可能な1953年以降で初めて3千万人突破。前年同月に比べて53万人増で、就業者全体の伸びの9割近くを女性が占めるが非正規で働く女性が多く、また男女の不合理な待遇差解消も課題となっている。

8・21　婦団連は「戦争はごめん女性のつどい」を開催した。

8・24～25　第65回日本母親大会が静岡で開催され、「核兵器も基地も原発もない平和で明るい未来を子どもたちに手渡そう」との大会アピールを採択。のべ9000人参加。

8・21　ニュージーランド国会議長が生後1カ月の赤ちゃんを抱きながら議事運営を行った。この赤ちゃんは別の男性議員が同性パートナーとの間に迎えた子。ニュージーランドでは議員の育児支援を性別にかかわりなく推進しているという。

8・30　2019NWEC男女共同参画推進フォーラムワークショップ「変えよう！女性の権利を国際基準に！女性差別撤廃条約選択議定書の批准を！」が、女性差別撤廃条約実現アクションと日本女性差別撤廃条約NGOネットワークの共催で開催された。

8・31～9・1　キャンパス・セクシャルハラスメント全国ネットワーク第25回全国集会が東京都内で開催され、セクハラ対応が一定進んだもののばらつきがあるとして、セクハラを法律で禁止することの必要性が訴えられた。

9・9　女性が男性のサッカー試合を観戦することは禁じられているイランで、男装して入場しようとし拘束されたファンのイラン人女性（29歳）が、焼身自殺を図り死亡したと地元メディアが報道。

9・9　日本俳優連合、日本マスコミ文化情報労組会議内で組織されるMICフリーランス連絡会、フリーランスとして働く人を支援する一般社団法人プロフェッショナル&パラレルキャリア・フリーランス協会の3団体で実施した「フリーランス・芸能関係者へのハラスメント実態アンケート」調査（2019年7月16日〜8月26日、インターネット調査、有効回答1218名）で、61・6%がパワハラ被害、36・6%がセクハラ被害を受けていたことが判明。この調査結果に基づき「フリーランスへのハラスメント防止対策等に関連する要望書」を作成し厚生労働省に提出した。

9・10 OECDによる『Education at a Glance 2019』によると、日本の博士課程における女性修了者の割合は全体の3分の1以下でOECD諸国の中で最下位（OECD平均47%に対し、日本は31%）。全高等教育を通しての女性教員の割合は、2010年の19%から2017年には28%となったがOECD諸国の中で最下位。

9・13 厚生労働省の発表で、全国100歳以上の高齢者が7万1238人（88・1%が女性で6万2775人）と、49年連続で過去最高を更新したことが判明。

9・18 長期間同居し米国で結婚した同性パートナーの不貞行為をきっかけに関係が破綻したとして、30代女性が約630万円の損害賠償を請求していた訴訟で、宇都宮地裁真岡支部（中畑洋輔裁判官）が、2人は「事実婚」に準ずる関係で法的保護の対象になるとの判断を示し、元パートナー女性に対し110万円を支払うよう命じた。

9・21 私立宮城学院女子大学（仙台市）が、戸籍上は男性で性自認は女性と認識している学生の入学を2021年度から認めると表明。私立大では全国初。これまで性自認が男性の学生が複数人在籍しており、大学側は健康診断の個別受診などを認めてきたという。

9・29 オンライン百科事典「ウィキペディア」で、女性に関する記事を増やすことをめざす日本初のイベント「Wikigap（ウィキギャップ）」が、都内のスウェーデン大使館で開催。全世界のウィキペディアの人物記事は、男性が8割で女性は2割。日本版のウィキペディアでは女性記事の割合は全体の22・3%で世界で14番目に多いという。

10・2 日本経済新聞が集計した3月期決算の上場企業の女性役員は1000人強（前年比3割増）で、役員全体に占める比率は6%と過去最高になったことが判明。

10・11 結婚後の旧姓使用を認められず人格権を侵害されたとして、日本大第三中・高（東京都町田市）の女性教諭が同校の運営法人に旧姓使用や損害賠償を求めた訴訟の判決が東京地裁であり、小野瀬厚裁判長は、一部の国家資格が戸籍姓しか認めていないことなどを根拠に旧姓使用が社会に根付いているとまではいえず、職場で戸籍上の氏名の使用を求めることには合理性、必要性があるとして請求を棄却した。

10・18 国際宇宙ステーション（ＩＳＳ）で、史上初となる女性宇宙飛行士だけによる船外活動が行われた。１９９８年にＩＳＳが設置されて以来、２２１回目の船外活動で、女性を含む船外活動は43回目。

10・18 国立がん研究センターと国立成育医療研究センターによる15～39歳の思春期・若年成人を指す「ＡＹＡ世代」のがん患者に関する報告書（国が指定する「がん診療連携拠点病院」などで２０１６～17年に診察された７万６８２２例を分析）で、ＡＹＡ世代の患者は75・9％を女性が占めていることが判明。全世代では男性患者の方が多く、ＡＹＡ世代では性別の割合が逆転。20～39歳で女性の子宮頸がんなどが急増するためという。

11・2 名古屋市立大学のグループが、妊娠中の労働時間及び夜勤回数の組み合わせと出産までの母子の健康状態及び分娩様式との関係について調査（全国９万９７４４名の妊婦のデータを解析）。その結果、妊娠中に就労している女性では、就労していない女性に比べて切迫流産や切迫早産の診断が多くみられたものの、実際の早産は非正規雇用者が多い集団でのみ増えていたこと、妊娠初期に週あたり46時間以上かつ夜勤ありの就労者の赤ちゃんには、胎児発育不全が多いことなどがわかった。

11・5 国連の専門機関、国際電気通信連合（ＩＴＵ）による調査によると、世界のインターネット利用者（推定41億人）は男性が人口の58％に対し女性は48％にとどまり、特に途上国では男性は52・8％の一方、女性は40・7％と、差が目立つことがわかった。先進国では男性が87・6％に対し女性が86・0％と、ほとんど差がなかった。

11・5 住民票、マイナンバーカード等へ旧姓を記載できるようにするための住民基本台帳法施行令等が施行、公的な身分証明書となる住民票やマイナンバーカードに結婚前の旧姓を併記できる制度が開始。旧姓を公証する初の制度となる。

11・15 内閣府は「男女共同参画社会に関する世論調査」の結果を公表。「子どもができてもずっと職業を続ける方がよい」と答えた人は61・0％、１９９２年の調査開始以来、はじめて６割を超えた。

11・16～17 第64回はたらく女性の中央集会が、宮城県で開催。２日間でのべ７００人が参加した。

11・20　日本医療労働組合連合会による調査（全国３８３施設で働く看護師ら約11万8千人対象）で、看護師らの長時間夜勤につながる「２交代制」を採用している病棟は39・３%で、１９８１年の調査開始以来最多であることが判明。また２交代制を採用している病棟のうち、半数超の54・４%は16時間以上の長時間夜勤。

11・24　新婦人協会発足１００年記念のつどい「女性たちが社会を動かし、法律を変えた＃Me Too＃With You につながる１００年前の運動」が、平塚らいてうの会、市川房枝記念会女性と政治センターなど5団体により主婦会館プラザエフ（東京・千代田区）で開催。

11・25　国立感染研究所による調査（２０１９年1月からの半年間に報告された女性患者１１１７人対象）で、妊婦が１０６人いたことが判明した。妊娠している患者の実態を国が把握するのは初めて。

11・25　婦団連は、ジェンダーに基づく暴力撤廃に向けた国際キャンペーンに連帯し、議員会館前でリレートークを行った。

12・2　神奈川県横浜市でパートナーシップ宣誓制度受付開始。事実婚も含めるのは、千葉、横須賀に続き３例目という。

12・10　フィンランドで世界最年少の34歳、サンナ・マリンさんが首相となった。フィンランドでは３人目の女性首相。

12・10　内閣府は、12月24日までの期間限定で内閣府初となる性暴力の相談SNS「Cure Time（キュアタイム）」を開始。対象は女子中高大学生ら10～20代の女性でトランスジェンダーなど「心が女性」の人も含まれる。

12・13　戸籍上は男性で性自認は女性の経済産業省職員が、女性トイレの使用を制限される差別を受けたなどとして国に処遇の改善や賠償を求めていた裁判で、東京地裁（江原健志裁判長）はトイレの使用制限を違法と判断し１３２万円の賠償を命じた。

12・17　世界経済フォーラムが発表した「男女格差報告書」によると、日本は過去最低の１２１位（１５３カ国中）。

12・18　ジャーナリストの伊藤詩織さんが元TBS支局長によるレイプ被害の損害賠償を求める裁判で、東京地裁は被害者の申し立てを認め、３３０万円の支払いを命じた。

12・24　総務省の発表によると、２０１８年度の男性地方公務員の育児休業取得率が前年度比１・２ポイント増の５・６%。

12・27　安倍内閣が自衛隊の中東派遣を閣議決定したことに対し、婦団連は「自衛隊の中東派遣の閣議決定に抗議し、撤回を求めます」の談話を発表。

（渡辺　典子）

執筆者一覧（50音順）

浅倉むつ子（早稲田大学名誉教授）

伊藤和子（弁護士）

井上　伸（日本国家公務員労働組合連合会中央執行委員）

艮　香織（宇都宮大学共同教育学部准教授）

歌川　学（国立研究開発法人産業技術総合研究所主任研究員）

太田美音

岡田俊明（税理士）

粕谷美砂子（昭和女子大学人間社会学部教授）

久保貴裕（日本自治体労働組合総連合・地方自治問題研究機構主任研究員）

児美川孝一郎（法政大学教授）

実方伸子（全国保育団体連絡会副会長）

柴崎祐美（法政大学現代福祉学部助教）

芝田英昭（立教大学コミュニティ福祉学部教授）

滝沢　香（弁護士）

竹信三恵子（ジャーナリスト、和光大学名誉教授）

塚田豊子（全国商工団体連合会婦人部協議会会長）

津川　剛（全労働省労働組合書記長）

長尾ゆり（全国労働組合総連合副議長）

二宮周平（立命館大学法学部教授）

廣岡元穂（全日本年金者組合書記長）

広木克行（神戸大学名誉教授）

藤野美都子（福島県立医科大学医学部人間科学講座教授）

藤原麻子（農民運動全国連合会事務局次長）

松山　洋（全国保険医団体連合会事務局主幹）

三成美保（国立大学法人奈良女子大学副学長・教授、日本学術会議副会長・第一部会員）

宮下直樹（全日本教職員組合中央執行副委員長）

安井正和（原水爆禁止日本協議会事務局長）

山口智美（モンタナ州立大学ボーズマン校社会学人類学部准教授）

山本乃里子（全日本教職員組合中央執行委員）

渡辺典子（日本女子大学非常勤講師）

女性白書 2020

編　日本婦人団体連合会

〒151-0051　東京都渋谷区千駄ヶ谷4-11-9-303　TEL　03-3401-6147

2020年８月20日　第１刷

発行者　中村　宏平

発行所　株式会社ほるぷ出版

〒101-0051　東京都千代田区神田神保町3-2-6　TEL　03-6261-6691

印刷・製本　株式会社光陽メディア

ISBN 978-4-593-10208-2　　NDC 367.2　　Printed in Japan